诉讼法文丛
总主编 廖永安

湘潭大学法学学部出版资助项目

# 家事证据收集制度的体系重构

## ——基于家事审判制度分立的展开

◎夏先华 著



湘潭大学出版社
XIANGTAN UNIVERSITY PRESS

# 《诉讼法文丛》编委会

# 序 言

家庭作为以血缘与亲情为核心而培塑的社会单元，承载着生育繁衍、教育培养、情感支持等多重功能。家庭关系是否和谐关乎未成年人的健康成长、社会秩序的稳定以及国家的长远发展。家事纠纷作为家庭内部结构失衡、功能失范所引发的冲突，具有不可避免性。如何有效预防化解家事纠纷，成了推进国家治理体系和治理能力现代化进程中的重要任务。然而，在我国的法制传统中，囿于家事领域的私密性、规范调整的伦理性，国家作为公权力主体并未过多介入家事领域，以彰显对于家庭自治权力的尊重以及对于宗族治理逻辑的依循。进入到现代社会以来，传统家庭组织结构的瓦解与家事纠纷社会属性的增强，改变了国家对于家事纠纷处理的态度，以国家强制力为后盾的诉讼手段已然成为家事纠纷处理的主要方式。同样，在人民法院受理的一审民商事案件中，婚姻家庭案件已然成为除民事合同纠纷之外的第二大案件类型，且案件数量与日俱增，纠纷类型呈现多元化的发展趋势，新类型案件不断涌现。

在家事诉讼程序的设计上，由于家事案件具有身份公益性、伦理性、情感交织性、涉未成年人利益保护等特征，其诉讼程序、审判机制、运行法理均有别于普通的民事诉讼，需要予以特别对待。但我国的《民事诉讼法》在家事诉讼程序方面采取统合立法模式，并未分设特别的家事诉讼程序，未充分考虑家事审判的程序机理与内在规律。鉴于此，最高人民法院于2016年出台了《关于开展家事审判方式和工作机制改革试点工作的意见》，在全国范围内部署了118家中基层法院作为试点，开启了家事审判方式和工作机制改革的序幕。各地试点法院积极探索，成立了专门的家事审判团队或审判组织，创设了夫妻共同财产申报、心理辅导干预、家事调查等一系列特殊制度，不断完善中国特色的家事审判程序制度，推动家事审判工作的专业化、精细化。2018年，最高人民法院在总结试点经验的基础上出台了《关于进一步深化家事审判方式和工作机制改革的意见（试行）》，对于家事审判改革试点工作作出进一步部署，推动改革的纵深发展。当前，家事审判改革正处于进行时，许多制度的创设并不成熟、完备，亟待学术界给予理论与智力支持。

在理论研究方面，由于制度设计与应然规律的割裂，学界对于家事审判程序的关注由来已久，所形成的研究文献资料也颇为丰硕。近些年，学界在家事审判程序方面的研究内容，已由早期的引荐立法、境外介绍、程序法理等，转向微观层面的程序构建与制度设计。本书便是这一研究趋势的真实写照，其并未对整个家事诉讼程序进行整体的分析，而是聚焦证据收集制度这一重要证据制度展开深入探讨，研究内容更为精细化，更具思维深度。这一点无疑是最值得肯定的。尽管学界对于家事审判领域的证据收集制度也存在相应的探讨，但更多聚焦在职权探知主义模式以及家事调查等特殊的取证方法，研究相对碎片化。本书作为家事证据收集制度体系研究之作，无疑是对当前研究的升华。其从历史与现实、境外与内地、理论与实践等不同维度对于家事证据收集制度进行全面探讨，并最终提出了制度的重构方案，所形成的研究成果更具科学性、体系性与指引性，有效填补了这一领域理论研究的不足。

当前，我国《民事诉讼法》所规定的程序制度是以普通民事私益纠纷的意思自治原则为内嵌逻辑，其遵循辩论原则与处分原则的程序法理，当事人作为程序主体在诉讼资料的收集等重要程序环节享有主导地位。这一诉讼架构与模式无疑是多年来大力推行民事审判方式改革、强化当事人程序主体性、弱化法院职权干预而所取得的成果。但家事案件的身份性、涉公益性等特殊性，与普通民事诉讼中以私权自治为逻辑的辩论主义法理存在冲突。家事审判对于客观真实的高度追求，使得其在诉讼资料的获取上不能过于依赖当事人的自行取证，法院应当积极干预证据收集的过程，以更好地保护家事公益与未成年人权益。故而，家事审判适用职权探知主义，是家事证据收集制度有别于普通民事证据收集制度的本质差异。此次家事审判改革的重要目的，也是推动家事案件的审理“从机械遵循辩论主义和处分原则的财产纠纷审判思路，转变为强化法官的职权探知、自由裁量和对当事人处分权的适当干预”。如此一来，对于家事证据收集制度的探讨，便不再是简单的小修小补式的制度完善，而是基于不同程序法理与运行逻辑的制度重构。这正是本书切入的重要视角，其并未关注家事证据收集制度与普通民事证据收集制度的共通之处，而是着墨于家事证据收集制度在职权探知主义法理下的特别设计与制度重构，其研究视角具有创新性、独特性。

在具体内容的开展上，本书以家事审判制度的分立为立论之基，其从家事案件特质出发，着重讨论了家事审判程序独立运行的必要性与诉讼目的的进阶化，进而论证得出家事证据收集制度的独立价值，诠释了为何需要对家事证据收集制度进行特别设计。本书尤为注重学术研究的理论性，通过对程序法理相称原理、证据裁判原则、武器平等原则等基础理论进行深度解构，剖析其对于家事证据收集制度设计的指引性，为后续研究奠定理论根基。家事审判是全球性的法律现象，不少境外的国家或地区都存在家事审判程序的专门立法，如《家事事件及非讼事件程序法》《人事诉讼法》《家事事件程序法》《家事诉讼程序规则》等。因而，本书使用了比较研究的方法，对英国、美国、澳大利亚等英美法系国家和地区，以及德国、日本、法国等大陆法系国家和地区的家事证据收集制度进行了全面细致的梳理，并提炼出可供借鉴的有益经验。例如，西方国家的家事立法均经历了从家庭自治到能动司法的嬗变发展过程，法院、行政机关、检察机关等公权力主体对家事审判程序的干预程度越来越高，以促进家事司法福利目的的实现。强化法院职权干预、适用职权探知主义是境外各国或地区家事证据收集制度的共通性发展趋势，只不过各国或地区因法制传统、诉讼架构的差异，在法院职权干预的程度上有所不同。另外，扎实的实证研究是本书的一大亮点。为了更为客观地展示我国家事证据收集制度的运行实况，本书既通过中国裁判文书网、《中国统计年鉴》等平台或渠道进行数据统计，对证据因素的驳回事由、法院调查取证、律师代理取证、子女意见表达等事项进行大数据分析，又通过一系列典型案例，从微观层面剖析家事审判“举证难”、法院调查取证失序等问题。实证研究方法有效避免了本书定性研究与规范分析的主观性、抽象性，增强了研究成果的因应性与实践指引性。最后，作者在综合前面分析的基础上，从主体、内容、方式、子女意见表达等方面提出了家事证据收集制度重构的中国方案。作者进一步论证了家事证据收集模式向职权探知主义模式的转型，并对法院职权探知的具体范围以及释明权的嵌合适用进行了深入探讨。作者对当事人、法院、检察院以及社会主体的证据收集任务进行了科学合理的配置，并对家事调查制度、家庭财产申报等特殊的取证方式进行了体系分析。针对家事证据收集中子女意见表达缺位的问题，作者从通过程序辅助人制度的间接参与和子女表达意见权的直接行使两个方面，提出了加强程序保障的具体建议。这些颇具建设性的举措或建议有力回应了当前家事证据收集制度运行中所面临的问题，为正在开展的家事审判改革实践提供了理论指导和参考方案，具有突出的理论价值与实践价值。

本书作者夏先华是我指导的硕士生与博士生，跟在我身边求学六年，现已在湘潭大学法学学部任教。我和先华的师徒结缘是在2014年的秋天，那个时候的他刚刚考入中南财经政法大学读研，通过双向选择，我成了他的硕士生导师。第一次的见面是在文治楼的办公室，此时的他虽看起来很青涩，但眼神里却闪烁着坚毅的光芒。先华是个勤奋刻苦的人，十分喜好读书，在读研期间经常“流连忘返”于图书馆、自习室，遨游在知识海洋之中，夯实自己的学术基础。在经过一定的知识积累与学术训练以后，先华在研二的时候便开始坚持写作，逻辑思维、语言表达的能力得到了快速提升。可以说，先华是我门下学术素养和文笔水平俱佳的优秀弟子。我对于门下学生的研究方向不作限制，鼓励学生根据自己的兴趣爱好选择合适的研究方向。家事领域是先华在硕博期间便一直密切关注的研究领域，他在这一领域也有着持续性的研究。在此之前，先华围绕《反家庭暴力法》所确立的人身安全保护令制度展开体系研究，并将其研究的成果《人身安全保护令制度研究》在湖北人民出版社进行公开出版。本书作为先华在家事领域的又一力作，是以其博士论文为基础进行改编而形成的。在博士论文选题的过程中，尽管当时学界关于家事审判的文献资料“卷帙浩繁”，但关于家事证据收集制度的直接研究资料还是较为稀缺的。我虽认可这一选题的新颖性，但也担心先华是否能顺利完成博士论文的写作。后来的事实证明我这一担心是多余的，扎实的知识积累与充分的学术训练为这篇文章的高质量完成提供了最有力的保障。不过，在这篇博士论文写作的最后阶段，恰逢新冠疫情暴发，先华不得不从学校返回老家完成剩余的写作，中间的过程颇为曲折，殊为不易。尽管如此，但丝毫不影响论文的质量，该论文最后荣获中南财经政法大学优秀博士论文和陈光中诉讼法学优秀博士论文。本书对家事证据收集制度进行了体系化的研究，进一步丰富了家事审判理论体系，可以称得上是家事审判领域的上佳之作。作为老师，看到先华的这一成果付梓，由衷地为他感到高兴。希望先华能再接再厉，继续在家事领域深耕研究，同时也祝愿先华的学术之路步步繁花，不断产出新的成果。

**蔡　虹**

**中南财经政法大学法学院教授**

**2024 年 7 月 26 日于武汉**

# 目　录

# 绪　论

## 一、问题缘起

家庭是社会的基本组成单元，其是以婚姻、血缘或收养为纽带而形成的社会关系。家庭不仅承担着情感交流、经济支持、生活娱乐等基本功能，还肩负着抚养后代、教育子女、赡养老人等重要任务。可以说，家庭关系是否和谐，将直接影响到社会的秩序稳定和未成年人的健康成长，甚至还关涉到国家与民族的发展兴衰与代际传承。尽管家庭是通过亲缘关系得以维系，存在不同于其他社会组织的亲密性，但家庭内部的纷争依然不可避免，夫妻关系的破裂、遗产继承的争夺、亲子关系的厘定等都可能引发家事纠纷。虽然家事纠纷在外观上表现为私人之间的财产或身份权益之争，具有民事纠纷的一般特性，但囿于家事主体关系的特定性、家事利益的涉公益性、家事纷争的情感交织性等特点，家事纠纷的处理需采取不同于普通民事纠纷的方式与路径。另外，由于家庭领域的私密性以及人伦伦理的道德性，在很长一段时间，国家权力并未过多地介入这一领域，在尊重家庭自治的同时保持公权力的谦抑性。法律也非调整家庭关系的基本规范，伦理道德在其中发挥着主导性作用。但随着政府治权的加强以及对家事涉公益性的认识深化，以国家强制力为后盾的司法手段逐渐成为家事纠纷治理的主要方式。且基于家事案件所具有的不同于普通民事案件的特性，审理家事案件的程序也有别于通常的诉讼程序，在具体的程序设计与适用原则等方面存在独特性。而证据收集作为民事证明程序“链条”的起点，在民事审判程序中的作用不言而喻。基于程序相称原理，家事案件的独特性同样在家事证据收集的具体程序中有所体现，家事审判程序需设计出契合家事纠纷特点以及家事程序法理的证据收集制度，以确保家事裁判能在充足、完备诉讼资料的基础上作出。

与境外各国或地区发达的家事审判制度相比，我国内地的家事审判制度起步较晚，现处于改革初创阶段。现有的《中华人民共和国民事诉讼法》（以下简称《民事诉讼法》）及相关司法解释并未对家事审判程序作出专门的规定，只是零星地规定了一些与家事审判有关的制度内容。例如，离婚与收养关系案件的诉权行使、管辖规则中关于身份关系案件的特殊规定、涉身份关系案件的法院调查取证、自认规则中关于身份自认的限制、身份关系确认案件限制调解或处分等。此外，《中华人民共和国民法典》（以下简称《民法典》）《中华人民共和国妇女权益保障法》（以下简称《妇女权益保障法》）《中华人民共和国反家庭暴力法》（以下简称《反家庭暴力法》）等实体性法律中也散在地对家事审判的程序事项作出了特殊规定。但从整体上来看，我国内地并未为家事案件设置独特的审判程序，其需一般性地适用普通民事诉讼程序的有关规定。这无疑是违背司法规律以及程序相称原理的，同时也容易出现程序不兼容的情形，影响家事主体合法权益的实现。立法的滞后性导致了我国内地现有的家事审判缺乏专业性、社会性与独特性，影响了家事审判的法律效果与社会效果。

基于此，司法实践开始自发性地探索家事审判的特殊程序或制度。比如，广东省于2010年3月在中山市中级人民法院等七个法院开展家事审判试点工作，设立家事审判合议庭，并探索家事审判“财产申报、不公开审理、当事人亲自到庭”等审理制度，以及符合家事案件特点的证据规则。[①] 一直到2016年，家事审判改革才得到最高人民法院的重视。2016年4月，最高人民法院发布了《关于在部分法院开展家事审判方式和工作机制改革试点工作的通知》，开始在全国范围内启动为期两年的家事审判方式和工作机制改革试

① 谭玲、谢文练等：《创新审判模式 促进家庭和谐——广东高院关于家事审判合议庭试点工作的调研报告》，载《人民法院报》2011年6月16日，第08版。

点。同年，最高人民法院又出台了《关于开展家事审判方式和工作机制改革试点工作的意见》，从改革目标、基本原则、工作理念等方面对此次家事审判改革进行整体部署。2018 年 7 月，最高人民法院在总结试点经验的基础上出台了《关于进一步深化家事审判方式和工作机制改革的意见（试行）》（以下简称《改革试行意见》）。该意见从家事调解、家事调查、心理疏导、审理规程、队伍建设等方面进一步明确了家事审判方式与工作机制。其中，有关家事调查、当事人亲自出庭陈述、子女意见表达等方面的规定，无疑是对家事证据收集制度的特殊建构。然而，由于改革试点范围的有限性与家事审判程序的立法缺失，《改革试行意见》的出台并未改变家事审判实践的总体情况，其依然适用普通民事诉讼程序的一般规定，而并未考虑家事审判的特殊性。这一统合运行的程序模式极大地制约了家事审判目的的实现，影响了家事审判程序的运行效果。尤其是在证据收集领域，以民事私权自治为内在逻辑的民事证据收集制度，与家事案件的身份公益属性存在严重背离。高度依赖当事人自行取证的运行模式进一步加剧了家事审判过程中的证明困境，不利于家事法官在查明案件事实的基础上作出符合实体正义的裁判。鉴于此，如何从家事案件的独特性出发，在家事审判与民事诉讼制度分立的基础上，探讨并构建契合家事审判规律与内在逻辑的家事证据收集制度，便是当下亟待解决的重要问题。

## 二、选题意义

### （一）选题的理论意义

学界对于家事证据收集制度这一议题缺乏足够的关注。选择这一制度展开研究，既可以证据收集为切入点，对家事审判的有关理论问题进行新的诠解，也可弥补家事证据收集制度理论上的研究空白，从理论上推进家事审判程序的独立发展。

第一，深化对家事审判程序法理的认识，促进家事审判理论体系的完备。家事证据收集制度的设计需与家事审判程序法理内在契合。故而，对于家事证据收集制度的探讨，应以家事审判程序法理的解明为前提，在这一过程中无疑可以加深对家事审判程序法理的认知。具体来看，民事程序按照是否存在争讼性，可具体分为诉讼程序与非讼程序。前者遵循处分权主义、辩论主义、言词主义、直接审理主义、公开主义、形式真实主义、裁判效力相对主义等诉讼法理，而后者则奉行限制处分主义、职权探知主义、实体真实主义、裁判效力绝对主义等非讼法理。显然，普通民事程序法理存在“二元分离”的特点，诉讼程序与非讼程序基于不同的程序法理而在证据收集制度上各具特色。然而，家事案件的复杂性使得家事审判程序法理并不明晰，其事实上存在着诉讼法理与非讼法理相互交织的特点，且在近年来呈现出非讼化的发展趋势。这些都会对家事证据收集制度的构建产生重要影响。另外，囿于立法的滞后性，学界对于家事审判理论的探讨比较片面，主要集中在宏观维度上的家事审判程序立法与设计，在证据收集制度方面的理论研究较为薄弱。而证据收集制度作为家事审判理论的重要组成部分，对其展开研究，可以补足家事审判理论在这一内容上的空白，消除此前沿用民事证据收集制度理论所带来的逻辑矛盾与机理冲突，推动家事审判理论体系的完备化。

第二，夯实家事证据收集制度的理论基础，重构家事证据收集制度体系。受制于家事审判程序立法的缺失，学界对于家事审判的理论研究未能走向精细化，其中在家事证据收集制度方面的关注更是严重不足。在理论资源极为匮乏的现实情况下，对于家事证据收集制度的构建需极为注重理论基础的夯实，以保障所设计或重构的制度能契合家事审判的理念与规律，不会偏离正确的发展方向。在理论研究的内容范畴上，家事证据收集制度的独立价值作为立论之基，其彰显出对这一制度进行探讨的必要性所在。家事证据收集制度的法理基础则揭示了这一制度运作中的内在机理，程序法理相称原理、证据裁判原则、武器平等原则作为家事证据收集制度的理论基石，反映出制度设计与运作必然遵循的法理与原理。这些都是在具体制度构建之前亟待解决的理论问题。另外，对于家事证据收集制度的重构具体包括收集主体及作用模式、证据收集任务的分配、证据收集的特别方式、子女意见表达等内容事项，其直接关乎家事证据收集的运行成效以及诉讼主体的权利义务，需要在理论上予以厘清。

## （二）选题的现实意义

尽管家事审判的相关理论体系并未完全建构起来，但家事审判的司法实践却一直处于“进行时态”，只不过此前的家事审判程序一直糅合在普通民事诉讼程序之中，并未发挥其程序特色。而现在的家事审判改革正处于探索推进阶段，更加需要学界从理论层面给予指导，避免出现实践适用的偏差甚至是改革的异化。可见，对家事审判中证据收集制度进行研究，具有重大的现实意义。

第一，在强调理论指导实践的基础上，推进家事审判改革的纵深发展。我国目前的家事审判改革在总体上是遵循“最高人民法院动员、各地法院自行探索”的改革路径，并不存在相应的立法文件或者立法机关的授权作为依据，自身便存在着“良性违法”的合法性危机。而且，从各地法院的改革情况来看，基本上是处于“各自为政”的改革样态，缺乏统一、明确的改革指南。尽管各试点法院的自行探索可以在满足各地实践需求的基础上创设出各具特色的家事审判制度或程序，但也容易出现“头痛医头、脚痛医脚”的改革片面性问题，在整体视阈上与家事审判的理念或司法规律不契合。另外，囿于理论指导的缺乏，现有的家事审判改革并不全面，存在改革重心偏在的问题。以家事证据收集为例，各试点法院多致力于对家事调查官、家庭财产申报等特色制度的实践创设，但在法院职权探知模式的确立、证据收集任务的具体分配等基础制度方面探索不多，大部分法院依然准用普通民事诉讼的有关规定。这无疑会导致此次的改革“流于表面”，未能从根本上对现有的家事证据收集制度进行改造，以契合家事审判的程序法理。家事审判改革的这一问题彰显出理论指导的重要性，故而，家事证据收集制度研究在弥补理论空白的同时，也可以证据收集为切入点，保障家事审判改革的纵深推进。

第二，促进家事案件事实的发现，满足对实体真实的追求。发现真实是家事审判的重要目标，家事案件的身份交织性、涉公益性等特点使得家事审判对于实体真实存在强烈的追求。倘若法院无法查明案件事实或者作出错误的事实认定，那么将会导致最终的司法裁判严重背离实体正义，这是家事审判理念所无法接受的。但案件事实真相并不会在诉讼中自动显现出来，对事实真相的探知需依赖于法庭上出示的相关证据。而如何将散在的证据材料与信息以符合法律规定的方式收集起来并在法庭审理过程中予以提交，这便需要借助证据收集制度。证据收集制度的设置，意在为取证主体收集证据资料扫清各种障碍，明确各取证主体的权利以及相应的取证手段，确立取证对象进行配合的协力义务，以确保与案件相关的证据能尽可能多地进入到诉讼程序之中，从而为法院作出符合实体真实的司法裁判提供证据支撑。

第三，保障双方当事人的实质平等，贯彻武器平等原则。在民事诉讼中，双方当事人享有平等的诉讼权利。其体现在民事证据领域便是双方当事人都可在法庭审理过程中提出于己有利的事实和证据，并借此影响法院最终的裁判结果。与此同时，双方当事人也需承担客观上举证不能而带来的不利后果，其所适用的规则便是证明责任的分配规则。但这些的前提便在于双方当事人都享有接近和取得相关案件证据的平等机会，即双方当事人在证据收集上应符合武器平等原则的要求。然而，家庭成员的强弱对比以及家事证据的偏在分布使得双方当事人在接近证据的机会上并不实质对等。如果一味地强调法院在证据收集过程中的谦抑性，而将证据收集任务交由当事人自行完成，很可能会出现因一方当事人独占证据而导致证据裁判结果违背实体正义的情形。基于此，有必要通过合理分配家事证据收集的任务、强调法院的职权调查以及提供更为丰富的证据收集方式等，来改变家事案件中双方当事人不平等的现状，通过对弱者的倾斜保护来实现双方当事人的实质平等。

第四，发挥证据收集制度的多重功效，提升家事审判效率。民事证明过程具体包括取证、举证、质证、认证、用证等一系列过程，取证环节是民事证明活动的起点。若证据收集工作未能做好，无疑会影响接下来证明活动的开展，导致程序运行的阻滞。可见，完善的证据收集制度可以为家事审判程序的推进提供足够的证据支持，保障家事审判的顺利进行。另外，证据交换制度的运行在明确双方证据、固定案件焦点的同时，也可减少一些不必要的证据收集工作，引导双方围绕争议焦点再次进行取证或展开对辩。再者，证据收集制度还可促进双方当事人在知晓彼此所掌握的证据资料以及衡量可能裁判结果的基础上，选择以和解或调解的方式快速解决家事纠纷。最后，证据收集制度对于庭审集中化也存在一定的加成作用。其既可借助证据交换或开示来固定事实证据，使得法庭审理活动能围绕着家事案件的真正争点而展开；也可通过多元化的取证手段，在提升取证主体能力的同时，促使其尽可能一次性地完成取证任务，避免多次取证而导致的诉讼迟延，从而提升家事审判的整体效率。

## 三、文献综述

### （一）我国大陆地区的研究现状

我国大陆地区的学者对家事审判制度的研究相对较早，最早可追溯至20世纪90年代初期，比较有代表性的文献是江伟、王强义的《完善我国民事诉讼立法的若干理论问题》。[①] 该文在探讨1982年《民事诉讼法（试行）》立法修改的具体建议中，指出应当设置适用于婚姻案件、亲子关系案件及抚养案件等人事诉讼案件的特别程序，且人事诉讼程序具有不能完全适用自由处分主义、限制适用辩论原则、适用职权原则、排除或限制缺席判决、强制当事人本人到场等诸多特殊之处。最早的硕士学位论文是尹绪洲的《家事审判制度研究》，[②] 该文较为系统地对家事审判制度的理论界定、设立依据、境外比较、历史考察、制度建构等方面的内容进行了研究，具有一定的理论开拓性。最早的博士学位论文是张晓茹博士的《家事裁判制度研究》。[③] 该文的研究视域极为广泛，对家事裁判制度的讨论也甚为完备，内容涉及家事裁判制度的基础理论、境外比较以及对本国制度的历史与现状进行检视等，而且还从家事审判机构、家事调解程序、检察院特殊参与、家事保全程序、家事事件程序等方面，对我国大陆地区的家事裁判制度进行了体系化的建构。

从总体上来看，我国大陆地区对于家事审判制度的研究颇多，成果丰硕。笔者以"家事审判""家事裁判""家事诉讼""人事诉讼"为可选择的联合关键词在知网进行主题检索，[④] 共获得公开发表文献1126篇，其中包含博士

① 江伟、王强义：《完善我国民事诉讼立法的若干理论问题》，载《中国社会科学》1991年第4期。
② 尹绪洲：《家事审判制度研究》，河南大学2001年硕士学位论文。
③ 张晓茹：《家事裁判制度研究》，中国政法大学2004年博士学位论文。
④ 笔者检索文献资料的日期截至2024年5月2日。

论文18篇、硕士论文495篇、期刊论文613篇。18篇博论中多为稍有论及家事审判制度的文献，真正围绕家事审判制度进行研究的博论仅包括张晓茹博士的《家事裁判制度研究》、郭美松博士的《人事诉讼程序研究》、来文彬博士的《家事调解制度研究》、穆红琴博士的《山西省永济县家事审判实践变迁及启示——以永济县家事诉讼档案为基础（1949—1999）》、何燕博士的《家事诉讼中未成年人利益最大化原则研究》、江晨博士的《家事程序法研究》、张丽博士的《家事调查员制度研究》、陈雷博士的《家事审判改革的观念和制度问题研究》。[①] 此外，有关家事审判制度的书籍资料主要包括张晓茹的《家事裁判制度研究》、陈爱武的《人事诉讼程序研究》《家事法院制度研究》、来文彬的《家事调解制度研究》、刘敏与陈爱武的《〈中华人民共和国家事诉讼法〉建议稿及立法理由书》、陶建国的《家事诉讼比较研究：以子女利益保护为主要视角》、任容庆的《法院解决家事纠纷的机制研究》、郝晶晶的《家事审判改革背景下婚姻诉讼程序研究》等，[②] 其中有不少的专著为作者的硕博士论文改编而成。从研究学者来看，其中最具代表性的为南京师范大学的刘敏、陈爱武教授，除此之外还包括张晓茹、郭美松、蒋月、张海燕、张艳丽、齐凯悦等一大批法学学者。

尽管家事审判制度研究在文献的“量”上极为可观，但在整体上仍存在

---

① 张晓茹：《家事裁判制度研究》，中国政法大学2004年博士学位论文；郭美松：《人事诉讼程序研究》，西南政法大学2005年博士学位论文；来文彬：《家事调解制度研究》，西南政法大学2010年博士学位论文；穆红琴：《山西省永济县家事审判实践变迁及启示——以永济县家事诉讼档案为基础（1949—1999）》，华东政法大学2012年博士学位论文；何燕：《家事诉讼中未成年人利益最大化原则研究》，南京师范大学2016年博士学位论文；江晨：《家事程序法研究》，华东政法大学2020年博士学位论文；张丽：《家事调查员制度研究》，西南政法大学2021年博士学位论文；陈雷：《家事审判改革的观念和制度问题研究》，吉林大学2022年博士学位论文。除上述博士论文以外，还有部分的博士论文并未被知网收录。就笔者收集的资料来看，研究家事审判制度的博论还包括：傅向宇：《家事诉讼中的程序保障研究》，西南政法大学2018年博士学位论文；周文：《我国涉未成年人家事事件程序研究》，中国人民大学2017年博士学位论文；汤鸣：《社会变迁中的家事调解：以法院调解为中心》，南京师范大学2010年博士学位论文。

② 具体文献包括：张晓茹：《家事裁判制度研究》，中国法制出版社2011年版；陈爱武：《人事诉讼程序研究》，法律出版社2008年版；陈爱武：《家事法院制度研究》，北京大学出版社2010年版；来文彬：《家事调解制度研究》，群众出版社2014年版；刘敏、陈爱武：《〈中华人民共和国家事诉讼法〉建议稿及立法理由书》，法律出版社2018年版；陶建国：《家事诉讼比较研究：以子女利益保护为主要视角》，法律出版社2017年版；任容庆：《法院解决家事纠纷的机制研究》，对外经济贸易大学出版社2020年版；郝晶晶：《家事审判改革背景下婚姻诉讼程序研究》，武汉大学出版社2023年版。

研究深度相对不足、重复研究较多且研究内容偏在等问题。具言之，现有的家事审判研究主要限于引荐立法类、程序建构类、比较借鉴类这几种研究范式，理论探究类与实证分析类的相关研究相对薄弱。也即，现有的研究多集中在家事审判立法、构建家事审判特别程序，以及介绍境外家事审判制度并为本土制度构建提供镜鉴等方面，缺乏对家事审判的基础理论以及运行实况的深度剖析。在研究内容方面，现有的研究更多地关注家事审判程序的整体设计、家事调解以及多元化纠纷解决、家事审判改革、家事审判中的未成年人权益保护、家事审判机构等内容，在家事审判程序法理及非讼化发展、家事案件类型化、家事审判的具体制度等方面的研究力度相对较弱。在时间维度上，学界对家事审判制度进行研究的文献数量在整体上呈逐年递增趋势，且自2016年启动家事审判改革伊始，出现研究“井喷”现象。早期的研究相对较为宏观且议题更为集中，多为对家事审判程序的整体探讨，而现阶段的研究议题则更为发散、深入，关注的问题也更为全面。

不过，囿于立法上的缺失，学界对于微观层面家事审判制度的探讨较为不足，家事证据收集制度便是其中的研究薄弱地带，相关的文献资料严重匮乏，这一对家事审判实践意义重大的议题并未引起学界的足够重视。就现有的研究成果来看，相关文献大体包括以下几类：一是在探讨家事审判理论或程序法理的过程中简略地对证据收集的职权探知模式进行分析。家事审判的程序法理采诉讼法理与非讼法理的交错模式，且存在非讼化的发展趋势，这无疑会对家事证据收集的具体模式以及法院职权调查的范围产生影响，因而在上述研究过程中不可避免地会涉及家事证据收集的相关内容。具有代表性的文献包括孙永军的《论非讼法理在家事诉讼中的适用》、张晓茹的《家事事件程序的法理分析》、陈爱武的《论家事案件的类型化及其程序法理》等。①

二是对家事证据规则、法院证据调查或职权探知主义的直接研究。其中，张海燕的《家事诉讼证据规则的反思与重构》一文指出家事诉讼应采纳限制的辩论主义审理原则，并在该原则支配下适用独立于普通民事诉讼的证据规

① 具体文献包括：孙永军：《论非讼法理在家事诉讼中的适用》，载《青海社会科学》2014年第4期；张晓茹：《家事事件程序的法理分析》，载《河北法学》2006年第6期；陈爱武：《论家事案件的类型化及其程序法理》，载《法律适用》2017年第19期。

则。其强调法院的职权行使，认为法院在事实主张和证据收集方面可以不受当事人诉讼行为的限制。[①] 高星阁的《家事诉讼中法院证据调查制度研究：以我国诉讼模式的转换为背景》一文对当事人主义诉讼模式下法院证据调查的限制以及职权主义模式下法官调查取证权与中立原则之间的冲突进行了剖析，并提出了家事案件中法官职权探知主义的拓展、调查取证权和释明权的相结合、建立法官调查取证辅助制度等完善建议。[②] 傅向宇的《家事审判中职权探知的限度》一文以“当事人权”作为分析工具，着力探讨“当事人权”对于职权探知主义下法官事实调查权的限定性，并厘清职权探知主义下当事人协助义务与辩论主义下当事人证明责任的关系，以及家事审判中当事人协助义务的具体内容。[③] 臧国燕、王东辉与田蕾的《家事诉讼程序中职权主义审判方式的适用》一文对家事诉讼程序适用职权主义审判方式的合理性、具体制度设计、边界设定及谦抑进行了具体探讨。[④] 陈莉的《以法官职权探知主义为原则的家事审判》一文则对法官依职权调查取证、建设性的职权运用、自由裁量权的运用作出了极为详细的论述。[⑤] 李亚楠的《家事诉讼多元化证明标准反思与层次性构建》一文强调应当构建层次性的家事诉讼证明标准，明确以高度盖然性为统一证明标准，并辅之以第三层次具体证明标准。[⑥]

三是对家事证据收集的特别方式进行讨论，具体包括对家事调查员制度、强制亲子鉴定制度、离婚财产申报制度等证据收集方式的研究。相关的文献包括刘敏的《论家事司法中的家事调查员制度》、李喜莲与王晓桐的《我国家事调查员制度职能异化及其矫正》、冯源与姚毅奇的《家事司法改革中调查官的角色干预》、陶建国的《我国家事审判中的家事调查员制度研究》、任容庆的《论家事诉讼中家事“三员”协作体系的构建》、陈飚的《亲子关系诉讼

---

① 张海燕：《家事诉讼证据规则的反思与重构》，载《政治与法律》2018 年第 11 期。

② 高星阁：《家事诉讼中法院证据调查制度研究：以我国诉讼模式的转换为背景》，载《甘肃理论学刊》2014 年第 5 期。

③ 傅向宇：《家事审判中职权探知的限度》，载《中外法学》2021 年第 1 期。

④ 臧国燕、王东辉、田蕾：《家事诉讼程序中职权主义审判方式的适用》，载《人民司法（应用）》2018 年第 10 期。

⑤ 陈莉：《以法官职权探知主义为原则的家事审判》，载《人民司法（应用）》2017 年第 1 期。

⑥ 李亚楠：《家事诉讼多元化证明标准反思与层次性构建》，载《北京理工大学学报（社会科学版）》2023 年第 6 期。

中的血缘鉴定之强制性》、赵信会的《亲子关系诉讼中的亲子鉴定推定及其改革》、张海燕的《亲子关系诉讼中亲子鉴定适用问题研究——兼评〈婚姻法司法解释（三）〉第2条》、蒋月的《离婚诉讼中夫妻共同财产申报义务研究——以2022年修订的妇女法第67条为中心》、朱舒倩的《增设离婚财产申报制度的立法建议》等。①

四是在讨论家事审判中未成年人利益保护的同时，对未成年人表达意见权以及程序辅助人制度进行分析。相关的文献包括刘敏的《家事司法中未成年子女意见表达权之保障》、李喜莲的《离婚抚养权纠纷中未成年子女意愿适用的司法考量及程序衔接》、任凡的《论家事诉讼中未成年人的程序保障》、陈爱武的《家事诉讼与儿童利益保护》、但淑华的《离婚案件中未成年子女的参与权》、宋汉林的《台湾程序监理人制度述评及其启示——以未成年人利益最大化为中心》、陶建国的《德国家事诉讼中子女利益保护人制度及其启示》、冯祝恒的《论家事诉讼中程序辅助人制度之设立——以未成年人程序利益维护为中心》等。②

另外，学界对于民事证据收集制度的研究较为深入，相应的文献资料极

① 具体文献包括：刘敏：《论家事司法中的家事调查员制度》，载《法治现代化研究》2020年第4期；李喜莲、王晓桐：《我国家事调查员制度职能异化及其矫正》，载《湘潭大学学报（哲学社会科学版）》2022年第6期；冯源、姚毅奇：《家事司法改革中调查官的角色干预》，载《甘肃政法学院学报》2017年第5期；陶建国：《我国家事审判中的家事调查员制度研究》，载《保定学院学报》2019年第2期；任容庆：《论家事诉讼中家事“三员”协作体系的构建》，载《法律适用》2017年第19期；陈飏：《亲子关系诉讼中的血缘鉴定之强制性》，载《现代法学》2010年第1期；赵信会：《亲子关系诉讼中的亲子鉴定推定及其改革》，载《证据科学》2016年第6期；张海燕：《亲子关系诉讼中亲子鉴定适用问题研究——兼评〈婚姻法司法解释（三）〉第2条》，载《山东社会科学》2013年第5期；蒋月：《离婚诉讼中夫妻共同财产申报义务研究——以2022年修订的妇女法第67条为中心》，载《中华女子学院学报》2023年第2期；朱舒倩：《增设离婚财产申报制度的立法建议》，载《广西政法管理干部学院学报》2017年第5期。

② 刘敏：《家事司法中未成年子女意见表达权之保障》，载《人权》2023年第6期；李喜莲：《离婚抚养权纠纷中未成年子女意愿适用的司法考量及程序衔接》，载《法学评论》2023年第2期；任凡：《论家事诉讼中未成年人的程序保障》，载《法律科学》（西北政法大学学报）2019年第2期；陈爱武：《家事诉讼与儿童利益保护》，载《北方法学》2016年第6期；但淑华：《离婚案件中未成年子女的参与权》，载《中华女子学院学报》2021年第1期；宋汉林：《台湾程序监理人制度述评及其启示——以未成年人利益最大化为中心》，载《中国青年研究》2014年第5期；陶建国：《德国家事诉讼中子女利益保护人制度及其启示》，载《中国青年社会科学》2014年第1期；冯祝恒：《论家事诉讼中程序辅助人制度之设立——以未成年人程序利益维护为中心》，载《政法学刊》2020年第2期。

为丰富，其中比较有代表性的文献包括肖晗的《民事证据收集制度研究》、许少波的《民事诉前证据收集制度研究》、吴如巧的《民事诉讼证据收集制度的构建》《协作式民事取证规则制度化研究》、李永泉的《民事诉讼当事人证据收集权研究》、李晓丽的《法院证据调查制度研究》等书籍资料。[①] 但上述文献都是对一般意义上的民事证据收集制度进行研究，较少涉及家事审判特殊程序中的证据收集制度。

### （二）我国台湾地区的研究现状

我国台湾地区于 2012 年 1 月 11 日出台了“家事事件法”，该法于 2015 年 12 月 30 日、2019 年 4 月 24 日、2019 年 6 月 19 日、2023 年 6 月 21 日进行了多次修订。尽管台湾“家事事件法”经过前期长时间的“立法”酝酿，但真正立法成文的时间较短。仓促的立法过程使得该法自出台以来，饱受学界批评。其中许多规范条文之间的矛盾未曾梳理，相应的配套制度也不周全，涉及对民事诉讼法的修正部分也因过于草率删减而可能增加法理适用上的困难。但台湾“家事事件法”的出台无疑是解决了我国台湾地区在家事审判领域缺乏单独立法的问题，为家事审判实践提供了法律依据。台湾“家事事件法”对家事证据收集制度的规定并不集中，分散在多个规范条文之中。比如，第 10 条“法院事证调查之规定”、第 13 条“当事人或法定代理人到场之义务”、第 15 条“程序监理人制度”、第 17 条“受托机关之调查义务及费用之核定”、第 18 条“家事调查官调查事实之责”、第 68 条“确认血缘关系之检验程序”等。

台湾学界对于家事审判制度的研究极为深入，研究成果颇多，其中也不乏对家事证据收集制度进行研究的文献资料。比较有代表性的文献包括李太正的《家事事件法之理论与实务》、姜世明的《家事事件法论》、许士宦的

---

① 具体文献包括：肖晗：《民事证据收集制度研究》，湖南师范大学出版社 2010 年版；许少波：《民事诉前证据收集制度研究》，社会科学文献出版社 2016 年版；吴如巧：《民事诉讼证据收集制度的构建》，中国人民公安大学出版社 2011 年版；吴如巧：《协作式民事取证规则制度化研究》，中国政法大学出版社 2017 年版；李永泉：《民事诉讼当事人证据收集权研究》，中国法制出版社 2013 年版；李晓丽：《法院证据调查制度研究》，中国政法大学出版社 2014 年版。

《家事审判与债务执行》《家事审判之事证搜集原则（上）》《家事审判之事证搜集原则（下）》、沈冠伶的《家事程式之新变革》、朱浩文的《家事事件事实及证据之提出与调查之研究——以婚姻及亲子诉讼事件于家事事件法制定前后之演变为中心》、段家杰的《家事事件程序中事证搜集任务之分配——以程序法理之选择及其程序合并下可能产生之疑义为重心》、吴陵微的《论未成年子女陈述意见权——以家事事件法亲权酌定事件为中心》等。[①]

### （三）国外的研究现状

家事审判制度作为世界范围内的共同法律现象，在不同国家或地区的立法进度与发展阶段是不尽相同的。我国无疑是处于发展较为落后的阶段，至今仍无家事审判程序的专门立法。相比较而言，德、日、英、美等西方国家在家事审判制度上的发展更为超前，其家事审判程序立法的时间相对较早。且近年来其针对司法实践中出现的问题，不断地对立法进行修正与完善。以德国为例，早在 1877 年公布的《德国民事诉讼法》中，第六编便规定了“婚姻事件与禁治产事件”。1997 年《德国民事诉讼法》对第六编进行了大幅度修改，取消了对禁治产事件的规定，同时把亲子事件和抚养事件都并入家庭事件中，并将编名改为“家庭事件程序”。2008 年 9 月 19 日，德国审议通过了《德国家事事件及非讼事件程序法》，此次立法将过去分散在《德国民事诉讼法》《德国非讼事件程序法》《德国民法典》等法律中有关家事事件程序的规定进行了整合，解决了立法分散所带来的适用难题。日本对家事案件审理程序的单独立法由来已久。早在 1898 年，日本便以《德国民事诉讼法》第六编的内容为蓝本制定了《日本人事诉讼程序法》。针对社会中出现的大量家庭

① 具体文献包括：李太正：《家事事件法之理论与实务》，元照出版有限公司 2014 年版；姜世明：《家事事件法论》，元照出版有限公司 2012 年版；许士宦：《家事审判与债务执行》，新学林出版股份有限公司 2013 年版；许士宦：《家事审判之事证搜集原则（上）》，载《月旦法学教室》2013 年第 133 期；许士宦：《家事审判之事证搜集原则（下）》，载《月旦法学教室》2013 年第 134 期；沈冠伶：《家事程式之新变革》，元照出版有限公司 2015 年版；朱浩文：《家事事件事实及证据之提出与调查之研究——以婚姻及亲子诉讼事件于家事事件法制定前后之演变为中心》，中国台湾辅仁大学 2015 年硕士学位论文；段家杰：《家事事件程序中事证搜集任务之分配——以程序法理之选择及其程序合并下可能产生之疑义为重心》，中国台湾政治大学 2016 年硕士学位论文；吴陵微：《论未成年子女陈述意见权——以家事事件法亲权酌定事件为中心》，中国台湾高雄大学 2015 年硕士学位论文。

财产案件与家事非讼案件，日本又于 1947 年制定了《日本家事审判法》。2003 年，日本在修订旧《日本人事诉讼程序法》的基础上颁布了新《日本人事诉讼法》。2011 年，日本又对《日本家事审判法》进行了全面修正，并更名为《日本家事事件程序法》。日本的家事案件程序立法已形成了人事诉讼与家事审判程序分别立法的模式。前者主要针对家事身份关系诉讼案件，由《日本人事诉讼法》所调整；后者则主要针对家事非讼案件或非讼化的讼争性案件，由《日本家事事件程序法》所调整。英国作为不成文法国家，有关家事审判程序的规定散见于不同的法律规范之中，比如 1973 年《英国婚姻诉讼法》、1978 年《英国家事诉讼和治安法院法》、1984 年《英国婚姻和家庭诉讼法》、1991 年《英国家事诉讼程序规则》等。为结束这一程序规定上的混乱局面，英国于 2010 年制定了新的《英国家事诉讼程序规则》，为各类家事诉讼提供统一的程序规则。这些西方国家以专门立法或者在民事诉讼法、家庭法等其他法律中作出特别规定的方式确立了家事审判程序，其中也不乏对家事证据收集制度的有关规定。这对于缺乏家事审判程序立法的我们来说，无疑是极具借鉴意义的。

从这些国家的立法规定来看，其有关家事证据收集制度的内容主要集中在以下几个方面：第一，家事审判程序中诉讼资料收集与提出的模式。这一事项主要是在大陆法系国家或地区的立法中有所规定，其意在明确家事审判程序中的证据收集模式，从而与普通民事诉讼所采取的辩论主义模式相区分。由于各国的法制环境、法律理念以及发展历程不同，其在家事诉讼资料收集与提出模式的立法取态上并不一致。比如，《日本人事诉讼法》第 20 条、《日本家事事件程序法》第 56 条分别规定了人事诉讼与家事审判程序适用职权探知主义法理。《德国家事事件及非讼事件程序法》第一编总则部分的第 26 条规定了法院应当依职权进行必要的调查，但在第二编家事事件程序的规定中又对婚姻事件与家事争讼事件适用上述职权证据调查的规定作出了保留。第二，检察机关或行政机关参与家事证据收集的特别规定。日本法便规定了检察官作为公益代表参与人事诉讼与家事审判的具体制度。《法国民事诉讼法》更是以专编的形式对检察机关作为民事诉讼主当事人或从当事人参与诉讼作出了规定，其中对于亲子关系、未成年人监护安排等案件，应当及时报送检察机关。德国法虽然舍弃了此前由检察机关参与家事案件审理的做法，但设置了主管行政机关参与的特殊制度。《德国家事事件及非讼事件程序法》对法官在特定情形下听审青少年局等行政机关作出了极为详细的规定。第三，在家事证据收集方面的特殊制度、取证手段。比如，1975年《澳大利亚家庭法》中家庭顾问的信息开示、日本法上的家庭法院调查官制度、法国法上的社会调查措施、离婚财产事项的告知或申报，以及《德国家事事件及非讼事件程序法》对血缘关系基因检测、涉财产事项的说明或答复义务的特殊规定等。第四，未成年人表达意见与权利保障的规定。两大法系的国家或地区都极为注重在家事审理过程中对未成年人意见的听取，且通过设置程序上的辅助人，代表未成年人的利益在诉讼中"发声"。比如，1975年《澳大利亚家庭法》第60CD条确立了法院获知儿童意见的三种方式：家庭顾问向法院提交的记录儿童意见的报告；儿童独立代理律师对儿童意见的传达；法院认为合适的其他方法。《德国家事事件及非讼事件程序法》第159条也详细规定了对未成年子女意见的听审。另外，不少国家都规定了未成年子女的辅助人制度，如英国法上的儿童监护人、美国亚利桑那州法上的儿童律师、澳大利亚法上的儿童独立代理律师与家庭顾问、《德国家事事件及非讼事件程序法》所设置的程序辅佐人等。

国外的相关研究资料主要包括国内学者介绍国外制度的相关文献以及对外国法律或家事审判制度进行翻译的译著。其中，对于国外家事审判制度的介绍以英国、日本、德国为主，相关的研究文献①极为丰富。除此之外，还包

① 齐凯悦：《21世纪以来英联邦国家家事司法改革之探》，法律出版社2021年版；齐凯悦：《英国家事审判制度研究》，法律出版社2020年版；陈莉、向前：《英国家事审判制度及其启示》，载《法律适用》2016年第11期；黄丹翔：《英国家事诉讼程序的发展及其借鉴意义》，载《司法改革论评》2014年第17辑；石雷：《现代英国家事案件审判体制的变迁及其启示》，载《时代法学》2012年第5期；齐凯悦：《英国家事审判改革的借鉴和启示》，载《中国法治文化》2017年第1期；齐凯悦：《英国家事审判机构专业化改革及对我国的启示》，载《福建农林大学学报（哲学社会科学版）》2017年第6期；齐凯悦：《"互联网+"时代英国的家事审判改革及对我国的借鉴与启示》，载《四川理工学院学报（社会科学版）》2017年第2期；齐凯悦：《论英国家事审判改革中的儿童程序参与及对我国的启示》，载《甘肃政法学院学报》2017年第6期；齐凯悦：《论英国家事司法中的专家参与改革及其对我国的启示》，载《青少年犯罪问题》2018年第4期；张晓茹：《日本家事法院及其对我国的启示》，载《比较法研究》2008年第3期；陈爱武：《日本人事诉讼法的修订及其对我国的启示》，载《金陵法律评论》2008年第2辑；陶建国：《德国家事诉讼中子女利益保护人制度及其启示》，载《中国青年社会科学》2014年第1期；杨临萍、龙飞：《德国家事审判改革及其对我国的启示》，载《法律适用》2016年4期；曹慧婷：《德国家事事件非讼化的发展及其启示》，载《司法改革论评》2016年第21辑。

括少量的对美国、韩国、法国、澳大利亚等国的家事审判制度进行研究的文献资料。[①] 而译著类的资料涉及德国、日本、澳大利亚、英国、法国等多个国家，其中具有代表性的文献包括《德国〈家事事件和非讼事件程序法〉》（王葆莳、张桃荣、王婉婷译）、《德日家事事件与非讼事件程序法典》（郝振江、赵秀举译）、《日本人事诉讼法》（松本博之著，郭美松译）、《家事事件程序法》（梶村太市、德田和幸著，郝振江、傅向宇、刘涛译）、《日本民事诉讼法典》（曹云吉译）、《澳大利亚家庭法（2008 年修正）》（陈苇等译）。[②]

## 四、研究进路与方法

### （一）研究进路

全书在总体上采用“由宏观到微观，从基础理论到制度建构”的演绎模式。其遵循人们对事物探究的一般思路，先从理论层面宏观把握制度的整体形态与发展方向，再以境外相关制度为镜鉴获取丰富的素材，继而回归到本国制度的历史与现状，发现制度规范与实践运作中的问题，最后落位于具体制度的体系重构这一微观视域，以解决问题为导向对各项制度要素进行重构。基于这一逻辑进路，全书大体可以分为四个部分，分别对应上述研究思路的四个环节。其中，第一、二章为第一部分，其主要意旨在于为家事证据收集制度的研究奠定理论基础。该部分从家事审判程序分立与目的分化入手，对家事证据收集制度的独立价值进行论证，解决论题研究的必要性问题。继而，

---

① 有关文献包括：齐玎：《美国纽约州家事审判制度的新发展》，载《司法改革论评》2016 年第 21 辑；齐玎：《论家事审判体制的专业化及其改革路径——以美国纽约州家事法院为参照》，载《河南财经政法大学学报》2016 年第 4 期；刘红梅：《浅析韩国婚姻家事法律发展动向》，载《山东女子学院学报》2011 年第 6 期；陈苇、曹贤信：《澳大利亚家事纠纷解决机制的新发展及其启示》，载《河北法学》2011 年第 8 期；汤鸣：《澳大利亚家事调解制度：问题与借鉴》，载《法律适用》2010 年第 10 期。

② 具体文献包括：《德国〈家事事件和非讼事件程序法〉》，王葆莳、张桃荣、王婉婷译，武汉大学出版社 2017 年版；《德日家事事件与非讼事件程序法典》，郝振江、赵秀举译，法律出版社 2017 年版；〔日〕松本博之：《日本人事诉讼法》，郭美松译，厦门大学出版社 2012 年版；〔日〕梶村太市、德田和幸：《家事事件程序法》，郝振江、傅向宇、刘涛译，厦门大学出版社 2021 年版；《日本民事诉讼法典》，曹云吉译，厦门大学出版社 2017 年版；《澳大利亚家庭法（2008 年修正）》，陈苇等译，群众出版社 2009 年版。

从程序运行的关键环节、发现真实的证据支撑、维护当事人程序主体地位、提升家事审判效率四个维度，梳理并分析了家事证据收集制度的功能定位。在此基础上，又以家事证据收集制度运作必须遵循的程序法理相称原理、证据裁判原则、武器平等原则这三项基本原理或原则作为法理基础，对家事证据收集制度的改造或调适进行省思，为下文的制度重构提供理论指导。本书的第二部分对应第三章，其通过对境外制度的考察从而为我国内地制度的建构提供经验启示，这一部分的内容对于我国内地尚处于发展初始阶段的家事证据收集制度而言颇为重要。本部分基于证据收集制度的法系差异，区分两大法系对其主要国家或地区的家事证据收集制度进行详细介绍，并归纳出其在理念转型、关系构造、方式因应、保障机制等方面共通性的发展规律。本书的第四章为第三部分，该部分旨在对中国内地家事证据收集制度的历史与现状进行解析，揭示本国制度的发展规律以及存在问题，为接下来的制度重构进行铺垫。在具体论述上，首先分别从古代中国、清末民初、新民主主义革命时期、新中国成立之后四个时间段对我国家事证据收集制度的历史沿革进行梳理，分析制度发展的变迁及规律。其次，区分准用民事诉讼中的一般规定与家事审判改革中的特殊规定，对我国家事证据收集制度的现行规范进行介绍，从而动态地把握既有的旧制度内容与正在改革的新制度内容。再次，通过大数据的统计分析与典型案例的实证研究，更为准确地探明我国家事证据收集制度的运行实况。最后，从立法规范与司法实践的情况出发，指出我国现有制度存在的问题，为下文的制度重构与改造提供作用靶心。本书的第四部分对应第五章的具体内容，本部分是在综合前文分析的基础上，对我国家事证据收集制度的各项要素进行重构。其具体包括收集主体及作用模式的明确、证据收集任务的合理分配以及家事调查制度、专业评估报告、家庭财产申报、当事人亲自出庭陈述等特别取证方式的确立。此外，还需对于未成年子女表达意见权利的行使提供特别的程序保障。

### （二）研究方法

#### 1. 价值分析方法

德国学者拉伦茨认为，不论是实践领域或是理论领域，法学涉及的主要是“价值导向”的思考方式。[①] 通过把握价值层面的发展向度，并在此基础上作出正确的价值判断与评价，从而对具体的法律活动与行为提供指导，避免偏离制度的预设定位。本书的研究过程中，也不乏价值分析方法的适用，主要体现在以下两点：其一，从家事审判与普通民事诉讼的程序分立与目的分化切入，探讨家事证据收集制度具有异于普通民事证据收集制度的独立价值。这一层面的价值分析是本书的立论之基，否则便可能因家事证据收集制度与普通民事证据收集制度的同质化而不存在研究的必要。其二，通过对程序法理相称原理、证据裁判原则、武器平等原则等基本理论展开讨论，从而在应然价值层面对家事证据收集制度的发展向度作出明确指示。

2. 比较分析方法

我国内地的家事审判改革正处于起步阶段，且在证据收集制度方面缺乏足够的重视，这在一定程度上导致了理论研究的贫瘠化。然而，我国台湾地区以及一些西方国家的家事审判程序立法相对较早，有关证据收集制度的设计也更为成熟，相应的理论研究也更为深入。故而，在对我国内地的家事证据收集制度进行研究之时，不应局限于内地的相关研究资料，而应对境外的相关制度立法和研究成果保持关注，纵览各国或地区立法和实践的经验，汲取之后为我国内地的制度构建所用。但是，在使用比较分析法时，需注意制度的产生和发展有其特定的土壤，我们在分析境外相关制度的同时，不应忽视该国或地区的法制文化、社会环境、特定背景、诉讼模式等因素，在考虑诸多影响因素之后，客观地进行分析论证，为我国内地的制度发展添加“养料”。

3. 历史分析方法

家事审判并非为现代法治所独有，其作为传统的司法制度存在悠久的历史，家事证据收集制度也早已形成且不断发展。历史的印迹通过家事法律文化的形式得以传承，并依旧对现代家事司法产生重要影响。故而，对于我国家事证据收集制度的探讨，应同时从历史维度进行认知，从丰富的历史素材中汲取优秀经验。具体而言，一方面，可以从家事证据收集制度的历史发展

---

① 〔德〕卡尔·拉伦茨：《法学方法论》，陈爱娥译，商务印书馆2015年版，第95页。

中深刻把握我国的家事法律文化与理念，并对现代家事司法中法律现象进行诠解与反思，以寻求制度与文化上的共鸣；另一方面，通过对家事证据收集制度历史的动态梳理与分析，有助于准确把握这一制度的发展脉络、独特规律与属性特征，从而为家事审判改革提供历史镜鉴。

4. 实证分析方法

实证分析的方法是指通过对研究对象大量的观察、实验和调查，获取客观材料，从个别到一般，归纳出事物的本质属性和发展规律的一种研究方法。实证研究强调事实分析和数据分析。尽管我国并未存在专门的家事审判程序立法，但并不意味着也不存在相应的家事审判实践，只不过此前因借用民事诉讼的普通程序而存在适用异化的问题，这恰恰为学术研究提供了问题视阈。而且，家事审判的改革实践无疑为家事证据收集制度研究提供了样本。我们可通过对试点法院的改革实施效果进行分析，从而凝练、升华得出相应的经验启示。在具体操作路径上，可以以中国裁判文书网为检索平台，通过检索获取相应的大数据，从而对制度运行的总体情况进行分析。同时，还可以通过对家事审判实践中的典型案例展开研究，从微观视角来探究制度现况。

## 五、概念厘定

美国法哲学家博登海默指出："概念乃是解决法律问题所必需的和必不可少的工具。"① 可见，法律概念的界定是法学研究的逻辑起点，对概念的正确把握有助于厘清研究对象，避免因概念的混同而导致研究上的偏差。所谓法律概念，具体是指抽象各种法律现象的共同特征予以概括的范畴，② 其存在特定的内涵。对于家事证据收集制度这一概念内涵的理解，需注意以下两点：其一，"家事证据收集制度"其实是一个复合概念，包括"家事审判"和"证据收集"两个构成元素，因而对这一概念的理解也需在准确界定这两个构成元素的基础上进行。其中，"家事审判"限定了"证据收集"的作用场域，而"证据收集"又限定了"家事审判"中的制度内容。其二，法律概念与法

① 〔美〕E. 博登海默：《法理学：法律哲学与法律方法》，邓正来译，中国政法大学出版社 2004 年版，第 504 页。

② 张文显：《法的概念》，法律出版社 2011 年版，第 222-224 页。

律规范一般被并列视为法的要素之一。这说明了法律概念具有相对于法律规范的独立性，其并非如德国法哲学家冯·德尔·普佛尔滕所主张的“法理论上的规范主义说”[①] 一般，认为法律概念乃法律规范的组成部分。[②] 家事审判的立法在不少境外国家或地区已趋于成熟，如《德国家事事件及非讼事件程序法》《韩国家事诉讼法》以及我国台湾地区的“家事事件法”等。显然，各国或地区立法对于家事证据收集制度的规定不尽相同。我们在界定这一概念的过程中，一方面需对现有的法律规范保持关注，另一方面也需抽象出各国制度中共同的本质特征，而不应局限于单一规范层面的界定。

### （一）家事审判

从文义上来看，“家事审判”顾名思义就是对家事纠纷或案件进行审理裁判的特别程序或制度。由于家事纠纷在本质上仍属于民事纠纷，因而家事审判程序其实是民事诉讼的一项子程序。只不过因家事纠纷的独特性，家事审判程序不同于普通的民事诉讼程序。另外，“审判”在《现代汉语词典》中解释为“审理和判决（案件）”。[③] 同样，在法律术语中，“审判”是与“调解”等其他非审判方式相对应的法律概念。可见，“家事审判”在文义解释上是不包括“家事调解”的。

从规范上来看，各国或地区对于家事案件审理所适用的特别程序的立法称谓并不统一。例如，早期的日本存在《日本人事诉讼程序法》（1898 年制定）与《日本家事审判法》（1947 年制定）的分立。其中，家事审判是指“家庭法院以职权探知主义为基本法则、通过裁量权的行使，实现对家事案件的具体而恰当解决的一种非公开裁判程序，属于非讼程序的一种”。[④] 而相对应的人事诉讼主要是指对“婚姻案件、亲子关系案件、收养关系案件以及其他以身份关系的形成或确认为目的的案件”进行审理的诉讼形式。[⑤] 日本在

---

① Vgl. Dietmar von der Pfordten. über Begriff im Recht, 98 ARSP 440 (2012).

② 雷磊:《法律概念是重要的吗》，载《法学研究》2017 年第 4 期。

③ 中国社会科学院语言研究所词典编辑室:《现代汉语词典》，商务印书馆 1996 年版，第 1125 页。

④ 〔日〕山木户克己:《家事审判法》，有斐阁 1958 年版，第 14 页。

⑤ 〔日〕松本博之:《日本人事诉讼法》，郭美松译，厦门大学出版社 2012 年版，第 11 页。

2003年对《日本人事诉讼程序法》进行了修正，制定了新的《日本人事诉讼法》。[①] 2011年，日本在对《日本家事审判法》进行修订的基础上制定了《日本家事事件程序法》。[②] 2008年，德国在对《德国非讼事件程序法》（FGG）进行全面修订的同时，将原先属于民事诉讼法典第六编所规定的“家庭事件程序”的全部内容纳入了非讼事件的范围，制定了新的《德国家事事件及非讼事件程序法》。[③] 此外，相关的家事立法还包括新加坡于2014年制定的《新加坡家事司法法》、韩国于2015年修订的《韩国家事诉讼法》、英国于2010年制定的《英国家事诉讼程序规则》以及我国台湾地区的“家事事件法”等。从上述规范文件来看，境外各国或地区对于家事案件审理程序的立法称谓存在“人事诉讼”“家事审判”“家事诉讼”“家事司法”以及“家事事件程序”等不同名称，且上述名称之间既有不同称谓而含义相同的情形，也有同一称谓而含义不同的情形。比如，韩国法上的家事诉讼包括身份关系诉讼、家事非讼程序以及有关家事裁判的执行等在内的所有内容，[④] 而我国台湾地区“家事事件法”第三编的“家事诉讼程序”仅指代对存在争讼性的家事事件进行审理的程序。

我国内地虽不存在专门的家事程序立法，但从家事审判改革以来出台的一系列规范文件[⑤]来看，我国内地在规范层面使用的是“家事审判”一词。且“家事审判”的内涵包括家事诉讼案件的审理、保护令等非讼案件[⑥]的审理以及家事调解等诸多内容。可见，我国内地规范层面的“家事审判”概念与日本法上的“家事审判”概念并不一致，后者仅指代家事非讼审理程序，

---

① 该法已于2004、2011年、2012年进行了修改。

② 该法已于2013年进行了修改。

③ 《德国〈家事事件和非讼事件程序法〉》，王葆莳、张桃荣、王婉婷译，武汉大学出版社2017年版，第4页。

④ 刘敏：《论新时代中国家事诉讼法学的建立和发展》，载《法治现代化研究》2018年第4期。

⑤ 相关的规范性文件有《最高人民法院关于进一步深化家事审判方式和工作机制改革的意见（试行）》《最高人民法院关于开展家事审判方式和工作机制改革试点工作的意见》《最高人民法院关于在部分法院开展家事审判方式和工作机制改革试点工作的通知》《最高人民法院、中央综治办、最高人民检察院等关于建立家事审判方式和工作机制改革联席会议制度的意见》。

⑥ 《最高人民法院关于进一步深化家事审判方式和工作机制改革的意见（试行）》第45条对当事人申请保护令程序作出了规定。

而前者的范围更广，且以家事诉讼审理程序为主。[①] 对比来看，笔者认为我国内地规范层面的“家事审判”界定更为合理。一方面，将“家事审判”理解为家事非讼审理程序不符合人们的惯常理解与思维习惯；另一方面，日本法上对“家事审判”的独特界定存在特定的历史背景。在制定《日本家事审判法》之时，日本法上早已有了人事诉讼的单独立法。故而只能将“家事审判”限定在“家事非讼审理程序”这一狭隘范围，从而导致了这一规范界定并不妥适。另外，从境外比较的视角来看，我国内地“家事审判”概念的意涵十分宽泛，相当于韩国法上的“家事诉讼”、德国法上的“家事事件程序”以及日本法上“人事诉讼”与“家事审判”的全部内容。

在学理上，我国内地学者对于家事案件审理程序的称谓也不统一，存在“人事诉讼”“家事诉讼”以及“家事审判”等不同称谓，且在“家事诉讼”等概念的具体界定上也存在争议。不过，使用“家事审判”一词的学者对于“家事审判”概念的厘定大同小异，并不存在实质性差异。如张晓茹博士将“家事审（裁）判制度”定义为“是以维持家庭和平及健全家族间共同生活为目的，由国家设特别的机关（即家庭裁判所或家事法院、家事法庭），遵从职权主义及秘密审理的方式，处理或预防夫妻、亲子及家属间纠纷的制度”。[②] 王德新教授则认为“家事审判是指以家事案件（我国司法统计中一般称婚姻家庭案件）为审判对象，以家事诉讼程序、家事非讼程序和家事审判机构的组成和运作为主要内容的审判活动和机制”。[③] 王琦教授将家事审判程序认定为“法院审理家事案件时应当遵循的特定程式规则”，并指出其具体包括家事诉讼程序和家事特殊程序。[④] 曹思婕博士的界定更为精炼，即“家事审判是指专门审理涉及婚姻家庭领域中各类纠纷的审判活动”。[⑤] 纵观上述定义，各学

---

① 从《最高人民法院关于开展家事审判方式和工作机制改革试点工作的意见》第5条规定的试点案件范围来看，我国内地家事审判改革主要集中在家事诉讼案件的审理上，对于《民事诉讼法》第十五章所规定的宣告失踪、宣告死亡案件、认定公民无民事行为能力、限制民事行为能力案件等所适用的特别程序并不涉及。

② 张晓茹：《家事裁判制度研究》，中国法制出版社2011年版，第9页。

③ 王德新：《家事审判改革的理念革新与路径调适》，载《当代法学》2018年第1期。

④ 王琦：《聚焦我国家事审判改革的几个面向》，载《政法论丛》2018年第1期。

⑤ 曹思婕：《我国家事审判改革路径之探析》，载《法学论坛》2016年第5期。

者对于“家事审判”包括“家事诉讼程序”与“家事非讼程序”的基本意涵并不存疑，只不过王德新教授的界定是基于家事审判司法改革的视角，因而在概念的外延上将“家事审判机构的组成和运作”也纳入其中。由于本书的研究是基于家事审判程序的视域，故而笔者认为应将“家事审判机构”的内容排除在“家事审判”概念之外，以保持这一界定的纯粹性。

具体而言，对于家事审判概念的理解，需从以下两个方面进行：第一，家事审判的对象，即家事案件或家事纠纷。家庭是以婚姻、血缘以及拟制血亲关系为纽带而成立的社会组成单元。家庭成员之间的亲密性、伦理性以及利他性的特点，使得家庭内部的纠纷解决具有不同于普通民事纠纷的独特性，因而在诉讼方式上需采取特别的程序。这一点已渐为全世界所认可。不过，由于各国或地区的法制传统、制度体系以及运行实践的不同，其立法上所确定的适用家事审判特殊程序的案件范围并不一致，存在较大的分歧。从总体上来看，境外各国或地区的家事案件范围可分为三种情形：一是最为广义上的家事案件范围，几乎包括所有与婚姻家庭、继承有关的案件。比如，《日本人事诉讼法》与《日本家事事件程序法》所规定的婚姻关系事件、亲子关系事件、收养关系事件、成年及未成年人监护事件、有关保佐或辅助的审判事件、宣告失踪事件、扶养关系事件、继承与遗产分割事件等。我国台湾地区“家事事件法”所规定的家事事件也极为宽泛，具体包括婚姻、亲子、继承、收养、未成年人监护、扶养、失踪人财产管理等内容。二是相对宽泛意义上的家事案件范围。比如，《德国家事事件及非讼事件程序法》便将“遗产事件与分割事件中的程序”规定在第四编，与第二编“家庭事件中的程序”并立。《英国家事诉讼程序规则》规定家事法院管辖案件主要包括婚姻纠纷、经济救助、家庭暴力、强迫婚姻、涉及子女的案件以及收养等，并不涉及遗嘱与继承纠纷。[①] 此外，像希腊、奥地利等国多将婚姻、亲子、监护这三类案件纳入家事程序的受案范围。三是狭义上的家事案件范围，以澳大利亚为主，其家事程序主要适用于婚姻案件。[②] 这三种家事案件范围并不能以简单的优劣来进

① 赵秀举：《家事审判方式改革的方向与路径》，载《当代法学》2017年第4期。
② 许少波：《家事纠纷类型化分析》，载《江海学刊》2014年第3期。

行价值判断，其只不过体现出各国或地区对于家事程序适用范围的不同取态，各有其合理性。

既然学术研究旨在回应本土化问题，那么对家事案件范围的厘定无疑需要对本国的司法实践、制度传统以及现状给予特别的关注。我国内地的家事审判制度目前尚处于改革试点阶段，并不存在专门立法，家事审判的案件范围缺乏规范明确性。从最高人民法院发布的指导性文件①来看，家事审判改革试点案件范围相对狭窄，并不包括宣告失踪、死亡案件，以及认定公民无民事行为能力、限制民事行为能力的案件等传统民事非讼案件。究其原因，家事审判改革旨在探索新的家事审判方式，对于《民事诉讼法》特别程序部分中适用较为成熟的涉家事非讼案件，无需再以改革试点的方式进行程序优化，故而未纳入试点的案件范围。尽管如此，在学理上对“家事审判”进行探讨时，仍应将不存在争议性的家事非讼案件纳入家事审判的案件范围。

此外，我国内地司法实践中与家事审判案件范围有关的便是《民事案件案由规定》中有关“婚姻家庭纠纷”和“继承纠纷”的案件类型。将“婚姻家庭纠纷”归属于家事案件范围在我国的学术话语体系下并无异议，只不过学界对于“继承纠纷”是否适用家事审判程序分歧较大。有学者在列举我国内地家事纠纷的范围时，将包括遗嘱继承纠纷、遗赠纠纷、遗赠扶养协议纠纷等在内的继承纠纷纳入其中。② 也有学者认为“继承纠纷”中的“遗赠纠纷”与婚姻家庭之间的关联性较弱，并不需要适用特别的家事审判程序，因而可暂时将独特性较弱的“继承纠纷”排除在家事案件范围之外。③ 对此，笔者认为普通的继承纠纷如法定继承、遗嘱继承一般是发生在家庭成员之间，其同样存在着与婚姻家庭纠纷类似的特质，需在诉讼程序与审理模式等方面进行特别设计。至于关联性较弱的遗赠纠纷，可以在立法技术上采取其他处理方案：一是将其单独排除在家事审判程序适用之外；二是在家事审判立法中进行特别规定。这一观点在我国内地的家事审判改革实践中得到了印证，

---

① 《最高人民法院关于开展家事审判方式和工作机制改革试点工作的意见》第5条规定了试点案件范围。

② 许少波：《家事纠纷类型化分析》，载《江海学刊》2014年第3期。

③ 赵秀举：《家事审判方式改革的方向与路径》，载《当代法学》2017年第4期。

最高人民法院指导性文件中所确定的试点案件范围是包括继承和分家析产纠纷案件的。

第二，家事审判的程序。如前所述，家事审判的程序包括对家事诉讼案件进行审理的“家事诉讼程序”和对家事非讼案件进行审理的“家事非讼程序”。另外，由于家事主体之间的情感维系以及相互依存的稳定关系，家事纠纷的解决注重“推进未来的建设性关系，而不是激化现存矛盾”。[①] 加之家事纠纷主体的需求极为复杂，非单一的利益追求，故而调解方式是家事纠纷解决的重要手段。尽管“家事审判”概念的文义解读并不包括“家事调解”，但实践中家事案件的审判和调解其实是密不可分的。如果僵化地将“家事审判”与“家事调解”割裂起来，无疑是不利于家事纠纷的解决以及家事审判目的的实现。故而，我国在推进家事审判改革的过程中，尤为强调对家事调解手段的运用，通过家事调解来实现家庭关系的和谐稳定。再者，“家事审判”中的“审判”更多的是强调司法权力在家事纠纷解决过程中的介入，而无论最终的解决方式是法院裁判还是调解。可见，家事审判的程序是包括家事调解在内的。

综上，笔者认为家事审判是法院对于与婚姻家庭、继承有关的身份、财产纠纷以及非讼事件进行专门审理的特别程序，其在内容上包括家事诉讼程序、家事非讼程序以及家事调解程序。

### （二）证据收集

民事诉讼是运用证据发现案件真实的过程，证据在民事诉讼中发挥着至关重要的作用。民事证据制度便是围绕着对案件事实和证据的合理运用而展开的。其首要前提在于将与案件有关的事实和证据尽可能多地引入到诉讼程序中来，而这便需要借助证据收集制度。所谓的证据收集制度，是指法定主体依据特定程序和要求对与案件有关的事实和证据进行收集、提取、固定、保存的诉讼制度。对这一概念的理解，需注意以下几点：

① ［美］斯蒂芬·B·戈尔德堡等：《纠纷解决：谈判、调解和其他机制》，蔡彦敏、曾宇、刘晶晶译，中国政法大学出版社2004年版，第469页。

第一，证据收集的主体。在大陆法系民事诉讼中，证据收集被界定为当事人自行收集相关事实和证据资料的诉讼活动，当事人是证据收集的唯一主体。根据辩论主义原则，作为裁判基础的事实和证据资料由当事人自行决定，法院应当尊重当事人在这一方面的处分权能。即对于当事人在诉讼过程中未主张的案件事实以及未提出的证据资料，法院不能主动依职权进行调查，也不能将其作为裁判的依据。对于当事人确因现实困难或客观原因而无法收集证据的情形，可以允许其向法院提出申请，法院在审查该申请之后可以采取相应的证据调查措施。不过，法院审查证据申请的行为以及此后开展的调取证据行为在大陆法系国家和地区被称作证据调查，与当事人的证据收集行为相对应。在此种情形下，法院自然不属于民事证据的收集主体。在英美法系民事诉讼制度中，不存在直接的证据收集制度，与之相关的是证据开示制度。证据开示是指持有证据资料的一方当事人或第三人需开示其所掌握的案件事实和证据信息。其在形式上表现为证据资料的揭示与发现，以及证据信息的沟通与交换，但在一定程度上发挥着证据收集的功能。当事人可以通过证据开示程序，从对方当事人或第三人处获得相关案件事实和证据资料。由于民事证据规则对当事人或案外人的证据开示义务作出了明确规定，一般情况下证据开示的过程由当事人自主进行，不需要法院职权介入。只有在当事人对证据开示的方式、范围等事项上发生争执，或需要法院作出特别处理之时，法院才会以特定开示命令的方式介入其中。可见，英美法系民事诉讼中的证据开示更强调当事人的主导，即使法院在特定情形下发布了开示命令，也需要当事人来具体完成。

而与境外法制相比，我国内地《民事诉讼法》对证据收集主体范围的规定极为宽泛，包括当事人、人民法院、律师和其他诉讼代理人等。《民事诉讼法》第 64 条规定了律师和其他诉讼代理人享有调查收集证据的权利，第 67 条则明确了法院调查收集证据的特定情形。事实上，证据收集的基本意涵便是将证据资料及其相关的外在事实从证据源（掌握证据材料的人）处进行提取、收悉、获知的过程，其本身是不存在主体限制的，诉讼活动的主体都可以基于特定目的实施证据收集行为。只不过境外法制中的证据收集理论受制于辩论主义的“证据提出原则”以及举证责任等诉讼法理的约束。其认为既然现行立法与理论仅将证据提出的责任赋予诉讼当事人，那么为了实现权责统一性，证据提出之前的收集行为也只能交由当事人完成，不能由无需承担不利后果的法院来进行。这其实是一种理论上的误识，其将民事诉讼简单地等同于当事人之间的私益纠纷解决，忽视了诉讼过程中可能涉及的社会公益、第三人权益以及程序利益等特殊法益。对于这些特殊法益，需要由法院作为利益代表来对其进行维护。尽管法院无法在规则与现实层面承担举证不能的不利后果，但并不能就此推出法院不宜作为证据收集主体这一结论。法院可能基于维护公益、他人合法权益或者维护正常诉讼秩序等目的，而有必要在特定情形下主动或依申请去调查收集相关事实证据。另外，律师或诉讼代理人作为证据收集主体，其实是对当事人证据收集能力的补强，协助其更好地完成相应的举证任务。综上，笔者认为证据收集主体是包括当事人、法院、律师或其他诉讼代理人等相应诉讼主体的。

第二，证据收集的对象，即事实和证据。一般而言，在证据法上强调对相关案件资料进行收集的诉讼制度，多是以“证据”一词作为收集对象的指称，如常见的“证据收集”“证据调查”“证据开示”等。事实上，事实与证据的关系并非如概念厘定那般界限分明。在诉讼资料收集过程中，事实资料和证据资料往往是密不可分的，探知、搜寻案件信息的过程其实也就是证据资料的收集过程。尽管证据概念存在“事实说”“材料说”“信息说”“知识说”“证据事实载体说”等诸多学说的争论。但不可否认的是，对证据材料的收集同时也是对其可直接观察认知的外在事实①的获知。② 再者，法院也是证据收集制度的重要主体，法院的职权调查不仅仅包括对证据资料的调取、收集，也包括对案件事实的职权调查。

### （三）家事证据收集制度

综合上文对于“家事审判”与“证据收集”概念的厘定，笔者认为“家事证据收集制度”是指在对与婚姻家庭、继承有关的身份、财产纠纷以及非

---

① 证据的外在事实与待证事实相对应，前者通过直接观察所认知，后者需要通过法定证明程序得以证实。

② 周洪波：《诉讼证据概念：“修正的事实说”重申》，载《浙江社会科学》2019 年第 6 期。

讼事件进行专门审理的特别程序中，特定主体依据法律规定对有关案件事实与证据进行收集、提取、固定、保存等一系列诉讼活动的制度。对于“家事证据收集制度”概念的理解，需注意以下几点：

第一，适用领域的独特性。证据收集在行为外观上表现为对案件证据资料的发现、采集与提取。三大诉讼中的证据收集制度存在一定的共性，如均强调收集方式上合法性、收集内容的全面客观性、收集固定的及时性等。不过，囿于其各自适用的诉讼领域不同，其证据收集制度的差异性更为明显。如民事证据收集以当事人为主导，而刑事证据收集则主要依赖侦查机关的侦查行为。同样，家事证据收集制度与普通民事证据收集制度的差异性也来源于其适用领域的不同。我们在具体探讨之时，应尤为注重其家事审判场域的特定性。另外，如前所述，家事审判程序包括家事诉讼程序、家事非讼程序和家事调解程序。其中，家事调解作为替代法院裁判的纠纷解决方式，其程序特定性多体现在争议解决的路径方面，与证据收集制度关联不大。故而下文中对证据收集制度的探讨主要集中在家事诉讼与非讼程序之中。

第二，价值选择的多维性。家事证据收集制度与家事审判程序在价值追求上存在一致性，且前者在价值选择上往往受制于后者。一般情况下，由于家事案件涉及身份关系的确定或变更，以及对伦理道德秩序的维系，存在极强的公益性。因而，家事审判程序对于案件真实的追求要远高于普通民事案件，其不再简单地奉行“法律真实”主义，而是强调家事裁判需最大程度地发现“客观真实”。[①] 这一严苛的裁判真实标准体现在证据收集制度方面，便是要求作为国家公权力代表的法院以及其他负有协助义务的主体，在家事审判过程中需积极主动地收集案件证据，以补足当事人取证能力的不足所导致的司法认知障碍。可见，此时的家事证据收集制度是以实体公正为主要价值导向的。但是，在涉及未成年子女的亲权、监护权指定、交付子女、保护安置等特殊事项的家事案件审理中，法院需妥善、迅速地作出处理，其对于程序效率存在较高要求。具言之，上述事项的处理直接关乎未成年子女的切身利益，若不能快速地得到解决，既会造成未成年人权益保护的滞后性，且持

---

① 张海燕：《家事诉讼证据规则的反思与重构》，载《政治与法律》2018 年第 11 期。

久的诉讼过程也会给未成年人造成严重的心理创伤。故而，为达成这一诉讼目的，法院在证据收集方面应享有较大程度的调查取证职权，可以积极主动地收集与未成年子女利益相关的案件事实和证据，从而助推家事审判程序的快速审理与运行。

第三，程序保障的侧重性。与普通民事纠纷不同的是，家事案件发生在具有亲密关系的家庭成员之间，当事人的身份属性以及彼此之间的强弱对比关系极为明显，且对于诉讼程序的走向影响极大。故而，在家事审判中需要对未成年人、老人、妇女等特殊主体给予特别的关照，在程序保障上也需向其倾斜，实现双方诉讼能力的实质平衡或对特殊主体的权利保护。这一特质在家事证据收集制度上也应有所体现。一方面，在证据收集的内容上，尽管强调收集证据资料的全面性，但在涉及未成年子女、老人等主体的相关利益时，应有所偏重。再者，未成年人的意思表达与行为能力虽有所欠缺，但法院在审理过程中仍应积极听取未成年人的意见，尊重其表达意见的权利。另一方面，在证据收集的方式上，也应强调对弱势主体的程序保障。比如，对未成年子女意见的调查，应根据其年龄与生理状况采取适宜的调查手段，且在调查启动以及具体调查过程中，应尊重未成年人的主观意愿与态度。

# 第一章　家事证据收集制度的价值功能

由于家事案件存在法益复合性、法律关系多重性、伦理道德交织性以及涉利益广泛性等特点，不少国家和地区在立法上都设置了有别于普通民事诉讼的家事审判制度或程序。不过，受制于我国的法制传统，我国家事审判程序立法与实践一直以来都交织在普通民事诉讼程序之中而未能分离。在当前的统合模式下，家事证据收集制度的特别构建无从谈起。故而，有必要从理论层面廓清家事审判与普通民事诉讼制度分立的必要性，探讨家事证据收集制度运行的独立价值。另外，家事审判制度涉及当事人、管辖、审理程序等诸多内容，明晰证据收集制度的功能定位，有助于厘清该制度在家事审判程序运行中的具体作用，彰示出家事证据收集制度重构的现实意义。

## 第一节　家事审判与普通民事诉讼的制度分立

家事证据收集制度的独立价值，强调其具有异于普通民事证据收集制度的独特性，否则将因内容的依附性而不存在独立设计的必要。然而，在探讨这一议题之前，首先需解决家事审判与普通民事诉讼制度立法采取统合模式抑或分立模式的问题。毋庸置疑，境外大部分国家或地区采取了制度分立的模式。但在长期适用统合立法模式的我国内地，是否也有必要将家事审判与普通民事诉讼进行二元分立？这便是该部分旨在探讨解决的问题，也是本书探讨家事证据收集制度体系重构的立论前提。对此，具体可从家事审判程序的独立运行与诉讼目的的分化而具体展开论证。

## 一、程序运行的独立：家事案件特质与审理程序殊异

家事审判制度分立最集中的体现便是程序运行层面的独立性。从境外国家或地区的家事法制来看，家事审判程序的独立运行是其发展的必然趋势。以德国和我国台湾地区为例，其均将民事诉讼法典中有关家事审判的内容剥离出来，制定专门的家事程序法规，以此实现家事审判的专业化。同样，我国内地正在推行的家事审判改革也是以家事审判程序的特别设立为改革动向，通过程序上的独立性来保障家事审判目的的实现。从学理上看，家事审判程序的分立存在以下几点理由：

### （一）家事案件标的特殊性

家事案件与普通民事纠纷相比，存在较大的差异性。这使得家事纠纷的诉讼解决无法简单援用一般民事诉讼程序，需另外根据家事纠纷特质以及处理要求设计特殊的诉讼程序。可见，家事案件标的的特殊性是家事审判程序分立的首要因由。[①] 具言之，家事案件的特质包括以下几点：

1. 家事纠纷的身份交织性

家事案件的主体是具有亲缘关系的家庭成员或亲属，其通过婚姻、血缘、拟制血亲等塑造了各自的身份关系，并决定了相互之间在家庭生活中所扮演的角色，如父母子女之间的亲子关系、夫妻之间的婚姻关系等。家事主体的身份性使得他们彼此之间发生的民事纠纷衍生出“非契约性”的特点。即使是一般的财产性质纠纷，也因纠纷主体的身份特殊性，而使得其诉讼解决不同于普通财产纠纷。家事纠纷的“非契约性”使得其并不适用民事契约关系中常见的公平竞争、等价交换以及意思自治等法理。[②] 家事审判中的公平并非简单地维持形式上的平等，而是包含对弱者进行救助、保护之意涵。同样，

---

① 王琦：《聚焦我国家事审判改革的几个面向》，载《政法论丛》2018 年第 1 期。

② 陈飏：《家事事件：从家、婚姻家庭到家庭纠纷的本源追溯》，载《西南民族大学学报（人文社科版）》2014 年第 6 期。

等价交换原理在家庭生活中也并不常用，过于计较双方的利益得失，显然是与家庭生活的本质相违的。

另者，家事纠纷的身份性与伦理性是密不可分的。所谓的伦理，是指“调节人际关系行为、包括由其扩演外化的人与社会或群体和各群体之间的关系行为的价值原则和规范”。① 家庭作为基本社会关系，充斥着浓厚的人伦、道德以及习俗色彩。② 家庭主体也因传统文化的沿袭、熏陶以及情感教化、言传身教等因由，自觉遵守长期以来形成的伦理道德。如“父慈子孝”“一日夫妻百日恩”“百善孝为先”等。③ 这种基于身份关系而产生的伦理道德，一旦得不到遵从，便会引起家庭内部秩序的紊乱，甚至爆发激烈的冲突。由此所引发的家事纠纷在解决过程中便需要特别注重对家庭伦理的关照与重塑，而非僵化地适用冰冷的法律规则。否则，可能出现“官司已了事未了”，家庭关系因此而破裂的两败俱伤局面。需注意的是，家庭中的伦理道德尽管为传统文化积淀而成，但并非都是符合现代社会发展要求的，一些封建时代的糟粕思想依然存在，如“男尊女卑”“三纲五常”等。这些与现代平等、自由理念相违的人伦礼俗，遭到了亲属法律或规则的舍弃与否定。但法律与伦理之间的割裂也因此而产生，倘若发生了纠纷，那么便需要裁判者巧妙地化解二者冲突所导致的解纷障碍。以“父亲暴力教子”为例，在传统“父为子纲”的伦理规范下，父亲的教育方式并无不妥。而法律将其认定为“家庭暴力”的处理方式，容易让父亲对裁判结果产生抵触情绪，不利于家庭和谐。因而，在对这一类案件进行审理的过程中，应当注重对当事人的教育、心理疏导，帮助其形成正确的认知。

最后，家事主体的身份性决定了家事纠纷存在情感交织的特性。家事主体因其身份角色而形成了爱情、亲情等情感联结，且随着彼此共同生活、日常交流而不断强化。家事主体之间的亲密关系以及情感依附的特点，弱化了利益因素在家庭生活中的作用，而转换为更难琢磨与判断的主观感受与情感

---

① 万俊人：《寻求普世伦理》，北京大学出版社 2009 年版，第 22 页。

② 曹思婕：《我国家事审判改革路径之探析》，载《法学论坛》2016 年第 5 期。

③ 陈宝军、王琦：《家事纠纷特质的反思与重识》，载《海南大学学报（人文社会科学版）》2018 年第 1 期。

认同。在此影响下，家事纠纷的成因愈加复杂，家庭内部的经济状况、家庭成员之间的情感交流或者在维系家庭生计过程中的付出程度等因素，都可能引起彼此的不满，从而诱发家庭矛盾与纠纷。[①] 这与普通民事纠纷中的利益之争截然不同。故而，日本学者我妻荣先生将家事纠纷的特征界定为“身份关系的非理性”。[②] 其中家事纠纷的非理性因素主要来源于其情感交织的特性。即使是家庭内部的财产纠纷，如离婚财产分割、索取赡养费、抚养费、要求精神损失赔偿等，也可能蕴藏着情感缺失、心理诉求等非理性内因。因而，对于上述纠纷的解决需理顺、抚平其内在的情感因素。如此一来，对待一般性财产纠纷的理性处理方式在此不具有适用性。

2. 家事纠纷的涉公益性

美国法理学家庞德将个人的要求、愿望、需要认定为利益，并将其界分为个人利益、公共利益和社会利益。[③] 庞德对公益的界定是在其特定的概念体系之下，与现代社会的一般认识并不相符。[④] 一般而言，法学领域中的公共利益是指代“不特定人的多数利益”，其大致相当于庞德界定中的“公共利益”与“社会利益”的统合。公共利益的概念意涵其实并不明确，处于不断变动之中。这无疑强化了公共利益范畴的适用性，使其更契合司法实践的需求。家事案件主要以身份关系发生的纠纷为标的，裁判结果不仅影响诉讼当事人个人之权益，更及于社会之秩序与国家之公益。[⑤] 具言之，家事案件的公益性首先体现在家事主体身份关系的对世效力。家事主体的身份权不同于民事合同关系中的相对权，婚姻关系的缔结与解除、收养关系是否成立等，都将关系到相关主体的利益与后续的行为选择。比如，在民事交易过程中，债权人对于夫妻一方享有的债权是基于其个人财产还是夫妻共同财产来偿还，便与其婚姻关系是否成立或者发生变更密切相关。其次，家庭作为社会的基本单元，其是否和谐稳定将关涉到社会秩序的安定团结。婚姻家庭生活中纠纷滋

① 孙永军：《论非讼法理在家事诉讼中的适用》，载《青海社会科学》2014年第4期。

② 我妻荣：《家事调停序论》，载《家族法的诸问题（穗积先生追悼论文集）》，有斐阁1952年版。

③ 〔美〕罗斯科·庞德：《通过法律的社会控制》，沈宗灵译，商务印书馆2010年版，第41页。

④ 梁上上：《公共利益与利益衡量》，载《政法论坛》2016年第6期，第4页。

⑤ 陈计男：《民事诉讼法论》，三民书局1994年版，第412页。

生以及暴力冲突，在给家庭成员带来困扰的同时，也可能因个人愤懑报复或其他方式，危及整个社会的长治久安。家庭暴力、婚外恋、遗弃老人等家庭问题的影响范围也不局限于家庭内部，可能一直延伸到社会层面。例如，法院对一起“赡养老人”案件的不当处理或裁判，不仅会导致家庭内部关系的紧张甚至破裂，也有可能给社会形成错误的司法导向，造成极为恶劣的影响。最后，家事纠纷往往涉及未成年人、老人的权益保障，其能否妥善解决将直接影响到上述弱势群体的合法权益。以未成年人为例，家庭分裂与父母离异无疑会造成其心理上的阴影和情感照护的缺失，影响其健康成长，甚至可能诱发未成年人违法犯罪等问题。需注意的是，家事纠纷并不必然涉及公共利益，且其对社会公益的损害是潜在的，并不必然发生。家庭关系的破裂、不履行赡养、抚养义务等行为并不一定会引起社会秩序的紊乱。① 故而，家事纠纷是存在涉公益性的特点，而非直接的公益性，与常见的污染环境、侵害众多消费者合法权益的公益性纠纷并不完全相同。

3. 家事纠纷的牵连性

一般而言，社会纠纷牵涉的主体越少，相互之间的法律关系越单一，其纠纷解决越简单明了。然而，家事纠纷历来是难以明断是非的。古时便有“清官难断家务事”这一俗语，即使是公正廉洁的官吏在审理家事纠纷时往往都无可奈何。究其原因，除去纠纷主体之间复杂的情感纠葛以外，家事纠纷广泛的牵连性与利益交织性也是其重要因由。细析之，首先，家事主体的身份存在牵连性。普通民事纠纷的利益主体是极为分明的，像合同纠纷的利害关系人便是缔约双方，侵权案件的当事人便是实施侵权行为一方与利益受损一方，这些案件的处理往往不需要考虑案外第三人或其他关系人的利益。而家事案件的当事人虽较为明确，但其远非两造之间的利益之争，家事案件处理多涉及潜在的其他利害关系人。因为家事主体的身份是多重的，其可能在家庭生活中扮演妻子、母亲、儿媳、女儿等多种角色。一旦其间某一身份关系发生了变动，便可能影响到其他关系线上家庭主体的情感与利益。以离婚

① 陈宝军、王琦：《家事纠纷特质的反思与重识》，载《海南大学学报（人文社会科学版）》2018 年第 1 期。

案件为例，其所关涉的利益除夫妻双方的婚姻关系以及财产分割以外，还包括对未成年子女的抚养、教育，以及对老人的赡养、照顾等。其次，家事纷争的内容存在牵连性。家事主体之间的联系紧密度远超出一般民事主体。这使得家事案件中当事人的诉求或存在争议的事项极为复杂，交织存在各种身份关系与财产关系的冲突。家事纠纷当事人之间的争议可能既包括婚姻关系的解除，又包括因家庭暴力而产生的损害赔偿请求，或因婚内出轨行为而提出的精神赔偿要求；可能既包括婚后财产的分割，也包括婚前支付彩礼的返还；可能既包括子女抚养以及教育费用的承担，又包括对子女的探视等。基于不同家事纷争之间的牵连性，法院往往需要在同一诉讼程序中统合解决，这无疑使得家事案件的审理更为复杂。最后，家事裁判结果存在牵连性。[①] 法院对家事案件的裁判往往会变更原有的身份关系，从而可能引起以此为基础的其他身份或财产关系的变动。婚姻关系的确认无效可能引起家庭关系的变动，亲子关系或收养关系的否定可能导致抚养、赡养义务的变化。这些牵连性关系的存在，使得家庭成员的身份关系需保持稳定、明确，且特定情形下还需限制主体的意思自治。

### （二）现有审判程序的非兼容性

在家事审判程序分立之前，家事案件的审理仍需适用一般民事诉讼程序。由于程序上的不兼容，维护家庭和谐稳定、维持伦理秩序，以及保障未成年人等特殊主体合法权益的家事审判目的无法得到很好的实现，甚至可能出现制度适用异化而引发新的问题。可见，现有审判程序在家事案件审理上的不兼容是家事审判程序分立的外在动因。其具体包括以下几个方面：

1. 诉讼模式的非兼容性

在现代民事诉讼中，尽管大陆法系与英美法系的具体诉讼架构有所不同，但都不约而同地主张当事人在程序运作中的主导地位，且都呈现出“对抗与判定”的基本结构。[②] 在对抗制诉讼模式下，双方当事人被置于相互对立、相

---

① 曾琼：《婚姻家事案件对诉讼程序的特殊需求》，载《湖北社会科学》2009年第6期。

② 陈爱武：《论家事审判机构之专门化：以家事法院（庭）为中心的比较分析》，载《法律科学》（西北政法大学学报）2012年第1期。

互竞争的地位。其通过行使相应的诉讼权利，在立法设置的程序框架下充分展开攻击或防御。法院作为中立第三方，所作出的判定结果受制于双方展开攻击防御的具体情况。[①] 不可否认，对抗制的诉讼模式有助于提高当事人的程序主体地位，调动其发现案件真实的积极性，且对于自我程序主导下的裁判结果更易于接受，同时在节约司法资源、推动形式正义等方面都有所裨益。不过，“对抗与判定”的诉讼结构是以当事人的诉讼实力以及资源掌握程度大致对等为前提，[②] 其将法院终局性判断的素材限定在当事人对抗展开的过程中，是寄希望于双方当事人在利益驱动下能积极主动并充分地收集、提出证据资料。倘若双方当事人的竞争实力不相称，那么判定结果便由预设的事实证据比拼，而转为个人资源实力的比拼。且因法官心证资料的限定性，其对竞争失衡可能导致的非正义结果往往也无能为力。然而，梅因先生所强调的“由身份到契约的运动”主要发生在民事交易活动之中。家庭内部的身份性依旧浓厚，因主体角色、内部分工、个体力量以及经济实力等差异性所导致的家庭成员实质不平等依然存在。夫妻之间、父母与未成年子女之间、老人与成年子女之间的实力与地位存在很大差距，这使得他们在诉讼过程中很难处于同一竞争序列而平等辩论。[③] 如果继续沿用对抗制诉讼模式，法院作出的终局裁判有可能远远偏离婚姻家庭领域内的实质正义。

2. 裁判对象的非兼容性

在一般的对抗制诉讼中，裁判者只需要审酌当事人主张的案件事实、证据以及相互辩论的结果即可。此时，法院需判定的对象仅为过去发生的事实，且受制于当事人主张的范围，对于本案以外的其他事实或利益无需考虑，且判定结果仅需符合实体与程序规则作用下的“法律真实”。与此不同的是，家事裁判所解决的是非理性的身份纠纷以及附属于身份关系的财产纠纷。家事法官为了获得妥善的解决方案，不仅要调查“法律上的事实”，还应关注“生

① 王亚新：《对抗与判定：日本民事诉讼的基本结构》，清华大学出版社 2010 年版，第 51 页。

② 陈爱武：《家事诉讼程序：徘徊在制度理性与实践理性之间》，载《江海学刊》2014 年第 2 期。

③ 李昌超、詹亮：《家事诉讼特别程序之现状审视及制度优化》，载《学术探索》2018 年第 9 期。

活上的事实”，并在此基础上透视案件全貌。[①] 所谓“生活上的事实”，是指与案件事实无直接利害关联的，内容涉及家事主体的性格、品性、对待家人的日常态度、是否易怒等生活上主观评价的社会事实。在裁判对象的时间跨度上，家事法官不仅要探知过去发生的事实以及相交织的利益因素，也要兼顾未来视阈下婚姻家庭关系的可能发展，以及对未成年人、老人、妇女等弱势群体的利益影响。比如，遗产分割中应预留胎儿的继承份额，子女监护的指定应面向未来考虑其利益最大化等。

3. 审理方式的非兼容性

尽管家事案件和普通民事案件在司法解决路径上都包括判决和调解两种方式，但其在个案下的选择偏重以及所形成的处理模式并不相同。普通民事案件一般涉及的是陌生人之间的利益之争，其中的是非曲直较为分明。故而主要依赖法院判决手段来予以解决，调解方式因缺乏足够的情感基础而适用较少。即使是邻里或朋友、同事之间的民事纠纷，因其主要表现为财产纷争或其他理性化利益之争，仍需要法院适用法律规则来强制判定各方的权利义务。所进行的调解也需按照法律的规则正义探求相应的调解方案，即以可能的合法判决结果为调解导向。而这样一种“裁判中心主义”的模式在家事审判中无疑是行不通的。先勿论家事纠纷之中情感交织的复杂特点，就算是财产型案件也不完全遵循经济合理性，其仍可能衍生出文化或者心理因素。若是直接运用法律手段对家事案件作出强制判定，则可能损及诉讼主体的情感、家庭关系的和睦以及伦理秩序的维护等。因而，家事案件的处理特别注重方式上的“柔性”。日本家族法中更是将“调停中心主义”作为程序运行的重要方针，并强调家事纠纷尽量采用家事调停的方式解决，通过说服当事人达成合意来实现法律上的权利。[②]

另外，尽管民事诉讼与家事审判都强调调解方式的运用，但在具体操作中却存在运作机理的差异性。与一般性民事调解相比，家事调解并不是

① 〔日〕小岛武司：《家事法院的诉讼法意义》，载陈刚主编：《自律型社会与正义的综合体系——小岛武司先生七十华诞纪念文集》，中国法制出版社 2006 年版，第 232 页。

② 〔日〕小岛武司：《家事法院的诉讼法意义》，载陈刚主编：《自律型社会与正义的综合体系——小岛武司先生七十华诞纪念文集》，中国法制出版社 2006 年版，第 230 页。

简单地致力于双方权利义务的梳析与事实认知的趋同性，其更为注重当事人之间的情感沟通与心理慰藉。为达成这一目的，可在家事调解的过程中引入心理疏导、咨询、治疗等方法，[①] 通过专业手段帮助家事当事人矫正认知、疏通情绪，并在此基础上探求最有利于家庭和谐与未成年人利益保护的调解方案。

### （三）家事纠纷解决的专业化

家事纠纷化解一直以来都是国家和社会治理中的重要议题。在现代以前，家事司法对裁判者的法律素养要求较低，其根据当地的风俗习惯、情理公义便可灵活地进行处理。此时的家事审判对裁判者的智慧、耐心、亲和力等素养的要求，要远高于其作为“法律规则适用者”的要求。当时社会的家事纠纷也多来源于日常家庭生活中的口角、矛盾或表现为简单的分家析产纠纷。对其进行调整的规则也与当地礼俗、习惯内在契合，甚至是对后者的直接承认。因而，裁判者无需经过专门的职业训练便可依据常识对家事纠纷作出合情理的司法裁判。进入到现代社会以后，在家事纠纷数量井喷增长的同时，其纠纷的内容也日益复杂，其中交织的利益多样性也非传统家事案件所能比拟。可能简单的离婚诉求背后隐藏的是躲避以一方名义所负的夫妻共同债务、骗取拆迁安置利益、规避房产调控政策、税收等各种复杂利益，同时还可能遇到跨国婚姻的认定、解除，未成年子女的跨国探视、异国财产的分割执行等复杂问题。即使是简单的夫妻财产分割，也因现代社会财产形式的多样性而增加了解决难度。夫妻财产除了传统的金钱、存款以及房产等形式以外，还包括股票、股权、期权、基金、债券等无形财产。这类财产不仅在查控上极为麻烦，而且在分配过程中也需顾及对方的经营或处理能力，尤其是在涉及家族企业或公司主要股权之时。此外，家事案件的类型也随着家事纠纷复杂化而不断增加。其不仅包括传统的离婚纠纷、遗产分割纠纷、收养关系纠纷等基本类型，还衍生出了婚姻无效、非婚生子女的生父确认、返还婚约赠

---

① 罗曼：《论家事诉讼程序与家事审判机构的设立》，载《民事程序法研究》2016 年第 15 辑，第 298-299 页。

与物、遗赠扶养协议、对少儿或身心障碍者的保护安置、人身安全保护令等新型家事事件。家事案件的复杂性与多样性对其纠纷解决方式也提出了专业化的要求，需要家事审判在两个方面予以回应：一是程序的独立化。通过特别设立的独立程序以及与之相适应的具体制度来保障家事审判的专业性；二是审判机构以及审判人员的专业化。通过设立专门的家事法院、家事法庭或家事审判合议庭，以及经过专业家事审判训练并积累丰富家事审判经验的家事法官，来推动家事审判活动的精细化，使其更加契合家事审判的实践需求。

### （四）民事诉讼程序的精细化与体系化

社会分工在促进社会整体进步的同时，也促成了不同行业的细化以及专业壁垒的形成，其映射到法律领域，便体现为司法活动的专门化。民事诉讼作为处理以身份与财产纠纷为主的民事案件的专门程序，其一直以来都是采取单一化的模式，以统一化的程序设计，糅合处理各类别的民事纠纷。我国现有的《民事诉讼法》除审级制度以外，在一审阶段仅设置了诉讼与非诉特别程序，其中诉讼程序包括普通程序、简易程序以及附属于简易程序的小额诉讼程序。这种近乎一元化的程序供给与现代社会多元的纠纷类型并不相称，造成了剧烈的冲突。由于程序设计并没有对多样态的民事纠纷以及实践中的多元需求作出回应，没有留下可供选择的程序空间，程序的实际运作只能根据具体案件具体分析的思路，自发地形成了一些“没有确定规则和适用标准的、看似多样化实为各行其是的程序”。[①] 有鉴于此，傅郁林教授提出了“程序分类”的理念。[②] 王亚新教授在此基础上进一步提出了“程序分化”的要求。[③] 肖建国教授则继续延伸，主张“未来我国民事诉讼程序的建构与立法，应当基于程序利用者视角和程序主义视角，建立与规范出发型民事诉讼制度

① 傅郁林：《分界·分层·分流·分类——我国民事诉讼制度转型的基本思路》，载《江苏行政学院学报》2007年第1期。

② 傅郁林：《分界·分层·分流·分类——我国民事诉讼制度转型的基本思路》，载《江苏行政学院学报》2007年第1期。

③ 王亚新：《民事诉讼法修改中的程序分化》，载《中国法学》2011年第4期。

相契合的体系化、立体化的‘程序群’”。[①] 其中，在民事诉讼程序的通则以外，应根据家事案件、商事案件、劳动案件、小额债务案件、道路交通侵权案件等特殊类型案件建构相适应的特别程序，以满足不同的纠纷个性以及价值需求。[②] 而这些特别案件审理程序之中，家事审判程序的建构是当前的首要任务，也是重中之重。

另外，从立法技术来看，家事审判在不公开审理、事实探知模式、举证责任配置、证明标准的设定、案件审限、特殊的家事调查、心理疏导制度等方面与《民事诉讼法》的现行规定存在“嫌隙”。如果不从程序分设的角度调和两者之间的矛盾，很有可能会导致民事诉讼程序的体系冲突以及法理混乱。这一点可从审判与执行程序的立法特点得到印证。民事执行程序与审判程序在权力基础、运行理念、具体制度等方面存在较大差异，将其与民事诉讼法典混合立法无疑是不利于执行立法的细致化以及民事诉讼立法的精简化。因而，在20世纪70年代以来，法国、日本、俄罗斯等国纷纷发动了民事诉讼立法“去执行化”活动，在民事诉讼法典以外另行制定了专门的强制执行法律。[③] 同理，家事审判与普通民事诉讼在程序内容上的差异性，也使得家事审判存在这一独立化需求，至少需要在程序设计上予以分立。综上，包括家事程序在内的程序群的设立或程序分类，既有助于核心的民事审判程序以及衍生出的其他特殊程序的精细化发展，也使得整个民事诉讼的体系更为合理、完备。

## 二、诉讼目的的分化：家事审判目的的进阶化

“民事诉讼目的，是指立法者制定民事诉讼法所希望达到的理想状态。”[④] 民事诉讼目的解决的是“民事诉讼为何而存在”的问题，其旨在探求民事诉讼存立的正当性依据。民事诉讼目的的不同取向，无疑会造成具体规则设计

---

① 肖建国：《回应型司法下的程序选择与程序分类——民事诉讼程序建构与立法的理论反思》，载《中国人民大学学报》2012年第4期。

② 傅郁林：《民事诉讼法修改应立足于程序分类建构》，载《人民法院报》2012年2月29日，第7版。

③ 王娣：《我国强制执行立法体例与结构研究》，载《法学评论》2014年第6期。

④ 蔡虹：《民事诉讼法学》，北京大学出版社2016年版，第39页。

与程序运作的差异性。家事审判作为民事诉讼的子程序，其在诉讼目的方面与民事诉讼存在同源性，但又由于家事案件的特殊性，二者在诉讼目的上发生了分化。基于诉讼目的上的差异性，受其影响的家事证据收集制度衍生出了异于普通民事证据收集制度的独特性。

### （一）民事诉讼目的概论

民事诉讼目的作为民事诉讼的基础理论，一直以来备受关注。国外关于民事诉讼目的的理论在不同时期形成了以下几种学说：第一，权利保护说。即民事诉讼应当着力保护公民的私法权利，公民也因此享有对国家的权利保护请求权。第二，私法秩序维持说。即国家设立民事诉讼制度旨在消除民事实体法律关系的不确定状态，从而维护相应的私法秩序。第三，纠纷解决说。即作为先于私法而存在的诉讼，其目的不是维持私法秩序，而是合理地解决纠纷。第四，程序保障说。即民事诉讼的目的在于“为实现当事人自律性的纷争解决提供程序保障”。第五，权利保障说。即民事诉讼制度保障的是实体法上的实质权，不包括相应的请求权。此外，还包括基于国家和国民双重立场而探讨民事诉讼目的的多元说，以及认为目的论过于抽象而无法判断优劣、探讨并无实益的搁置说。我国学者对民事诉讼目的的探讨也无定论，具体包括“利益保障说”“解决纠纷和保护民事权益说”“纠纷解决说”“程序保障说”“多层次说”等诸多学说。① 从规范层面来看，学界多将《民事诉讼法》第 2 条之规定视为我国民事诉讼的立法目的。其具体包括：当事人立场的“保护诉讼权利”、法院立场的“及时、正确审理案件”、国民立场的“教育自觉遵守法律”以及国家立场的“维护社会、经济秩序”。② 可见，我国立法上的民事诉讼目的其实是采“多元论”的观点。

---

① 李祖军：《民事诉讼目的论》，法律出版社 2000 年版，第 123 页；陈刚、翁晓斌：《论民事诉讼制度的目的》，载《南京大学法律评论》1997 年第 1 辑，第 190-197 页；刘荣军：《论民事诉讼的目的》，载《政法论坛》1997 年第 5 期；章武生、吴泽勇：《论民事诉讼的目的》，载《中国法学》1998 年第 6 期；何文燕、廖永安：《民事诉讼目的之界定》，载《法学评论》1998 年第 5 期。

② 段厚省：《民事诉讼目的：理论、立法和实践的背离与统一》，载《上海交通大学学报（哲学社会科学版）》2007 年第 4 期。

### （二）家事审判与普通民事诉讼在程序目的上的分疏

#### 1. 民事诉讼目的论在家事审判中的适用偏颇

尽管学界对民事诉讼目的的探讨争论不休，但都无法跳脱上述目的论的范围。加之立法的“多元论”取态以及现代社会对民事诉讼的多元需求，故而笔者基于一种多元论的立场，以上述几种代表性学说作为民事诉讼的目的，探讨其对于家事审判的指导情况。

“权利保护说”是自由资本主义时代大陆法系国家的通说，由德国学者萨维尼提出，现在已近乎无支持者。对于“权利保护说”的批判集中在以下几点：第一，公民要求国家保障私权的前提，在于已明确其权利存在且遭受损害。但当事人权利状态的确定，需要法院运用诉讼程序对实体规则进行具象化和个别化分析，并适用于具体的个案事实。可见，“权利保护说”忽视诉讼中法的创造功能[①]（主要是指法官适用法律的创造性），认为私法秩序在实体法制定之初便已形成，诉讼过程便是简单地遵循制定法对其所规定的私法权利予以保护即可。对此，先勿论权利保护请求与权利状态不确定之间的逻辑硬伤，单单该学说否定法官在个案诉讼中的能动作用，便与家事审判的特点背道而驰。家事法律规范所厘定的事实上是一种不完全的私法秩序，需留待具体法律适用与司法裁判来予以补足。故而，法官在家事审判过程中不是机械地适用“三段论”进行逻辑推演，而是根据个案情况进行利益衡量、价值判断，从而在情理与法理之间作出恰当的裁判。且相对于普通民事诉讼，家事审判更为注重诉讼中的能动作用或个案裁判正义（与规则正义相对），该目的论在家事审判中的适用抵牾更为强烈。第二，忽视权利实现即诉讼过程中的风险。[②] 当事人的权利保护，不仅有赖于作为国家代表的法院的态度与积极作为，也受制于当事人寻求保护过程中的具体诉讼行为以及司法诉讼的运转情况。比如，当事人的起诉不合要求、超出诉讼时效、举证不足、缺席案件审理、未申请或超时限申请执行等，都可能影响其最终的权利保障与实现。

---

① 刘荣军：《论民事诉讼的目的》，载《政法论坛》1997 年第 5 期。

② 王登辉：《民事诉讼目的之反思与司法保护说之倡导》，载《现代法学》2014 年第 2 期。

这一批判在普通民事诉讼与家事审判中是相差不大的。第三，“权利保护说”的原告立场性。即这一学说强调私人享有权利保护请求权，其实是将保护对象等同于原告（包括反诉原告）一方。这既容易导致对被告合法权益保护的忽视，也容易在判决原告胜诉后，形成法院作为原告保护者的非中立形象。该学说衍生出的这一命题无疑遭到了普通民事诉讼与家事审判中“法官中立立场以及权利保护无指向性”的狙击。但与普通民事诉讼不同的是，家事审判还强调法官应基于未成年人、老人、妇女等弱势群体的立场提供权利保障，并不是绝对的中立性。第四，该学说容易导致片面追求发现客观真实，而造成程序利益的减损，且有违诉讼经济规律之虞。[①] 这一批判在强调“法律真实”的普通民事诉讼中是直击要害的，但在家事审判中却颇有为“权利保护说”平反的意蕴。尤其是在涉及对未成年人的权利进行保护之时，若双方举证证明的事实不足以让法院作出最有利于未成年人的裁判，为寻求最佳的解决方案，法院甚至可以不惜耗损大量时间与司法资源，主动依职权调查收集相关资料。此外，日本学者竹下守夫提出的“权利保障说”尽管意识到实质权与请求权的不同，但仍限于实体法的视阈，缺乏对程序法的关照，故而其理论批判与“权利保护说”类似。

“私法秩序维持说”形成于垄断资本主义时期，其反映了垄断资产阶级对社会生活干预的现实需要。对这一学说的批判，主要集中在其国家本位的立场，忽视了当事人作为制度适用者的程序主体地位。以此目的指导下的民事诉讼，将不利于对当事人处分权的保障。[②] 相较于普通民事诉讼场域对这一学说的明确否定，家事审判中的目的背离却没那么突出。作为私权意思自治原则在民事诉讼领域的延伸，民事诉讼极为强调当事人的诉讼主体地位以及对各种实体权益与程序利益的处分权能，这与强调国家本位的民事诉讼“维持私法秩序观”截然相反。而家事审判主要涉及的是家庭主体的身份利益。基于身份关系的稳定性、牵连性、伦理性等特性，其需要一个强势的第三方以客观事实为基准来消除身份关系上的不确定状态。其间当然也包括对身份关

① 李祖军、田毅平：《民事诉讼目的论纲》，载《现代法学》1998 年第 5 期。

② 李祖军：《契合与超越：民事诉讼若干理论与实践》，厦门大学出版社 2007 年版，第 74-75 页。

系所维系的家庭秩序、伦理秩序以及社会秩序等公序良俗的维护，这一过程是限缩当事人处分权作用的。可见，家事审判尽管依旧强调当事人的程序主导性，但对于“维持公序良俗”的国家立场并不排斥。

“纠纷解决说”为日本学界目前的通说，由兼子一教授提出，其代表人物还有三月章教授。“纠纷解决说”的产生受到西方利益法学的影响，其体现了现代资本主义社会快速解决纠纷的迫切诉求。对这一学说的批判主要集中在两点：一是该学说从诉讼先于私法的立论点出发，鼓励法官造法或灵活适用法律，但忽视了私法规范在诉讼中的作用。这一点与现代法治国家的法治理念与原则大相径庭。二是该学说将所有纠纷解决方式中的共同基点“纠纷解决”作为民事诉讼目的，[①] 并未触及民事诉讼的本质，使得民事诉讼目的过于肤浅而未能真正发挥其指导作用，且无法体现出与仲裁、调解等方式的差异。尽管如此，我国近年来的司法实践以及民事审判改革都是以“纠纷解决”为重要目的与动向，其具体体现在对诉讼调解的强调以及对多元化纠纷解决机制的大力推行。其间的动因甚为明确，主要是对诉讼爆炸以及案多人少的诉讼现状的积极回应。可见，“纠纷解决说”在社会转型期间利益冲突加剧、矛盾激化的现实背景下存在极强的“生命力”。当然，上述备受批判的论点在我国民事司法实践中也不同程度地存在着。一方面，过于强调调解与解决纠纷，弱化了法院判决的规则示范效应，不利于对法律权威的维护以及对规则秩序的塑造。另一方面，对裁判的社会效应（无闹讼、无上访）的过分追求往往导致法院在裁判中的不当退让，损及了规则正义和法律安定性。且调解率的指标化、考评化引致了“和稀泥式调解”“强制调解”等不合理现象。这些都是忽视私法规范所带来的负面效应。另外，在“纠纷解决说”的弱指导性方面，我国所开展的以提升司法纠纷解决效率与能力为导向的改革措施，并未对核心的民事审判程序优化有所助益，只不过这一弊病因其他目的论指导下的民事司法改革举措而得到了补正。

然而，与普通民事诉讼相比，家事审判更契合“纠纷解决说”这一目的论。首先，在正义的实现路径上，普通民事诉讼强调的是通过保障规则正义

---

① 章武生、吴泽勇：《论民事诉讼的目的》，载《中国法学》1998 年第 6 期。

来实现个案正义，因而对于判决具化、明确规则的作用极为依赖。但家事案件往往交织着伦理、情感等复杂因素，法律规则多限于框架的设定，具体的价值判断留待个案裁判来完成。比如夫妻感情确已破裂、指定代表未成年人最佳利益的监护人等，这些都无法在规则层面予以明确，而需要法官根据具体案情作出主观判断。故家事审判追求的是个案正义，而无论其实现方式是判决还是调解，这与纠纷解决的思路不谋而合。其次，对于“纠纷解决说”所导致的调解泛化，在家事审判中反而不成问题。家事审判的最终目标在于维护婚姻家庭和谐稳定，而相较于判决，柔性化的调解手段更易于达成这一目的，避免了强制、刚性的司法裁判给婚姻家庭关系带来不可修复的裂痕。最后，“纠纷解决说”尽管同样无法在家事审判程序设计上给予过多的指导，但家事审判并非追求“对抗制”下的精细化审理，反而在审判风格上更倾向于温情和睦，这在一定程度上弱化了这一学说的缺陷。另外，在多元或多层次的目的论立场下，这一问题也能得到妥善解决。

“程序保障说”来源于英美法上的“正当程序”理念，其主张正当的程序才是判决或诉讼的正当性源泉，程序本身便是民事诉讼应有的目的。“程序保障说”否定了将诉讼审理视为获得法院正确判决或进行调解的手段，突出了诉讼程序独立于判决结果的自身价值，这一点无疑是值得肯定的。但“程序保障说”基于程序本位而过分强调程序的独立价值，完全罔顾通过程序所获得的实体结果，并否定平衡追求程序利益与实体利益的现实可能，走向了“实体虚无主义”的极致。我国因深受传统实体正义观的影响，现代民事诉讼转型的重要动向便是对民事诉讼程序进行强化当事人主导性的改造，并注重对当事人的程序保障。因而，“程序保障说”的理念与我国现代民事诉讼的发展趋势相得益彰。但家事审判并非如此，家事案件的非理性化使得正当化的程序外观并不能纾解当事人心中的不满，其甚至不如法官在审理过程中的劝慰、疏导来得有效。当事人的离婚诉求或意愿并不会因获得一审、二审等程序上表达意见的机会而逐渐消弭，通过正当程序所获得的败诉判决依然难以得到当事人的内心认可，这一纠纷并未彻底得到解决。另者，在涉未成年人利益的家事案件审理中，并不会因经过正当、合理的程序，而使得最终作出的有违未成年人最佳利益的判决获得肯定评价。可见，家事审判虽同样强调正当程序的重要性，但对于实体正义的重视并未有所减弱，其仍特别注重结果上的正当性。

综上，对于上述民事诉讼的目的论，家事审判出现了不同于普通民事诉讼的回应，主要体现在对“私法秩序维持说”中国家立场的非排斥性、对“纠纷解决说”的迎合以及对“程序保障说”的抵牾。另外，在对待“权利保护（障）说”的态度上，二者也存在细节上的差异。这些都体现出了家事审判与普通民事诉讼在程序目的上的分化。

2. 家事审判目的的进阶化

家事审判的目的除上述与民事诉讼交叉的部分以外，还包括基于程序特殊性而从民事诉讼目的中延伸出的相关内容，即家事审判目的的进阶内容。

（1）权利保护的目的进阶：未成年人利益保护

权利保护一直以来都是民事诉讼的主旋律，其既包括在诉讼过程中对当事人程序权利的保障，也包括通过判决、调解等诉讼处理方式对当事人实体权益的保障。现代民事诉讼中的权利保护尽管强调保护的全面性，但也只限于两造（包括第三人）之间的合法权益，对于诉讼之外的其他主体利益无需过多关注。但家事审判中的权利保护并不能作此狭义理解，其不仅需要对纠纷中的两造权益提供保护，还需对案件所涉及的未成年人等特殊群体的利益提供保护。这是由国家的特殊监护人角色所决定的，国家对于缺乏自我照护能力的弱势群体承担特定的保护职责，在其利益保护缺位时应主动采取相应的保护措施。另外，未成年人的利益存在两面性：一方面，未成年人作为国家发展、民族振兴的有生力量，是一国的重要财富。其能否健康成长不仅关乎家庭的延续，更影响了国家未来的发展战略；另一方面，未成年人因生理或心智发育尚未完全，在成年人主导的社会环境中处于明显的弱势地位，且缺乏维护自身利益的相应能力，因而需要给予特别的关照。一般而言，在普通民事交往或社会活动中，未成年人的利益由其监护人负责保护，国家作为后位监护人无需进行干预。但在家庭内部的纠纷案件中，未成年人的这一利益“代言”机制可能出现失灵。其监护人在代表未成年人利益的同时，也可能与案件存在一定的利害关系。这种利益错综的关系使得未成年人的利益往往被忽视或成为双方博弈的筹码，这些都是不利于未成年人利益保护的。故而，需要在监护人以外寻求另外的利益代言人，即国家或法院。对于未成年人来说，和睦温馨的家庭环境极为重要，是其成长过程中必不可少的。但家事案件在进入司法诉讼以后，多是以婚姻家庭关系的瓦解与破碎而告终，若不能处理得当，未成年人往往成为最大的受害人。尤其是在涉及子女抚养权、监护权的家事案件中，诉讼的最终处理结果直接关乎未成年人的切身利益。而作为其利益代表的父母或其他近亲属却在为各种利益而争论不休，此时便迫切需要法院主动介入，保护未成年人的最佳利益。因而说，家事审判的重要目的在于为未成年人利益提供保护，而毋宁其是基于当事人的诉讼请求或是法院主动依职权，也不管未成年人在家事审判中是否具有某种身份或地位。

(2) 维持私法秩序的目的进阶：维持公序良俗

从法院的立场来看，民事诉讼的一大目的在于通过依法审判来维持私法秩序。尽管现代民事诉讼极为强调当事人的程序主体地位，但并不能完全否定诉讼维持私法秩序的目的，只不过不再走向法院过度干预的极点。法院合理适用法律规则进行裁判，事实上发挥着维护私法秩序的作用。需说明的是，这里讨论的“私法秩序”与我国《民事诉讼法》第 2 条所使用的“社会秩序”“经济秩序”并不相同。前者是一种法律秩序、规则秩序，而后者所涉及的内容更广，包括政策、社会结构、环境等其他因素的影响。这也使得法院审判活动受外界因素干预的风险大大增加。因而，有学者对我国立法确立的“维持社会、经济秩序”的民事诉讼目的进行批判，认为是计划经济体制时期的观念遗留。[①] 笔者也认为民事诉讼“维持私法（法律）秩序”比“维持社会、经济秩序”更为妥当，有利于民事审判的独立性、纯粹性与法律性。而家事审判中所保障的秩序内容与普通民事诉讼中的“法律秩序”又存在细微的差异。一般而言，“法律秩序”是指由成文法律规则所确定的实体法秩序，其通过公民自觉遵守以及法院规则裁判得以维系。但婚姻家庭关系所遵循的秩序内容除规范层面的法律秩序以外，还包括社会公德、家庭伦理、善良风

① 段厚省：《民事诉讼目的：理论、立法和实践的背离与统一》，载《上海交通大学学报（哲学社会科学版）》2007 年第 4 期。

俗等调整形成的特定秩序。由于现代社会中基层乡绅、宗族等权力结构已经瓦解，这些秩序内容的维护只能通过舆论谴责或其他非强制方式进行，存在保护乏力的问题。而国家基于垄断社会暴力手段的对价，需承担对包括法律秩序在内的社会、经济秩序的强制保障任务，其间当然也包括对公序良俗的维护。有鉴于此，我国《民法典》第 8 条等法律规范便规定公民从事民事活动不得违背公序良俗或社会公德。婚姻家庭关系与公序良俗之间存在天然的密切联系，[①] 婚姻家庭生活尤为强调人伦道德、尊卑有序，比其他民事活动更为注重对公序良俗的遵从。在法制发展过程中，婚姻家庭领域内的一些公序良俗逐渐被现行立法所吸纳或通过明文规定予以调整、保护。如《最高人民法院关于适用〈中华人民共和国民法典〉婚姻家庭编的解释（一）》（以下简称《婚姻家庭编解释（一）》）第 5 条对返还彩礼问题的规定。也有一些仍游离在法律规范之外，需要法官自由裁量，如翁媳之间缔结婚姻的问题。[②] 故而，当家事纠纷进入到司法流程时，法院不仅需要通过裁判维护实体法的规则秩序，还需对案件所涉及的公德、人伦、良俗等内容进行保障与维系。

（3）纠纷解决的目的进阶：修复、治疗家庭关系

纠纷解决在民事诉讼中表现为：在外部形态上消除冲突双方的对立状态，化解彼此的矛盾与分歧；在内在实质方面，则通过明确双方权利义务关系，消除民事法律关系上的不确定状态，或对有关民事法律事实予以确定。[③] 纠纷解决目的要求民事诉讼通过妥当判决或调解的方式真正做到案结事了，杜绝双方再起争执。这一目的在契合经济理性的普通民事利益之争中易于达到。即使经过完备诉讼程序所获得的最终结果不符合当事人的预期，但程序中充分表达意见的机会以及程序救济进路的终止会使得当事人不得不接受这一事

① 孙文桢：《婚姻的效力与公序良俗——从两起婚姻实例谈起》，载《新疆社会科学》2006 年第 6 期。

② 《最高人民法院中南分院关于“公公与媳妇”“继母与儿子”等可否结婚问题的复函》（1953 年发布，现已失效）曾对“公公与媳妇可否结婚”的问题作出过规定，“最好尽量说服他们不要结婚；但如双方态度异常坚决，经说服无效时，为免发生意外，当地政府也可斟酌具体情况适当处理（如劝令他们迁居等）”。该司法解释失效以后，有关婚姻家庭的法律规范并未对这一问题作出限制或其他规定，不过从司法实践来看，这一情形多因援用民法上的“公序良俗”原则而持否定态度。

③ 何文燕、廖永安：《民事诉讼目的之界定》，载《法学评论》1998 年第 5 期。

实。其所造成的最坏影响莫过于当事人双方没有再次合作的意愿，但此前的恩怨、纠葛却已彻底了结。而家事纠纷作为亲密主体之间的纷争，其生活交集上的密切性以及情感上的复杂纠葛等特点，使得当事人对法院的诉求并非简单的“明断是非”，而是一种长远意义上的家庭和谐、稳定。由于家庭内部自我消化分歧、冲突的机制失灵，家事纠纷的主体只能把渺茫的希望寄托于“社会纠纷裁判中心”，希望通过法院这一第三方权力主体的介入，在化解纠纷、消除矛盾的同时，恢复或重塑稳定的家庭秩序。因而，普通民事诉讼中当事人积极对抗与自我责任的程序机制在此并不奏效。法院需要从普通纠纷解决的思路中跳脱出来，而是以一种更为积极主动的角色，去推动因冲突而破裂的家庭关系逐步走向弥合，或为家庭关系自我修复提供相应的机会。可以说，修复与治疗是一种更高层次的纠纷解决，其可以彻底地消除家庭冲突的隐患，避免此次家事案件审结以后又以其他形式的冲突爆发出来，真正实现婚姻家庭关系的和谐稳定。一般而言，家事法院的修复、治疗目的多通过家事调停、心理疏导、辅导以及治疗等非诉服务实现，其诉讼职能在这一方面的作用是相对有限的。这与进入到诉讼阶段的家事冲突加剧以及人际关系完全失衡有关。[①] 但这并不意味着家事审判在修复、治疗家庭关系上毫无用武之地，其仍可通过裁判形式上的温情化、裁判说理上的规劝化、裁判内容上的面向未来化等方式，使得家事纠纷中的家庭与人际关系得以修复或趋于缓和。可见，修复、治疗家庭关系的目的应贯彻到从非诉到诉讼、从立案到审判的整个家事司法处理程序之中。

## 第二节　家事证据收集制度独立价值的理论证立

鉴于上述家事审判在程序与目的上与普通民事诉讼发生分离，其必定在相应的程序设计与运作上有所映射，所形成的包括证据收集制度在内的一系列家事审判制度也与普通民事诉讼制度有所不同。如是观之，家事审判中的证据收集不能继续沿用普通民事诉讼中的相关规定，而需基于自身特殊性建

① 陈爱武：《家事法院制度研究》，北京大学出版社 2010 年版，第 44-45 页。

构相适应的独立制度。

## 一、程序独立的逻辑映射：作用机理与适用空间

一方面，家事审判程序分立的作用机理也能同样影响其证据收集制度，要求立法者对此进行特别设计。家事证据收集作为家事审判程序中的重要环节，二者在演变趋势、发展动向上存在共同性，其制度或程序上的独立其实是遵循同样的作用机理。具言之，其一，家事纠纷性质的特殊性也需要家事证据收集制度予以回应。这种回应体现在家事证据收集的主体、任务配置、收集对象、具体程序与方式等诸多方面。比如，家事纠纷的涉公益性便需要强化法院在证据收集中的职权作用，甚至在证据收集的主体上，可能需要将作为国家公益代表的检察机关纳入进去。家事纠纷的牵连性则意味着其所涉及的直接、间接法律关系事实比较宽泛，证据收集主体在收集资料的过程中应注重内容上的全面性。家事纠纷的情感交织性特点突出了当事人陈述意见在家事审判中重要作用，其有助于深刻揭露案件背后复杂的情感纠葛，但同时又应注意到这一证据形式的两面性。其二，现有审判程序或制度的非兼容性也体现在证据收集的方面。如前所述，现有的对抗制诉讼模式与家事审判并不兼容，一旦诉讼模式或整体架构发生了变动，其中的证据收集制度也必然发生剧烈动荡。家事证据收集可能会弱化当事人的对抗因素，通过法院的职权介入，来避免证据收集过程中的单一对抗所导致的证据资料偏在问题。另外，家事裁判对象不同于普通民事裁判，其需斟酌、考量的内容要素颇为复杂。这使得家事证据收集的对象既包括法律上的事实及证据，也包括生活上的事实及证据。其三，纠纷解决的专业化要求专门的家事程序，同样也要求专门的证据收集制度。证据收集制度旨在为家事审判程序提供推进的“燃料”，如果这一制度得不到高质效的运行，那么家事审判的专业化也无从谈起。既然现代家事纠纷的复杂性、多类型等特点，对家事审判程序提出了专门化以及精细化的要求，那么其配套的证据收集制度也需要进行更新、调适。其四，民事诉讼的体系化要求将颇具特色的家事审判程序分立出去，以保持其核心审判程序的精简性与共洽性。同理，将家事证据收集制度糅合在普通民事诉讼中，也会造成制度内部的机理冲突与内容驳杂，有必要基于体系化

的考量而单独设定。

另一方面，家事审判程序的分立也为家事证据收集制度的独立发展提供了适用空间。从规范层面来看，若家事审判程序不能单独分立，即家事审判与民事诉讼采统合立法模式，那么将不利于具体审判程序与制度的分疏。有关家事证据收集的规定只能零星地夹杂在民事证据收集制度规范之中，缺乏相应的体系性与独立性，且制度的显著特色也无法彰显。从实践层面来看，尽管通过业务审判庭的分工可以实现家事审判工作的集约化开展，但倘若家事审判与民事诉讼在程序上仍是合一的，那么这样一种“分道”运行的格局其实仅仅是表象的，在程序运行的内核上仍是同质的，家事证据收集制度并不存在特殊适用的现实空间。从观念层面来看，家事审判程序的分立使得制度设计者与适用者开始注重家事领域独特性对诉讼程序与制度的具体影响，从而催生出了包括证据收集在内的一系列特殊的家事诉讼制度。

## 二、诉讼目的论的具体展开：理念指引与制度因应

法的目的是制度设计者根据社会成员的需要以及调整对象的现实属性而预设的理想状态。“目的是全部法律的创造者，每条法律规则的产生都源于一种目的，即一种实际的动机。”① 在民事诉讼领域，诉讼目的作为方法论可用于“进行体系化并有助于检验某种学说的首尾一贯性”“作为考察方法对某种学说进行补充及调整”“作为立法论及解释论基准与指向标”“作为对传统理论及通说之批判理念”等不同层面。② 本书中对于诉讼目的的使用是基于“作为立法论及解释论基准与指向标”③ 的这一层面。即民事诉讼目的作为立

① 〔美〕埃德加·博登海默：《法理学：法律哲学与法律方法》，邓正来译，中国政法大学出版社 2004 年版，第 114 页。

② 〔日〕高桥宏志：《民事诉讼法：制度与理论的深层分析》，林剑锋译，法律出版社 2003 年版，第 13-21 页。

③ 高桥宏志先生对民事诉讼目的论的“作为立法论及解释论基准与指向标”层面持否定态度。其认为“如果对各种目的论施以概念化的操作，或者在处于‘目的论与具体性立法论及解释论之间’的中间项上进行一番操作，那么无论基于哪一种目的论都可以使立法论及解释论获得正当化的根据”。事实上，这正是民事诉讼目的论非直接对立性的一种体现，各目的论相互之间存在着共存的空间，这也是“多元说”目的论的立论之基。高桥宏志先生列举了“各种目的学说都可导出美国集团诉讼制度的正当性”的例证，用以支持自己的观点。但高桥宏志先生忽视了“基于不同目的论，集团诉讼的具体制度设计与运作过程并不完全一致”，而这正是目的论“作为立法论及解释论基准与指向标”的价值所在。

法者对民事诉讼的本质属性、基本规律以及社会客观需要的认识与态度，其将决定民事诉讼程序的具体设计，① 是开展立法活动以及规范解释之基准。如此，以民事诉讼与家事审判的不同目的论为出发点，将推导出其各自证据收集制度之间的差异，从而得以论证“家事证据收集制度具有独特性”这一论点。具体论证过程如下：

首先，民事诉讼对于“私法秩序维持”的目的论持警惕态度，担忧过多地强调法院的法律秩序维护作用，会强化法官职权干预的角色，损及当事人的程序主体地位。而家事审判目的虽然也认可当事人的程序地位，但却不排斥法院在维护“私法秩序”以及“公序良俗”方面的职权作用。在证据收集方面，普通民事诉讼的处理方针是将这一任务归于作为程序主体的当事人，尽量限缩法院的职权作用，避免对当事人自我责任机制造成不当影响。但家事审判中法院承担着“维护私法秩序”“维护公序良俗”的特殊目的。其若不能在证据收集过程中有所作为，那么上述诉讼目的将难以实现。因而，扩张法院的职权探知与调查取证是必不可少的。

其次，在权利保护目的论上，普通民事诉讼强调权利保护的限度为“法律真实”下所确认的权利，其尊重各种原因（如当事人取证能力欠缺、举证时限的约束）下证据收集非充分所导致的权利保护不周密的诉讼现实。而家事审判基于“未成年人利益保护”这一进阶目的，其对于诉讼中案件真实的要求是高于普通民事诉讼的。为了寻求未成年人利益最优的解决方案，最大限度地提供权利保障，法院不得不主动干预这一取证过程，利用司法资源来发现关涉未成年人利益的事证资料，甚至于这一过程是以适量地牺牲诉讼经济为代价的。

再次，在纠纷爆炸的现代社会，倡导“纠纷解决说”是对社会现实的积极回应，该目的论所导致的调解泛化以及规则示范效应缺失等弊病也逐渐被接受。不过，现代民事诉讼对于“纠纷解决”目的的定位，在于快速、妥当地解决纠纷，颇为强调纠纷解决的效率性，且仅限于本案纠纷的范围。相应地，普通民事诉讼中的证据收集应受到诉讼效率价值的约束，且在收集内容

① 蔡虹：《民事诉讼法学》，北京大学出版社 2016 年版，第 39 页。

上无需对本案、现时纠纷以外的其他事证资料给予关注。而家事审判基于“修复、治疗家庭关系”的更高要求或目的，需要考虑家庭关系发展的长远利益。故而，在待收集的事证内容上更为丰富，且不能完全依靠当事人的自发性收集活动。

最后，由于“程序保障说”能凸显程序自身的内在价值，且通过可视化的程序正当性来增加诉讼结果的合理性，这一学说在民事诉讼中备受重视。现代民事诉讼都朝着弱化法院直接干预（但强化其诉讼指挥等间接角色）、凸显法官中立立场、保障当事人程序参与的向度发展。这一动向在证据收集方面的直接体现就是限缩法院职权取证的范围，以及强化对当事人证据收集权的保障。而家事审判对于“程序保障说”的目的论并非全盘接受，其尽管也强调对当事人的程序保障，但这些都是以实体权利保护的妥当性为前提。因为家事纠纷中的矛盾或不满远非“正当化的程序”便可纾解的，最终的实体处理结果对家事当事人而言也甚为重要。如此便导致了家事证据收集制度往截然不同的方向发展，即法院调查取证职能的扩张。

## 第三节　家事审判中证据收集制度的功能定位

证据收集是民事诉讼过程中至关重要而又相对容易忽视的一环，在家事审判中亦是如此。正因为证据收集制度对家事审判的重要功能与积极作用，其能否恰当地运行将直接关涉到整个家事审判目的的实现，故而有必要给予足够的重视，以推进立法与实践的发展。

### 一、证据收集是家事审判程序运行的关键环节

认定事实并依此适用法律是法官对家事案件作出司法裁判的必要前提。而在案件事实的认定上，除了自然规律、定理、众所周知的事实、生效裁判、仲裁裁决或公证书所确认的事实，以及双方当事人无争议的事实等可直接获知或理应获知的事实以外，裁判者对于其他与案件相关的事实往往是一无所知。此时便需要通过能认知或揭示案件事实的依据与材料，来完成这一获知

案件信息的过程。另外，裁判者认定案件事实并以此作为裁判基础的过程需公开进行，且可以让旁观者或亲历者“遵循这种认定过程的轨迹来检验其判决结果的妥当性”，[①] 否则将无法回击那些对判决公正性的质疑。而这一外化的认定过程便需要借助证据材料以及围绕其建立起来的证据规则来实现。可以说，证据是家事审判活动的核心要素。而这一切围绕着证据而开展的诉讼活动，都是基于一个重要前提，即从原始出处或证据源提取、收集了足够数量的证据资料。“巧妇难为无米之炊”，现代诉讼对证据的高度依赖也凸显了证据收集制度的重要价值。

从证明活动的运行过程来看，其包括了“取证、举证、质证、认证、用证”这几个基本环节。取证（即证据收集）作为诉讼证明的起点，在证明过程中的作用是其他证据制度不可替代的。证据收集是否顺利、充分将直接影响到其他环节的进行，同时也将影响到整个家事审判流程的开展。具言之，举证强调的是将诉讼主体所掌握的证据资料提交并在法庭上予以出示，而这无疑是以该主体通过证据收集制度而获得了充足证据资料为前提。同样，质证环节中双方当事人展开质问、对辩的对象也是取证环节中所收集到的证据资料。认证、用证过程中围绕证据而展开的审核认定、适用证明责任规则、认定案件事实等一系列活动，也都是与最开始的证据收集的结果密切相关。由此可见，司法证明这条“流水线”上作业的证据“原材料”是其各道“工序”的连接点，而家事证据收集制度正是作用于这个连接点而对其他证明环节产生积极或消极影响的，这也奠定了证据收集制度在家事审判中的关键地位。家事证据收集制度的上述作用主要体现在对诉讼主体取证行为的指引以及提供相应的程序保障等方面。前者是指在取证对象、收集方式以及程序等方面为法院、当事人以及诉讼代理人等主体的证据收集行为提供明确的规则指引，引导其合法、正确地收集与案件有关的“最优证据”；后者则包括对当事人证据收集权的保障以及对证据收集过程中的其他合法权益的保障。

## 二、证据收集是发现家事案件真实的证据支撑

准确认定案件事实与正确适用法律是包括家事审判程序在内的整个民事

---

① 〔日〕新堂幸司：《新民事诉讼法》，林剑锋译，法律出版社2008年版，第369页。

诉讼制度体系的基本任务。而在这二者之间，准确认定案件事实又是前提性的、首位性的，裁判者需在发现案件真实并予以准确认定的基础上适用法律。在民事诉讼中，当事人之间的争执往往都不是法律性的，而是有关案件事实的。因而，法院解决纠纷首先需从发现案件真实入手，消除双方之间在事实认知上的分歧。另外，民事诉讼是依靠公权力而“去伪存真”的特定场域，法院的最终裁判必须在案件真实得以发现的基础上作出，否则将严重背离司法正义。可见，民事诉讼追求“发现真实”源于其运行的基本原理层面，因而是具有普适性的。即使是在极为强调“正当程序”的英美法系国家中，其诉讼过程同样注重对案件真实的发现。“‘发现真实’作为民事审判或诉讼努力实现的价值之一，可以说具有超越法体系或法文化的普遍意义。”①

然而，民事诉讼旨在探明的案件事实是发生在过去时空的。历史不会重演，真实也不会直接躺在裁判者的面前。因而，需要借助特殊的方法来认知、发现事实“真相”，这一方法即为民事证据制度。证据的本质是已发生的案件事实在物体、载体、人的脑海或其他媒介上遗留的痕迹或信息。证据的形成过程决定了其往往是分散存在的。且由单一证据逆向推出的案件事实多是不完整的、片面的，无法窥得案件真实的“全貌”，法院也无法作出正确的事实认定。而证据收集制度便是解决这一证据材料散在的现实难题的。其通过设置相应的收集程序或方法、明定各方职责以及提供明确指引等手段，扫清了证据收集过程中的诸多障碍，从而使得与案件相关的重要证据尽可能多地进入到诉讼程序，为法院查明案件真实提供证据支撑。

从证据收集制度对发现案件真实的积极效应来看，家事证据收集与普通民事证据收集所发挥的作用是相同的，并无实质差异。但二者在案件真实的标准上却存在较为明显的分歧。众所周知，诉讼过程中的案件真实存在“客观真实”与“法律真实”的理论界分。前者强调民事诉讼发现的是“实际的真实”，与案件现实发生的过程完全相吻合的事实，否则将无法准确地对当事人的权利义务关系作出认定，保护真正的权利人。而后者则认为法院发现真实必然会受到各种现实条件的制约，证据或其他法律规则的限制，效率、人

① 王亚新：《社会变革中的民事诉讼》，中国法制出版社 2001 年版，第 51 页。

权等其他价值保障的掣肘以及裁判者认知过程中的主观状态等多项因素的影响，其依法所获得的案件真实其实是一种法律认可其正当性而拟制为真实的事实。“客观真实”的标准要求法院在民事诉讼过程中需采取一切可能的手段或方法，来获知、查明曾经发生的案件事实。发现真实的价值是至高无上的，其他的价值目标都应当为其让位。而“法律真实”的标准则尊重因保障程序利益或其他合法利益，而在合理范围内作出的发现真实上的让步。从不同的真实标准出发，所形成的证据收集制度截然不同。持“客观真实”标准的证据收集制度将极度依赖法院的调查取证职能，其充斥着对当事人取证能力的不信任，且对于当事人在这一方面的处分权能行使也是持否定态度。而持“法律真实”标准的证据收集制度则更加强调当事人的程序主导与权利保障。由于法官过多的职权介入会导致当事人对其中立性的质疑，故而法院的职权取证只限于极为必要的范围。

现在的民事诉讼理论对于两种真实标准之争早已有了决断，“客观真实”标准因“过于浪漫主义而脱离了诉讼的实际”,① 逐渐被学界舍弃，“法律真实”标准占据了主流地位。但是，“法律真实”标准的统治地位在家事审判领域中遭到了挑战，其根源便来自家事案件的独特性质。如前所述，家事案件不仅是两造之间的私益之争，还存在涉公益性、伦理性等特殊性。这使得家事审判的容错度较低，其往往无法接受因错误认定案件事实而造成的权利保护错位或缺位。可见，由于家事案件所关涉的权益更为广泛，超出了两造所能处分的范围，因而在案件真实的认定要求上明显严于普通民事诉讼。且发现真实价值在与诉讼效率、程序利益等其他价值的博弈之中，所能作出的妥协空间也更为狭窄。尽管如此，家事审判所追求的真实标准仍未回归到“客观真实”的标准，发现实质真实在家事审判中依然缺乏可操作性，只能作为一种理想状态而存在。事实上，所谓的真实标准其实是指当证据证明案件事实达到所能接受的高度时，最终认定的案件事实符合实际真实的概率或程度。“客观真实”标准显然是无限地靠近实际真实，即在真实概率上接近于1。而“法律真实”则是制度利用者所能接受的对事实的最低认定线，其真实概率并

① 李浩：《论法律中的真实：以民事诉讼为例》，载《法制与社会发展》2004年第3期。

不固定（因诉讼目的、对真实的容错度、证明标准等因素而变化）。很显然，家事审判中的真实标准并未达到接近于 1 的概率值，但在最低认定线上又普遍性地高于普通民事诉讼中的“法律真实”标准，① 不过依旧没有超出“法律真实”标准所界定的范畴。

学界对于家事审判中的真实观讨论甚少，仅有的一些文献似乎都将其界定为“（实体）真实发现主义”②。例如，张海燕教授便认为，“家事诉讼对于案件客观真实的追求更为强烈，以真实发现主义为其基本原则”。③ 台湾学者许士宦也在其多篇论著中将“实体真实发现主义”作为婚姻事件审理的主要程序法理。④ 我国台湾地区“最高法院”庭长吴明轩也在讨论离婚之诉时明确指出“家事诉讼应采真实发现主义之基本原则”。⑤ 甚至于我国台湾地区关于“家事事件法”的官方立法说明里也使用了“实体真实发现之目标”。⑥ 一般而言，“实体真实发现主义”的主张与“客观真实”的标准相对应。那么，难道上述论者都是持“客观真实”的家事审判观？对此，笔者认为“客观真实说”在家事审判中完全没有立足之地。“客观真实说”的关键论据在于家事案件具有不同于普通民事案件的涉公益性。但即使是在涉及国家刑罚以及剥夺个人自由、财产乃至生命等重大利益的刑事诉讼中，“客观真实说”都已日渐式微。而所保障法益公共性相对较弱的家事诉讼就更没理由适用“客观真实”的标准了。与刑事公诉的诉讼结构不同，家事审判中当事人仍享有较大的主导权，在强调当事人主导的诉讼模式下，实行“客观真实”的标准似乎

① 不同家事案件审理的真实标准并不统一。身份确认类型案件的真实标准相对较高，而不涉及子女抚养的普通离婚案件的真实标准相对较低。但一般而言，家事案件的真实标准都高于普通民事案件。

② 尽管有部分论者使用“真实发现主义”，但从具体的讨论来看，其所指代的为“实体真实发现主义”，而非“形式真实发现主义”。

③ 张海燕：《家事诉讼证据规则的反思与重构》，载《政治与法律》2018 年第 11 期。

④ 许士宦：《婚姻事件程序之修正与展望》，载《植根杂志》1993 年第 8 期；许士宦：《日本婚姻事件处理程序概说（上）》，载《植根杂志》1994 年第 1 期。

⑤ 吴明轩：《离婚之诉与一般诉讼程序不同之规定》，载《月旦法学教室》2017 年第 172 期。

⑥ 我国台湾地区对“家事事件法”第 39 条的立法说明中使用了“实体真实发现”这一词语。其摘录如下：“故为加强判决正当性，并尽量避免事后争执本诉讼之判决效力，应加强事前之程序保障，明确规定被告适格要件，筛选真正具被告适格之特定人，期待其为充分之攻击防御以尽可能达成实体真实发现之目标。”参见《修法动态：家事事件法（二）》，载《月旦释读文摘》2012 年第 21 期。

无从谈起。

事实上，对于上述论者所赞同的“实体真实发现主义”，存在另外一种较为合理的解释进路。实体真实发现主义作为关于诉讼的基本主张（即“主义”），与形式真实发现主义相对应。前者强调“务期发现实质上之真实”，而后者仅要求发现形式上的真实便可接受。二者的关键区别在于法院对于事实与证据的认定是否受当事人意思的拘束。法院认定受当事人意思拘束者为“形式真实发现主义”，不受拘束者为“实体真实发现主义”。[①] 若从法院发现真实是否受制于当事人意思表示的角度来看，家事案件中当事人的处分行为对法院认定事实并不具有绝对效力，法院可依职权斟酌当事人未提出之事实或主动调查证据。故依此而认定家事审判适用“实体真实发现主义”并无疑虑。另者，实体真实是相对性的，[②] 诉讼过程中绝对的实体真实并不存在。“诚然，虽说是‘实体的真实’，但也不是实体法意义上的确凿事实（绝对的真实），因为真实毕竟是诉讼法上的概念，所以，它只能是‘尽可能接近于真相的事实’。”[③] 且发现实体真实的现实过程存在各种因素作用的偏差，这也使得实体真实具有相对意义。正如姜世明教授所言，“因辩论主义其他命题所造成对客观真实发现之实现可能性之缓和化，其与职权探知主义之因法院工作能量有限下所造成之理想与现实之落差，均系对于客观真实发现被相对化之共同特征。”[④] 实体真实的相对性论点大大缓和了其过于理想化所造成的现实割裂，也强化了“实体真实发现主义”的妥当性，但依然只能限于目的层面。

综合来看，笔者认为家事审判中的真实观应具有双重性，即操作层面的高位“法律真实”标准与目的（理想）层面的“相对实体真实发现主义”。前者强调家事审判的“法律真实”标准应高于普通民事诉讼，而后者则强调在目的上尽可能发现实体真实以及对当事人意思表示的干涉。在这一真实观

---

① 张建伟：《从积极到消极的实质真实发现主义》，载《中国法学》2006年第4期。

② 樊崇义：《证明标准：相对实体真实——〈刑事诉讼法〉第53条的理解和适用》，载《国家检察官学院学报》2013年第5期。

③ 〔日〕田口守一：《刑事诉讼法》，刘迪等译，中国政法大学出版社2010年版，第14-15页。

④ 姜世明：《各级审级程序：第四讲——人事诉讼》，载《月旦法学教室》2006年第42期。

的指导下，家事证据收集制度在发现真实过程中的证据支撑功能被强化了。其需要通过强化法官职权探知、优化证据收集方式等一系列制度调适，来匹配获知案件真实对证据资料更为强烈的需求。

## 三、证据收集是维护当事人程序主体地位的制度依托

当事人具有程序主体地位是现代民事诉讼的一大特点。其基于主体地位而开展的一系列诉讼活动理应得到司法机关的尊重与保障。当事人程序主体性原则是现代民事诉讼的重要价值取向，其旨在解决或阐释民事诉讼制度“为谁而存在”的问题。[①] 这一原则的提出源于宪法保障公民基本权利而衍生出的法的适用中的国民主体性。从这一法主体性出发，司法诉讼应当赋予当事人以及程序关系人相应的程序主体权。[②] 当事人程序主体性原则对现代民事诉讼基本架构的影响深远，使得民事诉讼的制度建构由“以法院职权运行为中心”而转为“以当事人程序保障为中心”，强化了作为程序主体的当事人在诉讼中的决定、支配与主导作用。而家事审判尽管因保护公益以及维护人伦秩序的特殊目的，强调国民与国家的双重立场，当事人的主体性地位也因法官角色的加强而有所淡化。但家事审判并未从根本上改变当事人程序主体性这一原则，当事人的主体性仍是家事审判存在的重要归依。证据收集制度作为家事审判过程中的重要制度，理应贯彻维护当事人程序主体性这一指导方针，成为保障当事人主体地位的制度依托。具体而言，家事证据收集制度的保障作用体现在以下几点：

第一，当事人在家事证据收集制度中处于主体地位，而非司法权作用的客体或对象。正如邱联恭先生所言，“在适用此项原理（当事人程序主体性原理）之程序上，其程序之当事人及利害关系人，不应沦为法院审理活动所支配之客体。”[③] 但在过去的超职权主义诉讼模式下，法院在证据收集中处于绝

---

① 唐力：《当事人程序主体性原则——兼论“以当事人为本”之诉讼构造法理》，载《现代法学》2003 年第 5 期。

② 江伟：《市场经济与民事诉讼法学的使命》，载《现代法学》1996 年第 3 期。

③ 邱联恭：《程序选择权之法理———着重于阐述其理论基础并准以展望新世纪之民事程序法学》，载中国法制出版社编：《民事程序法论文选萃》，中国法制出版社 2004 年版，第 494 页。

对的主导地位，而存在利害关系的当事人不仅沦为“看客”，更是法官调查收集案件信息的重要来源。此时的当事人被置于证据收集的对象，或法院调查取证权所支配的客体地位。当事人必须服从法院的调查目的，如实陈述所知晓或亲历的事实，且无法置喙法院的其他调查取证活动。随着当事人程序主体地位的加强，其在证据收集活动中的地位发生了根本性转变。在现代家事审判程序中，当事人是最为重要的诉讼主体，享有充分的证据收集权利。

第二，当事人成为家事证据收集活动中的实质参与者与主要支配者。对于实现当事人主体性地位来说，摆脱其权力客体的依附性是远远不够的。当事人应当实质性地参与到证据资料的收集过程中，且所表达的意愿以及作出的选择都应得到相应的尊重。尽管家事审判程序因职权探知主义的诉讼原理，强化了法官在证据收集过程中的调查职能，但依然无法否定当事人的主要支配地位。当事人在一定程度上仍主导着证据收集活动，并通过为法院实质判断提供诉讼资料的方式，使得这种支配作用扩张到整个诉讼程序。因而，从“当事人能富有影响地参与法院解决争执的活动”① 这一角度来看，当事人实际上享有了更高层次的程序主体权。另外，对于双方当事人而言，其作为程序主体的对抗也可延伸到证据收集的过程之中。双方各自沿着于己有利的特定方向收集充足的证据资料，在一种动态平衡与竞技博弈之间展开攻击防御手段。这种程序上的对抗是主体间相互作用的过程，体现了另一面向的主体性。

第三，对当事人在证据收集过程中的程序权利提供法律保障。当事人的程序主体权若得不到有力保障，那么也只能流于规则形式而无任何现实意义。既然当事人在证据收集活动中的程序主体性，以其自由、充分地适用证据收集手段与程序为支撑点，那么作为公权力代表的法院就应当保障这一过程的顺利开展而不受阻碍。其方式主要表现为对妨碍取证行为的制裁，以及依申请而职权介入取证过程。前者通过制裁震慑机制来间接提供法律保障，而后者则是以直接替代性收集的方式，补足当事人取证能力的不足，或解决因现

① 〔美〕迈克尔·贝勒斯：《法律的原则：一个规范的分析》，张文显等译，中国大百科全书出版社 1996 年版，第 35 页。

实原因（证据源为国家有关部门、涉及个人隐私、秘密的情形）而遭遇的取证困境。另外，当事人的证据收集活动受制于主观与客观因素的共同作用。若当事人的主观认识存在偏差，所开展的证据收集工作便无实际意义，对最终的诉讼结果也无实质性影响。故而，为切实保障当事人的证据收集权利，法院应当在合理的范围内以释明的方式对其进行引导、纠偏。

第四，当事人在证据收集过程中的程序主体性还表现对法院裁判的合理制约。“当事者在诉讼程序上享有的权利实际上就是对法官权力的直接限制。”① 法官对当事人证据收集权利的行使保持尊重，其另一面向就是法官的职权不能逾越权力作用的界限，需在当事人权利行使的范围内保持克制。这体现了当事人程序主体权对法院职权的限制，其具体包括两点：一是当事人程序参与对裁判结果的限制。尽管家事案件事实的揭示并不完全依赖于当事人的取证活动，法院也可依职权调查取证来主动发现事实。但当事人在证据收集中的参与是现实存在的，且是主导性的，故而法院不能在未对当事人收集的有力证据进行回应的情形下作出相反的判定。当事人证据收集活动对法院裁判的影响是积极的、无法忽视的。二是当事人在可自主决定的权利范围内的意思表达，对法院裁判具有明确的制约作用。当事人的处分权能在家事审判程序中并非完全受限的。对于可自由处分事项开展的证据收集活动，当事人的意思表示对法院来说具有强约束性。

## 四、证据收集是提升家事审判效率的实质助力

尽管家事审判程序极为注重对案件真实的探知以及对实体正义的保障，但并不意味着家事审判活动忽视诉讼经济与效益，家事审判的效率价值也是当代法律所追求的基本价值目标之一。“迟来的正义是糟糕的正义：不合理的法院迟延可能等同于对正义的否定。”② 诉讼程序是一个多价值目标角逐的场域，真实价值并不是唯一的追求。其往往需要与经济性目的以及其他程序目

① 王亚新：《社会变革中的民事诉讼》，中国法制出版社 2001 年版，第 42 页。

② 〔意〕莫诺·卡佩莱蒂：《比较法视野中的司法程序》，徐昕、王奕译，清华大学出版社 2005 年版，第 333 页。

的相互竞争，在此竞争模式之下，“程序制度在精确和成本之间追求最大的交换值”。[①] 在明确效率价值对于家事审判程序的重要性之后，接下来将着重探讨家事证据收集制度对于这一价值目标的实质促进作用。

首先，作为家事审判程序环节的证据收集制度自身便是富有效率的，是注重成本—收益分析的。证据法就是确定向法庭提供何种信息以及如何提供信息以解决事实争议的一整套规则。[②] “提供何种信息”的前提便是证据收集的环节，其本身便是这一整套证据规则乃至整个诉讼程序的一部分。因而，证据收集制度运行是否具有经济性，将直接关涉到整个家事审判活动的效益性。具体而言，证据收集制度的经济性强调成本最小化以及证据收集数量的最优化、事实发现准确性的最优化，其要求应当以最小的人力、财力、资源、时间、精力投入来搜寻到符合事实发现准确性要求的相应数量证据。在具体运作上，家事证据收集制度一方面需调动收集主体的积极性，并扫清证据收集开展过程中来自证据持有方、协助方等多方主体的现实阻碍；另一方面也需以指导或引导的方式，促使收集主体沿着正确的方向收集证据，避免在不具证明价值的信息或资料上过多地浪费资源、消耗成本。

其次，证据收集制度对于家事审判效率的推动作用还体现在促进案件审理集中化的方面。从世界范围来看，各国或地区的民事审判方式可分为两种模式，即以英美法系为主的集中型程序模式以及以大陆法系为主的分段型程序模式。前者表现为一种“当庭诉辩式”（day-in-court）审判。即诉讼倾向于经过充分的准备程序之后，在一次开庭审理中即告终结，或者以不间断、连续性的方式进行集中审理。而后者则表现为纵向上“容许就有关某一事件之言词辩论予以期间上间隔而为断断续续之审理、辩论”，[③] 以及横向上的“在同一期日并行审理多起案件”。从二者的比较来看，集中审理模式有助于贯彻直接言词原则、公开审理主义，保障当事人的实体权利与程序权利，实现纠纷的一次性解决，并兼顾真实发现与促进诉讼两大诉讼目标等内在优势，

① 〔美〕理查德·波斯纳：《法理学问题》，苏力译，中国政法大学出版社 1994 年版，第 262 页。

② 〔美〕理查德·波斯纳：《证据法的经济分析》，徐昕、徐昀译，中国法制出版社 2001 年版，第 31 页。

③ 邱联恭：《程序制度机能论》，三民书局 1999 年版，第 210-211 页。

已成为民事审判模式发展或改造的典范。集中审理模式具有优位性已成为公论，这一点在家事审判中亦是如此。有鉴于此，以德、日为主的大陆法系国家或地区纷纷开展了“案件管理”运动，以案件审理（证据调查以及言词辩论）的集中化为目标，对现有的审判模式与架构进行了改造，以应对过于散漫的庭审活动而导致的诉讼拖延以及审判质量下降等问题。比如，德国于 1976 年通过的《德国简易化程序法》便已体现出庭审集中化的发展趋势。现行的《德国民事诉讼法》第 272 条第 1 款更是直接明确了“诉讼通常在主期日审理结束”的集中性要求。[①] 然而，案件的集中化审理需以准备充分的审前程序或争点整理程序作为前提，而这一前提又极为依赖证据收集程序所获取的事实信息与证据材料。若无运行良好的证据收集程序提供证据支持，审前阶段的证据交换以及争点整理根本无从谈起，集中化的庭审模式也因缺乏相应的准备活动而无法开展。即使勉强进行，也可能因庭审过程中发现缺失案件关键证据，而不得不多次中断审理，并通过程序回溯再行收集相关证据。这对于程序效率的减损是极为明显的。

再次，证据收集制度还可通过促进当事人自行和解或自主解决纠纷、接受法院调解等方式提升家事纠纷的处理效率。家事案件的审理并不完全排斥当事人的处分权作用，在当事人可自由处分的事项范围内，家事证据收集制度还可发挥对当事人达成合意的促进作用。具体而言，证据收集制度使得双方当事人在庭审之外的交流、沟通建立在一定的证据资料与事实基础之上，避免了因缺乏证据支撑而落入无休止的言语攻讦或事实诡辩之中。一方当事人在知悉对方通过证据收集制度所获取的证据资料之后，往往会与己方所掌握的信息资料进行比对、衡量，初步预估自己的诉讼主张或者驳斥对方的主张能得到法院认可的现实可能性。这样一种基于既有证据资料而形成的对诉讼结果的预见性，有助于双方当事人在有关案件事实的内容上达成共识，并在考量诉讼风险、成本以及其他因素的基础上，选择以更为缓和的和解或调解方式来解决这一家事纷争。以不涉及子女抚养问题的离婚诉讼为例，夫妻

---

① 黄湧：《两岸民事诉讼争点整理程序的差异及思考》，载《司法改革论评》2012 年第 14 辑，第 409 页。

双方对于男方是否存在婚内出轨发生了激烈争执。女方主张对方存在婚内出轨而请求法院判决准许离婚，并在财产分割上给予适当照顾。男方则主张并无婚内出轨行为且夫妻感情良好，请求法院判决驳回离婚的诉讼请求。如若没有证据收集制度作为支撑，很难指望一方当事人会在诉讼过程中作出让步而促成和解或调解。但如果女方收集到了对方出轨的聊天记录、照片等关键证据，使得男方无法否认出轨这一过错事实，那么本案和解或调解成功的概率将大幅提升。

最后，家事证据收集制度还可通过减少错误成本，来提升家事审判的整体效率。诉讼成本除时间、金钱等一般性支出（直接成本）以外，还包括为裁判纠错而设置的额外程序运行所花费的一系列成本（错误成本）。倘若实体法的目的之一是经济效率，那么，每一个错误的判决都将导致资源的无效利用，因而是一种不适当的费用。[①] 可见，在追求诉讼效率的过程中，不仅要关注直接成本的减少，同时也应注重避免纠错成本的花费。在减少纠错成本的向度上，家事证据收集制度的作用不容忽视。一方面，证据收集制度可以为案件审理提供相对充足的证据资料。这样可有效避免教条地适用客观证明责任规则认定案件事实，而带来的程序正义与实体正义的割裂，使得庭审中所探知的案件事实不会过于偏离客观发生的现实，所作出的司法裁判是大致妥当、正确的，无需再行启动程序进行纠错；另一方面，家事证据收集制度中当事人高度参与以及程序主导的特点，大大削弱了其对于不利裁判结果的不满。裁判接受度的增强减抑了其通过二审、再审程序进行权利救济的主观意愿，所产生的直接影响便是纠错程序运行以及相应错误成本的减少。

---

① 〔美〕迈克尔·贝勒斯：《法律的原则：一个规范的分析》，张文显等译，中国大百科全书出版社 1996 年版，第 24 页。

# 第二章　家事证据收集制度的法理基础

诉讼制度的设计与运作必然遵循一定的法理、原理，此乃制度运作的本质与内核，具有根本性、指导性与稳定性。同样，家事证据收集制度也存在相应的法理基础。其作为该制度赖以生存的理论基石，揭示了家事证据收集制度独立演化过程中的内在机理，是该制度理论的精髓所在。通过对家事证据收集制度的法理基础进行梳理与解析，可以形成对该制度的准确认识与体系思维，避免在制度设计过程中出现内部的逻辑矛盾或法理冲突，同时也可为家事证据收集制度的立法、实践提供理论指导，并指明制度发展与完善的未来方向。我国的家事审判改革处于试点阶段，其在规范层面与实践过程中所形成的证据收集制度无疑是颇为粗疏的，仍在不断地摸索与尝试。在制度发展的不成熟阶段，理论上的指导是极为必要的，可以避免出现因与事实规律相违而发展偏差的问题。这极大地彰显了家事证据收集制度法理基础的研究价值。具体来看，家事证据收集制度主要以程序法理相称原理、证据裁判原则以及武器平等原则作为其制度运作的法理基础。

## 第一节　基于程序法理相称原理的制度耦合

### 一、程序法理相称原理的内涵与运用

程序的设置应具备合目的性与合规律性，其往往是对运行环境的现状以

及作用对象的需求的积极回应，体现出一种相匹配的对应性。在纠纷治理领域，由于现代社会的法律关系日益复杂以及利益交织繁多的特点，其所形成的纠纷呈现出多样态、多类型的特点，纠纷主体寻求救济的现实需求也并不相同。司法机关在应对这些内容、形态多样化、复杂化的民事纷争事件之时，如若不加区分地将有限的司法资源平均分配到单个纠纷的处理之中，无疑将会造成部分资源适用的错位，从而产生资源浪费与缺失并存的问题，影响了对司法资源的整体利用效率。而且，还可能因纠纷特质的差异性以及主体价值的多元化，与整一化的司法程序供给之间产生矛盾。因而，现代民事司法发展的主要趋势便是程序的多元化，根据不同纠纷的类型而设置多元的民事诉讼程序。而这一过程中所遵循的法理便是程序相称原理。“所谓程序相称原理，就是指程序的设计应当与案件的性质、争议事项的重要性、复杂程度、争议的金额等因素相适应，由此使案件得到适当地处理。”① 程序相称原理的适用需以案件或纠纷的类型界分为前提。邱联恭先生曾根据事件之特性、需求而将民事纷争事件分为“权利义务确定追求型、合目的性、妥当性判断追求型、集团追求型、简速裁判强烈追求型、法律外专业知识判断追求型或和谐关系维持追求型等”,② 并主张依此而建构或选用相适合的程序制度或程序法理。现代民事司法则主要是根据纠纷的性质以及影响规模而设置相称的诉讼程序。比如，英国于 1999 年施行的《英国民事诉讼规则》第 1.1 条关于“基本目标”的规定中，便指出审理案件的方式应与“案件金额、案件的重要性、系争事项的复杂程度、各方当事人的经济状况”等因素相对应。③ 在具体操作上，《英国民事诉讼规则》在民事司法中设置了三种特殊程序或审理制：小额索赔审理制（the small claims track）、快捷审理制（the fast track）、多轨审理制（the multi-track），以应对诉讼请求金额或索赔金额处于不同区间的民事案件。《日本民事诉讼法》第六编也对“小额诉讼”作出了特殊规定，设置了审理小额案件的专门程序。④ 这些都是依据纠纷影响规模而设置相称程序

① 刘敏：《论我国民事诉讼法修订的基本原理》，载《法律科学》2006 年第 4 期。

② 邱联恭：《程序制度机能论》，三民书局 1996 年版，第 200-201 页。

③ 《英国民事诉讼规则》，徐昕译，中国法制出版社 2001 年版，第 3 页。

④ 《日本民事诉讼法典》，曹云吉译，厦门大学出版社 2017 年版，第 105-108 页。

的典范。我国《民事诉讼法》也存在类似的程序界分，即普通程序与简易程序（包括小额诉讼程序）。除此之外，还可依据纠纷的特质设置相称的程序，比如较为常见的诉讼程序与非讼程序、普通程序与家事程序的划分。这些都是对程序相称原理的具体运用，体现了其内在精神与机理。

事实上，上述对程序相称原理的适用是不全面的，程序相称原理包含两个层面的意涵：一是纠纷事件与诉讼程序的相称，其强调程序的分化与多元化发展；二是程序法理上的相称，其强调基于纠纷特质而衍生出的特殊法理应在整个程序体系中得到贯彻，其相应的子程序设计应与整个程序的法理达到和谐、相称的状态。第一层面的程序相称原理在家事审判中的适用，已在前文中有关家事审判与普通民事诉讼程序分立的部分予以探讨，接下来将主要集中在第二层面即程序法理相称原理上的适用。其分析的进路为：由家事事件的特殊性析出其所适用程序的具体法理，继而探讨家事证据收集制度应当在一般性制度上作何调整才能与该程序法理相匹配。如此便可保障新创设的家事审判程序中的证据收集制度在法理层面与整个程序或制度体系，以及旨在解决的家事纠纷的特质都保持一致，避免因理论冲突而导致制度适用的不兼容。

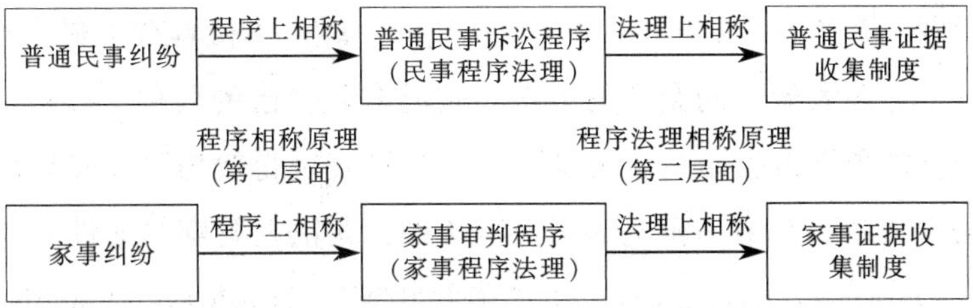


图 2-1　程序相称原理在家事审判中适用的示意图

## 二、民事程序法理的界分论说

程序法理相称原理的适用以对该程序法理的正确认识与厘定为重要前提，这也是该原理适用的难点所在。因为作为一个高度抽象化的程序体系，其所适用的案件包罗万千，甚为复杂。要从众多类型的案件中抽象出具有一般性的、可适用于所有案件的程序法理，实属不易。家事程序作为整个民事程序体系中的子程序，其程序运行的法理与民事程序法理之间存在密切的关联。一方面，民事程序法理的发展必然会在家事程序中有所映射，对家事程序法理的嬗变产生积极影响；另一方面，家事程序又是探讨民事程序法理的重要素材，其法理层面上的变化也会对整个民事程序法理产生反向作用。因而，在探讨家事程序法理之前，有必要对整个民事程序法理进行界定。具体而言，民事程序法理先后存在两种界分论说，对此详述如下：

### （一）民事程序法理的二元分离适用论

一般而言，法院运用司法裁判权审理的民事案件可分为诉讼事件与非讼事件两种基本类型。盖因民事纷争的类型复杂多样，难以适用统一的司法程序进行处理，故而根据不同纠纷的特点，对民事纠纷的主要类型进行了界分。依据程序相称的司法原理，不同类型的民事案件应适用与之相称的民事程序以及程序法理。故而，诉讼事件一般对应民事诉讼程序以及诉讼法理，非讼事件则对应民事非讼程序以及非讼法理。

从历史维度来看，诉讼事件与非讼事件之分最早可追溯到古罗马时期的诉讼制度，当时的制度中便存在这一分类的思想雏形。正如意大利的罗马法学家彼得罗·彭梵得所指出的，“在罗马法中，诉讼不仅具有主观法的一般特点，而且也存在大量不同类型的诉讼，它们有着自己的名称，有的是为权利而设置，有的则是为法律关系而设置，这要看表现得较为明显和确切的是权利还是法律关系”。[①] 在古罗马的诉讼实务中，司法权管辖的案件可分为“诉讼事件”（jurisdictio contentiosa）和“非诉事件”（jurisdictio voluntaria）。前者是指当事人之间发生争议的事件，其处理程序为由承办案件的承审员（do judicem）在听取双方陈述意见之后，决定讼争物的归属，或者当被告未进行合理辩护时，直接认定原告权利正当，并将讼争物或被告本人裁交原告。后者是指当事人并无争执，但需借助法院权力来完成相应的合法手续，或者对特定事实、行为的效力予以确认的特殊事件。其所进行的诉讼其实是一种虚拟

① 〔意〕彼德罗·彭梵得：《罗马法教科书》，黄风译，中国政法大学出版社 1998 年版，第 85 页。

诉讼，形式上佯为争议但被告并不作实质辩护，最终由法院对原告的主张予以确认。① 受案件内容以及审判目的的影响，上述两类案件的审理程序在时间、地点以及具体开展的方式上都有很大的不同。罗马法的这一分类思想为后来的大陆法系所继受，并在不断的法制发展中对这一分类予以精细、明确。大陆法系的民事诉讼是规范出发型的，法院需对实体法所规定的权利或法律关系存否进行判定，其所针对的事件便是诉讼事件，而除此之外法院所处理的案件便为非讼事件。与之相对，英美法系的民事诉讼是事实出发型，法院的作用就是发现事件中应有之法，故而其不存在诉讼事件与非讼事件的明确分类。②

大陆法系的这一界分模式在其立法上得到了贯彻，德、日以及我国台湾地区都有非讼程序的专门立法。比如，《德国家事事件及非讼事件程序法》《日本非讼事件程序法》等，《法国民事诉讼法典》也对争讼案件与非讼案件以及各自所适用的程序作出了明确规定，2002 年《俄罗斯联邦民事诉讼法典》第四分编“特别程序”中也存在关于“非讼程序”的大量规定。由此可见，大陆法系国家或地区大多都根据诉讼事件与非讼事件的划分，而设置了独立的审判程序，其事实上遵循了“民事程序法理二元分离适用论”的基本理论。“二元分离适用论”强调诉讼事件与非讼事件之间的差异性，主张应根据所受理案件的类型以及特质的不同，适用遵循不同程序法理的审判程序。诉讼事件涉及的主要是对立当事人之间的权利义务关系或法律事实之争。而非讼事件并不存在对立当事人，也不存在实体上的争议，其需要法院的职权介入，对某一法律事实或法律关系进行确认，以避免后续纷争的发生。由于二者的案件性质截然不同，法院行使审判职权所要达到的目标、追求的价值理念，以及相应的裁判要求都存在较大的实质差异，其程序设置所遵从的基本原理与法理自然也会有所区分。如此，民事诉讼制度的设置必然要顾及不同事件类型以及所适用原则、法理的特殊性，科学合理地划分、制定相对应的处理程序，加强民事诉讼解决纠纷的针对性，提升程序资源与司法资源配

① 周枏：《罗马法原论（下）》，商务印书馆 2014 年版，第 941-942 页。

② 〔日〕中村英郎：《新民事诉讼法讲义》，陈刚等译，法律出版社 2001 年版，第 22 页。

置的运行效率。可见，诉讼程序与非讼程序的分立是以其程序法理的界别为内在机理，而这正是“二元分离适用论”所极力主张的。因而，要想深刻理解这一理论，必须先对诉讼法理与非讼法理进行梳理与比较。具体而言，诉讼法理与非讼法理存在以下几点区别：

1. 处分权主义与职权原则

在私法自治原则的作用下，民事主体对于其实体法上的权利可以自由处分。当该权利发生纠纷而进入到司法领域以后，当事人依然享有相应的处分权能，具体包括在裁判程序之启动、范围以及终结方面的决定权，此即当事人处分权主义。处分权主义具体包括三个层面的命题：其一，原告可自行决定是否提起诉讼，启动诉讼程序，即“不告不理原则”；其二，程序进行以及法院裁判的范围受当事人声明或请求内容的约束，法院不能超出当事人请求的范围作出裁判，即“声明拘束性原则”；其三，当事人对于诉讼程序的续行、终结享有处分权能，当事人可以决定是否撤回诉讼请求、进行和解或接受调解、认诺或舍弃诉讼标的而结束程序。由于诉讼事件是涉及民事私益的权利或法律关系之争，利害关系人对于权利行使以及救济过程享有主导性，司法权基于其被动性、中立性的特性，不应主动介入。故而，诉讼程序的启动应交由当事人自行决定。同时，司法裁判虽致力于保障实体权益，但诉讼的过程存在人力、物力、时间等成本投入，且面临着结果不可预测的风险，这些都是诉讼程序上的不利益。为避免法官主导裁判过程而给当事人带来上述程序上的不利益，造成僭越之嫌，裁判程序的启动、范围以及终结应当交由当事人在衡量实体权益与程序利益的基础上自行决定。可见，诉讼程序或诉讼法理是遵循当事人处分权主义的。

然而，非讼程序中处分权主义受到一定限制，甚至被完全排除，其适用职权主义的原则。所谓的职权原则是指裁判程序的开启、程序标的以及程序的终结都由法院决定，当事人并不享有处分权。具体来看，非讼程序的启动并非完全受当事人意思的左右，其包括申请启动与职权启动两种程序。前者是指必须由申请人提出申请方可启动，申请人的申请视为程序的要件之一；后者是指可由法院依职权启动的程序，其同时也包括职权启动与申请启动并行规定的情形。在职权启动的程序中，当事人的申请并不具有实质意义，只有激励性的作用，法院在获得该程序启动的足够事由之后便可主动开启裁判程序。其次，在程序的终结上，适用职权原则的非讼事件（即职权事件）的审理终结由法官根据具体审理情况而定，并不受当事人意思的约束。“即使有撤回申请之情事，亦不能要求法院据此终结程序，其不能妨碍法院继续进行该程序。”[1] 而对于依申请而启动的非讼事件（申请事件）程序，一般允许当事人撤回申请，但倘若当事人对申请事项无处分权，其依然不可通过认可或舍弃等方式终结程序。再次，在裁判范围上，非讼裁判的内容一般不受当事人请求或声明范围的限制，法官可根据案情自由作出裁量。[2] 此外，非讼事件程序中能否进行和解，取决于申请人或利害关系人是否对申请事项享有处分权，这一处分权能在非讼事件中多是否定的。

2. 辩论主义与职权探知主义

在民事审判程序中，关于诉讼资料以及证据的收集与提出的权能分配存在两种基本主张或主义，即辩论主义与职权探知主义。一般而言，普通诉讼程序采辩论主义，即由当事人负责主张、收集与提出法院裁判所需要的主要事实与证据资料，其实质是当事人主义在诉讼资料收集方面的表现形态。而非讼程序则适用职权探知主义，即案件审理所需的事实与证据资料由法院负责调查、收集，不受当事人主张事实或收集事证资料的限制。古典辩论主义包含三大命题：其一，法院裁判受当事人主张范围的限制，当事人未主张的事实，不得作为法院裁判的依据；其二，当事人之间无争议的事实（诉讼上自认），对法院裁判具有约束力，法院无需调查其真伪而直接作为裁判资料；其三，法院裁判所使用的证据，必须为当事人声明提出的证据，法官不能依职权调查证据。相对应的，职权探知主义也包括三个方面的内容：其一，对于当事人未主张之事实，法院亦可作为裁判的基础；其二，对于当事人自认或无争议的事实，法院仍可调查其事实之真伪，并不必然将其作为裁判之基础；其三，为查明案件事实，法院可在当事人声明提出的证据之外，依职权调查收集其他的事证资料。

① 姜世明：《家事事件法论》，元照出版有限公司 2016 年版，第 157 页。

② 邱联恭：《诉讼法理与非讼法理之交错适用——从民事事件之非讼化审理及诉讼化审理论程序保障之机能》，载民事诉讼法研究会：《民事诉讼法之研讨二》，三民书局 1994 年版，第 436 页。

对于诉讼事件或诉讼程序而言，由于其涉及的主要为民事主体之间的私益之争，基于私法自治原则以及权利自由处分的特点，当事人理应主导诉讼过程中的证据收集活动，且自行承担相应的后果。同时，诉讼标的或争议事实与当事人之间的利益相关性，使得当事人在主观上存在收集、提出证据资料的积极性，因而由当事人主导这一过程具有合目的性。且国家的司法资源有限，对于不涉及公益的诉讼案件，其应当采辩论主义以节约司法资源。而非讼事件的裁判效力往往广泛及于第三人，部分事件还涉及公共利益，故而需要法院积极介入，依职权调查案件事实与证据，更大限度地发现真实。另外，非讼程序多采形式审查模式，不对当事人的实质事项予以审裁，即使采职权探知主义，国家司法资源的支出也是相对有限的。

3. 当事人进行主义与职权进行主义

在民事案件系属于法院以后，诉讼程序的进行由当事人主导的基本主张为当事人进行主义，诉讼程序进行由法院主导的则称为职权进行主义。[①] 诉讼程序尊重当事人的程序选择权，当事人在一定程度上仍享有对程序推进的主导权。而非讼程序则不同，其采职权进行主义，注重法官的裁量权，且原则上不承认当事人的程序主导性，这一点在职权事件中表现得更为明显。非讼程序中职权进行主义的适用，契合了其迅速、快捷处理案件的程序目的。[②]

4. 言词审理主义与书面审理主义

所谓的言词审理主义是指法庭审理以及当事人辩论等诉讼行为应以口头言词的方式进行。若上述诉讼行为应以书面形式为之，则称为书面审理主义。言词审理原则之意义有二：一方面关系人应到庭，而法庭当面以言词审讯关系人；另一方面，仅有经言词辩论之事实资料始可作为裁判之根据。[③] 由于言

① 职权进行主义并不同于职权原则，前者系如期间、期日决定、通知或送达等主导权之问题，而后者主要涉及程序开始、标的内容与终结之决定权之问题。参见姜世明：《家事事件法论》，元照出版有限公司2016年版，第153页。

② 邱联恭：《诉讼法理与非讼法理之交错适用——从民事事件之非讼化审理及诉讼化审理论程序保障之机能》，载民事诉讼法研究会：《民事诉讼法之研讨二》，三民书局1994年版，第440页。

③ 刘初枝：《论非讼程序之原则——以西德非讼事件法为例》，载《辅仁法学》1984年第3期。

词审理或口头陈述表达更为明确、清晰，有助于法官心证形成的准确性，且易于保障当事人陈述意见的权利，故而诉讼程序原则上须以言词方式进行。而在非讼程序中，由于不存在对立的双方当事人，无激烈的法庭言词辩论环节，故可由法官对事证资料进行书面审查。加之，非讼程序中诉讼经济与效率的价值追求，书面审理的简易方式更为契合。不过，非讼程序中也存在言词审理的现实需要。为保障关系人的听审请求权或法院开展事实调查，可能需要询问关系人或证人。但该言词陈述之资料并不具有对裁判根据的限定性，法官仍可另行根据书面审理所获知的事证资料进行裁判，这与诉讼程序中的言词审理主义颇为不同。

5. 直接审理主义与间接审理主义

与言词审理主义相对应，诉讼程序采直接审理主义。其要求当事人在言词辩论中主张的事实与证据对法院裁判具有拘束性，且裁判法官必须亲历庭审或参与言词辩论。而非讼程序并不必然排斥直接审理主义或适用间接审理主义。尽管其多采书面审理主义，但证据资料的收集一般由裁判者决定（而非书记员等其他主体），且相应的审查判断活动也都是由裁判者亲自进行。可见，非讼程序是适用相对缓和的直接审理主义。①

6. 公开审理主义与不公开审理主义

公开审理主义是指法庭审理活动应当向当事人与社会公开。由于诉讼事件存在对立的权益争议，在诉讼过程中极为强调程序权利的保障。审判过程的公开可使得法院的诉讼活动受到公众的监督，反向促进了其审判质量的提升以及对当事人权利的平等保障，避免了司法腐败或擅权等不公现象。故而，诉讼程序除涉及国家秘密、商业秘密以及个人隐私以外，一般需以公开审理的方式进行。而非讼程序多采书面审理的方式，部分事件还涉及秘密事项，且需借助职权发动而迅速、简易地作出处理，其审理过程一般不向社会公开，当事人以外的其他人员也不能进行旁听。例如，《日本非讼事件程序法》第30条便规定："非讼事件程序非公开进行。但是，法院可以允许其认为适当

① 邱联恭：《诉讼法理与非讼法理之交错适用——从民事事件之非讼化审理及诉讼化审理论程序保障之机能》，载民事诉讼法研究会：《民事诉讼法之研讨二》，三民书局1994年版，第440页。

的人旁听。”①

### （二）民事程序法理的交错适用论

根据传统的“程序法理二元分离适用论”的见解，诉讼程序应适用处分权主义、辩论主义、言词审理主义、直接审理主义、公开主义，以及强调当事人享有一定程序主导权的职权进行主义等诉讼法理，其注重对当事人的程序保障。非讼程序也多适用职权探知主义、职权进行主义、处分权主义受限制或排除、以书面审理主义为主，兼采言词审理主义、相对缓和的直接审理主义、以不公开审理主义为主等非讼法理。其致力于预防纠纷的发生，且强调快捷、简易地进行处理。可见，在传统理论下诉讼程序与非讼程序是完全对立的，其各自适用相匹配且异于其他程序法理的原则、制度，二者之间界限泾渭分明，由此而构成整个民事程序的运行体系。不可否认，这样一种“二元分离适用论”使得法官的实践操作甚为明确、简单，只需根据待审案件在理论或立法上划归的类型，便可选择适用相对应的程序或制度，由此决定当事人是否享有处分权、是否适用辩论主义等，如此便可保障法的安定性和可预测性。但是，这样一种形式主义色彩极为浓厚的划分方式，是否可普适性地运用于所有的民事案件？那些复杂或新型的民事案件审理能否简单地套用这两种固定搭配的程序法理？答案无疑是否定的。“二元分离适用论”的模式与现代社会纠纷的复杂性、程序的多元性需求以及当事人的程序选择权保障等现况或发展趋势是相违背的，其也无法妥当地解决现实中存在的“诉讼事件非讼化”与“非讼事件诉讼化”的问题。“所谓民事事件的非讼化现象就是：将向来依诉讼程序处理的两造当事人对立的纷争事件，改为非讼事件，依非讼程序来处理。”② 而所谓的“非讼事件诉讼化”是指对本应适用非讼程序审理的事件，因出现实质争议的事项，而转为适用或部分适用诉讼法理的情形。基于此，有必要正视传统“二元分离适用论”的局限性，探讨重新组

---

① 《德日家事事件与非讼事件程序法典》，郝振江、赵秀举译，法律出版社 2017 年版，第 193 页。

② 邱联恭：《诉讼法理与非讼法理之交错适用——从民事事件之非讼化审理及诉讼化审理论程序保障之机能》，载民事诉讼法研究会：《民事诉讼法之研讨二》，三民书局 1994 年版，第 445 页。

合这两种程序元素的可能范围，“使之产生适应于任何民事案件的尽可能多的审理方式”，[①] 进而肯定不同程序相互之间的机能分担以及程序法理的交错适用。民事程序法理的“交错适用论”是在批判传统“二元分离适用论”的基础上提出来的，其产生具体存在以下几点因由：

第一，民事事件分类标准的模糊化。“二元分离适用论”是以诉讼事件与非讼事件的明确界分为前提的，但这二者的区分标准在学界并无定论，众说纷纭，存在“目的说”“对象说”“手段说”“实定法说”等各种学说，尚未形成一致观点。[②] 在特定民事案件是否分属于诉讼事件或非讼事件都已存疑的情形下，根据“二元分离适用论”而适用相应的民事程序以及程序法理，便天然地带着缺陷，易于遭受对程序合理性的质疑。而且，“二元分离适用论”也容易导致对诉讼事件与非讼事件划分的过分关注，尤其是在其分类标准模糊的现实情形下，从而忽视了特殊民事事件本身与预设的程序法理之间的兼容性问题。毕竟，由民事事件的性质判断到其对应的程序法理选择，并不一定都是那么一一对应而无嫌隙的。

第二，“二元分离适用论”自身存在的缺陷。传统的诉讼程序与非讼程序的“二分法”过于简单地将这二者对立起来，这样一种非此即彼的界分方式并不符合民事事件的复杂特性。“事实上，民事事件之种类繁杂，欲网罗所有事件，然后从其中抽取出任何的非讼事件所共通的特性，并就具有此特性之事件，均一律全面依同一法理处理，确极困难。”[③] 以非讼事件为例，现今各国立法规定所涉及的非讼事件既包括监护事件、遗产事件、登记事件与证书事件等近乎不存在争讼要素的古典非讼事件，也包括票据诉讼等具有两造对抗性但需借助非讼程序而获得迅速处理的现代型非讼事件。如果以不存在讼争性作为非讼事件的基本特征，以此建构相应的非讼程序与非讼法理，并适用于所有类型的非讼事件，这无疑是极不合理的，缺乏对个案特性的关照。

---

① 汤维建：《试论诉讼原理与非讼原理的交错适用》，载樊崇义主编：《诉讼法学新探》，中国法制出版社 2000 年版，第 714 页。

② 孙永军：《非讼法理在诉讼程序中的适用》，东南大学出版社 2018 年版，第 14 页。

③ 邱联恭：《程序保障之机能——基于民事事件类型审理必要论及程序法理交错适用论之观点》，载《台湾大学法学论丛》1987 年第 1 期。

可以说，“二元分离适用论”容易导致民事司法陷入“形式主义”或“机械主义”的误区，无法保障每个民事案件都能得到合目的性的妥当解决。①

第三，程序保障对法理交错适用的现实需求。“二元分离适用论”在将民事事件分割为诉讼事件与非讼事件的同时，也对其各自的程序保障要求划定了鸿沟。诉讼程序旨在解决民事权益的争议，需要通过当事人程序参与、提出攻击防御手段、自由表达意见且得到法院尊重等，来保障程序运作过程的正当性，从而实现裁判结果的公正性与可信赖性。诉讼程序是极为主张对当事人的程序保障的，因而其裁判效力是终局的，具有既判力。而非讼程序中程序保障是相对地被忽视的，其应当为追求诉讼经济或效率而作出适当妥协，故非讼程序的裁判一般是不具有既判力的。可见，在程序公正与程序经济之间的博弈中，诉讼程序始终落于程序公正的基点，非讼程序则落于程序经济的基点。在此种情形下，古典非讼事件的审理因缺乏争讼性而抵触不大，但在对抗性较强的现代型非讼事件的审理中，基于对程序经济的追求而排除当事人高度化的程序参与，这难以为人所接受。当然，不是说要在整个非讼程序或非讼法理中强化对当事人的程序保障，而是不能僵化地对非讼事件或程序适用非讼法理，一刀切地弱化对当事人的程序保障。法院在对待特殊的非讼事件之时，比如诉讼事件的非讼化，应当在适用非讼法理的同时兼采或交错适用诉讼法理，构建契合案件特点的新的审判方式，以寻求程序保障与程序经济在个案中的平衡。

第四，程序目的追求或程序机能的多元化。一般而言，程序的主要机能包括达成正确而慎重的裁判、达成简易、迅速而经济的裁判、达成合目的性、妥当性、展望性或创设性裁判等，② 其各自为诉讼程序或非讼程序所强调。但上述程序机能之间并非完全排斥的，诉讼程序在强调达成正确裁判的同时，也注重诉讼的经济性以及裁判的合目的性，这使得其他程序法理存在相应的适用空间。再者，诉讼法理与非讼法理是由一系列诉讼原则或原理所组成，

---

① 邓辉辉：《论诉讼法理与非讼法理从二元分离适用论到交错适用论的发展》，载《广西社会科学》2010 年第 6 期。

② 邱联恭：《程序保障之机能——基于民事事件类型审理必要论及程序法理交错适用论之观点》，载《台湾大学法学论丛》1987 年第 1 期。

在程序中适用某一诉讼法理的子原则，并不意味着也需适用其他的诉讼法理。以公益诉讼为例，其强化了法院的职权探知（适用非讼法理），但并不寓示着也需适用“书面审理主义”“不公开审理主义”等其他非讼法理。故而，在理论或立法上，为达成特殊目的，有必要将不同的程序法理进行组合，共同适用于同一程序。

综上，“民事程序法理的交错适用论”事实上是在诉讼程序与非讼程序之间寻求“第三程序”或“中间程序”。这一程序由诉讼法理与非讼法理的不同要素组成，并无统一的形态，这使得民事审理方式呈现出无限化的状态。但从类型化的角度来看，民事案件可依此而分为以下几种类型：（1）单一适用程序法理的案件。具体包括仅适用诉讼法理的一般争讼性案件和仅适用非讼法理的经典非讼案件。（2）并行交错适用程序法理的案件，即在程序运作中同时适用诉讼法理与非讼法理的相关要素。其既包括在适用诉讼法理审理诉讼事件的过程中部分适用非讼法理，也包括在适用非讼法理审理非讼事件的过程中部分适用诉讼法理。其中，非讼事件的诉讼化与诉讼事件的非讼化便是对应的典范。前者尽管适用诉讼程序进行审理，但因其仍具非讼事件之特征，故需部分适用相应的非讼法理。后者尽管适用非讼程序进行审理，但诉讼事件的非讼化并未改变其讼争性的特点，依旧需要在对争议进行裁判的关键环节适用诉讼法理。（3）续行交错适用程序法理的案件。即在程序运行中先后适用不同的程序法理，包括先适用非讼法理，然后适用诉讼法理，以及先适用诉讼法理再续行适用非讼法理两种模式。前者以督促程序最为典型，在申请以及核发支付令的阶段，立法拟制债权人与债务人之间关于给付一定金钱或有价证券的债权债务关系并不存在争议，故而适用非讼程序或非讼法理进行审理。倘若债务人在法定期限内提出异议，该事件因出现了讼争性而转为适用诉讼程序进行审理。后者的事例如公司回购股份诉讼，前期对于股东地位的确定、股份的数量等前提性事项适用处分权主义等诉讼法理，一旦这些问题得到审定而转为对确定股价等非讼性事项进行审理时，便可适用法官职权探知等非讼法理。①

---

① 孙永军：《非讼法理在诉讼程序中的适用》，东南大学出版社2018年版，第36页。

## 三、家事审判程序法理及非讼化发展

无论是基于理论探讨还是从各国立法的趋势来看，家事审判程序的独立都已成为必然。在此种情形下，家事审判程序的法理又将呈现出如何样态？其与民事程序法理之间有何共通或相异之处？

### （一）家事审判程序采“法理交错适用论”

如前所述，民事程序法理存在“二元分离适用论”与“交错适用论”两种论说，且以后者为学界的公论。那么，家事审判程序将采何种程序界分论说呢？具析之，家事事件的类型具有多样性，有近乎普通财产纠纷的家事财产权讼争事件，有涉及身份安定性或确定血缘关系的事件，有涉及未成年人利益保护的事件，还有涉及对家庭暴力进行防治的事件等。① 纵观上述家事事件，其既包括两造当事人对权利义务关系存否以及适用范围发生争议的讼争事件，也包括不涉及权益之争而仅由法院对特定事实或法律关系予以确认的非讼事件，除此之外还有因各种目的而发生程序转换的特殊事件。而且，家事主体之间的纠纷或冲突往往是交织复杂的，其向法院提起的请求以及因此而形成的家事事件也是交错多轨的。为避免屡次诉讼对家庭和谐关系的冲击，以及可能形成的矛盾裁判，需要在一次审判程序中对这些复杂纠葛的诉求进行合并处理。以离婚诉讼事件为例，在解除婚姻关系的基本诉求背后，可能还附带存在夫妻共同财产分割、损害赔偿请求、确定子女监护人、请求给付扶养或抚养费用、确定父母子女的会面交往或探视权行使及方式等不同性质的诉讼请求。② 基于此，家事审判程序的目的也具有多元性，正确裁判、简速裁判、合目的性或妥当性裁判以及展望性裁判的目的皆有之，且于单一或合并事件中追求多种程序目的。另外，家事事件的划分也并不明晰，颇为复杂。尽管许多存在家事审判立法的国家或地区都对家事事件作了诉讼事件与非讼事件的区分，但这仅仅是立法

① 姜世明：《家事事件法论》，元照出版有限公司 2016 年版，第 183 页。

② 张晓茹：《家事事件程序的法理分析》，载《河北法学》2006 年第 6 期。

技术上的解决方案而已。先不论学界对于一些特殊家事事件的性质界定存疑，单就立法上所确定的诉讼或非讼事件，其往往都包含着对立的事件特征或者直接由对立事件转换而来（即诉讼事件非讼化或非讼事件诉讼化）。而且，某些家事事件的定性还会随着时间推移或者认知改变而发生根本性转变，由诉讼事件变为非讼事件或由非讼事件变为诉讼事件。在此种情形下，若采“二元分离适用论”对家事事件适用单一的诉讼法理或非讼法理，将难以保证家事事件得到符合其本质之解决。因而，基于家事事件类型多样、目的多元以及界分复杂等特性，有必要在审理过程中交错适用诉讼法理与非讼法理。

既然确定了家事审判程序采“法理交错适用论”，那么基于诉讼法理与非讼法理的不同组合，家事审判中的程序法理可能存在以下几种模式（如图2-2）。

1. 纯采诉讼法理的模式

即适用处分权主义、辩论主义、言词审理主义、直接审理主义、公开主义等程序法理。此类事件为权利义务确定追求型，法院的审判活动以民事权利义务争议的化解为目的，其通过认定当事人主张之事实的真伪，并依据实体法对当事人之间的权利义务关系予以确定，来达到正确而慎重的裁判要求。在家事事件中，这一类事件主要是指不涉及未成年人利益或其他公益事项的家事财产诉讼事件，比如不存在未成年子女的夫妻财产分割事件。需注意的是，这一事件必须是对过去事实的认定存在争执，而不是面向未来的权利义务争议。因为后者往往涉及对当事人之间未来关系的规划，具有非讼性因素。以扶养费请求事件为例，若为未来扶养费用支付数额或方式之请求，则应界定为非讼事件。因其事件审理需谋求迅速而经济的裁判，且存在保护弱者利益的即时性需求。更有甚者，部分事件还涉及未成年子女之最佳利益（非夫妻或成年亲属之间扶养请求，而是未成年子女之抚养请求）。故而，需要法院享有裁量权而为迅速经济之裁判以及展望性之裁判，应采非讼程序法理。若为己方过去已代垫的扶养费而向对方提出之请求，因其是针对过去发生事实的争讼，不存在迅速裁判或保障未成年人利益的现实需要，故而无需给予法院裁量职权，要求法院根据辩论终结的事实与证据资料作出裁判，且当事人享有对相应事项的处分权能。①

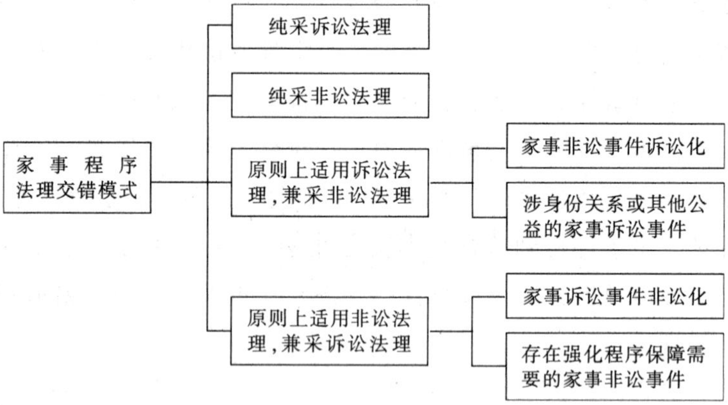


图 2-2　家事审判程序法理交错的具体模式

2. 纯采非讼法理的模式

即适用职权探知主义、职权进行主义、处分权主义受限制或排除、以书面审理主义为主，兼采言词审理主义、相对缓和的直接审理主义、以不公开审理主义为主等程序法理。这一类事件主要是指家事事件中的古典非讼事件，比如监护人选任、解任、离婚后亲权人之指定等监护事件、遗产事件、收养

① 对于过去扶养费代垫返还请求事件的性质，我国台湾地区学者讨论较多，且存在不同的观点。姜世明教授主张将请求返还代垫扶养费事件与将来扶养请求事件分别界定为家事诉讼事件与非讼事件。（参见姜世明：《家事事件法论》，元照出版有限公司 2016 年版，第 191 页。）刘明生则认为过去型之扶养费请求、将来继续型之扶养费请求、请求履行扶养费协议、代垫扶养费不当得利之请求等扶养费请求事件均存在讼争性，应不区分类型而统一界定为家事诉讼事件。（参见刘明生：《家事诉讼事件与家事非讼事件之区分——从家事事件程序基本原则之观点考察》，载《月旦法学杂志》2014 年第 227 期，第 189-197 页。）另外，我国台湾地区“高等法院”101 年法律座谈会民事类提案第 24 号将代垫未成年扶养费返还请求最终界定为家事非讼事件。（参见沈冠伶：《扶养请求事件之审判（上）》，载《月旦法学教室》2016 年第 166 期，第 36 页。）李太正法官则认为“主张过去代垫已发生之事实所生之权利义务关系，具有本质上诉讼事件之性质，但因作为不当得利之前提要件仍系以扶养费为基础，除当事人已有约定者外，仍须由法院裁量定其适当之数额及其分担比例，始能进一步判断代垫之数额若干及权利人之主张是否有理由，就此而言，具有某程度之非讼性，因与将来之扶养费一并请求，而有行一道程序之必要，亦有简速裁判之需求，为谋求达成更迅速而经济之裁判，优先保护程序利益等目的，故家事事件法将之非讼化，行裁定程序。”（参见李太正：《家事事件法之理论与实务》，元照出版有限公司 2017 年版，第 55-56 页。）笔者较为赞同姜世明教授的观点，主张将过去扶养费代垫返还请求事件界定为家事诉讼事件，不过需以存在事先的扶养费分配契约为前提。

事件等，[①] 但立法予以诉讼化的事件除外。法院在审理过程中需享有裁量职权以作成迅速而经济的裁判，并对该事件所涉公益进行保障。

3. 原则上适用诉讼法理，兼采非讼法理

这一类型包含家事非讼事件诉讼化的情形，以及本质上为家事诉讼事件，只不过因涉及身份关系的安定性或其他公益，而存在法院职权介入的必要情形。前者是指原为家事非讼事件，由法院行使职权主导或职权裁量法理而为简速裁判或合目的性裁判，但又因该事件中存在程序保障的需要，为达成更慎重而准确的裁判，转为适用家事诉讼程序审理。以遗产分割事件为例，其一般作为传统非讼事件而采非讼法理，[②] 法院对于遗产分割方法享有裁量权，可为职权性之判断，不受利害关系人主张的限制。不过，不少国家或地区的家事审判立法基于保障裁判正当性的目的，将其认定为诉讼事件而采诉讼法理，比如我国台湾地区“家事事件法”便采此观点。[③] 故而，在我国台湾地区，遗产分割事件的审理应适用诉讼程序，在程序法理上部分采处分权主义（程序启动由原告决定，且当事人可通过和解方式终结诉讼），并保障两造当事人的辩论权。但由于遗产分割事件属本质上的非讼事件，在适用诉讼法理的同时应兼采非讼法理。后者主要是指家事身份诉讼事件，包括确认婚姻无效事件、撤销婚姻事件、确认婚姻、亲子、收养关系存在或不存在事件、确定非婚生子女生父事件、否认子女、认领子女事件、撤销收养、撤销终止收养事件等。一方面，身份诉讼事件中当事人对于身份关系存在实质争议，且身份安定性事关重大，需要法院审慎处理，故而宜采言词辩论、直接审理、严格证明方式等诉讼法理；另一方面，上述事件往往关乎身份伦理，需正确厘清血缘关系或其他身份关系，避免出现近亲通婚、一夫多妻等有违人伦秩序的情形，同时还可能涉及未成年人利益的保护问题，存在极强的涉公益性。故而，当事人对于诉讼标的并不享有全部的处分权，且案件审理需要法院职权强力介入，以促成发现真实以及作出合目的性、展望性裁判等目的。可见，

---

① 仁绅：《家事程序法理交错适用论之意义》，载《法律新闻杂志》2016 年第 158 期。

② 例如，《日本家事事件程序法》第二章“家事审判事件”中第十三节便是“有关遗产分割的审判事件”。可见，遗产分割事件在日本法上被定性为家事非讼事件。

③ 参见我国台湾地区“家事事件法”第 3 条第 3 款第 6 项（属于丙类诉讼事件）。

该事件审理需兼采非讼法理，其所适用的处分权主义以及辩论主义等诉讼法理也应有所限制。当事人虽享有程序启动权，但在裁判范围以及程序终结上并无绝对的处分权能，不能以和解或认诺的方式结束程序。在辩论主义的三个命题上，法院并不完全受限于当事人的主张或声明，其可斟酌当事人未提出之事实，可自行调查收集证据，且当事人之间的自认对法院并无绝对的约束力。①

4. 原则上适用非讼法理，兼采诉讼法理

同样，这一类型也包括家事诉讼事件非讼化的情形，以及本质上为家事非讼事件，但基于强化程序保障之目的而兼采诉讼法理的情形。前者是指原为具有讼争性的家事诉讼事件，但为了获得迅速而经济的解决，转为适用非讼程序审理，扩大法院的职权裁量并行简易审理方式，以期实现妥当、迅速裁判的目的。由于此类案件在立法上已非讼化，故而在程序法理上主要采非讼法理，但又因其属于本质上的诉讼事件，在非讼化目的作用之外或者对于存在争议之事项、程序阶段，仍兼采诉讼法理。以我国台湾地区“家事事件法”所规定的非讼事件为例，其中“宣告终止收养关系事件”②“暂时处分失效之回复原状请求事件”③ 等都是典型的实质诉讼事件非讼化的情形。故而，在“宣告终止收养关系事件”中，若收养关系的双方为成年人，其对程序标的享有处分权，可以通过诉讼和解的方式终结程序，这是适用诉讼法理的体现。④ 对于“暂时处分失效之回复原状请求事件”，若能保障利害关系人在审理过程中享有实质辩论的机会，则承认法院命返还所受领给付等之确定裁定有既判力。⑤ 后者是指在本质上的非讼事件中，因关系人就作成裁定之根据事实存在实质争议或者案件审理中发生争议，为保障关系人享有陈述意见或辩论的机会，使得法官能够收集到充足的事证资料，避免裁判出现错误，有必

① 沈冠伶：《家事非讼事件之程序保障——基于纷争类型审理论及程序法理交错适用论之观点》，载《台湾大学法学论丛》2006 年第 4 期。

② 参见我国台湾地区“家事事件法”第 3 条第 5 款第 13 项（属于戊类非讼事件）。

③ 参见我国台湾地区“家事事件法”第 90 条（属于第四编“家事非讼程序”）。

④ 李太正：《家事事件法之理论与实务》，元照出版有限公司 2017 年版，第 54 页。

⑤ 许士宦：《家事诉讼事件之非讼化审理（上）——真正讼争事件如何交错适用程序法理》，载《月旦法学教室》2015 年第 156 期。

要兼采言词审理、直接审理等诉讼法理，强化对当事人的程序保障。比如，在亲权人、监护人之酌定、改定事件中，关系人就是否适任亲权人或监护人之判断基础事实（是否酗酒、嗑药）存在争议；在监护人报酬之酌定事件中，就监护人所从事的监护事务的繁简、处理状况存在争议；[①] 在认可收养事件中，收养人与被收养人之间仅有一方提出认可收养之申请，而对方提出异议的（如收养有无效事由或对养子女不利），或者亲生父母与收养人之间、亲生父母与被收养子女之间存在讼争性。[②]

### （二）家事审判程序的非讼化发展及限度

尽管家事审判程序的法理交错存在诉讼事件非讼化与非讼事件诉讼化两种情形，但家事事件的非讼化才是其发展的主要潮流，这一点与整个民事诉讼程序的发展趋势是相契合的。正如三月章教授所言，诉讼与非讼的再次组合，仅是“诉讼的非讼化”问题，而绝不是“非讼的诉讼化”问题。[③] 现代社会的生活节奏加快、矛盾冲突加剧且所形成的纠纷类型更为多样，纠纷数量也井喷增长，由此引发了对快速简易、个别化处理纠纷的需要，而程序富有弹性且为简易方式的非讼程序正好满足了这一需要。具体而言，家事事件的非讼化发展存在以下几点因由：其一，家事事件关乎家庭成员的切身利益，且部分存在紧急保护或救济的现实性，比如追索赡养费、家庭生活费用、扶养费等，要求进行简便、快速地处理；其二，家事事件多系基于一定亲属身份关系所提出的请求，其涉及对弱者的保护或者对家庭人际关系的调整，故而需要法院作出具有未来展望性、合目的性以及继续性的裁判；其三，家事事件涉及身份关系的安定、人伦秩序的维护以及对未成年人等弱势群体的保护，存在涉公益性，因而需要法院职权介入进行积极干预；其四，家事事件因亲属关系或曾为亲属关系所形成的心理或感情层面的非理性因素，需要弱

① 沈冠伶：《家事非讼事件之程序保障——基于纷争类型审理论及程序法理交错适用论之观点》，载《台湾大学法学论丛》2006 年第 4 期。

② 邱联恭：《诉讼法理与非讼法理之交错适用——从民事事件之非讼化审理及诉讼化审理论程序保障之机能》，载民事诉讼法研究会：《民事诉讼法之研讨二》，三民书局 1994 年版，第 469-472 页。

③ ［日］二月章：《诉讼事件非讼化及其界限》，载《民事诉讼研究》1972 年第 5 期。

化审理过程中的对抗或竞技性；其五，家事实体法上关于法律要件、法律效果的规定较为抽象、概括，需要法官享有较大的自由裁量权，来对权利义务作出妥善处理。

家事审判程序的非讼化发展在近年来各国或地区的立法中得到了印证，其中以《德国家事事件及非讼事件程序法》最为典型。《德国家事事件及非讼事件程序法》是以《德国非讼事件程序法》为基础并将原属《德国民事诉讼法》第六编的婚姻事件和其他家事事件全部纳入而制定的，其将家事事件的处理程序全部予以非讼化。其目的在于明确家事审判中的国家监护角色，为家事事件的当事人或利害关系人提供法院之保护照顾，并强化国家对于裁判实体正确性的责任。日本在《日本家事审判法》制定之初，也统合了《日本人事诉讼程序法》的部分与1898年《日本非讼事件程序法》的全部家事事件，其中前者具有较为明显的讼争性。这些事件被分为甲类事件和乙类事件，① 其中乙类事件多为具有讼争性的家事事件。② 如此，日本的家事审判程序（与人事诉讼程序相对）不仅适用于不存在争议的家事非讼事件，还包括对象抚养费请求、财产分割请求、遗产分割事件、夫妻同居请求等颇具争讼性的家事事件。③ 再比如奥地利于2005年施行的新《奥地利非讼事件法》便将生父关系确认或否认事件、认领子女及否认认领事件、同意离婚事件及附随之剩余财产分配事件、扶养请求事件等具有明显对立性或争议性的诉讼事件改为非讼事件，适用非讼程序进行审理。④ 除上述立法明确规定对特定家事事件非讼化以外，还包括意定非讼化的情形，即由双方当事人合意而对家事诉讼事件适用非讼程序。比如，我国台湾地区“家事事件法”第103条规定，关系人对请求家庭生活费用、扶养费或赡养费所依据的法律关系有争执而请求合并审理的，法院应裁定改用家事诉讼程序，但关系人合意适用家事非讼

---

① 2011年，日本在对《日本家事审判法》进行修订（改名为《日本家事事件程序法》）的过程中，对家事审判的事项仍作了两分法，不过由此前的甲类、乙类事件划分而转为别表一与别表二的事件划分，并在具体事项上进行了微调，将一部分家事事件由乙类事件移至别表一事件之中。

② 《德日家事事件与非讼事件程序法典》，郝振江、赵秀举译，法律出版社2017年版，第169页。

③ 〔日〕松本博之：《日本人事诉讼法》，郭美松译，厦门大学出版社2012年版，第5页。

④ 沈冠伶：《家事非讼事件之程序保障——基于纷争类型审理论及程序法理交错适用论之观点》，载《台湾大学法学论丛》2006年第4期。

程序除外。[1]

在当今家事审判程序非讼化发展的潮流之下，我们不免要省思过于强调非讼处理而产生的当事人程序保障不足的问题。如果一味地去追求处理上的灵活、快速，而将那些对立性很强的争讼事件转为适用非讼程序，则很有可能会侵害公民接受裁判的宪法权利。[2] 基于此，《德国家事事件及非讼事件程序法》尽管在形式上已全部实现家事审理非讼化，但实际上仍作出了部分保留：该法第112条区分了家事争讼事件，并规定婚姻事件与家事争讼事件并不适用总则部分的一般规定、第一审程序等规定，而准用《德国民事诉讼法》的相关规定。上述事件的审理也不采非讼程序的非对立结构，而是基于其诉讼因素，适用当事人对立的审判模式。且该事件的裁判尽管采裁定形式，但与非讼裁定并不完全相同，其并不适用该法总则部分关于裁定的生效、告知、更正与变更等相关规定。[3] 同样，《日本家事审判法》中所规定的乙类事件，因当事人之间讼争性强烈，审判程序的负担相对地增加，因此其审理依非讼程序为之，常常导致宪法诉讼权、审判对象性质、审判事项与诉讼事项界限等问题之争。[4] 故日本于2011年修订《日本家事事件程序法》之时，对当事人的程序保障与救济程序进行了充实与完善，大大缓和了非讼化发展与保障当事人程序主体性以及听审请求权之间的紧张关系。除对非讼化事件审理程序或法理进行调整以强化程序保障以外，还需在非讼化的事件范围上进行限定。对此问题，有学者在讨论一般性诉讼事件非讼化时认为，如为自己法律之确认目的等属司法本来领域部分，即关于权利义务本身事项者，应禁止立法以非讼程序处理。反之，如系以"有正当事由""一切情事"等概括规定，而将权利要件相对化条文，即得以公权力裁量之事项，则适合非讼化。[5] 同

① 许士宦：《家事非讼之程序保障（二）》，载《月旦法学教室》2012年第121期。

② 〔日〕三月章：《私人纠纷的解决方法——民事诉讼》，载张卫平编著：《民事诉讼法读本》，上海交通大学出版社2010年版，第80页。

③ 曹慧婷：《德国家事事件非讼化的发展及其启示》，载《司法改革论评》2016年第21辑，第372页。

④ 野田爱子：《家事事件审判の总则课题》，载冈垣学、野田爱子编：《讲座·实务家事审判法》，第12页。

⑤ 伊东乾：《非讼事件手续总说》，载伊东乾、三井哲夫编：《注解非讼事件手续法》，青林书院1995年版，第12页。

理，笔者也认为家事诉讼事件非讼化也应限于权利义务本体以外的事项，需在权利义务得到确定或无争议的前提下，适用非讼程序对权利行使的方式、内容等事项进行裁定，必要时可命为给付。比如，我国台湾地区“家事事件法”尽管将“请求家庭生活费用、扶养费或赡养费”之事件予以非讼化，但倘若关系人对请求所根据的基础法律关系（即权利义务的本体事项）存在争议，在合并该请求以后，若无当事人适用非讼程序的合意，法院需改采家事诉讼程序而非家事非讼程序进行审理。因为其并不属于非讼化的事项范围。①

## 四、家事审判程序法理对证据收集制度的形塑

### （一）基于程序法理相称原理的整体分析

根据程序法理相称原理，家事审判程序的法理与证据收集制度运作的原理之间应存在一致性或相契合。如前所述，民事程序法理包含处分权主义或职权原则、辩论主义或职权探知主义、当事人进行主义或职权进行主义等多组合的内容。其中，与证据收集直接相关的，无疑是辩论主义或职权探知主义这一组合的程序法理，其直接以作为裁判基础的证据资料的收集任务、权利与义务在法院与当事人之间的分配模式来进行界分的。除此之外，其他组合的程序法理对证据收集的作用，要么是非主体性的，如直接言词或间接书面的审理方式，对证人证言、当事人陈述等言词证据的收集、提出所造成的影响；要么仍需通过辩论主义与职权探知主义这一组合的法理来进行，如处分权主义或职权原则中关于审判对象范围之划定（第二层面），便影响了证据收集的内容导向，但这一过程仍是在辩论主义或职权探知主义的框架下进行。故而，证据收集制度的法理相称主要是指与程序法理中有关辩论主义或职权探知主义的内容相匹配。而在这一层面上，诉讼法理与非讼法理的选择是截然不同的，前者适用辩论主义，后者适用职权探知主义。因而，对证据收集制度的法理探讨，必然要回归到程序层面的法理选择，即采诉讼法理或是非

① 参见我国台湾地区“家事事件法”第103条。

讼法理。这是程序法理与证据收集最为核心的关联，也是程序法理相称原理作用的切入点。

尽管民事程序法理与家事审判程序法理的划分都由传统“二元分离适用论”走向“交错适用论”，但二者在诉讼法理与非讼法理的分布图景、交错适用程度等方面并不相同，不能混同对待。也即，家事证据收集制度与普通的民事证据收集制度在操作上不能共用，前者需基于家事审判的特殊程序法理而另行构建或对一般性制度进行修正。具言之，民事程序法理虽然也存在“诉讼非讼化”与“非讼诉讼化”等法理交错趋势，但仅限于部分类型的案件，比如小额诉讼案件，其中以合同违约或侵权纠纷为主的财产型纠纷交错适用法理（主要是非讼化）的空间较小。另者，基于现代社会简易快速处理案件的需要而大力开展的民事审判改革，尽管在一定程度上践行了简易主义的非讼法理，并强调法院职权的积极干预，但并未从根本上改变民事诉讼的架构。这一发展对证据收集的积极影响在于使其由古典辩论主义走向修正的辩论主义或协同主义，但并未完全转向职权探知主义。可见，在普通民事程序中，诉讼与非讼的分野仍较为清晰，其对应的证据收集制度也并不相同。但家事审判程序的发展迥然相异，法理交错的适用是常态化的，且主要表现为家事诉讼事件的非讼化。这使得其在证据收集过程中所采的程序法理与普通民事诉讼颇为不同，强调职权探知主义的适用。即使是具有争讼性的家事诉讼案件，由于其所涉及的身份关系对当事人、子女以及案外第三人的影响重大，加之案件处理可能关乎未成年人或其他弱势成员的利益，故而应限制当事人对诉讼标的的处分以及在证据收集中的强主导性，并强调法院的职权干预与裁量作用。例如，《日本人事诉讼法》第 20 条规定：“人事诉讼中，裁判所可对当事人未主张的事实予以斟酌，而且可依职权进行证据调查。”① 我国台湾地区的“家事事件法”第 10 条第 1 款也明确规定：“法院审理家事事件认为有必要时，得斟酌当事人所未提出之事实，并依职权调查证据。但法律有规定者，不在此限。”可见，家事证据收集制度所采的是以职权探知主义为主的法理模式，其与适用修正的辩论主义或协同主义的普通民事诉讼（这

① 《日本民事诉讼法典》，曹云吉译，厦门大学出版社 2017 年版，第 120 页。

里是指财产型民事诉讼）是完全对立的。尽管普通民事诉讼与家事审判的发展过程中都强调了法院职权的干预，但二者的作用机理与对象是不相同的。前者致力于对诉讼进程的推进以达至提升诉讼效率的目的，故而法院的职权作用主要限于案件管理等程序事项，对证据收集的实体内容作用不大。而后者则通过职权干预来维护身份关系的稳定性与家庭人伦秩序的和谐、对未成年人利益的保障等。故而，其职权介入的范围是包括程序与实体的全部内容的，法院可审酌当事人未提出之主张，也可主动依职权调查取证。另外，家事审判中所采的职权探知主义法理与一般非讼程序的法理也并不完全相同，前者并不纯粹，还存在着当事人主导、处分的作用空间。

### （二）基于“程序法理交错适用论”的具体展开

家事审判的程序法理与证据收集的法理之间存在一定的对应性，故而可从法理交错适用的具体形态上来探讨证据收集的相应模式。具体而言，对于纯采诉讼法理的家事程序，其证据收集也应采相对应的辩论主义法理。不过，因现代民事诉讼对这一事实探知模式的修正，故而这一情形下其证据收集需适用修正的辩论主义或协同主义的法理，具采哪一模式则取决于本国或地区的普通民事诉讼是选择适用修正辩论主义抑或协同主义。需予以特别说明的是，即使是纯采诉讼法理的家事审判程序，其证据收集法理与普通民事诉讼的法理也不完全一致。前者在涉及未成年人利益、主体人格权、存在明显有违公平情形或自认事实与案件真实不符等情形下，可由法院依职权进行证据调查等积极干预活动。对于纯采非讼法理的家事审判程序，其证据收集法理适用职权探知主义，这一点与普通民事非讼程序并无差异。家事程序“原则上适用诉讼法理，兼采非讼法理”的交错模式具体包括“家事非讼事件诉讼化”与“涉身份关系或其他公益的家事诉讼事件”两种情形，其对应的证据收集程序法理颇为不同。前者应在诉讼化的范围内适用辩论主义，而其余部分仍采职权探知主义。如遗产分割诉讼中，对待分割的遗产现状及其存在，应采当事人主导证据收集的辩论主义。法院应在当事人主张或声明的范围内进行审理，且当事人自认或认诺的事实对法院存在约束力，法院也不能依职权调查取证，证据资料的提出依赖于当事人。但对于遗产分配方案，应由法院采职权探知主义，根据具体案情而裁量判断，不受当事人声明或主张的限制。① 后者主要是指家事身份诉讼事件，由于法院的强职权干预早已使得辩论主义的三个命题被完全否定，法院的裁判不受当事人主张的限制，当事人自认也无强制约束性，法院可自行开展证据调查活动，故而该情形下的证据收集事实上是采职权探知主义。不过，当事人可在离婚等可自由处分的事项范围内适用相对缓和的辩论主义。由此可见，家事证据收集的法理与其整体程序上的法理并不完全对应，存在复杂性，需基于具体事件而探讨。此外，“原则上适用非讼法理，兼采诉讼法理”的交错模式也包括“家事诉讼事件非讼化”与“存在强化程序保障需要的家事非讼事件”两种情形。其证据收集法理应贯彻职权探知主义，不过需在出现讼争性的阶段或事项上，有条件地适用辩论主义法理，但该讼争事项需以不涉及公益等职权干预内容为前提。

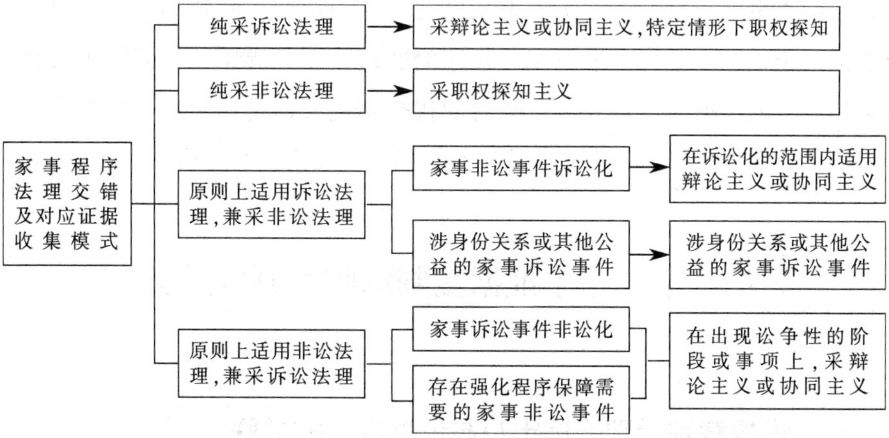


图 2-3 家事审判程序法理交错适用论下的证据收集模式

## （三）家事审判程序非讼化发展所产生的影响

强化法院职权干预、实现家事审理的非讼化是家事审判程序的发展趋势。这一趋势促使家事证据收集制度不断地向职权探知主义靠拢，而辩论主义法理的适用空间则在相应地被压缩。即使是在当事人享有处分权的家事财产诉

① 陈爱武：《论家事案件的类型化及其程序法理》，载《法律适用》2017 年第 19 期。

讼事件中，证据资料的收集与提出也并不完全由当事人主导，法院仍可在特定情形下突破当事人意思表示的范围而作出判定。因而，家事审判程序是以职权探知主义为原则，且法院职权干预的范围也在不断扩大。但我们不能因此而认为家事审判程序终将走向完全非讼化，这是不现实的。由于财产、婚姻等当事人可自由处分的权利义务关系的存在，辩论主义（包括协同主义）在家事审判程序中将一直存在适用的必要。比如，《德国家事事件及非讼事件程序法》尽管在立法形式上实现了全部非讼化，但家事争讼事件与婚姻事件其实是不适用第 26 条“依职权调查”之规定的，也即不适用职权探知主义。另者，家事审判程序非讼化发展产生了程序保障不足的隐忧，这一点仍需在证据收集的过程予以重视。对于具有讼争性的事项，若作为裁判基础的证据资料收集采职权探知主义，法院应保障当事人或关系人对法院在当事人主张之外审酌之事实、对自认事实的否认以及其依职权调查收集的证据资料享有足够的辩论机会。此外，家事审判程序的非讼化存在界限，其需限于权利义务本体以外的事项，但这并不意味着职权探知主义的适用也应以此为限，对于权利义务本体为身份关系之争议，职权探知主义仍具有适用性。

## 第二节　基于证据裁判原则的制度融贯

### 一、证据裁判原则的提出及与证据收集的关联

所谓的证据裁判原则，是指法官认定案件事实必须以证据为基础，其必须基于证据证明的事实作出裁判。[①] 证据裁判原则强调了一种司法认知的科学、理性方式，其需通过证据以及以此为基础而开展的推理、论证活动来探求案件事实的真相。证据裁判原则作为现代法治国家的基本原则，其是在批判神明裁判、宣誓、司法决斗等非理性裁判方式的基础上建立起来的，体现了司法认知理念的进步以及认知能力的提升。对于是非对错的判断不再由水

① 占善刚：《民事诉讼证据调查研究》，中国政法大学出版社 2017 年版，第 1 页。

火、神灵等自然因素或超现实方式来进行，而是转为更富有理性、智慧、务实的方式来揭示事实。证据便是其寻找的最佳探知事实的工具。基于此，现代司法诉讼都以证据为核心而创设一系列收集、运用证据的规则或制度体系。可以说，证据裁判原则是现代证据法的基石。

强调证据作为裁判基础的专属性，排斥主观臆想、猜测等成为司法裁判的依据，这是对证据裁判原则最为基本的理解，也早已为各国的司法理念与制度完全贯彻。如果证据裁判原则的意涵仅停留在这一基本层面，那么这一原则也只能成为一种理念上的宣示，在司法裁判的实际运作中很难有较为现实的指导作用。[①] 因而，学界不断地对证据裁判原则的内涵进行丰富、发展，由最初的强调证据对裁判的作用，而演化到后续的对作为裁判资料的证据自身的判断与资格要求，以更好地发挥证据裁判原则在个案裁判事实认知过程中的方法论意义。申言之，现代司法中的证据裁判原则一般包含以下方面的内容：第一，无证据即无裁判，也即法院裁判事实必须以证据为基础。此为证据裁判原则的基本意涵。正如陈朴生先生所言："无证据之裁判，或仅凭裁判官理想推测之词，为其裁判之基础者，均与证据裁判主义有违。"[②] 司法裁判的过程需遵循由证据到事实认定，再以此为基础适用法律的基本流程。证据在司法裁判过程中具有不可替代的作用，其揭示了现代司法裁判与人类社会早期的非理性裁判方式最为本质的区别。第二，法院认定案件事实所依据的证据必须具备证据能力。其强调作为裁判基础之证据的资格问题。并非所有与案件相关的材料都可作为证据进入司法证明体系，证据需符合法定形式，不存在非法取证的情形，且符合证据"三要素"的要求，即具备客观性、关联性与合法性。第三，用以定案的证据必须经过法庭调查的程序。证据裁判原则旨在强调法官认知案件事实需以证据为基础，但法院对证据的认知方式是多样的，不同的认知方式可能会导致不一样的判断，影响最终的裁判结果。现代司法强调法官对证据的审查、判断、认识等活动必须在法庭上进行，通过多方主体的参与以及相互质辩。这既保障了法院对证据的认知活动具有规

---

① 马勇：《刑事诉讼中的证据裁判原则研究》，山东大学2018年博士学位论文。

② 陈朴生：《刑事证据法》，三民书局1979年版，第13页。

律性，同时也使得这一过程能为外界所观察到，如此更易于检验法院的最终裁判结果是否遵循了证据裁判原则。因而，裁判证据原则要求未经法庭调查程序的证据材料，不能作为法官认定案件事实的依据。

现代司法所确立的证据裁判原则无疑是具有重大意义的，其体现了诸多进步、文明的诉讼理念与思想。首先，证据裁判原则是现代司法在裁判方式上的理性选择。日本学者田口守一教授在讨论证据裁判主义原则时，指出其首要含义便是从历史意义上否定所谓的神判，批判通过神的意志发现事实真相的方法，而选择通过人的理性去探究真相，即以证据为认定事实的基础。① 可以说，证据裁判是一种极为理性的司法方式，其是"对判断提供合理根据及说明其根据和理由的认识法则"。② 证据裁判原则强调在司法中运用符合思维哲学与科学认识论的理性证明方法，而排斥宣誓、神判或主观臆断等非理性认识方式。其次，证据裁判原则有助于限制法官的恣意与擅断。自由心证主义是现代司法中法官判断证据与认定事实所依据的基本原则，其赋予了法官在判断证据证明力以及对事实的证明作用等方面的裁量自由。但这一自由并非毫不受限的，而证据裁判原则便是法官自由心证的合理界限。③ 无证据即无心证，法官的心证活动需以诉讼程序所选择的证据为基础。且该证据应具备证据能力，并经过合法调查程序而予以审核、认定。法官的自由心证不能及于证据能力的判断，也不允许以自由心证而缩小调查的范围。可见，证据裁判原则在明定证据作为事实认定基础的同时，也限定了法官的心证判断。其内心确信必须基于现有的具备合法性的证据资料而形成，由此而约束了法官心证过程中的恣意与擅断。最后，证据裁判原则增强了司法裁判的确定性与可预见性。依据证据裁判原则的相关要求，司法裁判之作成是基于诉讼主体所提出的证据资料。且关于证据能力的判断标准在法律规则上得到了明确，运用证据的过程也需经过向当事人公开的法庭调查活动。这些因素的共同作用，促成了裁判结果的稳定性与可预见性。而且，证据裁判原则可以约束裁

---

① 〔日〕田口守一：《刑事诉讼法》，刘迪等译，法律出版社 2000 年版，第 217 页。

② 龙宗智：《刑事庭审制度研究》，中国政法大学出版社 2001 年版，第 65 页。

③ 刘春梅：《自由心证制度研究：以民事诉讼为中心》，厦门大学出版社 2005 年版，第 201-202 页。

判者的主观臆断与恣意，限制其自由裁量的范围。这样便大大减少了裁判者主观因素给裁判结果所带来的不安定影响，强化了司法裁判的确定性。

证据裁判原则作为现代司法的象征，在世界各国或地区的立法中得到不同程度的体现。大陆法系奉行职权主义的诉讼模式，法官主导整个诉讼程序。为规范法官在证据调查以及裁判过程中的权力行使，证据裁判原则是其首要遵循的原则。囿于其成文法的特点，大多数国家或地区都在立法上明确规定了这一原则。比如，《日本刑事诉讼法》第 317 条便规定："认定事实，应当依据证据。"① 英美法系采当事人主义模式，法院处于相对消极的诉讼地位而无需主动调查证据，自亦不存在限定法院调查证据权力的必要。尽管英美法系证据法上没有对证据裁判原则作出直接规定，但其中有关证据可采性规则以及证据开示、认定的规定，都与证据裁判原则的内在机理与精神相契合。② 同样，我国《刑事诉讼法》第 55 条规定："对一切案件的判处都要重证据，重调查研究，不轻信口供。"尽管该条文并未直接规定法院认定案件事实必须以证据为基础，但对于"判处案件重证据"的规定也在一定程度上认可了证据裁判原则。

尽管证据裁判原则多于刑事诉讼领域内讨论，但作为强调依证据裁判的基本原则，其事实上是三大诉讼的共通性原则。2014 年发布的《中共中央关于全面推进依法治国若干重大问题的决定》便以一般性指导的方式规定："全面贯彻证据裁判规则，严格依法收集、固定、保存、审查、运用证据"，这一指导是适用于三大诉讼法的。不过，也有学者提出，在民事诉讼中，由于辩论主义所衍生的自认规则以及大量推定法则的运用，法官作出裁判所依据的要件事实可能无需证明或采非证据证明的其他认知方式。这在一定程度上弱化了证据对事实认定与裁判的决定作用。故而，其认为证据裁判原则实为刑事诉讼领域的特有原则，而非民事诉讼过程所共通适用。③ 事实上，这是对证据裁判原则的片面、机械化理解。其将证据裁判原则等同于客观化的证据裁判，这是不合理且不符合认识规律与案件处理现况的。正如左卫民教授对我

① 《日本刑事诉讼法》，宋英辉译，中国政法大学出版社 2000 年版，第 72-73 页。

② 宋英辉、李哲：《证据裁判原则评介》，载《政法论坛》2003 年第 4 期。

③ 占善刚、刘显鹏：《证据法论》，武汉大学出版社 2015 年版，第 7 页。

国现代刑事诉讼中重罪案件过度客观化的证据裁判倾向的批判，其不仅要求应当依据证据认定案件事实，强调证据对认定事实的垄断性、唯一性作用，还将主观性较强的口供与一般证据区别对待，显示出这种‘证据裁判’浓厚的客观化色彩。[①] 证据裁判原则尽管强调证据对事实认定的决定性作用，但并未强调其作为裁判资料的唯一性与垄断性。换言之，在法官运用证据裁判的过程中，是允许存在自认规则、推理规则、依据言词辩论的全部意旨裁判或其他主观化事实认定的适用空间的。只不过这些要素要么仅能对辅助事实或间接事实认定发生作用，如言词辩论的全部意旨，要么在事实认定过程中处于次要地位，对证据调查的结果进行补充或有限地排除适用。其并未根本动摇证据在事实认定过程中的基础性、决定性作用。故而，笔者认可证据裁判原则作为民事诉讼基本原则的重要地位，并主张在司法实践中得到贯彻与践行。[②] 从规范层面来看，我国《民事诉讼法》虽未直接规定证据裁判原则，但存在大量有关依据证据认定案件事实的规定。[③] 另外，《最高人民法院关于民事诉讼证据的若干规定》（2019 年修正）第 85 条也存在类似规定，“人民法院应当以证据能够证明的案件事实为根据依法作出裁判”。

如前所述，证据裁判原则的意涵是由“事实认定以证据为依据”的基本含义，而不断向“在形式上对作为裁判依据的证据进行限定”的内容而扩展。其具体表现为要求证据具备法定形式与证据能力，并经过法庭调查程序。更有甚者，部分学者还主张证据裁判原则的内容应当包括“运用证据予以证明”的部分，如待证事实、证明方式等。可见，证据裁判原则的内涵不断地向裁判作出的部分而延伸，对这一原则的探讨与运用也更多地集中在证据资格以及证明过程。其似乎不约而同地忽略了最为基本的前提，即证据裁判原则的践行需以相对充足的证据资料为保障。基于此，有必要厘清证据裁判原则与证据收集之间的关联，而将证据收集制度也纳入证据裁判原则的指导范围

---

① 左卫民：《反思过度客观化的重罪案件证据裁判》，载《法律科学》（西北政法大学学报）2019 年第 1 期。

② 部分民诉学者采这一观点，相关文献有邵明：《论民事诉讼证据裁判原则》，载《清华法学》2009 年第 1 期；周洪江：《论我国民事诉讼中的证据裁判》，载《民事程序法研究》2014 年第 11 辑。

③ 邵明：《论民事诉讼证据裁判原则》，载《清华法学》2009 年第 1 期。

之内。

首先，证据裁判原则凸显了证据收集制度构建的价值。事实认定与适用法律是司法裁判的两个阶段，而证据裁判原则确立了证据在事实认定过程中的决定性作用。没有证据作为支撑，法院便无法在认定事实的基础上适用法律，作出裁判。可见，证据裁判原则突出了证据在现代诉讼中的核心地位。而证据收集制度作为证据资料的生产环节，其重要性不言而喻。反向思之，在实行神明裁判或口供裁判等非理性裁判方式的时期，案件的裁断无需借助证据或客观证据而为。相应地，也不存在证据收集的制度或者该制度适用处于抑制状态。

其次，依据证据作出裁判是近现代诉讼运行之圭臬。其在限定裁判基础的同时，也强调证据对司法裁判的支撑、保障作用。也即，证据裁判原则天然地对进入诉讼程序的证据资料存在量与质的要求，其需与当时司法环境中的证据收集水平相称。如果当时的司法技术难以普遍性地满足证据裁判对证据资料的需求，那么依赖口供或其他非理性裁判方式作出裁判便显得顺理成章。既然现代司法践行证据裁判的基本原则，那么其证据收集制度应能得以良好运作，从而最大限度地保障诉讼证据的来源，为证据裁判过程提供“养料”。

最后，证据收集应以证据裁判原则对证据的要求为导向。证据裁判原则对作为裁判基础的证据形式存在一定要求，并以法律规定的方式予以明确。既然证据收集制度的最终目的在于为法院的证据裁判活动提供资料，那么其在具体开展的过程中必然要以裁判证据之资格要求为标尺，不能与证据裁判原则所设定的合法性标准相抵牾。否则，该证据便无法进入裁判资料之列，而无任何功用。此外，广义上的证据裁判原则还包括“需要根据证据认定事实之范围”要素，这也在一定程度上为证据收集的方向与内容提供了相对明确的指示。

## 二、家事证据收集困境与证据裁判原则的冲突

证据裁判原则的适用是超脱于诉讼形式之上的，无论是刑事诉讼抑或民事诉讼，无论是普通民事诉讼抑或家事审判程序，均应以此为基本原则而遵

循之。同样，证据裁判原则与证据收集之间的内在关联也是普遍存在的，家事审判程序亦是如此。不过，囿于家事事件的特殊性，家事审判中的证据收集较之于普通民事诉讼更为困难。这一现实取证困境造成了其与证据裁判原则的紧张关系，故而需通过制度调适予以妥善解决。

### （一）家事案件特质引致的证据收集困境

家事纠纷之特色极为复杂，其发生因由、冲突状态以及利益诉求等因事而异，并无统一形态。但若从整体视阈观之，家事案件的身份性以及由此衍生的伦理性、情感性以及涉公益性等特点又普遍性地存在，并不同程度地影响着家事纠纷的发展势态。从这些共同特质出发进行剖析，便不难理解在家事司法实践中缘何会存在证据收集的现实困境。其根由就在于家事案件所具有的不同于普通财产案件的特殊性。

1. 证据来源隐蔽：家事领域的私密性

家事纠纷发生在家庭内部的成员之间，其在空间上多限于家庭成员共同生活的特定范围，如共同居住的住宅。这与不具特定身份关系的普通民事主体之间的合同或侵权纠纷是截然不同的。后者多形成于工作或公共生活的空间，这一空间往往有着第三方主体的存在。这使得普通财产纠纷的形成过程具有可见证性或可观察性。而家事纠纷并非如此，纠纷生成的领域具有私密性，是排除其他主体介入或干预的。家事纠纷如何发生、具体的发展脉络以及各方的责任归属等事项，都非家庭成员以外的第三人所能知悉的。即使是同为家庭内部的其他成员，倘若未一同生活，其对于家事纷争的始末也不一定完全了解。而且，证据的形成与纠纷的发生往往是相附随的。纠纷发生领域的私密性也意味着证据生成的领域极为隐蔽，除当事人以外，其他主体极难开展证据收集活动。这使得家事证据的收集工作在很大程度上依赖于当事人自己。其他诸如律师、法院等取证主体很难深入家庭内部，来收集家事纠纷形成过程中最为核心的证据。比如，家庭生活中冷暴力、恐吓威胁等言语暴力、监护人是否有照顾不当或消极照顾情形、共同生活的成年子女是否有履行合理赡养、照顾义务等。这些在多数情形下，无法为外界所得知，在审理过程中也往往是双方各执一词，造成了法院认定事实的困难。

2. 证据信息垄断：家庭成员的强弱对比

如前所述，家事领域的私密性使得在私人空间所形成的证据资料的收集多依赖于当事人自己，而该取证活动能否顺利开展往往与其在家庭内部所处的地位以及与冲突对方的强弱对比关系密切相关。首先，需明确的是，家庭成员之间的强弱关系是普遍存在的。这一强弱关系的形成既有身体力量或缺陷等生理上因素，如受虐待的残疾家庭成员与施暴人、未成年子女与父母、成年子女与老人等，也有家庭内部分工所造成的经济实力差异，如丈夫与全职妻子之间，还有情感依附、个人性格等其他因素的影响。在家事纷争发生之后，处于弱势的一方收集能证明对方存在过错的证据之时，往往心有顾虑。其担心为对方所觉察或知悉以后，会遭受精神、身体或经济上的制裁、惩戒，或者其在收集过程中切实遭到对方的阻挠与报复。这都会给弱势方收集证据资料带来现实障碍。同时，证据的形成与家庭生活关联紧密，强势方在家庭内部的主导地位，往往也意味着其事实上把控着证据信息或材料的源头。比如，掌握经济话语权的家庭成员一般对家庭财产的具体情况甚为了解。在夫妻财产分割事件中，弱势方往往很难证实在所主张分割的财产之外是否还有其他夫妻共同财产。对于对方隐秘转移或欺骗性转移财产的行为，弱势方更难举证证明。

3. 证据内容主观：家庭关系的情感纠葛

家事纠纷的主体之间存在复杂的情感纠葛，且这种情感关系会随着纠纷事件的发展而发生变化。在家事纷争形成之初，当事人之间往往存在激烈的情绪对立，其向法院陈述的案件事实也大多存在着控诉对方以及情绪宣泄的倾向。但随着时间推移以及双方关系的缓和，当事人言词陈述可能不再尖锐，存在宽恕或偃旗息鼓的意思。例如，其言词表达可能由当初的“经常施暴”，变成“偶尔存在轻微暴力行为”。但这并不意味着情绪平和阶段的陈述更契合事实发生的真相。此时的当事人陈述可能是基于事实，也可能是因对方妥协或关系缓和后，而在有意或无意之间弱化了案件情节严重性。而且，当事人之间的关系也不一定随时间推移而得以缓和。一方的失望、愤懑等情绪也可能因事件发展而持续发酵，甚至因新的事端而再次爆发冲突。总而言之，家庭成员之间的复杂情感纠葛以及事件发展的多变性，使得当事人陈述表现出极强的主观性与非规律性，并非如普通民事事件中表现为一贯的利己性。因而，法院对于当事人陈述的事实，需要其他证据予以印证与核实。其他家庭成员、亲朋或邻里街坊的证人证言便是重要的信息来源，但这一取证过程往往并不顺利。上述主体获知家事案件的信息，多是基于其与家事主体之间的关系或密切联系，但这一连接点同时也构成了取证的现实阻碍。由于掌握案件信息的主体与当事人之间存在特定关系，如亲属、朋友或邻居，其一般不愿意透露对当事人不利的案件信息，更别提出庭陈述了。即使上述主体提供了相关事实信息与证据，但因其与当事人一方之间的特定关系，或者与该事件存在利害关系，不具有中立性，其所作证言的真实性也大打折扣。

4. 证据关联复杂：家事纠纷的琐碎细节

家事事件往往是由一系列的争执过程所组成，而且各事件之间彼此交叠作用，在负面情绪的积累中，最后以特定的争议而爆发。“家事纠纷的发生，并非一个单一时点，而是一连串生活秩序破裂又试图重组的过程。”① 也即，家事纷争具有时间连续性的特点。其鲜少是源自一次性的冲突，而是由长期以来所存在的持续冲突事件所构成。这些威胁家庭关系与秩序的单个事件便是整个家事纷争中的碎片化细节。以赡养纠纷为例，“子女对老人未尽赡养义务”并非某一时间节点的冲突，其多是由某一时间段的诸多细节所共同反映的。这些琐碎细节并不一定具有同一性，其或是没有在经济上予以供养，或是对老人有侮辱谩骂行为，又或是在饮食起居上不予照料等。然而，这些引起家庭危机或关系紧张的细节事件，多与权利发生、排除、妨碍或消灭的事由有关，故而属于诉讼过程需以证据证明的事实内容。但因家事事件的细节极为琐碎，用以证明的证据材料也甚为驳杂，其存在形式或状态各异，给证据收集工作带来了诸多麻烦。

① 郭书琴：《重访民事纷争解决的法理与实践》，载《民事诉讼法之研讨（十九）》，元照出版有限公司2013年版，第325页。

### 5. 证据保存阙如：家事主体的观念缺失

无讼是我国传统法律文化的主导性价值理念,[①] 与西方社会泛讼主义的法律传统是截然相反的。无讼理念最早源于道家与儒家的思想。道家主张通过"使民不争"而达到人与自然、人与人之间的关系和谐。儒家则强调"礼"对人的行为的约束作用，主张礼重于法，通过"制礼作乐"、尊礼重教可实现"使民不争"的目的。"听讼吾犹人也，必也使无讼乎!"[②] 儒家学说已明确提出了"无讼"的治理思想与图景。基于儒家学说在我国封建社会的统治地位，"无讼"思想在当时社会备受推崇，并由此而形成了厌讼、弃讼、贱讼的法律文化。由于历史传承的作用，这种无讼理念在我国现代社会仍存在生命力，对人们的观念以及行为选择产生了不可忽视的影响。[③] 故而，在家事纠纷发生以后，部分当事人往往会选择息事宁人或忍气吞声，放弃去法院争强斗讼，那自然也不会有主动收集证据的意愿。另外，中国古代长期以来所形成的"以和为贵"的家庭文化也对家事主体的诉讼选择产生了消极影响。一直以来，我国传统家庭文化都主张"夫妻相敬如宾""尊老爱幼""家和万事兴""床头吵架床尾和"等和谐理念，对待家庭生活中的冲突，也多以自行和解或亲朋劝和的方式得以解决。即使一方存在诉讼或通过其他途径寻求法律保护的强烈意愿，也往往因"家丑不可外扬"、亲朋对主动起诉方的否定评价、情感上的依附、对未成年子女健康成长的考虑等多种因素，最后不得不选择放弃。而且，家事纠纷在时间上具有持续性，其多由一系列的冲突细节所组成，当事人的诉讼意愿也会在这一过程中不断发生变化。在当事人诉讼意愿较弱或家庭成员之间的日常相处时，很难期待其会随时收集家事纠纷或冲突的相关证据材料。此外，家事主体收集证据阙如的现象还与其缺乏法律意识有关。尽管近些年我国的普法工作一直在如火如荼地开展，但部分基层民众的法律意识仍有所不足，当涉法事件真正发生时，其往往不知所措。在对诉讼证据的重要性缺乏认识的情形下，要求其注意及时保存证据自是无从谈起。正是

---

① 张述周：《中国传统无讼法律文化对构建当代和谐社会的影响》，载《河南社会科学》2007年第6期。

② 《论语·颜渊》。

③ 任志安：《无讼：中国传统法律文化的价值取向》，载《政治与法律》2001年第1期。

基于以上因由，家事主体鲜少能在妥当的时机收集、保存、固定有关家事纠纷或冲突的证据，这些证据最后都将随着时间流逝或其他原因而毁损、灭失。家事当事人在向法院提起诉讼之时，大多只能提交近期发生冲突所形成的相关证据，对于此前的冲突细节，往往无法举证证明。以离婚事件为例，夫妻一方可能因不堪忍受对方近期的同居虐待行为而申请离婚。其主张“夫妻感情确已破裂”的事由，除存在同居虐待以外，还包括此前有多次因酗酒而实施家暴行为、婚内出轨或暧昧行为等情形。不过，因该当事人的起诉意愿由近期虐待行为而起，故对于此前的家暴以及婚内出轨等事情并未注意保存证据。在缺乏证据支撑的情形下，法院对于当事人的其他感情破裂事由自然难以认定。

6. 取证目的多元：家事利益的未来视域

普通民事财产案件的审理，多致力于对过去发生事实以及权利义务关系的判断，其讼争利益具有现存性。家事事件则不然，尽管其也存在对过去特定事件是否发生的审理事项，比如夫妻之间是否存在感情已经破裂的事由，原监护人或亲权人是否存在不当照顾的行为等，但其更多的是注重对未来的规划与妥当安排。故而，家事利益多具有面向未来性，需要法院作出展望性或创设性的裁判。例如，在酌定或改定亲权事件中，究竟选定何人作为亲权人、采何种类型的亲权模式，其目的均指向未来计划之安排，选择对未成年人最为有利、最能促成其健康成长的处理方案。在审理过程中，当事人或利害关系人所作的请求法院指定某人为亲权人或排列候选亲权人之顺位的声明，对法院并无约束力，法院需依职权裁量选定未成年人的最佳亲权人。而法院裁量权的行使需以收集的证据资料为依据。故而，在这一家事事件审理中，取证主体不仅应收集能帮助发现过去之事实的证据，还需对与亲权选定或改定有关的事实信息保持关注并予以收集，以便法院能在信息充足的前提下作出合目的性、展望性的裁判。可见，由于家事利益的未来视阈，家事证据收集的目的更为多元。其既需要发现事实真相，又需要为裁判的未来规划与展望提供证据资料，故而相应的证据收集难度也在大大增加。

### （二）家事证据收集困境所引发的证据裁判危机

传统证据裁判原则讨论的“阵地”是作为裁判基础的资料选择问题，其在批判神意、口供的基础上选择依据证据作出裁判。而现代证据裁判原则更为关注证据自身的形式与实质内容，以及依据证据所能认知的事实限度。故而，在认识论上的不同选择决定了现代证据裁判原则的不同形态。如果持乐观的可知论，并坚持依据证据所认知的事实应无限地接近客观真相，那么其证据裁判原则便会走向绝对化与理想化，其适用目的在于追求客观真实与实体正义。相反，如果持有限认知论，证据裁判原则便与运用证据所发现的法律真实形成了理论体系上的联动。证据裁判的过程只需符合程序上的正义即可。在相关联的证据收集制度上，前一种证据裁判原则要求该制度超负荷运作，以保障有尽可能多的证据资料进入到诉讼程序，并以此作出符合客观真实的裁判。故而，其需要法院积极介入，依职权调查取证，从而保障这一证据收集任务能得以完成。而后一种证据裁判原则对证据收集并不存在那么严苛的要求，其尊重程序正常运作所获得的证据资料，以及以此为基础所能发现的案件真实。证据裁判原则的这一争论多存于刑事诉讼领域，且学者多认可后一观点。比如，有学者便主张我国现代司法应舍弃“以事实为根据”原则，而转向采取“证据裁判”原则；[①] 也有学者主张应将“以事实为根据”理解为以有证据证明的事实为根据，而非客观事实，以此寻求与“证据裁判”原则理论的共恰。[②]

毋庸置疑，民事诉讼中的证据裁判原则采有限认知论的观点。即依据证据所认定的事实为“法律真实”，并不要求证据裁判的结果符合客观真相。基于此，适用证据裁判原则所获得的裁判结果的可接受性，便与证据收集制度的运行效果产生了紧密关联。若证据收集制度运行良好，并为诉讼提供了相对充足的证据资料，那么证据裁判的最终结果便可能接近案件真实，或者不会过于偏离事实真相。反之，证据裁判的结果便可能因与事实严重背离而受到否定评价。当然，现代正当程序理念以及当事人自我责任原则，会在一定程度上疏导当事人对结果的不满，增强证据裁判结果的可接受性。但这一切

① 卫跃宁：《诉讼现代化：从“以事实为根据”原则转向“证据裁判”原则》，载《湘潭大学学报（哲学社会科学版）》2008 年第 4 期。

② 卞建林、倪润：《证据裁判原则在我国的确立与贯彻》，载《贵州民族大学学报（哲学社会科学版）》2015 年第 4 期。

的前提在于程序设置并保障了当事人提出意见的机会，具体在证据收集环节上表现为当事人享有收集并提出证据资料的形式上与实质上的权利（机会）。

但从家事证据收集的实际情况来看，当事人的这一权利行使并不乐观。究其原因，便在于家事事件的特殊性所导致的证据收集困境。申言之，家事纠纷发生领域的私密性一般性地排除了其他主体收集证据的可能。而弱势一方的当事人往往受制于强弱对比关系以及对方对证据信息的垄断，无法顺利地开展证据收集。从外界观察的角度来看，家事纠纷的隐蔽性也意味着第三人对此纠纷发生的经过无从了解或仅知一鳞半爪。这使得当事人很难寻找知情的证人进行作证。即使亲朋邻居中存在了解冲突情况的主体，但囿于与对方当事人之间的情感链接、利益关系，或者自身与该纠纷存在利害关系，其要么选择拒绝作证，要么所作证言具有较强的偏向性。另者，家事纠纷的细节极为琐碎，且持续时间较长。加之，家事审判需着眼于未来的特点，当事人需收集的证据资料极为驳杂，内容上也极为广泛。以离婚所附带的未成年子女抚养权酌定事件为例，夫妻一方为获得子女的抚养权，其不仅需要对抚养子女的过去事实举证进行证明，还需提供证据证明由其抚养最有利于未成年子女。比如，该方当事人具备相应的经济基础以及与未成年子女的感情基础，对方存在酗酒等不良嗜好，可能危及未成年人的健康成长等。此外，家事主体还因传统无讼理念与家庭文化、法律意识薄弱以及取证意愿变化等原因，而未能及时保存相关证据。尽管这实质是当事人主观因素所造成的证据收集困境，但其在一定程度上具有普遍性，且进一步加剧了家事证据资料的“收集荒”。在这一情形下，如果仅靠当事人陈述这一主观性极强的证据，而无其他证据加以佐证，当事人的诉讼请求自难得到法院认可。法院依证据所作出的裁判便可能严重偏离事实的真相。纵然偏离实体正义的证据裁判结果的正当性，能通过正当程序与自我责任原则得以修正。但其仅针对当事人在主观上消极取证、举证的情形，并不包括因证据收集制度与现实需求不匹配所导致的客观取证不能。后者显然是与证据裁判原则的精神相背离的。

## 三、证据裁判原则保障视阈下家事证据收集制度调适

如前所述，证据裁判原则对于其裁判结果与实体真实之间的偏差是可以

容忍的，但容忍的限度便在于当事人主观消极取证、举证的范围，而非实质上的取证或举证不能。家事证据收集的现实困境则属于后一情形，故在一定程度上引起了证据裁判的可接受性危机。为缓解或解决这一危机，切实保障证据裁判原则的适用，有必要对家事证据收集制度进行调适，提升当事人收集家事证据资料的实际能力，减小证据收集制度供给与需求之间的落差。另外，证据收集活动的开展需以证据裁判原则对证据的要求为导向，避免所获取的证据资料因不符合证据裁判的要求而排除在裁判资料之外。具析之，家事证据收集制度可从以下几点进行调整：

第一，家事证据收集以职权探知主义为原则。当事人收集证据能力会受到各种现实因素的制约，比如前述中的证据信息垄断、证据关联复杂等，有的可以通过采取相应措施加以解决，有的则无法从制度上予以克服。也即，家事当事人收集证据的现实障碍是客观存在且无法排除的。对于当事人自身而言，其往往缺乏相应的调查权力与手段，且在法律意识与知识层面也无法匹配家事证据收集的相应要求。为妥当解决家事当事人取证能力匮乏所带来的证据裁判危机，其可行的思路便在于引入当事人以外的诉讼主体，补强当事人的取证能力。毫无疑问，作为当事人利益代表的律师或诉讼代理人是其首要选择。但一方面，对于经济实力较弱的当事人而言，聘请律师便意味着高昂的成本支出，其往往无力支付或不愿意支付；另一方面，律师的调查取证权虽存在法律上的依据，但在实践中往往是困难重重。受制于传统官本位文化的影响，我国普通公民对于公权力存在天然的敬畏与服从，但对于非公权力主体的律师所开展的调查取证活动，很多人不愿意积极配合与支持。可见，单纯从律师调查取证的角度来补强当事人取证能力是远远不够的，其还需要法院职权的积极介入。在家事当事人取证能力严重匮乏且家事事件涉及公益、身份秩序的情形下，法院的这种介入是颠覆性的。其体现在诉讼资料收集的具体模式上，便是由普通民事诉讼所适用的辩论主义，而转为职权探知主义。当然，适用职权探知主义并不意味着法院需“包办”家事证据资料的收集工作，法院只在当事人无法自行取证之时，依申请而启动调查取证，或者在必要情形下主动依职权调查收集相关证据。

第二，法官释明权与举证指导的嵌合运用。尽管家事案件的审理整体上酌采职权探知主义，但并非意味着证据收集任务的承担完全由当事人迁移向法院，当事人仍是家事审判中主要的取证主体。一方面，职权探知主义需尊重与保障当事人的程序主体地位，当事人在诉讼资料的收集方面仍发挥着基础性的作用。另一方面，家事审判中法院职权探知存在相应的范围限定，在家事财产类案件以及其他可处分事项的审理中，依然遵循当事人主导的辩论主义法理。另外，在司法资源极为紧缺的现实情境下，对于案件事实的查明，过度依赖于法官的职权探知也过于理想，容易超出法官的负荷能力。且在情感冲突尖锐、充斥非理性因素的部分案件中，法院的职权介入也应注意相应的方式与限度，以避免扩大冲突或加大当事人的抵触情绪。基于此，如何提升当事人的举证能力，并以证据裁判原则对证据的形式要求来收集证据资料，仍是家事证据收集制度优化的重要方向。对此，强调法官释明权的嵌合适用，是破解当事人举证难、提升当事人取证规范性的一项重要举措。法官通过释明方式，可以指导当事人进行收集证据与提出主张，促使当事人及时补充未主张或主张不明的案件事实，指引当事人围绕案件的争议焦点与证明对象来选择合适的取证方式、证据方法，并适时提醒当事人对证据形式上的瑕疵进行补正。法官释明权的合理行使，既可以弥合其与当事人在证据要求、认定标准等方面的认识偏差，避免出现因当事人主观认识不足或取证手段不当而导致的证据问题，同时也有效克服了法官职权探知所带来的裁判突袭、当事人举证积极性调动不足等弊端。

第三，家事证据收集方法的多样化。适当且多样化的证据收集方法与程序对诉讼主体的证据收集能力的提升是显而易见的。由于家事纠纷具有不同于普通财产纠纷的特殊性，其所形成的证据材料以及相应的收集方法也有其独特性，应在一般性的证据收集方法以外，探寻契合家事审判特点的证据收集方法。比如，针对离婚案件中夫妻一方的财产难以查明或证实的问题，可以在案件审理中适用离婚财产申报制度，由夫妻一方主动申报共同财产与个人财产的有关情况，并通过对不实申报的当事人加以惩戒的方式，来保障这一制度的良好运行。毫无疑问，在有关婚姻财产的证据收集与证明上，离婚财产申报制度比其他的证据收集方法更富有效率，很好地解决了夫妻财产证明难的现实症结。

第四，确立证据协力义务。在家事案件中，由于当事人双方强弱对比相对悬殊，证据偏在与垄断的问题普遍存在。如果将案件事实的查明全部诉诸自由竞争的“诉讼达尔文主义”，漠视家事案件中当事人在证据信息占有上的不平等，那么垄断证据的一方当事人完全可能利用这一优势阻碍案件事实的发现。[①] 当诉讼当事人对于自己所持有或控制的证据材料，具有决定是否提出的高度自主权时，负有证明责任的对方当事人很难期待在该当事人的配合下完成相应的举证任务，其往往不得不承受依据证明责任判决所带来的不利结果。显然，这一现象并非为证据裁判原则所容忍的，该原则对于审判过程的期许，并不是当事人之间自由角力的无序竞争，而应是在当事人攻防平等、证据充盈基础上的适法裁判。而有效克服家事证据偏在困局的关键，就在于如何促使持有或控制证据材料的当事人或其他主体，最大限度地配合证据调查与收集活动。对此，可对于家事案件的当事人以及案外的第三人科以一般性的证据协力义务，明确其承担向法院提供证据方法或以本人作为证据方法以协助法院进行调查取证的法定义务。[②] 证据协力义务作为一种诉讼上的公法义务，其相对方为代表国家行使裁判权的人民法院。当事人可通过向法院提出申请，启动证据调查来完成其证据收集任务，解决举证的现实困境。不过，尽管证据协力义务对当事人或案外人之间的权利义务以及诉讼风险进行调整与衡平，其在强调发现真实的家事审判中更具有广泛适用的价值意义，但这一义务也不能走向绝对化，而应存在合理且正当的限度。[③]

第五，对妨碍家事当事人收集证据的行为的制裁与惩戒。证据裁判原则的适用是以当事人证据收集权的良好运作为前提，若当事人的这一权利受到侵害，立法应设置相应的救济途径，并为其提供制度上的保障。申言之，若家事当事人在收集证据资料的过程遭到证据持有方或第三人的不当阻挠，或者上述主体存在销毁、更改、隐匿证据等妨碍证明行为的，人民法院应当对行为人予以制裁或惩戒，以保障当事人的证据收集权利。

---

① 胡学军：《前进抑或倒退：事案阐明义务论及其对我国的启示》，载《法学论坛》2014 年第 5 期。

② 占善刚：《证据协力义务之比较法研究》，中国社会科学出版社 2009 年版，第 11 页。

③ 王琦：《论民事公益诉讼中的证据调查协力义务》，载《政法论丛》2020 年第 5 期。

## 第三节　基于武器平等原则的制度修正

### 一、家事当事人在证据领域的实质不平等

平等是实现正义的基本要素。现代民事诉讼都强调当事人在诉讼地位上的平等，平等地享有诉讼权利，并承担相应的诉讼义务。在民事证据法领域，当事人之间的平等意味着在证据收集、提出与运用上享有同等的资格，法律应保障这一平等价值的实现。但从规范到实践之间，是存在偏差的。这一偏差导致了诉讼中的平等价值存在两种形态，即形式平等与实质平等。所谓的形式平等是指立法在未考虑主体个性的情形下，一般性地对当事人的权利与义务作出规定。也即，立法不会因当事人的出身、性别、宗教信仰、职业、财富等不同而予以区别对待。所有人在规范层面的诉讼资格都是平等的，受法律平等地保护。然而，对于不同的当事人，立法所赋予的利用诉讼程序的均等机会，在实际意义上是不相同的。当事人之间因经济实力、知识水平、社会地位等方面的差异，其利用诉讼程序的能力以及行使诉讼权利的效果是不完全相同的，由此产生的诉讼结果也并不一致。形式平等与实质平等之间的割裂，在证据法领域体现得更为明显。尽管立法赋予了双方当事人收集证据的同等机会，但囿于证据的实际分布以及各方实力的不同，当事人在证据收集方面是实质不平等的。当然，对形式平等的批判并不意味着证据法应保障双方当事人在收集、利用证据上的绝对平等，而是要避免双方的证据收集能力过于悬殊，从而导致最终的裁判结果严重偏离实体正义。①

在家事审判程序中，家事当事人在证据领域内的实质不平等更为突出。这一现象的形成原因是多元的，既有家事当事人强弱关系的主体因素，也有证据分布偏在的客观现实，还有要件事实证明责任配置不合理的制度原因。对此详述如下：

---

① 杨锦炎：《武器平等原则在民事证据法的展开》，中国政法大学出版社 2013 年版，第 6 页。

第一，家事主体之间的强弱对比分明，极大影响了家事当事人证据收集能力的实质平等。在普通民事诉讼中，当事人在自身条件上的个体差异是普遍存在的。但由于当事人之间不具有特殊的身份关系，其在日常生活与市场交易中也是遵循公平竞争、等价交换等形式化的平等原则。故而，在诉讼过程中，这种个体差异性对司法平等价值的减损是可以接受的，且可以通过律师代理或法律援助制度在一定程度上得以缓解。而家事当事人作为家庭共同体的成员，各自具有特殊的身份属性，其在纷争发生之前的家庭生活中便形成了相对固定的交互关系。且这一关系往往不具有平等形态，表现为一方对另一方的依附，比如未成年子女对父母、老人对成年子女的依附关系。即使是颇为注重夫妻平等的婚姻关系，这一依附性也可能存在，如在“男主外、女主内”的婚姻家庭结构中，妻子在经济上对丈夫存在高度依赖性。一旦这些主体之间发生纷争而进入诉讼程序，其相互之间的关系由此前的依附性而转向诉讼上的平等性。此时的诉讼平等能在多大程度上得以实现，值得怀疑。另外，家事领域具有相对封闭性，这使得家庭成员之间的强弱对比关系对证据收集的影响被进一步放大了，弱势一方所开展的证据收集活动很容易遭到对方的干预与限制。此外，家事纷争发生在家庭内部的特点，使得家事当事人无法同普通当事人一般，获得来自家庭的支持与帮助。这种“孤军奋战”式的诉讼更加凸显了当事人个体之间的强弱关系，其在证据收集上的实质不平等更为突出。

第二，家事证据的偏在问题。所谓的证据偏在是指证据的不均匀分布状态。由于当事人之间与证据源的关系距离并不对等，距离证据较近的一方当事人更易于控制或收取证据，从而获得更大的证据利益，这一现象称之为证据偏在。[①] 证据是事实发生在客观世界所留存的信息与痕迹，其所依存的证据材料分布是一种客观现象，要么为当事人一方所持有，要么为案外的第三方所持有。当证据材料为不具有利害关系的案外人或单位所持有时，这种证据分布状态并不会造成当事人之间证据收集能力的失衡。但倘若证据材料为一

---

① 杜健勋、王永祥：《我国环境民事公益诉讼中证据收集制度研究——以证据收集方法为视角》，载《西部法学评论》2016 年第 5 期。

方当事人所控制或与该当事人的距离更近时，比如由该当事人所在单位持有，那么双方获取该证据的难度便极为悬殊。尤其是当不负举证责任的一方掌握着证据材料，或者能对证据源产生实质影响时，由于该证据材料所证明的内容对其不利，故而不可能期待该当事人在诉讼中会主动提出该证据材料。而且，在对方开展证据收集的过程中，该当事人还可能基于利益诱因以及自我保护的目的，积极阻挠或设置相应障碍，甚至可能实施隐匿、毁损或篡改案件证据等妨碍行为。

证据偏在的问题在产品责任诉讼、消费者保护诉讼、医疗损害赔偿诉讼等现代型诉讼中最为典型，从这些诉讼的结构来看，证据生成的过程天然地靠近实施侵权或加害行为的一方（比如产品生产者、医疗机构等）。在家事审判中，这一证据偏在问题也是普遍存在的。一方当事人可能掌握着对方诉讼所必要的证据材料，或者双方当事人在获取特定证据的可能性上存在明显的差距。以离婚事件为例，在夫妻共同财产的证明上，掌握着家庭经济大权的一方对家庭财产的明细甚为了解，收集、提出相应的证据材料也极为容易。而对方当事人在收集有关共同财产的证据信息时往往会遭到不同程度的现实阻碍，比如不知道对方存款的银行、账户、数额等信息，不了解对方的股票、基金、股权等投资情况，甚至对配偶在共同住宅之外的购房情况并不知悉。另外，对于夫妻一方婚内出轨行为的证明，无过错方也很难收集到相应证据，能证明出轨事实的聊天记录等证据材料也仅由过错方所持有或者已被销毁。可见，家事证据的偏在问题，使得双方当事人接近并获取相关证据资料的机会并不均等，其使用证据资料并提出攻击防御手段的能力也是不对等的。在强调形式平等的诉讼模式下，独占证据资料的一方当事人无疑把握着诉讼的主动权。其可以根据自己的诉讼需要而选择是否提出相应证据材料，而对方当事人则处于完全被动状态，无法提供证据证明其诉讼主张。如此，既纵容了证据偏在一方妨碍证据收集的行为，允许其利用证据上的控制地位左右诉讼的胜负，同时也损害了证据缺失的弱势方的合法权益。

第三，家事审判中要件事实证明责任配置的不合理，也造成了当事人在证据收集中的实质不平等。当事人收集证据资料的最终目的，在于支持其诉讼主张或驳斥对方的主张，当事人应围绕诉讼主张所涉及的要件事实，来搜寻、发现有利的案件证据。然而，作为证明对象的要件事实不同，当事人需收集的证据资料亦不同，其收集的难度也就存在差异。比如，在医疗损害赔偿诉讼中，患者对于其健康权益受损害的事实，易于收集证据资料，但对于医疗机构存在主观过错的事实，证据收集的难度便比较大。一般情形下，立法通过举证责任的配置规则，在当事人之间合理分配了要件事实的证明责任。相应地，其各自收集证据资料的要求与能力也处于大致均衡的状态。但举证责任的配置并不一定都与当事人的能力以及与案件证据的关系距离相匹配，其可能存在错位的情形。此时，当事人之间便因证据提出任务分配的不合理，而出现证据取得上的实质不平等。这样一种举证责任配置错位的情形在家事审判中也是存在的。以涉家庭暴力的家事案件为例，对家暴事实的证明应分为两个步骤：受害人曾遭受他人的暴力行为、该暴力行为是被告或被申请人所为。对于前者，受害人往往能较为容易地收集到相应证据，如伤情照片、病历资料等，这些都是受害人所支配或易于取得的证据。但对于后者，能证明这一事实的证据相对较少，且受害人一般都难以获取。若家庭暴力的要件事实全部由主张一方（受害人）来收集证据资料并予以证明，这对于受害人而言是不公平的，也造成了受害人与施暴人在证据领域内的实质不平等。

## 二、武器平等原则的意涵与要求

对于当事人而言，诉讼胜负的关键在于哪一方能够收集、提出更多的、更有力的证据，并以此向法官展示更强的说服力。① 因而，当事人需尽量地搜寻、收集能推动或促进法院作出有利于自己之事实认定的证据，并积极地在诉讼过程中予以提出、运用。可见，证据其实是当事人在诉讼过程中展开攻击与防御手段最为有力的武器。而程序立法需保障当事人之间的这一武器平等，并以此为原则对当事人与法院的诉讼活动进行调整。程序法上的武器平等原则是以宪法所保障的平等权、诉讼权为基础，即任何人都应享有平等的使用诉讼制度的机会。这一平等的机会，既包括在诉讼发生之前享有平等的接近司法的机会，也包括在诉讼过程中享有平等的提出诉讼资料的机会，而

① 〔日〕新堂幸司：《新民事诉讼法》，林剑锋译，法律出版社 2008 年版，第 369 页。

后者即武器平等原则。所谓的武器平等原则具体是指“当事人无论其诉讼中为原告或被告，或诉讼外系高低阶层之关系，于诉讼中之地位一律平等。”[①]此乃宪法上平等权之规定[②]在程序法上的延伸。德国和我国台湾地区的学者认为武器平等原则的宪法基础，除上述平等权之规定以外，还包括“法治国原则”[③] 与“社会国原则”[④]。[⑤] 从宪法的“法治国原则”出发，可推得国家存在保障当事人武器平等的义务，即法官负有经由客观公正程序进行，无成见地使用与评价当事人双方之主张，无偏私地运用法律及履行其他程序上义务，以确保当事人地位之平等。[⑥] 同时，基于宪法上的“社会国原则”可知，武器平等原则要求法官保障实力资源较弱的诉讼当事人，在事实上能平等地享有取得并运用攻击防御武器（证据）之机会，在诉讼过程中能实质性地享有平等的程序地位。武器平等原则的内涵包括地位平等、机会平等以及风险平等三项内容。地位平等系指诉讼中攻击方与防御方的地位同等，且当事人于诉讼之外的身份从属关系或其他的差异都不会影响这一同等性。机会平等则主要指提出攻击防御手段的机会均等。即程序法应给予双方当事人同等的机会，于诉讼程序中提出主张并举证予以证明，或是由对方针对该主张收集反证以展开诉讼防御。同时，法院应不偏不倚地对双方提出的证据资料进行审查与评断，并同等地提供程序保障。就风险平等而言，则指诉讼之胜败风险对两造当事人应为平等之分配，不应由一造负担较高之败诉不利益风险。且不仅为形式上之平等，亦须为实质平等之保障，使有意主张权利之人均能有

① 姜世明：《民事程序法之发展与宪法原则》，元照出版有限公司2003年版，第162页。

② 比如《德国基本法》第3条规定：“（1）法律面前人人平等。（2）男女平等。国家促进男女事实平等的实现，并致力于消除现存不足。（3）任何人不得因其性别、血统、种族、语言、籍贯和出身、信仰、宗教或政治见解而受歧视或优待。任何人不得因残障而受歧视。”参见〔德〕默勒斯：《德国基本法：历史与内容》，赵真译，中国法制出版社2014年版，第151-152页。我国《宪法》第4条第1款、第33条第2款、第48条第1款等也存在平等权的相关规定。

③ “法治国原则”是德国宪法上的重要原则，其在内涵上具有开放性，由许多个别内容所构成。该原则首重人民权利之维护、法秩序之安定及诚实信用原则之遵守。参见翁岳生编：《行政法（上）》，中国法制出版社2009年版，第184页。

④ “社会国原则”，也称社会福利原则，也是德国宪法上的基本原则。保障公民基本权利的物质内容构成了福利原则的基础，其强调国家机关需完成社会国家的任务，即“保护社会上的弱者和不懈地致力于社会平等”。参见孙大雄主编：《外国宪法》，知识产权出版社2014年版，第114页。

⑤ 姜世明：《论民事程序之武器平等原则》，载《辅仁法学》2002年第23期。

⑥ 姜世明：《民事程序法之发展与宪法原则》，元照出版有限公司2003年版，第162-163页。

机会使用诉讼制度，而为其排除主张权利之障碍。①

从上述对武器平等原则的厘定可知，该原则包括形式意义上的武器平等与实质意义上的武器平等两个层面的内容，以对应形式平等与实质平等之意涵。申言之，所谓形式意义上的武器平等是指当事人在诉讼过程中提出诉讼资料的机会是同等的，不因当事人在诉讼中的角色抑或在诉讼外的地位、身份而存在差异。也即，当事人的武器平等是一般性的，并不考虑现实中个体的实质差异。法院也是同等地保障当事人提出攻击防御手段，不得有所偏颇地实施诉讼指挥或其他保障职能。显然，形式意义上的武器平等原则旨在践行平等权的初位价值，即在法律适用过程中应排除身份、地位所带来的特权或所引致的歧视。其强调在法院或法官面前一视同仁，同等对待，不存在一方当事人地位优于另一方的情形。不可否认，形式意义上的武器平等原则保障了当事人诉讼地位的平等，杜绝了诉讼特权的存在，同时也维护了程序的安定性，使得当事人运用诉讼程序的过程与结果具有可预测性。但这一形式原则无法兼顾个案中的武器平等与实质正义，其所赋予的当事人提出攻击防御手段之平等机会，在当事人个体实力与诉讼实施能力存在明显差异的情形下，很难得到同等地实现。而这正是实质意义上的武器平等原则旨在解决的议题。实质意义上的武器平等原则，具体是指当事人在诉讼程序中的实质地位以及运用诉讼武器的实际能力具有平等性。立法不仅需赋予当事人同等的行使诉讼权利以及获得保障的机会，在程序法则的解释适用过程中，还需注意调整当事人事实上的不平等，切实保障个案中实质性的机会均等。可见，实质意义上的武器平等原则，注意到了当事人之间的个体差异，以及对机会把握能力的影响。其通过对诉讼中弱势一方的保护，实现了当事人之间真正的武器平等。

形式上的武器平等原则旨在反对不合理的差别，而实质上的武器平等原则注重对弱者的救助，② 二者并不存在必然的冲突。前者在强调主体平等之时也为纠正事实上的不平等留下了适用空间。而后者尽管通过“帮扶弱者”来

① 沈冠伶：《诉讼权保障与裁判外纷争处理》，北京大学出版社 2008 年版，第 27 页。

② 杨锦炎：《武器平等原则在民事证据法的展开》，中国政法大学出版社 2013 年版，第 22 页。

达致实质平等，但同时也认同主体之间的合理差异因素，比如当事人主观努力程度的不同而导致的攻击防御手段上的差异。可以说，武器平等原则是形式原则与实质原则相辅相成而形成的有机统一。但从整体上来看，形式上的武器平等是诉讼的常态。而实质上的武器平等原则只有在当事人个体差异悬殊且不合理之时，或是证据分布偏在严重之时，作为形式原则之补充而得以适用。否则该实质平等原则便极有可能泛化，而导致诉讼中的平均主义，消减当事人的诉讼积极性。

形式上的武器平等原则体现了基础性、普遍性的平等，其反映了当事人作为程序主体的基本需要。在诉讼中，形式上的武器平等原则要求当事人接近司法以及利用诉讼制度的机会同等。这一要求需通过对当事人主体地位进行保障，并对当事人权的体系进行具象化规定而实现。所谓的当事人权具体是指当事人作为程序主体所享有或应被赋予的各种权能，具体包括期日到场权、辩论权、记录阅览权、期日指定申请权、责问权、求问权、上诉权、诉讼处分权、裁判范围和裁判资料限定权等。[①] 立法对当事人权所作的一般性规定是适用于所有主体的。不论其在诉讼之外的身份或地位为何，进入诉讼程序以后所享有的当事人权是同一的，不存在特殊对待。且立法所赋予的当事人权在攻击方与防御方之间是对等的，以平衡双方的攻击防御能力。对于法院来说，其只需要基于中立立场，平等地对待双方行使诉讼权利，并通过相应程序行使对应职能，平等地提供权利保障即可。实质上的武器平等原则建立在对个体差异进行纠偏的基础上，是更高层次的、具体个案中的平等，其要求保障当事人在诉讼中的地位以及诉讼实施能力的实质平等。为实现这一要求，法院不能再扮演消极中立的角色，而需职权介入当事人利用诉讼制度的过程。同时，当事人之间的关系也不再是各行其是，而存在相互配合以及对各自责任进行调整的必要。具体而言，在有关诉讼程序推进以及诉讼资料的收集与形成的事项上，当事人与法院之间以及相互之间的关系，存在强化法院职权、明确当事人之间的义务以及调整当事人责任分配的倾向。[②]

---

① 〔日〕山木户克己：《民事诉讼理论の基础的研究》，有斐阁 1961 年版，第 59 页。

② 〔日〕上田徹一郎：《当事者平等原则の展开》，有斐阁 1997 年版，第 3-4 页。

## 三、武器平等原则对家事证据收集制度的改造

武器平等乃不应仅限于追求当事人机会之均等，而应重视当事人接近与利用法院实现权利之实质之平等。[①] 但从前述内容来看，家事当事人在证据领域内实质上并不平等，这显然是有违武器平等原则之规定与精神的。因而，有必要以武器平等原则为指导，对家事证据收集制度进行科学化改造，以实现当事人双方提出攻击防御手段之实质平衡。

武器平等原则包括形式原则与实质原则的内容。形式意义上的武器平等原则强调程序立法对当事人的平等赋权，在此具体是指当事人的证据收集权以及相关联的一系列诉讼权利，同时法院应提供同等的权利保障。对于家事证据收集制度而言，由于证据收集长期以来被遮盖在证明责任以及诉讼证明的概念之下，这一环节被视为在合理配置证明责任之后的自然延伸，当事人自会基于所承担的证明责任或者巩固自己的证明优势，而收集、提出与案件有关的证据资料。故这一制度在诉讼程序中不言自明，无需给予过多关注。证据收集制度在观念层面的“冷遇”，使得各国的民事程序立法（包括家事程序在内）缺乏对这一制度的明确规定，或是规定了当事人享有收集证据资料的权利，但对于当事人如何行使这一权利以及可能得到哪些程序保障缺乏应有的关注。在这一情形下，当事人的证据收集权事实上处于虚化的状态，大多时候只能在缺乏制度保障的条件下简单地自行收集部分的证据资料。尽管这一证据收集权利的保障虚化，在攻击方与防御方之间的情形是差不多的，但制度层面的供给缺失，使得当事人的证据收集只能完全依赖自己的能力与所掌握的各种手段。这无疑强化了当事人个体实力差异对证据收集能力的影响，导致了双方当事人的武器实质不平等。而且，在缺乏运作良好的证据收集制度的前提下，证明责任的配置成为诉讼上的不利益在当事人之间的直接分配，当事人无法通过证据收集制度的运行而扭转这一诉讼上的不利局面，这也是对武器平等原则的侵蚀。故而，形式意义上的武器平等原则对家事证据收集制度的塑造，最主要体现在对当事人证据收集权的规定以及对权利行

① 姜世明：《民事程序法之发展与宪法原则》，元照出版有限公司2003年版，第177页。

使的保障。即程序立法不仅要赋予家事当事人之间平等的收集证据资料的机会，还需通过扩大证据收集的渠道、丰富证据收集的方式，以及对妨碍证据收集行为的制裁等措施，来切实增强当事人收集证据资料的能力，保障当事人之间接近、取得证据的机会是平等且充分的。

实质意义上的武器平等原则强调双方当事人在证据收集的机会与能力上的实质平等，其意在矫正形式平等表象背后的实质不平等。而家事当事人在证据领域内的实质不平等，正是家事审判中广为诟病的问题。选择实质意义上的武器平等原则对家事证据收集制度进行修正，恰好是对症下药，有助于彻底解决这一现实症结。具体而言，需从武器平等原则的要求出发，对家事证据收集制度中当事人与法院之间的关系以及当事人之间的关系进行改造。

第一，在当事人与法院之间的关系中，强化法院的职权介入，具体表现在对法院证据调查职能的加强以及对诉讼指挥权的强调。传统的民事诉讼程序在诉讼资料的收集上采辩论主义，即由当事人决定作为裁判基础的主张事实以及证据资料，法官应受到当事人主张或声明的限制。在辩论主义的模式下，法官基本退出了证据资料的收集与提出环节，既不能审酌当事人主张以外的案件事实，也不能依职权调查收集证据。如此一来，证据收集便成为完全由当事人自由开展的场域，其可以自由地运用攻击防御方法，影响诉讼的走向以及最终的裁判结果。在这种“自由主义”思潮的影响下，其所创设的平等主体（被假定的）之间的竞争规则，虚构了当事人机会平等和武器平等，而没有关注这些平等实际上能否实现。① 申言之，辩论主义的正当性来源于当事人自由、平等竞争下的自我责任原则，故要求法官处于消极地位而不能干预，避免对自我责任机制产生不当影响。但辩论主义忽视了在当事人自由的力量角逐之中，不合理的差异因素可能会造成实质上的不公正。在证据资料的提出上，当事人个体上的差异会影响其诉讼实施的能力，而证据偏在的分布情况也使得双方接近证据的机会并不对等。如果完全排除法院职权的介入而交由当事人自行提出，那么诉讼中强势一方或掌握着证据优势的一方当事

① 〔德〕米夏埃尔·施蒂尔纳：《德国民事诉讼法学文萃》，赵秀举译，中国政法大学出版社2005年版，第86页。

人便可能把控着诉讼中的攻防过程，其更易于获得胜诉的结果。有鉴于此，法院有必要依职权干预证据资料的收集、提取过程，通过依申请或依职权调查取证的方式，为弱势当事人收集证据资料提供保障，从而平衡其与强势方的攻击防御能力。现代民事诉讼正是基于法院的这一职权干预需要，对传统辩论主义的事实探知模式进行了反思，提出了修正的辩论主义，甚至是协同主义的模式。同样，在家事审判的特别民事程序中，针对家事主体强弱对比分明以及证据偏在的现实情况，也有必要强化法院的证据调查职能。一方面，弱势一方可通过申请法院职权调查取证，来弥补其取证能力上的不足，对于因客观原因而不能收集的证据资料交由法院来调查，借此来真正实现武器上的平等；另一方面，法院的职权取证也可避免当事人取证能力较弱而引致的诉讼证据之缺失，其更有助于案件真实的发现。

除法院职权取证的直接干预方式以外，其还可通过行使诉讼指挥权来改变家事当事人的攻击防御状态，实现实质上的武器平等。申言之，当事人在经验阅历、法律知识、理解能力等方面的差异，会影响其在证据收集中的选择以及具体的收集行为。能力不足或知识缺失的一方可能会在取证过程中遭遇一些现实问题，比如因疏忽、误解而未收集案件的关键证据、提出的证据存在瑕疵或并不充分、证据收集的方向错误等。另外，当事人经济实力上的差异也会导致证据收集能力的悬殊，经济实力较强的一方可以聘请优秀律师来获得专业上的支持。这进一步加剧了弱势方证据收集能力的“贫困化”。显然，这也是当事人之间武器不平等的具体形态。为消除主体差异所导致的不当影响，法院应以诉讼指挥或积极释明的方式对家事当事人的证据收集行为进行指导，指明案件证明的方向以及所依赖的关键证据，提醒家事当事人对证据瑕疵进行补正。诉讼指挥权作为一项公益性的权力，其既是法院的重要职能，同时也是应尽的义务，法院有必要通过诉讼指挥方式来补强当事人的举证能力。

第二，在当事人之间的关系中，强调当事人的真实陈述义务与事案解明义务，以及要件事实证明责任的合理配置。当事人诉讼实施能力的不均等在家事诉讼中是普遍存在的，但这一不均等经过司法竞技理念的恶性引导，便可能危及司法程序的公正性，如当事人的虚假陈述等。故而，应对当事人科以真实陈述义务，避免诉讼欺诈、恶意隐瞒事实等非法诉讼技巧对当事人武器平等的不利影响。另外，证明责任的设置旨在强调承担方负有证据提出与证明义务，并未要求相对方负有相应的配合义务。这一消极配合与积极对抗的运作模式在普通民事诉讼中是可容忍的，但在证据偏在问题突出的家事案件审理中，便可能导致双方当事人武器上的严重失衡。故在可合理期待的情形下，可要求不承担举证责任的当事人履行事案解明义务，避免当事人事案信息不对等对武器平等原则的损害。对于当事人未合理履行释明义务的，应当予以惩戒或科以不利后果。此外，针对部分家事案件中证明责任不当分配所引致的不平等问题，有必要在规则层面对证明责任的配置予以调适，以契合家事证据分布或当事人获取证据盖然性的实际情况。

# 第三章　家事证据收集制度的境外考察

对于发展中国家的法律改革，比较法研究是极有用的，通过比较法研究可以刺激本国法律秩序的不断的批判，这种批判对本国法的发展所作的贡献比局限在本国之内进行的‘教条式的议论’（dogmatische gesprach）要大得多。[①] 家事审判显然是世界范围内的共同法律现象，其体现的调整家事审判法律关系的发展规律与演变趋势具有普适性。这为各国之间的法律移植与借鉴提供了对话平台。同时，不同国家或地区的制度特色、实践经验，又为反思、检视本国的家事审判制度提供了丰富的素材与参考。我国的家事审判制度正处于改革探索的转型阶段，制度发展的滞后性使得借鉴境外的先进制度与有益经验尤为重要，其可以为本国问题提供更为广阔的解决模式。

根据法律传统与诉讼制度特点的不同，世界各国或地区的法律制度大致可分为英美法系与大陆法系两大类型。基于相异的法律理念与文化，两大法系在民事证据收集制度设计上截然不同，其差异性体现在证据收集的模式、主体、对象、方式、程序保障等诸多方面。同样，家事证据收集制度作为特殊的民事证据收集制度，在两大法系中的运行形态与模式也存在较为明显的差异。故而，对于家事证据收集制度的境外考察，有必要以两大法系的划分为基本类别，对其主要国家或地区的相应制度展开梳理与分析，以保障考察样本的全面性与广泛性。

---

① 〔德〕K·茨威格特、H·克茨：《比较法总论》，潘汉典等译，法律出版社 2003 年版，第 23 页。

## 第一节　英美法系国家和地区的家事证据收集制度

众所周知，英美法系实行当事人主义的诉讼模式，诉讼程序存在浓厚的对抗制色彩，当事人主导整个程序的运行。在民事证据资料的收集上，也主要依赖于当事人向对方当事人或案外第三人自行收集，其所适用的方式便是证据开示制度。可以说，证据开示是英美法系诉讼程序的重要特色，其大部分的国家与地区都对这一开示制度作出了规定。在英美法系民事诉讼中，只要该证据与案件存在关联性，且需作为诉讼资料而进入程序之中，无论其形式为证人证言、书证、物证、鉴定结论等，都应当在审前阶段依据法定程序进行开示，未经开示不得在开庭审理中使用。对于当事人而言，其可以通过证据开示，从持有证据的对方当事人或第三方之处获得与案件有关的重要信息与证据。同样，英美法系国家和地区的家事证据收集也是适用证据开示制度，只不过囿于适用领域的特殊性，其在证据开示的制度设计以及具体运行中，会与民事证据开示的一般性规定存在差异。接下来，通过对英国、美国、澳大利亚、我国香港特别行政区等英美法系国家或地区的家事司法制度进行简略介绍，在了解各自家事司法概况的基础上，展开对家事证据收集制度的解析，以管窥其制度特色与优益之处。

### 一、英国的家事证据收集制度

英国的家事司法制度①发轫于离婚的世俗化以及无过错离婚主义的立法引入。② 基于这一离婚理念的转型以及立法规定的嬗变，英国的离婚率大幅上涨，由此所带来的子女抚养、探视、财产分割等附带事项以及其他家庭纠纷也在与日俱增，这极大地催生了家事法庭在英国的成立。具体来看，英国审理家事案件的法庭或法院经历了由分散到统一的发展过程。在英国历史上，

① 英国是个多法域的国家，具体包括英格兰和威尔士、苏格兰、北爱尔兰、海峡群岛和马恩岛五个法域。下文中对于英国家事司法制度的介绍，如无特殊说明，仅限于英格兰和威尔士法域。

② 陈爱武：《家事法院制度研究》，北京大学出版社 2010 年版，第 10 页。

对家事案件享有管辖权的法院并不统一，家事案件往往由不同的法院分而治之。比如，对于与亲子、继承有关的案件审理通常由普通法院进行，子女监护养育的家事纠纷由治安法院审理，夫妻财产问题交由衡平法院审理，而婚姻事件则由教会法院专属管辖。1857 年《英国婚姻诉讼法》设立了新的离婚和婚姻诉讼法院，专门审理与离婚有关的民事案件。此后，这一法院又与遗嘱检验法院、海事法院合并而成立了高等法院遗嘱检验、离婚和海事法庭。1970 年，英国颁布了《英国司法工作法》。根据该法令，英国高等法院设立了家事法庭（High Court Family Division），统一受理由高等法院管辖的所有家事案件。故而，原高等法院遗嘱检验、离婚和海事法庭中的家事案件便移交给家事法庭管辖。除此之外，英国的法院体系中治安法院家事诉讼法庭（Family Proceeding Court）以及郡法院（County Court）也享有对部分家事案件的管辖权。[①] 至此，英国的家事司法体系形成了由治安法院家事诉讼法庭、郡法院以及高等法院家事法庭共同组成的三级法院体系。不过，由于缺乏统一的家事审判机构，当事人在向法院提出案件申请时，首先需辨识出具有管辖权的法院。这给当事人带来一定困扰，同时也导致了家事司法程序的低效。[②] 有鉴于此，根据 2013 年《英国犯罪与法院法》（Crime and Courts Act 2013）的有关规定，于 2014 年 4 月设立了独立的单一家事法院（Single Family Court），统合处理原属于家事诉讼法庭、郡法院管辖的家事案件。[③] 高等法院家事法庭得以保留，但仅受理涉及儿童监护或丧失行为能力的成年人案件、具有涉外因素的家事案件这两类特殊案件。[④]

在程序规范上，由于英国为不成文法国家，有关家事审判程序的规定散见于不同的法律规范之中。比如，1973 年《英国婚姻诉讼法》、1978 年《英国家事诉讼和治安法院法》、1984 年《英国婚姻和家庭诉讼法》、1991 年《英

① 齐凯悦：《英国家事审判机构专业化改革及对我国的启示》，载《福建农林大学学报（哲学社会科学版）》2017 年第 6 期。

② 〔英〕西蒙·休斯、爱德华·蒂姆普森：《英国家事司法的发展前景》，唐豪臻译，载《中国应用法学》2017 年第 5 期。

③ 陈莉、向前：《英国家事审判制度及其启示》，载《法律适用》2016 年第 11 期。

④ 齐凯悦：《英国家事审判机构专业化改革及对我国的启示》，载《福建农林大学学报（哲学社会科学版）》2017 年第 6 期。

国家事诉讼程序规则》等。显然，这一分散式的立法模式使得法院规则支离破碎，不利于公民对家事司法制度的利用。为结束这一程序规定上的混乱局面，英国于2010年制定了《英国家事诉讼程序规则》（The Family Procedure Rules 2010），在取代旧规则的基础上，为各类家事诉讼提供统一的程序规则。其中，被取代的规则主要有1991年《英国家事诉讼程序规则》、2005年《英国家事诉讼程序（收养）规则》、1991年《英国家庭诉讼法院（1989年儿童法）规则》、1991年《英国家庭诉讼程序（婚姻诉讼等）规则》、1974年《英国治安法院（抚养命令互惠执行）规则》等。[①] 根据2010年《英国家事诉讼程序规则》的相关规定，英国家事法院受理的案件主要包括婚姻和同性伴侣纠纷（matrimonial and civil partnership dispute）、经济救助（financial remedy）、家庭暴力案（domestic violence）、强迫婚姻（forced marriage）、涉及儿童的案件、2008年《英国人工生殖和胚胎法》第54条（即父母命令）下的程序事件、收养、安置及其相关程序事件。[②] 不过，遗嘱与继承案件并不适用这一统一化的程序规则，而继续由《英国民事诉讼规则》第57条之规定予以调整。2010年《英国家事诉讼程序规则》针对不同的家事案件，设置了相应的申请与受理程序。比如，该规则第7部分便对婚姻和同性伴侣诉讼的申请、送达、应诉、聆讯、法院命令等程序事项作出了明确规定。

2010年《英国家事诉讼程序规则》中有关证据开示（disclosure）的规定，主要集中在第21部分“有关书证开示与查阅的杂项规则”。除此之外，在各类家事诉讼程序以及家事调解的具体规定中也存在证据开示的有关规则。从整体上看，2010年《英国家事诉讼程序规则》对证据开示的规定极为简略，其主要集中在以下几点：[③]

1. 证据开示的一般规定

英国家事诉讼程序中的证据开示主要表现为“对书证的开示与查阅”，其在规则中以专章的形式进行规定。至于对其他证据形式的开示，则散见于其

---

① 赵秀举：《家事审判方式改革的方向与路径》，载《当代法学》2017年第4期。

② See The Family Procedure Rules 2010.

③ 以下对《2010年家事诉讼程序规则》中证据开示制度的介绍是以截至2024年4月的最新版本为准，访问网址为 https：//www. legislation. gov. uk/uksi/2010/2955/contents/made。

他部分的规定之中，比如第 7 部分中对夫妻一方或双方的医学检查。根据第 21. 1 条的规定，“书证开示”是指当事人通过陈述书证现存或曾经存在于何处而进行的开示。所开示的书证是指记载了任何描述内容与信息的事物，其包括书证的副本，即通过任何方式直接或间接将书证中记录的信息进行复制而生成的。另外，对于已经开示的书证，对方当事人有权进行查阅。① 该规则并未对证据开示作“标准开示”与“特定开示”的区分，且在开示的范围、内容、程序以及书证的查阅、违反证据开示的制裁等事项上也未作出特殊规定，故而仍需适用《英国民事诉讼规则》的一般规定。

2. 对诉讼外第三人的开示命令

英国法上的证据开示一般只针对对方当事人，不能对案外第三人科以开示证据的义务。即使是所有当事人都同意，法院也不能作出要求第三人开示证据的命令。其因在于，对于案外人掌握案件信息或证据资料的情形，可通过在审理阶段传唤其作为证人出庭作证，来收集这一证据资料，即适用“普通证人规则”。且要求第三人开示证据，会造成对其安宁生活的打扰以及对隐私的刺探。② 不过，基于对诉讼当事人以及诉讼程序利益的衡平，这一开示限制存在例外。2010 年《英国家事诉讼程序规则》第 21. 2 条便明确规定了对案外第三人的开示命令。根据该规定，当事人可不经过通知而直接向法院提出申请，不过需提供证据予以支持。对于该申请，法院仅在特定情形下可作出开示证据的命令，即为了公平地处理诉讼程序或节省费用而极有必要要求第三人开示证据的。法院作出的开示证据命令，需明确第三人应开示的特定书证或书证类别，同时也要求第三人在开示过程中具体说明不再由其掌握的书证，或者主张存在禁止他人查阅的权利或责任的书证。另外，该开示命令可要求第三人疏明不再由其掌握的书证的具体情况，或是明确开示与查阅书证的时间、地点。需注意的是，若该开示命令所针对的书证，属于在最后聆讯阶段不能被强制提供的书证，那么该命令也不能强制第三人提出这一书证。③ 可见，尽管该规则允许对第三人作出证据开示，但开示命令必须由法院作出，

① See The Family Procedure Rules 2010，rule21. 1.

② 沈达明：《比较民事诉讼法初论》，中国法制出版社 2002 年版，第 381-384 页。

③ See The Family Procedure Rules 2010，rule21. 2.

且限于极为必要的特殊情形。第三人也可以不再掌握书证或存在禁止查阅的权利为由而对抗开示命令。

3. 证据开示与查阅的例外

证据开示虽有助于避免证据突袭、促进案件真实的发现以及推进程序的运行，但其并非毫无限制的。“当证据开示损及特定法益之时，当事人便可拒绝进行开示，法院也应对当事人的这一意思表示进行认可。”① 在英国民事诉讼中，证据开示范围的限制包括公共利益特权、不相称以及保密特权三个方面。② 2010 年《英国家事诉讼程序规则》仅明确了公共利益特权对书证开示的限制，对于不相称与保密特权，未作特殊规定。规则第 21. 3 条规定，任何当事人都可以开示特定书证会损及公共利益为由，向法院申请拒绝进行开示的命令。这一申请无需通知对方当事人，不过需提供证据予以支持。主张公共利益特权的当事人必须以书面形式对其具有禁止开示、查阅特定书证的权利或责任，以及主张该权利或责任的理由等内容进行陈述，且该书面陈述应发送给希望获得书证开示或进行查阅的当事人。对于当事人提出的申请或主张，法院可进行审查。在审查过程中，法院可要求主张禁止开示或查阅的一方将该特定书证向法院进行出示，同时也可要求任何主体对此作出说明，而不论其是否为当事人。法院依此所作出的禁止开示或查阅的命令无需送达给其他任何人，也不允许他人查阅。③

4. 医学检查的开示方式

英国的证据开示方式一般不包括对当事人身体与精神状态的检查，因为在英国法的学理上认为这一开示可能会对当事人的人身自由或隐私权利造成侵犯。故而，英国法上的医学检查方式仅适用于极小的范围，即离婚、宣告婚姻无效案件中对夫妻一方生殖能力的检查，以及在涉及假装怀孕的案件中对声称怀孕的妇女进行检查。1970 年，马克德莫法官（Lord Mac Dermott）曾试图在亲子关系案件中适用医学检查，以强制命令的方式在父母与子女之间

---

① 夏先华：《英美法系民事证据开示制度检视及其启示》，载《湖南工业大学学报（社会科学版）》2019 年第 4 期。

② 徐昕：《英国民事诉讼与民事司法改革》，中国政法大学出版社 2002 年版，第 315-318 页。

③ See The Family Procedure Rules 2010, rule21. 3.

进行同血型检查，但最后遭到英国最高法院诉讼程序委员会的反对。[①] 2010年《英国家事诉讼程序规则》也继续沿袭了这一观点，对无效婚姻诉讼中的医学检查方式予以明确，并限制了在涉儿童案件中对儿童的身体、精神检查。具析之，规则第7.29条规定，对于当事人以无能力进行性行为或故意拒绝进行为由，而要求法院判令无效婚姻（限于异性婚姻[②]）的申请，法院应当作出是否需要指定体检医师对当事人一方或双方进行检查的决定。法院指定医师进行检查，仅限于这一方式对于妥善处理案件极为必要的情形。被检验人必须在体检医师在场的情形下签署一份声明，确认本人为强制检查命令所适用的当事人。而体检医师也需对被检查人当面签署这一声明的情形予以证明。另外，负责检验的医师需根据检验结果撰写一份报告，并在法院指定的日期之前将其提交给法院。对于这一报告的副本，任何一方当事人都有权查阅。[③] 规则第12.20条明确规定，未经法庭许可，不得以获取诉讼中的专家证据为目的，对儿童进行身体或精神病学上的检查，或者采取其他方式对其进行评估。即使通过对儿童进行医学检查或评估的方式已经获得了相应证据，如果未能获得法庭准许，该证据依然不能在诉讼过程中援引适用。[④] 不过，该条规定在2012年的规则修订中被删除了。[⑤]

5. 对事实与书证的自认方式

当事人一方可通过要求对方当事人对特定事实或书证进行自认的方式，来简化事实探知或证明的过程。自认不仅是审理机制，同时也是审前阶段发现证据资料的方式。对于要求自认一方而言，其可以借此了解对方对该事实或证据的态度，以安排后续的诉讼行为，比如是否需搜寻其他证据或寻找证人以证实其真实性。对于相对方而言，其也可从中获知或查阅到对手将在审理过程中提出的证据或主张的事实。英国法上的自认包括对事实的自认与对

① 沈达明：《比较民事诉讼法初论》，中国法制出版社2002年版，第378页。

② The Family Procedure（Amendment）Rules 2014对第7.26条进行了修正，将“marriage”替换成“a marriage of an opposite sex couple”，从而将“civil partnership”排除在该条的适用范围之外。

③ See The Family Procedure Rules 2010，rule7.29.

④ See The Family Procedure Rules 2010，rule12.20.

⑤ See The Family Procedure（Amendment）（No.5）Rules 2012.

书证的自认两种方式，2010 年《英国家事诉讼程序规则》也对这两种证据开示方式予以确认。申言之，当事人可以向对方当事人送达要求自认的通知书，要求其对通知书上所列明的全部或部分事实进行自认，自认通知书必须在最后聆讯日的 21 天前送达。对方当事人对该通知书所作的自认，只在送达通知书的诉讼程序中发生法律效力，且只能针对送达通知书的当事人一方。法院可准许一方当事人以其认为公正的条款内容修改或撤回该方作出的任何自认。① 另外，接受开示书证的一方当事人，如果没有声明要求在最后聆讯阶段对该书证予以证明，并送达相应的通知书，那么将默认其认可该书证的真实性。上述通知书的送达存在期限上的要求，即送达证人证词的期限届满之日，以及自送达开示书证之日起 7 天以内，以其中较晚者为准。② 可见，英国法上的自认效力范围是相对有限的，且在特殊情形下可以撤回或修正。

## 二、美国的家事证据收集制度

美国是世界上最早成立实质意义上的家事法院的国家。③ 美国的家事司法源于少年司法的独立化发展，以及少年法院对关联性成年家事案件的扩张管辖。早在 1899 年，美国的伊利诺伊州便制定了《伊利诺伊州少年法院法》，并建立了世界上第一个专门性的少年法院。④ 1914 年，美国俄亥俄州辛辛那提市成立了家庭关系法院（Court of Domestic Relations），正式揭开了美国设立家事法庭或法院的序幕。之后，基于家事与少年案件的独特性而创设专门的家事法院，或者在普通法院内部创设家事法庭的做法，逐渐得到美国各州的认可，许多州也相继成立了专门处理家庭纠纷的家事审判机构。截至 2015 年，美国已有包括纽约州、加利福尼亚州在内的 20 个州设立了专门的家事法院；有包括宾夕法尼亚州、新泽西州等在内的 16 个州设立了隶属于

① See The Family Procedure Rules 2010, rule22. 15.

② See The Family Procedure Rules 2010, rule22. 16.

③ 陈爱武：《家事法院制度研究》，北京大学出版社 2010 年版，第 5 页。

④ 邵明、周文：《美国未成年人民事诉讼程序的发展及启示》，载《山东社会科学》2016 年第 8 期。

普通法院系统的家事法庭；尚有 14 个州并未设立专门或独立处理家事纠纷的法院（庭）。[①]

囿于美国联邦制的司法体制以及不成文法的立法传统，美国法上关于家事审判程序的规定较为散乱，并无全国性的、统一的家事诉讼程序规则。《美国联邦民事诉讼规则》之中没有对家事审判程序作出特别规定，但这并不意味着美国的家事审判与普通民事诉讼在适用程序上并无差异，其同样存在着特色鲜明的家事审判程序。只不过，美国法上调整家庭关系的法律规范并不存在实体与程序的明显分野，大量的有关家事审判程序的规则都嵌入在作为实体法的家庭法之中。在美国法的历史上，家庭关系一直由各州立法予以调整，联邦法院不能进行干涉。美国联邦最高法院也曾反复强调："夫妻及父母子女间的家庭关系都属于州法的调整范围，而非美国联邦法律的调整范围。"[②]故而，美国的家庭法渊源以各州的家事立法为主，辅之以联邦和州宪法、国际公约和条约、联邦和州的社会福利、税收立法规定、地方法律规范等。[③] 不过，近年来联邦对各州的家庭法进行了前所未有的干预，其所造成的直接后果就是各州的法律在一定程度上趋于统一。另外，美国州法律全国统一委员会也在统一家庭法的过程中发挥了重要作用。其所制定的《美国统一互惠扶养费强制执行法》《美国统一州际家庭抚养法》等法律已为美国各州所认可，《美国统一结婚离婚法》也得到了部分州的采用，或以此为范例对未采用的州立法产生了积极影响。[④]

尽管如此，美国的家事立法权与司法权仍主要由各州行使。纵览各州的家事立法，其中不乏对家事审判程序的专门立法，较为典型的便是亚利桑那州最高法院 2005 年通过的《美国家事诉讼程序规则》（The Arizona Rules of Family Law Procedure），该规则已于 2006 年 1 月 1 日生效。与此同时，此前适用的《亚利桑那州民事诉讼规则》被取代，不再对该州的家事审判法律关系

① 齐玎：《论家事审判体制的专业化及其改革路径——以美国纽约州家事法院为参照》，载《河南财经政法大学学报》2016 年第 4 期。

② Rose v. Rose, 481 U. S. 619, 625 (1987).

③ 〔美〕哈里・D. 格劳斯、大卫・D. 梅耶：《美国家庭法精要》，陈苇等译，中国政法大学出版社 2010 年版，第 5 页。

④ 夏吟兰：《美国现代婚姻家庭制度》，中国政法大学出版社 1999 年版，第 12-13 页。

进行调整。这一专门家事程序规则的制定，旨在减少直接适用民事诉讼程序对家庭关系与未成年人的伤害。其所适用的对抗性较小且具有灵活性的家事程序更有助于应对矛盾复杂的家事纠纷，寻求妥当的解决方案，同时也可缩减不必要的程序延迟。[①]《亚利桑那州家事诉讼程序规则》主要由 14 篇组成，内容涵盖诉答与动议、当事人、送达、临时命令、证据开示、替代性纠纷解决、审前与审判程序、判决、判后程序等诸多方面。其中，有关证据开示的规定主要集中在第 7 篇“Disclosure and Discovery”。其相关内容详述如下：[②]

1. 证据开示的范围及限制

美国法上“证据开示”一词存在“discovery”与“disclosure”两种表达。前者与英国法上的“disclosure”相对应，指代传统意义上的“请求—回应式”的证据开示。[③] 这是证据开示的一般形态，具体是指当事人开示证据或诉讼资料需以对方当事人提出开示请求为前提，否则便不存在开示的对应义务。而后者则是指当事人的自主或强制开示义务，其要求各方当事人在提出证据开示请求之前，应主动向对方出示对证明自己的请求或抗辩有利的证据。《亚利桑那州家事诉讼程序规则》同样对这两种开示制度进行了规定，且明确了各自的开示范围。根据《亚利桑那州家事诉讼程序规则》第 49 条的规定，一方当事人必须自主开示其所拥有和控制的信息，以及该方通过合理查询与调查可以确定或获得的信息。基于正当理由，法院可以限制当事人的这一自主开示义务。该条文还对有关法律决策或育儿时间、儿童抚养费、配偶扶养费和律师费、财产、债务等事项进行开示的内容，以及开示证人、专家证人、电子存储信息等证据形式的过程应披露的信息作出了详细的规定。以法律决策或育儿时间（Legal Decision-Making or Parenting Time）的事项为例，当事人应当自主开示的证据与信息包括：涉及一方或其家庭成员的任何过去或现在

① 陈爱武：《人事诉讼程序研究》，法律出版社 2008 年版，第 63 页。

② 以下对亚利桑那州《家事诉讼程序规则》中证据开示制度的介绍是以截止 2024 年 4 月的最新版本为准，访问网址为 https：//govt. westlaw. com/azrules/Browse/Home/Arizona/Arizona Court Rules/Arizona Statutes Court Rules? guid = N1A651810715611DAA16E8D4AC7636430 & origination Context = documenttoc & transition Type = Default & context Data = （sc. Default）& bhcp = 1 & ignorebhwarn = Ignore Warns.

③ 吴如巧：《美国联邦民事诉讼规则的新发展》，中国政法大学出版社 2013 年版，第 40 页。

的保护令、申请书的副本；当事人在近5年内因精神或心理问题、情绪管理、滥用药物或家庭暴力而进行治疗的相关信息；当事人一方或其家庭成员在近10年内受到的任何刑事指控或定罪的相关信息；当事人一方或其家庭成员在近10年内受到的任何儿童安全部门对其展开调查或进行诉讼的相关信息。[①]显然，这些都是法院合理安排对儿童的法律决策权以及育儿时间所应当获知的案件信息，立法要求当事人在诉讼过程中自主予以开示和提供。另外，《亚利桑那州家事诉讼程序规则》第51条对当事人一般开示的范围予以明确。根据该规定，当事人可以就与当事人的诉求或抗辩有关的，且符合案件需要的非特权事项获得开示证据。具体开示范围的确定需考虑到所涉问题的重要性、争议的数额、当事人获得有关信息的相对机会、当事人的资源、开示在解决问题中的重要性，以及开示所造成的负担或费用是否超过其可能带来的利益等因素。[②]

美国法上的证据开示范围必须受到保密特权的限制，具体包括律师与委托人之间的保密特权、配偶之间的保密特权、医生与病人之间的保密特权等。[③]《亚利桑那州家事诉讼程序规则》并未对这一保密特权予以明示，而是对工作成果以及专家证人信息的开示作出了限制。前者是指一方当事人或其代表（包括律师、顾问、担保人、保险公司或代理人等）为诉讼或审判准备的文书与实物等诉讼资料，当事人一般无需予以开示。但倘若上述成果资料对于案件准备极为必要，且无法通过其他渠道获得类似的材料，那么该成果资料也可以例外地进行开示。不过，对于当事人及其代表的主观认识、结论、意见或法律理论等意见成果，绝对地禁止开示。后者主要是指当事人仅为审判准备而聘请的专家证人（不出庭专家），其证人信息以及证词不应成为开示的对象。[④]

2. 证据开示的方法

《亚利桑那州家事诉讼程序规则》第51条第（a）款列举了家事当事人可

---

① See The Arizona Rules of Family Law Procedure, rule 49.
② See The Arizona Rules of Family Law Procedure, rule 51 (b) (1) (A).
③ 汤维建：《美国民事司法制度与民事诉讼程序》，中国法制出版社2001年版，第430-431页。
④ See The Arizona Rules of Family Law Procedure, rule 51 (b) (3)、(4).

获得开示的方法，具体包括笔录证言（第 57 条）、书面质问书（第 60 条）、要求提供文书或物证、允许进入土地或对其他财产进行检查（第 62 条）、身体、精神和职业检查（第 63 条）、要求自认（第 64 条）、要求出示文书证据或检查处所的传票（第 52 条）。[①] 其中，笔录证言（deposition）是指“一方当事人对其认为掌握证据开示范围内的证据材料的人进行询问以获取证言的证据开示方法”,[②] 其包括口头笔录证言与书面笔录证言两种形式。根据《亚利桑那州家事诉讼程序规则》第 57 条的规定，笔录证言应当在送达传票和呈请书后 30 天内进行，且必须获得法院的许可，但另有书面约定，或者当事人在作证通知中证明被询问人将离开亚利桑那州，且在 30 天期限届满后无法作证的情形除外。除非所有当事人同意或法院另有命令，否则当事人必须在作证日期的 10 天前向其他当事人发出书面通知。通知中需列明宣誓作证的日期、时间和地点，以及被询问人的姓名和地址（如果知悉的话）。对于宣誓或确认的证词，应当由书记员进行记录，或者通过音频、视听手段进行记录。另外，经当事人同意或法院命令，可以通过电话或其他远程方式进行取证。对于被询问人的询问和交叉询问需参照审判过程中的要求进行，当事人不得提出相关性等证据异议。对于作证过程中提出的各种异议，书记员需在笔录中进行注明。作证时间应相对合理，一般限于 4 小时，且必须在一天内完成。[③] 书面质问书（written interrogatories），即当事人以书面形式向对方提出质询问题，对方就此作出答复所形成的相关文书。质问书仅仅适用于诉讼当事人之间，不能对案外第三人作出。对方当事人收到质问书后，需对其进行答复，并附上宣誓词。[④] 根据《亚利桑那州家事诉讼程序规则》第 63 条，对于当事人一方的身体、精神状况或工作能力存有争议的情形，受诉法院可作出要求该当事人接受医生、心理学家或指定专家对其进行身体检查、心理或行为健康检查、职业评估的强制命令。这一命令同样可适用于当事人监护或

① See The Arizona Rules of Family Law Procedure，rule 51（a）.

② 齐树洁：《美国证据法专论》，厦门大学出版社 2011 年版，第 266 页。

③ See The Arizona Rules of Family Law Procedure，rule 57.

④ 夏先华：《英美法系民事证据开示制度检视及其启示》，载《湖南工业大学学报（社会科学版）》2019 年第 4 期。

合法控制之下的人。只有当存在充分理由，且通知所有当事人和被检查人之后，才可经双方当事人同意或由法院自行决定而发布强制检查命令。在身体检查或职业评估的过程中，被检查人有权让一名代表在场，并对检查过程进行录像或录音，但法院认定其可能影响检查结果的除外。而在心理或行为健康检查过程中，除非检查员同意或法院作出命令，否则被检查人不得有代表在场，也不得对检查进行录像或录音。[①] 要求自认（request for admission）也是常见的开示方式，其可以在诉讼早期阶段便过滤掉不存在实质争议的事项，划定争议的范围。根据《亚利桑那州家事诉讼程序规则》第 64 条之规定，要求自认的范围包括事实、对事实的法律适用以及对应的意见、任何所列文书的真实性。对于一方提出的自认要求，对方若未能及时拒绝或反对，则推定该自认成立。对方在提出反对或异议的同时，需说明反对自认请求的理由，其不得仅以请求自认事项已作为真正的争点而提交到开庭审理中为由提出异议。自认一般不允许撤回或补正的，除非撤回或补正自认将促进对案件实体事项的发现，或者法院并不认为撤回或补正自认将对要求一方的诉讼攻击与防御行为造成不当影响。[②]

3. 证据开示的保护命令

为避免当事人一方滥用证据开示程序而给对方造成骚扰，或科以不适当的负担，美国法上设置了对证据开示的保护命令（protective order），法院可依职权发布命令，对当事人的证据开示作出一定限制。《亚利桑那州家事诉讼程序规则》第 53 条也对法院的这一保护命令作出了规定。保护命令具体包括以下一项或多项内容：禁止特定的开示；限定开示的时间、地点等条件；规定适用寻求开示一方所提供的方法以外的其他开示方法；禁止对特定事项进行调查，或者限定对特定事项的开示范围；指定开示过程中的在场人员；要求将特定证词密封且仅能依据法院命令而开启；对于商业秘密、其他机密研究或商业信息，禁止披露或者只能适用特定方式披露；要求双方当事人将特定文书或信息共同密封送交存档，等待法院指示而开封。[③] 另外，该条文还规

① See The Arizona Rules of Family Law Procedure, rule 63.

② See The Arizona Rules of Family Law Procedure, rule 64.

③ See The Arizona Rules of Family Law Procedure, rule 53 (a).

定了禁止开示涉及机密的材料或信息的保密令（confidentiality order）。法院在对保密令申请作出裁决之前，必须就下列要素事项作出认定：任何一方或个人对特定材料或信息予以保密的需要；任何非当事人或诉讼参加人获取特定材料或信息的需要；披露特定材料或信息可能对公众健康、安全或财政福利造成的风险。①

4. 违反证据开示命令的制裁

《亚利桑那州家事诉讼程序规则》第 65 条明确了对不遵守法院强制命令或证据开示规则的当事人的制裁措施，具体包括费用制裁与其他制裁两个方面。前者是指法院可命令违反证据开示规则或命令的当事人、律师，支付因其不予配合而引起的包括律师费在内的合理开支，但该违反行为是出于善意或作出费用制裁会导致明显不公的除外。后者的制裁措施具体包括如下事项：对寻求开示的一方当事人意在发现的有关事实予以认定；禁止不服从命令的一方当事人对该指定论据进行支持或提出抗辩，或者禁止该当事人将该指定事项作为证据提出；驳回诉答文书中的部分或全部内容；中止诉讼程序，直到该命令得到遵从；全部或部分驳回该诉讼，除非驳回该诉讼有悖于儿童的最大利益；对不服从命令的一方作出全部或部分的缺席判决；将该违反行为视为藐视法庭而定罪。②

5. 儿童意见的表达

儿童利益最大化原则是涉儿童家事案件审理应当遵循的基本原则。践行这一原则的重要方面在于，如何在不对儿童造成不当影响的前提下，推进儿童在家事诉讼中的参与，以及对儿童表达意见的尊重与听取。这事实上涉及对儿童意见这一信息资料的了解、获知。很显然，其并不适用笔录证言、书面质问书等一般开示方法。③《亚利桑那州家事诉讼程序规则》并未在第 7 篇

① See The Arizona Rules of Family Law Procedure, rule 53 (d).

② See The Arizona Rules of Family Law Procedure, rule 65.

③ 许多国家或地区都把对儿童意见的了解、获知排除在证据收集范围之外。其因在于，这一定位可避免法院等取证主体以普通取证的方式去对待儿童，减少对儿童的伤害。但从结果上看，儿童意见也是法院裁判的重要考量因素，其事实上涉及对裁判资料的收集、获取，应属于广泛意义上证据收集的范围。

“自主开示与一般开示”中对此进行规定，而是在第1篇“一般性规定”中予以明确。其相关性条文包括第10条“儿童代表”、第11条“未成年人出席”、第12条“法院对儿童的访谈”。对此详述如下：

第一，儿童的最佳利益代表。法院可以为未成年子女寻求并任命儿童律师或符合儿童最佳利益的律师，作为儿童的利益代表而处理家事案件。是否任命儿童律师由法院自由裁量，只要法院认为具备适当理由即可。儿童律师须具备一定资质，即经过专业培训或具备处理类似案件的办案经验，同时还需熟悉美国律师协会所制定的监护案件儿童代理律师执行标准。法院所作的委任命令除说明聘任理由、任期、报酬等基本事项以外，还需对该律师直接接触被代理儿童、获取与该儿童有关的任何特权或机密信息和记录、要求该儿童的监护人提供儿童有关信息等事项进行特别授权。儿童律师参与诉讼需遵循特定的规则：必须与任何一方的律师一样参加诉讼；除法律授权外，不得与法院单方面接触；不得强制其出示任命期间的工作成果；不需要披露因任命而获得信息的来源；不得将报告作为证据提交；不得出庭作证。[①] 显然，基于对被代表儿童的利益或隐私的保护，儿童律师在任命期间所获知的与儿童有关的信息，无需予以开示或披露，也不得以报告或出庭作证的方式进行提供。

第二，未成年人在诉讼过程中的出席。如果未成年人的出席不符合其最佳利益或者会对其造成困扰，那么法院应当排除未成年人参与任何的诉讼程序。可见，未成年人参与诉讼需满足一定的条件，避免出席诉讼程序对其造成不利影响，而这一影响或利益的权衡便交由法院来进行。如果没有法院的事先许可，即使该案件涉及未成年人或未成年人的父母，受影响的未成年人也不能出席这一诉讼程序。[②]

第三，法院对儿童的访谈。对于法律决策或育儿时间的争议，法院可基于一方当事人的申请或依职权决定，对所涉未成年子女进行非公开的面谈，以确定该子女对父母双方的个人情感或喜爱。上述访谈人员还包括由法院指

---

① See The Arizona Rules of Family Law Procedure, rule 10.

② See The Arizona Rules of Family Law Procedure, rule 11.

定的任何调解服务部门、机构或其他第三方专业人员，但法院任命的法庭顾问和双方当事人聘请的专家证人除外。对于儿童访谈的内容，应当以书记员笔录或电子媒介的方式予以记录。基于正当理由以及儿童最佳利益，法院应当向公众封存全部或部分的访谈记录。另外，对儿童的访谈应当注意技巧，避免其遭受尴尬或困窘。同时，法院还必须特别注意以适合儿童年龄和智力的形式提出问题，且不得进行不必要的重复提问。在询问儿童意见的过程中，法院可以允许但不能强制要求儿童就有关法律决策或育儿时间问题，发表更喜欢父母哪一方的意见。①

## 三、澳大利亚的家事证据收集制度

澳大利亚没有家事审判程序的专门立法，相关规定主要集中在1959年《澳大利亚联邦婚姻案件程序法》和1975年《澳大利亚家庭法》（Family Law Act 1975）之中。为了践行1959年《联合国儿童权利宣言》与1989年《联合国儿童权利公约》所倡导的“儿童最大利益原则”，同时基于将家事法律制度由诉讼转移到非对抗性排解纠纷程序的改革动议，澳大利亚1995年制定了《澳大利亚家庭法改革法案》（Family Law Reform Act 1995）。澳大利亚作为联邦制国家，其法院结构包括州法院与联邦法院两套组织体系。1959年《澳大利亚联邦婚姻案件程序法》曾将有关家事案件的管辖权交由州法院行使。1975年《澳大利亚家庭法》的制定改变了这一管辖模式，其第四章专门规定了澳大利亚的家事法院。根据这一法令，澳大利亚于1976年在全国范围内建立了联邦家事法院体系（Family Court of Australia），具体包括在联邦高等法院内部设立的家事法庭以及在各主要城市或地区设置的联邦家事法院。② 自此以后，除西澳州仅由类似的州法院来处理家事案件以外，其他的各州都设立了专门的联邦家事法院。③ 根据1975年《澳大利亚家庭法》第31条的规定，澳大利亚家事法院享有初审管辖权的案件主要包括离婚、婚姻无效等婚姻诉讼案件、婚姻财产处分诉讼案件、配偶扶养诉讼案件、有关子女监护、探视以

① See The Arizona Rules of Family Law Procedure，rule 12.
② 陈爱武：《家事法院制度研究》，北京大学出版社2010年版，第15-16页。
③ 肖扬：《当代司法体制》，中国政法大学出版社1998年版，第83-84页。

及抚养的诉讼案件等。不过，由于澳大利亚在离婚的事由上采无过错离婚原则，实践中对于婚姻本身的争议较少，诉讼焦点更多地集中在夫妻财产的分割与子女抚养、监护等事项上。[①] 1975 年《澳大利亚家庭法》并未对家事审判中的证据开示或收集制度集中作出规定，不过在法令的多个章节分散性地对一些颇具特色的家事证据收集或开示制度进行了特殊规定，而有关证据开示的一般性规定仍继续沿用普通民事诉讼的相关规则。现以 1975 年《澳大利亚家庭法》为对象，对澳大利亚有关家事证据收集或开示的特殊制度介绍如下：[②]

1. 家庭咨询与家庭纠纷调解中的信息保密与有限开示

2006 年，澳大利亚国会通过了 2006 年《澳大利亚家庭法修正（共同承担抚养责任）法》。该法令对《澳大利亚家庭法》修正的一大亮点，便在于增设了家事纠纷解决机制，以替代此前的主要纠纷解决机制（primary dispute resolution）。其具体包括第二章的非诉讼家庭服务（non-court based family services）和第三章的家庭顾问制度（family consultants）。[③] 非诉讼家庭服务是指在诉讼之外由特定专业人士为家庭纠纷主体所提供的家庭咨询、调解、仲裁等法律服务。家庭咨询旨在帮助那些正考虑分居或离婚的夫妇进行和解，抑或帮助其适应分居或离婚，并解决有关子女抚养、照顾等事宜。家庭咨询员在提供和解服务或建议拟定子女抚养计划的过程中，必然会了解、知悉该家庭纠纷主体的有关信息。对于家庭咨询员在履职过程中所获知的信息以及通信内容，立法要求一般性地予以保密，不得开示，但法律另有规定的除外。这一开示的例外包括经有权主体同意而开示与基于特殊目的而开示两种情形。前者是指已经年满 18 周岁的信息提供者本人同意，或者信息提供者虽未满 18 周岁，但经过监护人或者受诉法院的同意，家庭咨询员可以披露履职所获知的信息；后者是指家庭咨询员可基于保护儿童或预防犯罪等特殊目的而开示有关信息。这一特殊目的或正当理由包括：保护儿童免受伤害；防止或减轻

① 陈爱武：《人事诉讼程序研究》，法律出版社 2008 年版，第 67 页。

② 以下对澳大利亚《1975 年家庭法》中有关制度的介绍是以截至 2024 年 4 月的最新版本为准，访问网址为 https：//www. legislation. gov. au/C2004A00275/latest/text。

③ See Family Law Amendment（Shared Parental Responsibility）Act 2006.

对某人的生命、健康、财产存在严重且紧迫的威胁；报告已有的罪行或防止可能发生的罪行；帮助儿童独立代理律师恰当地履行职责。另外，若调查家庭成员而需要家庭咨询员提供信息予以配合的，家庭咨询员可以开示特定信息。① 不过，《澳大利亚家庭法》第 10E 条对于这一信息开示作为诉讼证据使用作出了更为严苛的限制。② 一般情形下，家庭咨询员或受其指示而提供专业咨询的专家所提交的有关当事人陈述的事实或作出的自认，不能被法院作为证据采信。不过，对于成年主体所承认的或 18 岁以下儿童自己所表明的，有关 18 岁以下儿童被虐待或存在被虐待风险的事实披露，可以作为证据而为法院采纳，但法院有足够理由认为可从其他途径获取的除外。③ 可见，为了更好地维持家庭咨询员与家庭主体之间的信赖关系，发挥家庭咨询的服务功能，《澳大利亚家庭法》赋予了家庭咨询员极为广泛的保密特权。家庭咨询员一般无需将履职所获知的信息予以开示，所开示的事实或自认也无法作为证据而使用，但对儿童的特殊保护是该保密特权的例外。《澳大利亚家庭法》第 10H、10J 条也对家庭纠纷解决中的信息保密与证据采纳作出了同样的规定。④ 不过，当事人与仲裁员会见、交流的内容不具有保密性，可在以后的诉讼程序中作为证据使用。

2. 家庭顾问的信息开示与提交报告

家庭顾问制度作为特殊的诉讼家庭服务，其与前述中的家庭咨询、家庭纠纷调解、仲裁等非诉讼家庭服务存在适用阶段上的不同。即家庭顾问制度是指在诉讼过程中提供咨询、调解、家庭课程、计划等家庭服务或建议的制度。其既包括向涉诉当事人提供帮助、建议、处理诉讼纠纷事项，也包括向法院提供帮助、涉诉证据、提交报告等。“家庭顾问是指由家事法院或联邦治安法院的首席执行官根据工作需要配备并任命的法院官员、工作人员，或聘

---

① See Family Law Act 1975, section 10D.

② 家庭咨询员的信息开示的例外范围与作为证据使用的范围存在差异，后者的范围更小。这表明可能出现家庭咨询员在其他程序中开示有关信息，但进入到诉讼程序之后，却无法作为证据而予以认定。比如，因有权主体同意而开示的特定信息，如果不涉及儿童被虐待的事实或风险，那么便无法作为诉讼证据而使用。

③ See Family Law Act 1975, section 10E.

④ See Family Law Act 1975, section 10H、10J.

请的专业从事儿童及家庭事务的心理学家或社区工作人员。”① 与前述中的家庭咨询员、调解员不同，家庭顾问在提供家庭服务或履行职责过程中所获知、见证的案件信息、当事人陈述、作出的自认等相关事实，并不享有保密特权，可在诉讼中予以开示并作为证据采纳，但家庭顾问需提前告知当事人这一法律效力。当然，有关儿童被虐待或存在被虐待风险的事实披露是绝对的，并不因家庭顾问未履行告知程序而禁止开示或采信，但法院有足够理由认为可从其他途径获取的除外。②

除直接的证据披露或开示以外，家庭顾问还可通过制定、提交报告的形式为法官审裁案件提供重要的事实信息。在涉及 18 岁以下儿童的照管、福利或健康成长等事项的诉讼程序中，法院可指示家庭顾问提交与特定诉讼事项相关的报告。家庭顾问可就法院指示事项以及其他与儿童相关的事项准备报告。对于履职中所探知的儿童对相关事项的意见，应当如实记录在报告之中，但需注意不能强制儿童发表意见。另外，若儿童的年龄或智力状况不适合发表意见的，也无需探知其对于特定事项的看法。家庭顾问提交的报告是法官判断有关儿童事项的重要信息来源，其在任何诉讼程序中都可作为证据使用。③

### 3. 亲子鉴定及对儿童的检查

《澳大利亚家庭法》对亲子关系的确定设置了极为详细的推定规则，具体包括根据婚史、婚姻现况或变动等婚姻关系作出推定、根据同居关系作出推定、根据出生登记作出推定、根据法院调查结果作出推定，以及根据男方自动认领作出推定。④ 显然，上述推定规则是立法基于对生活经验或家庭人际关系的总结而提炼出来的一般性规律，依此所作出的亲子关系认定并不具有绝对的法律效力。若当事人能提出足以推翻这一事实的反证，或者能举证证明存在多种可能的关系，那么这一亲子推定便应当被否定。一旦双方当事人就

---

① 陈苇、曹贤信：《澳大利亚家事纠纷解决机制的新发展及其启示》，载《河北法学》2011 年第 8 期。

② See Family Law Act 1975，section 11C.

③ See Family Law Act 1975，section 62G.

④ See Family Law Act 1975，section 69P、69Q、69R、69S、69T.

子女的父母身份发生争议，此时便需要运用亲子鉴定程序（parentage testing procedure）来获得医学上的结论性证据。亲子鉴定程序的启动需由法院作出裁决。具言之，对于子女的父母身份存疑的事项，法院可主动依职权或是根据当事人一方、儿童的独立代理律师的申请，作出亲子鉴定的强制命令。该命令可适用于子女、已确定的该子女的生母以及对确立父母关系有帮助的其他主体（比如可能的生父）。① 法院在作出亲子鉴定命令的同时，还可作出要求进行医学检查、提供身体样本、提供相关病史、家族史信息等其他命令。② 亲子鉴定命令对于被指示对象具有强制效力。如果是年满 18 周岁（含 18 周岁）的主体违反了这一命令，虽无其他处罚，但法院可根据这一违反行为作出适当的推断。如果亲子鉴定命令所指示的对象是 18 周岁以下的儿童，那么对该儿童的医学检查或其他措施需经过儿童的父母、监护人或基于养育令而对该儿童承担责任的人的同意。倘若上述主体未能同意或拒绝同意，法院可根据这一行为作出适当的推断。③ 鉴定人应当依据法院命令执行亲子鉴定程序，并提交鉴定报告，该报告可在任何诉讼程序中作为证据使用。在作证过程中，法院可依职权或依当事人、儿童独立代理律师的申请，要求鉴定人以及鉴定报告涉及的有关主体出庭提供证据。④

上述亲子鉴定的过程事实上涉及对未成年子女的检查。具体而言，对未成年子女的检查是指由医学专家或精神病医生、心理学家对未成年子女的身体、精神所进行的特定检查或评估，其并不包括家庭顾问或家庭咨询员所作的类似检查行为。虽然对未成年子女的检查有助于获取案件的重要信息，但同时也可能对未成年人造成伤害。故而，《澳大利亚家庭法》第 102A 条明确了对儿童进行检查的限制情况。根据该条规定，对儿童进行检查必须经过法院的事前许可，否则所获得的证据将在诉讼中排除适用。不过，对于从儿童的首次检查中所得到的有关该儿童被虐待或存在被虐待危险的证据，例外地允许在诉讼中予以采信。法院在作出决定之前，应当审查以下事项：是否可

---

① See Family Law Act 1975, section 69W.

② See Family Law Act 1975, section 69X.

③ See Family Law Act 1975, section 69Y、69Z.

④ See Family Law Act 1975, section 69ZC.

通过其他途径获取相关信息；从事检查的人的从业资格问题；检查所获取信息的价值是否大于其对儿童的伤害；此前的检查行为已对该儿童造成的伤害；其他事项。[①]

4. 儿童意见的表达

法院在审理或核发有关未成年子女的命令之时，应当审酌、考虑未成年子女对相关事项的意见以及其年龄、理解力等主观因素，这是由儿童最大利益原则所决定的。法院知悉未成年子女的意见应当通过合理的方式进行，不能强迫未成年子女表达其主观态度与意见。《澳大利亚家庭法》第 60 条明确了法院获知儿童意见的三种方式：其一，家庭顾问向法院提交的记录儿童意见的报告。[②] 其二，儿童独立代理律师对儿童意见的传达。基于对儿童最大利益或福利的考虑，法院可依申请或依职权作出由律师独立代理儿童在诉讼中利益的命令。独立代理律师的诉讼行为应以维护儿童最大利益为宗旨，包括基于现有证据而提出有利于儿童的见解、要求法院采取有利于儿童的特定诉讼措施等。对于儿童所表达的对诉讼相关事项的意见，独立代理律师应当如实地向法院传达，并尽可能减少诉讼对儿童的精神伤害。另外，独立代理律师与儿童之间交流的信息是否开示，主要取决于该开示行为是否符合儿童的最大利益。如果符合儿童最大利益，即使该儿童存在开示的消极意愿，独立代理律师也可将交流信息披露给法院。如果不符合儿童最大利益，那么独立代理律师不存在开示的对应义务，也不能被强制要求开示。[③] 其三，法院认为合适的其他方法。需注意的是，如无法院特别允许，禁止将儿童列入证人、要求其宣誓作证或传唤其出庭。[④] 通过这种方式获取儿童的意见是不可取的，其可能会对儿童造成不当影响。

5. 法院在取证过程中的职权

在上述特定开示或取证方式中，法院掌握着对开示或其他命令的核准、指示、控制与管理等权力。除此之外，《澳大利亚家庭法》还对法院在取证过

① See Family Law Act 1975, section 102A.

② See Family Law Act 1975, section 62G.

③ See Family Law Act 1975, section 68L、68LA.

④ See Family Law Act 1975, section 100B.

程中的一般职责和权力作出了规定。根据第69ZX条的规定，法院在与儿童有关的诉讼中享有以下职权：就双方当事人提交证据的有关事宜作出指示或命令；就应当由哪一方当事人对未决事项提交证据作出指示或命令；就特定证据如何提交作出指示或命令；就需要专家提供证据的事项、专家数量以及如何提供证据等作出指示或命令；就与诉讼有关的事项向当事人、证人和专家进行质询、查证或要求出示证据；对书面呈递书的使用、以口头形式或宣誓书形式提交特定证据、限制诉讼中作证的证人数量等作出指示或命令。[①] 另外，第69ZW条还规定了法院可向州或地区的法定机构发出命令，要求其提交与虐待儿童或家庭暴力有关的文书或资料。法院命令所指示提交的文书或资料具体包括因怀疑涉诉儿童被虐待或遭受家庭暴力而向该机构提出的通知、该机构依据通知开展调查的结果或对调查的评估、该机构在调查通知事项的过程中所委托的报告等，但所指示的文书或信息不在该机构的支配之下，以及文书中含有通知人信息的情形除外。[②] 不过，该条款被2023年《澳大利亚家庭法修正（信息共享）法》所废除了。[③]

## 四、我国香港特别行政区的家事证据收集制度

受制于特定历史原因，我国香港特别行政区的家事法律制度在理念、体例、内容等方面受英国法的影响较大。1997年香港回归以后，《中华人民共和国香港特别行政区基本法》第8条授权我国香港特别行政区继续沿用原有的普通法、衡平法、条例、附属法例等法律规范，但与基本法抵触或行政区立法机关作出修改的除外。故而，包括婚姻家庭法在内的香港法律规范至今仍保留了浓厚的英国法色彩。作为不成文法体系的典型代表，我国香港特别行政区在2023年以前并无家事诉讼程序的统一法典，相关的程序法律制度主要集中在《婚姻诉讼条例》（第179章）、《婚姻法律程序与财产条例》（第192章）、《婚姻诉讼规则》（第179A章）等规范之中。2014年，香港司法机构发布了《家事诉讼程序规则检讨（中期报告及咨询文件）》，其中便重点提出

---

① See Family Law Act 1975, section 69ZX.

② See Family Law Act 1975, section 69ZW.

③ See Family Law Amendment (Information Sharing) Act 2023.

了要制定统一的家事诉讼程序规则的立法建议。2023 年 6 月，香港立法会制定并发布了《家事诉讼程序条例》（第 646 章），从司法管辖权、法律程序等方面作出了统合规定，并要求设立家事诉讼程序规则委员会，负责制定相应的家事诉讼程序附属规则。根据《家事诉讼程序条例》第 3 条的规定，家事法律程序是指包括婚姻诉讼、根据《婚姻诉讼条例》开展的非婚姻诉讼，以及根据其他相关条例与附属法例开展的法律程序等在内的固有司法管辖权法律程序。其中，婚姻诉讼是对离婚、婚姻无效、裁判分居、推定死亡及解除婚姻等事项而开展的法律程序。另外，上述相关条例具体包括《未成年人监护条例》《分居令及赡养令条例》《婚姻制度改革条例》《婚姻条例》《已婚者地位条例》《婚生地位条例》《赡养令（交互强制执行）条例》《家庭及同居关系暴力条例》《婚姻法律程序与财产条例》《领养条例》《父母与子女条例》《财产继承（供养遗属及受养人）条例》《掳拐和管养儿童条例》《内地婚姻家庭案件判决（相互承认及强制执行）条例》。可见，我国香港特别行政区的家事诉讼案件范围较为广泛，包括婚姻诉讼、分居、未成年人监护、领养、家庭及同居关系暴力、父母与子女关系的确定、赡养、财产继承等。在审判机构方面，我国香港特别行政区在区域法院辖下，设立了受终审法院首席法官委派处理婚姻或家事法律程序的家事法庭，且家事法庭处理家事案件申索的款额不受区域法院司法管辖权范围的限制。我国香港特别行政区的证据规则主要集中规定在《证据条例》（第 8 章）以及《高等法院条例》（第 4 章）《区域法院条例》（第 336 章）等法律规范之中，其中有关家事诉讼中证据开示的特别程序规则较少。这表明我国香港特别行政区的家事审判需适用证据开示的一般规则。不过，我国香港特别行政区法律对于家事诉讼中证据资料的收集与案件事实的发现，设置了一系列特别的程序与方式，以帮助当事人和法院妥善地处理家事案件。①

1. 婚姻无效法律程序中的身体检验

《婚姻诉讼条例》第 20 条明确将夫妻任何一方无能力圆房或答辩人故意

① 下文对我国香港特别行政区有关制度进行介绍的信息来源于电子版香港法例网，访问网址为 https：//www. elegislation. gov. hk。

拒绝圆房以致未有完婚，视为婚姻无效的重要事由。[①] 而对于这一事由的判断，便可通过身体检验程序来进行。第一，身体检验程序的申请主体。身体检验程序依当事人申请而启动，申请人一般为婚姻无效法律程序中指称性无能或无能力圆房的呈请人。不过，在答辩人未作出抗辩的诉讼中，若丈夫为呈请人，或者妻子为呈请人，且从妻子呈请书的内容可以排除其存在性无能的情形（如妻子在结婚时是寡妇或离婚妇人、已生有子女或陈述表明自己并非处女等），则不允许该呈请人提出申请，但呈请人指称其本人为性无能或无能力圆房的除外。另外，对于因答辩人故意拒绝圆房以致未有完婚而启动的婚姻无效法律程序，任何一方均可申请对双方身体进行检验。第二，身体检验申请提出的期限。对于呈请人提出申请的情形，若答辩人未发出拟抗辩通知，则该申请应于发出通知的限期届满后提出；若答辩人已发出拟抗辩通知，则该申请应于准许提交答辩书的限期届满后提出；若答辩人已提交答辩书，则该申请应于答辩书提交后提出。对于答辩人提出申请的情形，该申请应在其提交答辩书后提出。第三，身体检验命令的作出与实施。对于当事人的申请，法院应当组织进行聆讯与审查，认为申请合理的，可作出命令委派 1~2 名医疗检查人员对双方进行身体检验。身体检验一般需在医疗检查人员的诊室进行，法院也可根据当事人申请，指示在登记处或其他合适的地方对另一方当事人进行检验。检查人员必须向法院报告检验结果，当事人在缴付相关费用后有权获得相应的报告副本。[②]

2. 父母身份确定过程中的科学测试

《父母与子女条例》第 5 条明确了对父亲身份及婚生地位的推定规则。[③] 若关于父母身份发生了争议，则需要利用科学测试手段予以断定。第一，科学测试的程序启动与指令签发。由于父母身份的确定涉及身份利益，故而科学测试程序的启动需由法院主导，法院可自行签发指令或根据当事人申请进行审查后核发指令。指令的内容包括使用科学测试的手段以显示诉讼一方是

---

① 参见我国香港特别行政区《婚姻诉讼条例》（第 179 章）第 20 条。
② 参见我国香港特别行政区《婚姻诉讼规则》（第 179A 章）第 30 条、第 31 条。
③ 参见我国香港特别行政区《父母与子女条例》（第 429 章）第 5 条。

否为该人的父亲或母亲，以及从该人或诉讼任何一方身上抽取身体样本。当然，法院也可依情况撤销或变更发出的指令。第二，样本抽取的执行以及违反后果。抽取身体样本，需征得年满16岁的未成年人或成年人其本人同意；对于16岁以下的未成年人，需征得其照顾及看管者的同意；对于精神错乱者、不能够明白科学测试的目的和性质的人，不仅应征得照顾及看管者的同意，还需证明抽取身体样本不会影响该患者的适当照顾与治疗。上述同意规则的设置限制了法院抽样指令的直接强制性。为保障指令的执行，对于不配合法院指令的，法院可作出对其不利的适当推论。第三，测试报告的证据效力。负责进行科学测试的人应就测试结果以及对父母子女关系认定的说明，作成报告向法院提交。当事人可在法院指令下或获得法院批准后，从报告人处取得一份书面陈述，解释或阐述报告中的任何部分。上述报告及书面陈述都可作为诉讼证据使用。①

3. 子女的独立法律代表代为发表意见

基于全面保护未成年子女利益的需要，《婚姻诉讼规则》等规范设置了子女的独立法律代表制度，代为发表意见。第一，作为独立法律代表的主体。在涉及更改授产安排令等附属济助申请中，法院须为有关子女指令一名律师或一名律师连同大律师作为其独立法律代表，也可指令法定代表律师或其他适当人士作为子女的诉讼监护人。此外，在其他的婚姻法律程序中，法院可视具体情况主动委托法定代表律师或其他适当人士作为诉讼监护人。对于非法定代表律师的其他人士担任诉讼监护人，须由律师代表子女出具证明书，证明申请人在该法律程序中与子女利益并未相悖，且属于诉讼监护人的合适人选。② 第二，选任独立法律代表的情形。对于独立法律代表的委任，法院享有广泛的裁量权。一般而言，对于下列情形，法院可作出委任子女独立法律代表的命令：管养权及探视权方面存在难以解决的争议；父或母属于无行为能力人，并由诉讼监护人或起诉监护人代表，而管养权/探视权处于争议之中；涉及涉外、入境或将子女永久迁离，以致另一方实际上无法探视该子女；

① 参见我国香港特别行政区《父母与子女条例》（第429章）第13条、第14条、第15条。

② 参见我国香港特别行政区《婚姻诉讼规则》（第179A章）第72条、第108条。

有关子女存在其独立立场和权益；年长子女明确反对建议的行动；子女明显与父母双方或一方关系疏离；确实存在因文化或宗教差异而影响子女的问题；有复杂的医疗或精神健康问题有待决定；子女遭受虐待或家庭暴力；法律程序中多名子女的福利互有抵触或其中一名子女的处境特别不利；血缘检验存在争议；子女父母或与子女有密切接触的其他人士被指控为反社会，且其程度足以严重影响该子女福利；基于父母提交的资料，双方均非适合的管养人；届成熟年龄的子女提出强烈意见，但该意见涉及改变行之已久的管养安排，或使得父母完全不能探视；建议分开兄弟姐妹；当法院处理有关福利的司法管辖权申请，子女最佳利益未能由其中一方充分代表；诉讼各方均没有法律代表等。不过，若子女无意对父母离异发表意见，或者子女意见已在社会调查报告等证据中充分反映，则不存在设定子女独立法律代表的必要性。第三，独立法律代表的职责。对于诉讼监护人作为法律代表的，其应当代表子女的权益，通过向法庭提供报告，确保该子女观点在法庭中得以积极跟进。法定代表律师担任独立法律代表的，可作为法院人员参与探讨如何贯彻子女最佳利益，并代表子女发表意见。①

4. 法官会见子女及聆听意见

在涉及未成年子女权益的诉讼程序中，具备一定认知能力的子女应享有表达意见的权利，法院可通过会见程序聆听子女意见。那么，在特定的案件中是否适合会见有关子女，且应当在何种情形下以何种方式会见，便是子女会见程序适用中的现实难题。香港法院实务指示 PDSL5 对法官会见子女提供了有关指引。申言之，是否会见子女由法官基于子女利益保护而裁量决定，法官可依申请或主动提出进行会见。当有关子女直接表达或通过律师、社会调查人员等代表间接表达会见意愿的，抑或社会调查人员或父母一方律师提议进行会见的，法官可考虑是否会见有关子女。对此，法官主要审酌以下内容：该子女的年龄及理解能力；该子女与法官谈话的意愿；有关法律程序紧急进行而需尽快确定子女意见的；需要考虑父母共同照顾的可行性，而安排

① 参见香港法院实务指示 PDSL6“关于婚姻及家事法律程序中子女／儿童有独立法律代表的指引”。

子女在不同家庭之间迁移的。其中，子女的年龄及理解能力是法院作出会见决定的相关但非决定性的因素。若该子女不想与法官谈话，则任何会见都不大可能符合子女的最佳利益。法官在作出会见决定之前，诉讼各方可就子女见面的意愿、想法、目的以及会见是否符合子女福利等事项作出陈述。若法官决定不予会见的，应当简要述明原因，对于子女要求会见的，法官还需考虑以书面形式向该子女进行解释。若法院决定会见有关子女的，其应当就见面的目的、时间和地点、出席人、过程记录等有关事项作出具体指示。需注意，法官绝不能与该子女单独会面。在会见开始之前，法官应履行告知义务，即向有关子女解释见面过程将予以记录且会向其父母进行传达。另外，为避免子女在表达意见过程中心理压力太大，法官应向其清楚说明有关争议是由法官在考虑所有因素之后最终作出的，无论结果如何，绝非该子女的责任。以录音或其他方式记录的子女会见内容是法院审裁有关子女事项的重要资料，故各方当事人也应享有以证据或陈词的形式作出回应的机会。①

5. 离婚诉讼中的财产披露制度

在我国香港特别行政区的离婚诉讼中，为保障法院对于家庭财产的妥善安排与分配，夫妻双方均有义务主动向法庭披露其财产状况。具体而言，夫妻一方在申请离婚的同时，可以提出有关生活费及家庭财产分配的附属济助申请。法院在作出暂准离婚判令之后，会根据实务指示 PD15. 11 所确定的“解决财务纠纷”程序，对有关夫妻一方或子女的费用支付、家庭财产分配等附属济助事项进行处理。②“解决财务纠纷”程序因当事人一方提出附属济助申请而启动，法院在收到申请后需指定“首次约见”的日期。双方当事人应在首次约见日的 28 天之前，送交一份经济状况陈述书（表格 E）以及相关解释性附件于法院存档，并与对方进行交换。③“解决财务纠纷”程序旨在促进双方当事人就附属济助事项达成和解，若各方未能达成协议或者法院认为不适合这一程序的，应当以审讯的方式对相关事宜进行处理。同样，法院也可

---

① 参见香港法院实务指示 PDSL5“关于会见子女/儿童的指引”。

② 何志权：《香港离婚司法管辖权、程序及另类排解程序》，载夏吟兰主编：《家事法实务（2015 年卷）》，法律出版社 2016 年版，第 366-367 页。

③ 参见香港法院实务指示 PD15. 11“解决财务纠纷试验计划”。

在婚姻或家事法律程序中，就经济给养的附属济助事项，依申请或主动发出提交经济状况陈述书的指示。[①] 在这一过程中，双方当事人必须完全且如实地披露自己名下的资产、收入、权益、债务等经济状况和有关文件。陈述书必须由填报人在律师或监誓员面前以宣誓方式签署。当事人在收到对方交换的经济状况陈述书之后，可以通过问卷形式对对方在陈述书中披露的内容提出合理质疑，要求对方进一步解释说明或证明，也可申请对方进一步披露特定文件。若双方当事人关于某一事项是否需要披露、披露的内容与程度发生争议，则由法庭根据披露信息或文件的关联性、持有状况或可获取性、合理性等因素作出相应的命令。当事人对于财产披露负有真实义务，若其故意作出虚假的陈述与披露，则可能会因作伪证而被刑事检控，比如藐视法庭罪。不过，此种罪行的证明标准非常高，实践中并不常见。如果当事人披露的资料有欠详尽准确，可能导致法庭所作的命令被撤销，或者当事人一方拒绝作出充分的披露，那么法院可以判令其支付诉讼费，或者在拒绝披露事项上作出对其不利的财产推断。

## 第二节　大陆法系国家和地区的家事证据收集制度

与英美法系不同，大陆法系的国家或地区实行职权主义的诉讼模式，这使得其与英美法系在诉讼构造、程序运行等方面存在较大差异。在民事证据收集制度方面，大陆法系并不存在以强制力为保障的当事人自行收取证据资料的证据开示制度。恰恰相反，法官在大陆法系的证据收集制度中扮演了重要的角色，当事人收集证据资料往往需要通过法院核发的命令或作出的决定来具体开展。而且，大陆法系还为特定情形下法院依职权调查取证留下适用空间，法官可以作为取证主体直接参与证据资料的收集。大陆法系的证据收集方式包括文书提出命令、当事人照会、证据保全、资讯请求权等制度，但在总体上并未赋予当事人广泛的取证权利，存在取证手段不足的问题。不过，

① 参见香港法院实务指示 PD15. 12“婚姻法律程序和家事法律程序”。

大陆法系通过学说或判例创设了证明妨害法理、协作查明事实义务以及真实陈述与完全陈述义务等法理，[①] 为证据收集活动的开展提供支撑，并补足当事人的取证能力。毫无疑问，大陆法系的家事证据收集制度也是在一般性制度的基础上进行修正而创设的，其对于民事证据收集制度修正的部分恰好体现了家事审判的特殊法理，也具有较为突出的借鉴意义。故而，下文将主要对德国、日本、法国以及我国台湾地区等大陆法系国家或地区的特殊家事证据收集制度进行介绍，以探究家事领域的特殊性对证据收集制度的影响与革新。

## 一、德国的家事证据收集制度

德国是世界上最早建立家事审判程序的国家。早在 1877 年《德国民事诉讼法》制定之时，便在第六编“婚姻事件与禁治产事件”中规定了相应的审判程序。只不过此时的家事案件范围较窄，仅限于婚姻事件与禁治产事件。此后，《德国民事诉讼法》第六编的内容多次被修改，家事案件的范围也在不断地扩张。1898 年，“确定亲子间的法律关系的诉讼程序”被纳入《德国民事诉讼法》第六编。1977 年的《德国民事诉讼法》修改又把原第六编的婚姻事件扩大为家庭事件，与亲子事件、抚养事件、禁治产事件相并列。1997 年，《德国民事诉讼法》因民法典修改进行了大幅度调整，第六编中取消了对禁治产事件的规定，并将亲子事件和抚养事件都并入家庭事件中，第六编的编名也改成“家庭事件程序”。此时，《德国民事诉讼法》第六编具体包括“婚姻事件程序的一般规定”“其他家庭事件程序的一般规定”“离婚事件与离婚后事件的程序”“撤销婚姻与确认婚姻存在与否的程序”“亲子事件程序”“抚养的程序”六章内容。[②] 2001 年，《德国民事诉讼法》第六编又进行了修订，在原来六章的基础上新增了同居关系案件程序作为第七章。

事实上，除了《德国民事诉讼法》以外，《德国非讼事件程序法》《德国民法典》等法典中也包含了对家事事件程序的规定。为了解决家事事件程序规定分散所导致的适用难题，实现对同一家庭内部的各种纷争由相同法院处

① 熊跃敏：《大陆法系民事诉讼中的证据收集制度论析：以德国民事诉讼为中心》，载《甘肃政法学院学报》2004 年第 4 期。

② 《德意志联邦共和国民事诉讼法》，谢怀栻译，中国法制出版社 2001 年版，第 145-174 页。

理，并作成一致且平衡的裁判，德国于2008年9月19日通过了《德国家事事件及非讼事件程序法》，致力于构建适用于家事诉讼事件和非讼事件的统一化、体系化规范。该法律于2009年9月1日开始施行。由于家事事件存在极强的人身性与公益性，其审理过程的职权色彩较浓，与非讼程序的内在特质相吻合，故而《德国家事事件及非讼事件程序法》将家事事件程序与非讼事件程序统合规定在一部法律规范之中，并在形式上对家事事件程序予以非讼化。不过，《德国家事事件及非讼事件程序法》中家事事件审理非讼化并不完全，其对家事事件作了一般家事事件与婚姻事件、家事争讼事件的区分，并对后者的适用程序作了保留。即意味着婚姻事件与家事争讼事件的审理并不必然适用非讼程序的法理。根据《德国家事事件及非讼事件程序法》第111条的规定，家事事件包括婚姻事件、亲子事件、血缘关系事件、收养事件、婚姻住房事件和家庭财产事件、暴力保护事件、供养均衡事件、抚养事件、夫妻财产制事件、其他家庭事件、同性生活伴侣事件。[①] 其在范围上极为广泛，也基本上涵盖了此前《德国民事诉讼法》第六编中有关家庭事件的内容。

《德国家事事件及非讼事件程序法》并未对家事证据收集制度作出集中规定，其分散在不同家事事件程序的具体规定之中。且《德国家事事件及非讼事件程序法》也未对一般性的证据收集制度进行重申，除该法律另有规定以外，家事证据收集仍需继续沿用《德国民事诉讼法》与其他法律规范的有关规定。德国民事诉讼中的证据收集，除了对勘验、证人证言、鉴定意见、当事人陈述等证据形式进行常态化的证据调查[②]以外，还包括文书提出命令制度以及资讯请求权制度等特殊方式。另外，德国于1991年所制定的《德国司法简化法》对传统证据保全程序进行了修正，新增了不以保全为目的的书面鉴定程序，并更名为“独立的证据程序”，进一步扩张了该程序的固定事实与证

① 下文所引《家事事件及非讼事件程序法》的法条主要来自于《德日家事事件与非讼事件程序法典》，郝振江、赵秀举译，法律出版社2017年版；《德国〈家事事件和非讼事件程序法〉》，王葆莳、张桃荣、王婉婷译，武汉大学出版社2017年版。

② 如前所述，大陆法系国家或地区的证据调查包含由法院收集证据资料之意涵，不过对于法院依申请而启动的证据调查，一般认为属于当事人的证据提出或收集行为。

据、事案解明以及纷争早期解决等功能。独立的证据程序在一定程度上也发挥着证据收集的作用。《德国家事事件及非讼事件程序法》第 30 条明确了在家事审判中适用《德国民事诉讼法》规定方式进行证据调查的情形。一般情形下，由法院依其职权裁量适用上述民事诉讼中的证据调查方式。当本法明确规定适用，或者参加人①一方对法院拟作裁判基础的主要事实的正确性存在异议的，法院应当适用《德国民事诉讼法》规定方式进行证据调查。《德国家事事件及非讼事件程序法》也对家事证据收集制度作出了特殊规定，对此详述如下：

1. 家事审判适用有限的职权探知主义

德国民事诉讼在作为裁判基础的证据资料的收集与提出上采辩论主义的基本原则，获取证据资料的任务应交由当事人来承担，但德国法并不完全否认法官在裁判资料获取方面的影响。这一影响既包括法官致力于保障双方当事人的完整陈述而所作的指示，也包括在收集证据以及使用证据过程中，为确认当事人主张的真实性而在特定情形下依职权调查取证。② 但法官在取证过程中的参与并未改变诉讼资料的提出由当事人负责与主导的基本定位，其仍适用辩论主义的原则。不过，家事审判程序所采的事实探知模式截然相反，在总体上适用职权探知主义。在“家庭事件程序”未从《德国民事诉讼法》中分离之前，《德国民事诉讼法》便以特殊规定的方式明确了家事审判采职权审理的基本原则。法官可以依职权作出相应的证据调查命令，且在听审夫妻双方的意见以后，也可以依职权考虑双方未提出的事实。③《德国家事事件及非讼事件程序法》的制定沿袭了这一观点，在第一编总则部分的第 26 条规定了法院应当依职权进行必要的调查，以确定对案件裁判具有重要意义的事实。这表明了法官在审理家事案件的过程中，可以不受当事人事实主张以及提出证据的限制，其可以主动依职权收集证据资料、开展事实调查。《德国家事事

① 《德国家事事件及非讼事件程序法》第 113 条第（5）款明确在准用《德国民事诉讼法》之规定时，应将当事人的称谓变更为参加人。

② 比如，《德国民事诉讼法》第 142 条、第 143 条、第 144 条、第 273 条第 2 款第 2 项、第 448 条等条文便对法院依职权作出文书提出命令，或者依职权启动勘验、鉴定、讯问当事人等作出规定。

③ 参见 1999 年《德国民事诉讼法》第 616 条。法条引自《德意志联邦共和国民事诉讼法》，谢怀栻译，中国法制出版社 2001 年版，第 148 页。

件及非讼事件程序法》第29条有关证据调查的规定进一步对法院的职权探知主义予以明确。法院可以在当事人主张之外，根据具体情况采取适当方式进行必要的证据调查。法院所采的证据调查方式也由其职权裁量，选择是否适用民事诉讼中的调查方式。除了证据调查的直接干预以外，法官还可通过程序指挥的方式影响证据资料的提出。《德国家事事件及非讼事件程序法》第28条第（1）款明确了法官负有对参加人及时说明全部案件事实并补充不完整陈述的引导或促进义务。对于与参加人不一致的重要法律观点，法官应当提示参加人。为保障法院的职权调查，《德国家事事件及非讼事件程序法》第27条规定了参加人的相应协助义务，即协助事实调查以及对案件事实作出完整而真实的说明。需明确的是，《德国家事事件及非讼事件程序法》对婚姻事件与家事争讼事件（包括抚养事件、夫妻财产制事件、其他家庭事件以及相对应的同性生活伴侣事件）适用上述职权调查证据的规定作了保留。不过，《德国家事事件及非讼事件程序法》在随后对婚姻事件程序、血缘关系事件程序的具体规定中对法院的职权探知原则予以重申，但同时也对这一原则的适用作出限制。在离婚或撤销婚姻事件程序中，法院在参加人主张之外认定案件事实，仅限于有助于维护婚姻关系或者申请人未予反对的情形。另外，《德国民法典》第1568条规定了阻碍离婚的特定事由，即婚姻维系对于维护未成年子女利益极有必要，或者离婚对拒绝一方（被申请人）有严重影响的。①该特定情形仅由不同意离婚的夫妻一方提出时，法院才能予以考虑，其不能主动依职权查明。同样，在撤销父亲身份事件程序中，法院依职权调查也以有利于维系父亲身份或者申请撤销人未提出异议的事实为限。

2. 对参加人意见的听审

法定听审请求权是德国宪法赋予诉讼主体的基本程序权利，其强调当事人应当享有提出申请、主张事实并提供证据、及时获知对方意见以至于能对之表态的权利，同时法院也负有义务保障当事人能在诉讼中以恰当且充分的方式表达所持的看法。“如果法院调查某项事实，则必须将之通知双方当事人

① 《德国〈家事事件和非讼事件程序法〉》，王葆莳、张桃荣、王婉婷译，武汉大学出版社2017年版，第61-62页。

并且听审他们。”① 对于法院而言，听审程序也是其获知当事人或其他有关主体意见的重要方式。根据《德国家事事件及非讼事件程序法》第 159 条之规定，在亲子关系事件程序中，对于年满 14 周岁的子女，法院应当对子女本人进行听审，这是对子女听审请求权予以保障的需要。倘若程序仅涉及子女财产且无需亲自到场的，可以不对子女本人进行听审。对于未满 14 周岁的子女，法院对其听审应受到限制，仅适用于子女的主观倾向、意愿与关系等信息为法院裁判的重要考量因素，或者存在其他必要事由的情形。上述有关子女听审的规定对法院具有强制性，只有出于重大事由，法院才可不听审子女本人。因紧急危险而未能听审的，并不属于可阻断听审请求权的重大事由，法院应在危险消除后立即安排听审程序。法院听审未成年子女应采用适当性的方式，且与其年龄状况相适，不能对子女的成长、教育以及健康造成不良影响。法院在听审过程中应当告知子女有关程序标的、经过以及可能的结果等内容，且注重为子女提供表达意见的机会。如果该子女存在法院指定的程序辅佐人的，法院听审子女的过程中应有辅佐人在场，以维护子女的最大利益。另外，在涉及子女人身或其他亲子关系事件中，父母也是重要的案件信息来源，故而立法规定法院应当对父母进行听审。但对于不享有父母照护权的一方，若其出庭听审也无助于案件事项的澄清或不需要其作出声明的，法院可不对其进行听审。同理，若子女长期同父母一方及其配偶、同性生活伴侣或者交往权利人共同生活的，法院也应当听审上述对子女进行照料的人员。德国的家事审判程序确立了主管行政机关参与制度，故而法院听审的对象在特定情形下也应及于行政机关。《德国家事事件及非讼事件程序法》第 162 条规定了在涉及子女人身事件程序中，法院应当听审青少年局。第 176 条规定在撤销父亲身份事件程序中，若申请撤销的为未成年子女的法定代理人，则法院应当听审青少年局，听取其有关子女福祉的意见，在其他情形下则由法院裁量是否听审青少年局。此外，在收养事件程序中，对于被收养人为未成年人的，法院应当听取参与或介绍收养的收养中介机构的专业意见，以判断

---

① 〔德〕汉斯-约阿希姆·穆泽拉克：《德国民事诉讼法基础教程》，周翠译，中国政法大学出版社 2005 年版，第 61 页。

该子女与收养家庭是否合适。若无中介机构参与的，法院应当听取青少年局或某个收养中介机构的专业意见。同样，《德国家事事件及非讼事件程序法》也对法院听审收养人与被收养人以及各自的子女、未成年被收养人、青少年局、州青少年局或者其他参加人作出了类似的规定。

3. 血缘关系基因检测

《德国民法典》第1598a条规定了为确定血缘关系而允许进行基因检测的请求权。具体的权利行使包括生父分别向生母与子女提出请求、生母分别向生父与子女提出请求、子女分别向父母双方提出请求。根据有权主体的申请，家庭法院必须代替所未给予的允许，发布容忍取样的强制命令。不过，若澄清子女的出身有悖于子女最佳利益的，法院应当拒绝作出命令或者停止现有程序。[①] 法院在对血缘关系进行证据调查之前，应当在特定期日对此进行法庭调查，且命令具有诉讼行为能力的参加人出席。对于法院替代允许而命令基因检测与容忍抽样的，在作出裁判之前，应当对父母及年满14周岁的子女进行听审。若该子女在14周岁以下的，法院可裁量决定是否对其听审。《德国家事事件及非讼事件程序法》第178条明确了为确定血缘关系，任何人应负有接受基因检测并容忍抽样的义务，但承担这一义务对义务人过于苛刻的除外。基于法院生效裁定或法院和解所作出的容忍检测和取样的命令具有强制执行效力。对于义务人拒绝检测的情形，可适用《德国民事诉讼法》第386条至第390条中有关证人对拒绝作证的说明、拒绝作证的中间争点的处理、书面拒绝作证的报告以及强制作证的规定。若该义务人无正当理由而多次拒绝配合的，法院可直接采取强制手段，将其拘传到案进行检测。一般而言，对血缘关系的确定必须经过立法规定的取样、检测程序。倘若参加人一方经其他参加人同意向法院提交了专家鉴定意见，法院对该鉴定的正确性与完整性进行审查予以确认，且所有参加人也一致同意的，此时可不再启动鉴定程序而直接使用这一鉴定。

① 《德国〈家事事件和非讼事件程序法〉》，王葆莳、张桃荣、王婉婷译，武汉大学出版社2017年版，第43页。

4. 涉财产事项的说明或答复义务

根据《德国家事事件及非讼事件程序法》第206条的规定，在家庭财产事件程序中，法院可发布命令要求夫妻双方说明拟分配的家庭财产、家庭财产的全部情况以及详细清单，对特定财产情况予以疏明、补充个人说明或者对其他参加人的陈述发表意见，同时附上相应的证据证明。夫妻双方的上述说明或证明需在法院指定的期间内完成，逾期提出或说明的情况，仅当法院认为不会造成程序拖延或者该方说明了正当事由的，才可予以考虑。对于夫妻双方未遵守上述命令的，法院无需进一步查清有关案件事实。另外，抚养事件程序中也涉及对参加人财产状况的确定，《德国家事事件及非讼事件程序法》第235条、第236条同样设置了类似的答复义务。申言之，法院可以命令抚养事件的申请人与被申请人就其财产、收入、个人情况以及经济情况对法院的询问作出答复，并提供相应的证据证明，这一答复义务的范围以对确定抚养费有意义为限。参加人的答复内容需真实且全面，法院可命令其作出书面保证。另外，若上述询问事项在程序进行期间发生了重大变更，答复人则负有及时通知法院的义务。法院所作的要求答复的命令并不能强制执行，若参加人不履行答复义务，法院只能从第三方主体获取有关确定抚养费的信息。具体而言，法院可对雇主、社会保险机构、保险公司、税务局以及为老年人、丧失劳动力者提供救济的有关人员和机构等第三方主体发布要求答复询问事项的命令，且这一命令对第三方具有强制效力，答复人若不履行将可能遭受《德国民事诉讼法》第390条中有关强制作证的制裁。

## 二、日本的家事证据收集制度

日本对家事案件审理程序的单独立法由来已久，早在1898年，日本便以《德国民事诉讼法》第六编的内容为蓝本制定了《日本人事诉讼程序法》。该法律所调整的人事诉讼程序是指对家庭中的身份关系发生讼争所适用的审理程序，其并不涵盖所有的家庭纠纷。随着传统封建家庭理念的瓦解以及家庭纠纷复杂化，日本社会出现了大量人事诉讼案件以外的家庭财产案件与家事非讼案件。为填补法律上的空白，日本于1947年又制定了《日本家事审判法》，并为家事审判事件之程序设立了专门的家庭法院。根据《日本家事审判法》的规定，家事审判事件包括不具有讼争性的家事非讼事件（即甲类事件，如禁治产、失踪人宣告、监护人指定等）和具有较强讼争性、多涉及财产关系的家事事件（即乙类事件，比如财产分割、遗产分割、抚养费请求等）。其中，甲类事件只能适用审判方式进行处理，不能调解，而乙类事件适用调解与审判均可。[①] 家庭法院除受理上述家事审判事件的调解或审判事项以外，还一并受理人事诉讼事件的调解事项。即人事诉讼事件的处理采分段式的方法，前置程序中的调解事项由家庭法院负责，调解不成转入审判程序的，则由地方法院管辖。这一分段管辖模式招致了实务界的许多批评。故 2003 年日本在修订旧《日本人事诉讼程序法》的基础上颁布了新《日本人事诉讼法》,[②] 其将人事诉讼事件的调解与审判事项统一交由家庭法院处理，实现了审判组织一体化。另外，日本又于 2011 年对《日本家事审判法》进行了全面修正，并更名为《日本家事事件程序法》。[③]

在证据收集制度方面，日本法可谓是大陆法系与英美法系的集大成者。早期的日本民事诉讼立法深受德国法的影响，当事人收集证据资料需通过法院的命令来进行，证据收集的方式主要包括文书提出命令制度、证据保全等。1990 年日本民事诉讼法修订之际，关于是否导入美国民事证据开示制度，成为讨论的焦点。1996 年完成的民事诉讼法修改虽未直接引入证据开示制度，但依据美国证据开示中的质问书制度创设了当事人照会制度，并将文书提出命令一般义务化，扩充了当事人收集证据手段。这些证据收集制度或方法，若有关立法未予明确排除的，同样也适用于家事证据收集的过程。接下来，主要对《日本人事诉讼法》与《日本家事事件程序法》中有关家事证据收集的特别规定进行详细介绍：

---

① 陈爱武：《家事法院制度研究》，北京大学出版社 2010 年版，第 26 页。

② 《日本人事诉讼法》于 2004 年、2011 年、2012 年进行了修改。以下对该法中有关制度的介绍以 2012 年修改后的版本为准，其法条均引自《日本民事诉讼法典》，曹云吉译，厦门大学出版社 2017 年版。

③ 《日本家事事件程序法》于 2013 年进行了修改。以下对该法中有关制度的介绍以 2013 年修改后的版本为准，其法条均引自《日本民事诉讼法典》，曹云吉译，厦门大学出版社 2017 年版。

### 1. 家事证据收集的权责配置模式：采职权探知主义

日本法上对家事案件进行审理的程序包括人事诉讼与家事审判程序。[①] 二者由各自的单行立法所调整，但都在立法上明确了适用职权探知主义的法理，即由法官负责承担证据资料的收集、提出与事实的确定。比如，《日本人事诉讼法》第20条便明确规定，在人事诉讼中法院认定案件事实不受当事人主张的限制，可审酌当事人主张之外的事实，且主动依职权进行证据调查。不过，对于法院依职权调查事实或证据的结果，应当给予当事人陈述的机会，听取当事人的意见。《日本家事事件程序法》第56条也存在类似的规定，家庭法院应当依职权进行事实调查，并且依申请或职权进行必要的证据调查。同时，当事人负有协助法院进行事实调查和证据调查的义务。对于主要处理家事非讼事件的家事审判程序，适用职权探知主义法理自是争论不大，但在人事诉讼中采完全的职权探知主义却不是一蹴而就的，其经历了立法上的变迁。在旧《日本人事诉讼程序法》中，法院仅在审理亲子关系事件中适用双面或完全的职权探知主义，对于婚姻关系事件和收养关系事件，法院职权探知限于维持婚姻或收养关系的范围，即采片面的职权探知主义。旧《日本人事诉讼程序法》着重强调了法院依职权对可能导致婚姻关系撤销的事实和证据进行调查是不合法的。[②] 但需明确的是，法院的调查结果不一定都与主观意愿相符，其可能基于维护婚姻或收养关系的目的，却事实上收集到或在调查中获知了不利的事实和证据。故旧《日本人事诉讼程序法》中便规定了当事人的异议申诉制度，若当事人对法院职权调查的事实或证据提出了异议申诉，那么法院只能采纳其中有助于维护婚姻或收养关系的证据资料。显然，《日本人事诉讼程序法》中的这一模式存在一定的合理性，但同时也引发一系列问题。一方面，法院开展事实和证据调查极有可能获取与主观意图不符的、不利于婚姻或收养关系维系的证据资料，单向的职权探知本身便难以自圆其说；另一方面，对于法院职权调查的当事人近亲结婚、重婚等不利事实，若因当事

---

① 需注意的是，日本法上的家事审判程序与本书所述的家事审判程序并不一致。前者仅指代《日本家事事件程序法》所调整的以家事非讼案件审理为主的特别程序，而后者包括家事诉讼和非讼程序。

② 〔日〕松本博之：《日本人事诉讼法》，郭美松译，厦门大学出版社2012年版，第57-58页。

人提出异议申诉而排除适用，无疑是极不合理的。因而，新制定的《日本人事诉讼法》便未对人事诉讼的案件类型作出区分，一刀切地规定适用完全的职权探知主义。在审级上，职权探知主义可适用于一审程序和控诉审程序。而上告审作为法律审程序，原则上只能限于对是否违反法令进行审查，除事实认定方法及程序存在违法情形以外，应受原判决中合法确定事实的拘束，故而不宜采职权探知主义。①

2. 家事证据收集的主体范围

如前所述，日本的人事诉讼和家事审判程序采职权探知主义，故除当事人以外，家庭法院也是家事证据收集的重要主体。在具体操作上，家庭法院可命令合议庭组成人员作为受命法官进行事实调查，也可依现实情况委托其他家庭法院或简易法院的法官开展事实调查，受托法官若认为由其他法院调查更为适宜的，可再行委托。受命法官或受托法官在进行事实调查的过程中可行使法院及审判长的职权。事实调查的过程应当不公开进行，但法院可允许其认为合适的人旁听。另外，日本家庭法院还配置了调查官、技官等辅助人员，其可以协助法院进行事实调查或者根据家庭法院的要求直接实施事实调查。日本法规定了检察官作为公益代表参与人事诉讼与家事审判的制度。比如，《日本人事诉讼法》第12条便明确了在以处理身份关系为目的的人事诉讼中，当应成为被告的主体死亡而无其他适宜主体之时，则需将检察官作为被告。《日本家事事件程序法》第48条也确定了通知检察官参诉的义务，即法院、其他机关、检察官或公务人员在履职过程中知悉应当由检察官提出申请而启动审判程序的情形，应当及时通知与管辖法院相对应的检察机关。对于检察官参与的人事诉讼，法院或受命法官、受托法官认为必要时，可通知检察官出庭并听取其意见，检察官可提出事实主张或证据申请。可见，检察官也是家事证据收集的特殊主体。此外，政府机关、公署以及其他适当主体可应家庭法院的委托进行必要的调查。法院也可要求银行、信托公司、关系人的雇员以及其他主体就关系人的存款、信托财产、收入及其他事项作出必要的报告。

---

① 〔日〕松本博之：《日本人事诉讼法》，郭美松译，厦门大学出版社2012年版，第50页。

3. 家事证据收集的方式与手段

日本法明确规定了家事证据收集方式准用民事诉讼法有关规定的范围，以及应予排除的事项。《日本家事事件程序法》第 64 条规定家事审判程序中的证据调查可准用民事诉讼法中除证据保全以外的所有证据规定，内容包括总则、证人询问、当事人询问、鉴定、书证、勘验等内容。与此同时，该条文也对上述证据调查方式中的有关规定予以排除适用，比如自认事实无需证明、对证人与当事人询问的顺序、待询问当事人不出庭的推定主张真实的效力、当事人不遵从文书提出命令等的真实推定效力。这些证据调查的规定因与强调发现真实并适用职权探知主义的家事审判程序法理相悖离，故而不能适用于家事证据收集或证据调查。《日本人事诉讼法》第 19 条也对人事诉讼适用民事诉讼法中有关证据调查规定的除外适用作了类似的规定。除准用民事诉讼法的规定以外，日本法也对家事证据收集的特殊手段与方式作了规定，比如对当事人本人出庭适用与证人出庭同等的强制规定、要求作为医师的法院技官对关系人的身心状况进行诊断，并出庭陈述意见等。日本法也比较注重对子女意见的听取。《日本家事事件程序法》第 65 条规定，对于亲子、亲权、未成年监护的家事事件，或者审判结果对未成年子女或被监护人存在重大影响的事件，家庭法院应当通过直接听取子女陈述或者由家事调查官进行调查等适当方式，尽可能地把握子女的主观意愿，并结合其年龄、发育状况等因素进行考虑。《日本人事诉讼法》第 32 条也要求法院在处理指定子女监护人、亲权人或其他与子女有关的事项时，应当听取年满 15 周岁的子女的意见。

设立家庭法院调查官并要求其进行事实调查是日本家事证据收集制度中最为显著的特点。在 2003 年《日本人事诉讼法》颁布之前，人事诉讼由地方法院开展，而调查官仅设置在家庭法院内部，故而当时的人事诉讼无法适用这一特殊调查官制度进行事实调查。2003 年《日本人事诉讼法》的出台实现了家庭法院对人事诉讼与家事审判事件的统一管辖，调查官制度也广泛地适用到各类家事案件的审理之中。根据《日本人事诉讼法》第 34 条、《日本家事事件程序法》第 58 条、第 59 条之规定，家庭法院可作出命令或在紧急情形下由审判长作出命令，要求家庭法院调查官开展事实调查。调查官对于事实调查的结果应以口头或书面的方式向家庭法院进行报告，同时调查官也可在上述报告中添附其个人的有关意见。家庭法院认为有必要的，可要求调查官在特定期日出庭并陈述意见。另外，家庭法院如认为有必要对关系人家庭环境或其他环境进行调整的，可要求调查官联络社会福利机构或者采取其他措施。

## 三、法国的家事证据收集制度

法国没有家事审判程序的单行立法，有关规定主要集中在《法国民事诉讼法》第三卷“特定案件的特别规定”中第一编（人）与第三编（夫妻共同财产——继承和赠与）的部分。其案件大致包括诉讼离婚与分居案件、亲子关系与抚养费案件、收养关系案件、亲权行使与教育救助措施案件、未成年人与成年人的法律保护案件、夫妻财产案件、继承案件等。另外，《法国民法典》中第一卷有关离婚、亲子关系、收养子女、亲权等事项规定中也不同程度地包含相应的程序性规范，这也是法国家事审判程序的重要法律渊源。法国并未为家事案件审理设置专门的审判机构，大审法院享有对人身身份与家庭关系纠纷的特别管辖权。① 不过，基于去碎片化的目的，法国在 2019 年的法律中对第一审法院进行了重大调整，整合了大审法院和小审法院，取而代之以统一的初审法院，与行政法院系统的初审法院相对应。② 故而，其家事案件的管辖法院相应地转移到初审法院，其相应的法律规范也进行了调整。比如，《法国民事诉讼法》第 1166 条第 1 款规定：“向初审法院提出收养子女的申请。”③《法国民法典》第 318-1 条规定：“审理民事诉讼案件的司法法院（原规定为“大审法院”）唯一有权管辖有关亲子关系的诉讼。”④ 在家事证据收集方面，由于法国法采混合立法模式，故而应一般性地适用《法国民事诉讼法》第一卷“各法院适用的通则”中有关证据规定。不过，《法国民事

---

① 〔法〕卡迪耶：《法国民事司法法》，杨艺宁译，中国政法大学出版社 2010 年版，第 171 页。

② 《法国民事诉讼法典》，周建华译，厦门大学出版社 2022 年版，译者序言第Ⅲ页。

③ 本法条以及下文中有关《法国民事诉讼法》的条文均引自《法国民事诉讼法典》，周建华译，厦门大学出版社 2022 年版。

④ 本法条以及下文中有关《法国民法典》的条文均引自《法国民法典》，罗结珍译，北京大学出版社 2023 年版。

诉讼法》与《法国民法典》有关家事审判程序的部分也存在着证据收集的特殊规定。现综合以上规定，对法国家事证据收集制度详述如下：

1. 家事证据收集中的法院职权

法国法上的家事案件包括诉讼案件和非讼案件，但立法并未对其作出明确的划分，仅以特别规定的形式对部分案件的非讼性质予以明确。比如，《法国民事诉讼法》第 1167 条、第 1289 条、第 1301 条便分别将收养子女申请、夫妻一方代理的批准与授权、确认夫妻财产制变更之诉界定为非讼案件。由于《法国民事诉讼法》第一卷的内容对所有案件都具有适用性，故家事证据收集的权责分配应当适用第一卷中有关民事诉讼与非讼案件的一般规定。根据《法国民事诉讼法》第 6 条、第 7 条的规定，在诉讼案件中，当事人负有对支持其诉讼请求的案件事实的主张和援引责任，法官没有义务主动查找当事人未援引的事实。法院裁判的依据也仅限于辩论中提出的事实，且不论当事人是否将其作为支持诉讼请求的依据而特别援引。在证据方面，当事人承担相应的证据提出与证明责任，同时法院也可依职权主动采取法律所许可的各种证据调查措施。立法旨在承认法官享有一种单纯的选择权利，并希望法官能审慎地行使这一权力，仅在适当的情形下依职权命令采取证据调查措施。比如，在寻认非婚生父子关系诉讼中，法院依职权命令进行"取血检验"，便属于法律所认可的，且对于查明事实极为必要的证据调查措施，具有依职权调查证据的合理性。[①] 可见，家事诉讼案件中诉讼资料的收集与提出采辩论主义的基本法理，当事人的事实主张对法院具有限定性，但法院可在当事人提出证据之外依职权开展证据调查，其同时也具有一定的职权特性。法院这一依职权开展证据调查的特点，在《法国民事诉讼法》有关家事诉讼程序的特别规定中也有所体现。比如，《法国民事诉讼法》第 1072 条便规定在家事案件中法院可以依职权命令采取社会调查。另外，《法国民事诉讼法》第 26 条、第 27 条明确了对非讼案件适用职权探知主义法理进行审理。即法官应以涉案全部事实作为裁判依据，并不受当事人援引事实范围的限制，法院也可依申请或依职权采取各种有用的调查手段。同样，在家事非讼案件程序部分，也

① 《法国新民事诉讼法典（上）》，罗结珍译，法律出版社 2008 年版，第 27 页。

存在着类似的规定。比如，《法国民事诉讼法》第 1221 条规定监护法官可在请求宣告采取成年人保护措施的案件中，依职权命令采取任何调查取证措施，法官可以派人进行社会调查或者对某些情形进行确认。第 1289-1 条也规定在夫妻一方代理案件中，法官可依职权命令采取任何证据调查措施。

2. 检察机关收集家事证据资料

检察官可以参与民事诉讼是法国民事诉讼制度的一大特点，《法国民事诉讼法》以专编的形式对检察机关作为民事诉讼当事人作出了规定。在法律特别规定的情形下，或者涉案事实妨害公共秩序之时，检察机关可以作为主当事人依职权提起诉讼。另外，检察机关对于向其报送案件的法律适用问题提出意见的，可以作为从当事人参加诉讼。其中，应向检察机关报送的案件便包括有关亲子关系、未成年人监护安排等案件。在《法国民事诉讼法》有关家事审判程序的部分，也对检察机关作为当事人参加家事审判作出了特别规定。如该法第 1151 条便规定，在确认父子关系诉讼中，若被认为是父亲的人没有继承人或者继承人放弃继承时，由检察机关代表国家提起诉讼。第 1182 条、第 1218-1 条也规定了法院在亲权、请求宣告采取成年人保护措施等案件中需向检察官通知程序的开始。在检察机关特别参与的家事案件中，检察机关也是重要的取证主体，其有权也负有义务去收集与案件相关的证据资料。同时，法官也应当听取检察机关的意见。如该法第 1179-1 条、第 1206 条都规定了检察官可以收集其认为有用的关于未成年人及其家庭、父母道德的情况。第 1170 条、第 1177 条、第 1189 条等也对法院听取检察机关的意见作出了规定。

3. 家事证据收集的特殊手段与方式

法国的家事证据收集除准用民事诉讼中书证交换、强制一方当事人提供持有的书证、法官调查取证、询问当事人、证人证言、技术人员的调查取证等一般规定以外，还存在一些特殊的手段与方式。

（1）社会调查措施

社会调查是由法院委派的任何有资格的人对家庭状况、涉及未成年人及其父母的品格、生活条件、父母双方或一方实施亲权行使方案的可能性等事项所进行的专门调查活动。社会调查是由专业人士开展的事实与情况调查，其有助于法官对与家事审判有关的事项形成准确、妥当的判断。根据《法国民事诉讼法》第 1072 条的规定，若法官认为从现掌握的证据资料无法全面、充分地把握案情，其可以依职权命令采取社会调查，但该调查不能损害其他调查取证措施的实施。调查人员在调查结束之后应当撰写并提交一份调查报告，记录其所作的事实认定以及提出的解决方法。对于该调查报告，法官应命令向各方当事人传达。当事人若有异议，可在法官指定的期间内请求补充调查或开展新的调查。该法第 1183 条、第 1221 条也对亲权、请求宣告采取成年人保护措施案件中开展社会调查作出了规定。另外，《法国民法典》第 373-2-12 条规定，法官在作出有关亲权、探望权行使方式或将子女交由第三人照管的任何决定之前，得委派调查人员进行社会调查，其调查的内容包括有关家庭状况、子女生活与教育条件等。不过，对于离婚原因进行审理时，不得适用社会调查的方法。

（2）离婚财产事项的告知或申报义务

在《法国民事诉讼法》的通则部分（第一卷），立法要求当事人应及时将其诉讼请求所依据的事实、提供的证据和援引的法律依据告知其他当事人，以便双方当事人可以组织抗辩（第 15 条）。同样，在离婚诉讼中，当事人也负有类似的告知义务。根据《法国民事诉讼法》第 1075 条、第 1075-2 条的规定，在诉讼程序开始之后，夫妻双方应当及时告知各自的参保机构、发放家庭补助、退休金、养老金的部门或组织的有关信息，并提供与各自身份有关的事项。为确定离婚案件中的赔偿补助，法官也可向夫妻双方提出要求，由其证明各自收入、负担以及其他财产和生活条件等有关事项，夫妻双方可通过提交收入申报单、税收通知单、纳税单等材料予以证明。《法国民法典》第 272 条也对当事人各方向法院申报有关婚姻财产状况的义务作出了规定。

（3）遗传标记鉴别

根据《法国民法典》第 16-11 条的规定，该方式在民事诉讼中仅适用于对亲子关系的确认或异议、取得或放弃抚养费的家事案件之中，法院应当作出采取这一证据调查措施的强制命令。在开展检查或鉴别之前，应当以明确的方式获得当事人的同意。若当事人已经死亡的，除非其生前已明文表示同意，否则不得对其采取这一调查措施。进行遗传标记鉴别的主体应当为科学技术警察部门，或者具备最高行政法院颁布的法令所规定的条件的人，且这些人需在司法鉴定人名册上进行登记注册。

（4）听取未成年人或受保护成年人的意见

法国的民事证据制度遵循书证优先原则，即书证具有高于其他证据形式的证明力。① 但囿于家事案件中言词意见对案情判断的重要性，法国的家事证据制度却比较注重对当事人或其他主体意见的收集。比如，《法国民事诉讼法》第 1208 条便要求法官应当听取亲权案件中父母、监护人、受托照管儿童的人或机构代表以及其他合适之人的意见。除听取上述主体的意见以外，法国法还尤为重视对有关案件中未成年人或受保护成年人意见的听取。根据《法国民法典》第 388-1 条的规定，在涉及未成年人的诉讼程序中，法官可以听取或者基于未成年人利益的考量而指定他人听取具有辨别能力的未成年人的意见。若未成年人本人提出了这一请求，法官则应当听取其意见。但若未成年人拒绝的，此时法官并不必然遵循未成年人的意愿，其应当根据案情判断拒绝听取是否具有正当理由。为保障未成年人的这一权利，法官应当履行告知义务，告知未成年人享有要求听取意见的权利以及得到律师协助的权利。在听取意见过程中，未成年人可以独自一人到场，也可由律师或者其挑选的人陪同。对于未成年人挑选他人陪同的，法官若认为该人无益于维护未成年人利益的，可另行指定他人。需注意的是，听取未成年人的意见并不限于未成年人作为诉讼当事人的情形，且听取意见也不会赋予未成年人当事人资格。《法国民事诉讼法》第 1182 条、第 1189 条等也存在听取未成年人意见的有关规定。另外，《法国民事诉讼法》第 1220 条、第 1220-1 条、第 1220-2 条对法官听取将受保护和正受保护的人的意见作出了规定。法官在认为合适时，可以要求治疗医师或其他合适主体参加听审。听审可在受诉法院、被听审人经常居住地、治疗或收留机构所在地以及其他适宜的场所，以不公开的方式进行。听审的时间与地点应当及时通知受保护人的律师。倘若依据治疗医师

① 欧明生：《法国民事证据制度书证优先原则及其借鉴》，载《社科纵横》2010 年第 1 期。

的意见，法官认为听取受保护人的意见有损其身体健康的，或者受保护人已经不能表达意思的，可作出不予听审的决定，并通知申请人以及成年人的律师。

## 四、我国台湾地区的家事证据收集制度

在 2012 年之前，我国台湾地区的家事审判程序立法较为分散，主要包括“民事诉讼法”第九编的人事诉讼程序、“非讼事件法”中有关家事非讼事件的处理程序、“家事事件处理办法”“法人及夫妻财产制契约登记规则”。[①] 1999 年，我国台湾地区司法改革会议在“研采建立人民参与司法审判制度”的议题基础上，提出了“应就家事事件部分，尽速制定家事审判法，并研究设立家事法院或促使此类法庭法院化”的结论。[②] 基于此立法缘由，并以《韩国家事诉讼法》的家事诉讼事件与非讼事件审理的合并立法模式以效仿对象，我国台湾地区于 2012 年 1 月 11 日制定并颁布了“家事事件法”。该法分别于 2015 年、2019 年、2023 年进行了不同程度的修订。2012 年 5 月 28 日，我国台湾地区“司法院”又制定了“家事事件审理细则”，对“家事事件法”的有关规定进一步细化。“家事事件法”与“家事事件审理细则”之中不乏对家事证据收集制度的特殊规定，具述如下：

1. 家事证据收集的原则

“家事事件法”第 3 条将家事事件分为甲、乙、丙、丁、戊五类，其中甲、乙、丙三类案件为家事诉讼事件，丁、戊两类案件为家事非讼事件，二者在家事证据收集的模式或原则上并不一致。根据“家事事件法”第 10 条的规定，法院审理家事事件以职权探知主义为原则，法院可审酌当事人未提出之事实，也可依职权进行证据调查。但对于离婚、遗产分割、终止收养关系等当事人可自由处分的事项，在证据收集的任务分配上准用民事诉讼的规定，即适用限制辩论主义或协同主义。申言之，家事证据收集的原则因家事事件类型而异，家事身份事件与非讼事件的审理适用职权探知主义，家事财产诉

① 张晓茹：《家事裁判制度研究》，中国法制出版社 2011 年版，第 43 页。
② 李太正：《家事事件法之理论与实务》，元照出版有限公司 2017 年版，第 8 页。

讼事件与离婚事件的审理则适用限制辩论主义或协同主义。对于前者，家事事件中的身份关系往往涉及公益或第三人的利益，当事人并不享有处分权，且法院的裁判结果需尽量与案件真实相符，以避免对公益或第三人权益造成损害。故应当赋予法院相应的事实探知权能，在依据当事人声明的证据无法形成心证时，可依职权开展事实与证据调查，并将收集到的事证资料作为裁判依据予以审酌。当事人的自认对法院没有强制效力，避免自认事实与案件真实相悖。为寻求妥当、迅速、合目的性的裁判，家事非讼事件审理也需赋予法院相应的裁量职权，法院可依职权调查事实及必要之证据。即使部分家事非讼事件的关系人享有对财产事项的部分处分权能，但基于非讼裁判之特殊目的，也应适用职权探知主义的法理，扩大法院的事证调查职能。在具体的事件类型上，适用职权探知主义的事件包括甲类与乙类中的家事身份诉讼事件（离婚事件除外）、丁类与戊类中的家事非讼事件（本质上真正诉讼事件除外）、家事身份诉讼事件的非讼化审理事件等。对于后者，由于家事财产诉讼事件与离婚事件中的程序标的仅涉及私人之间的利益或法律关系，当事人对标的享有充分的支配权与处分权，故裁判所需事证资料的收集任务应由当事人承担。当事人可基于实体利益与程序利益的衡量，自行决定是否提出证据，是否对特定事项进行争执，法院应尊重当事人的意思，受辩论主义法理的限制。但当事人自治优于法院职权并不具有绝对性。若上述事件中存在涉家庭暴力的情形、有损及未成年子女利益、当事人与关系人的人格权益的情形、自认事实显与真实不符或显失公平的其他情形的，法院都可依职权进行事证调查并积极干预。在具体事件类型上，适用限制辩论主义或协同主义的家事事件包括丙类中的家事财产诉讼事件、乙类中的离婚事件以及经非讼化审理的本质上或实定法上的家事诉讼事件，如成年人间宣告终止关系事件、扶养费、家庭生活费用或赡养费协议履行请求事件、关于监护、辅助所生损害赔偿事件等。

2. 家事调查官制度

家事事件具有专业性，为了在审理过程中引入具有性别平等、婚姻家庭、儿童心理与福利等专业知识的特殊人士，协助法官处理家事事件，“家事事件法”规定了家事调查官制度，要求其开展家事调查并作成报告，以供法院审判时参考。根据“家事事件审理细则”第33条的规定，家事调查官的主要职能包括对特定家事事项展开调查、收集事证资料、履行劝告，并提出相应的调查报告，必要时应出庭陈述。另外，家事调查官还需负责与社会主管机关、福利机构的联系协调工作或采取其他的必要协调措施。在程序启动上，审判长或法官可依职权或依申请作出对特定事项进行调查的强制命令。在开展调查工作之前，家事调查官先应与程序监理人、社会福利机构或有关团体进行联系，从中获取与待调查事项有关的资料，避免后续调查中的重复工作。在调查过程中，调查官应到实地进行访视，并对当事人或关系人的身心状况、家庭关系、生活、经济状况、经历、居住环境、亲职及监护能力、有无犯罪记录、有无涉及性侵害或少儿保护通报事件、资源网络等事项进行必要的调查。对于调查的结果，家事调查官需作出报告。报告的内容主要涉及未成年子女、受监护人或辅助宣告人、被安置人的主观意愿、心理与情感状态、生活与学习状况、沟通与表达能力等必要事项、对与当事人或关系人进行会谈的可能性的评估、进行亲职教育或亲子关系辅导的必要性、进行心理咨询、辅导或其他医疗行为的必要性、其他可连结或转介协助的社会主管机关、福利机构或团体。上述调查报告可作为法官处理家事事件的重要参考，法官以该报告内容作为裁判基础的，应当为当事人或关系人提供陈述意见的机会，但报告内容涉及隐私或有不适当情形的除外。另者，法官如认为家事调查官有必要出庭的，可命令其在特定期日到场陈述意见。

3. 血缘检验

“家事事件法”第68条确立了对血缘关系进行DNA检验的特殊程序。我国台湾法上的血缘检验程序启动较为慎重，须具备一定的要求。其一，在适用的事件类型上，限于未成年子女为当事人的亲子关系事件。《联合国儿童权利公约》保障儿童享有获知其血统来源的权利，故未成年子女可通过血缘检验程序来查明其血缘上的身份。且亲子关系事件的裁判具有对世效力，为获得裁判上的正当性，应通过医学上的检验来探明真相。其二，在适用条件上，当事人需就血缘关系存否发生争执，且提出申请的一方需提出初步的事证，证明或释明现有的血缘关系认定值得怀疑。其三，在启动的方式上，若法院认为必要的，可依当事人申请或依职权作出强制当事人或关系人接受医学检验的命令。医师在进行血缘检验的过程中应当使用医学上所认可的程序与方式，同时应避免对受检验人的身体、健康及名誉造成不当影响。对于上述强制命令，“家事事件法”并未设置违反命令的惩戒措施或不利后果。

4. 未成年人意见表达

未成年人、受监护或辅助宣告之人应享有表达意愿或陈述意见的权利。为保障这一过程的顺利进行，“家事事件审理细则”第 18 条规定了“社工陪同”制度。即未成年人、受监护或辅助宣告之人表达意见，若法院认为有必要的，应通知主管机关指派社会工作人员或其他主体陪同出席，或者由未成年人、受监护或辅助宣告之人的亲属或学校老师等其他适当人员陪同在场。法院讯问未成年人、受监护或辅助宣告之人可于非上学时间、夜间或休息日进行，从而为其表达意见提供便利。讯问过程应当个别进行，并注重对陈述者以及陪同人员的隐私和安全的保障。“家事事件审理细则”第 107 条、第 111 条对在亲子、收养非讼事件中听取未成年人意见予以重申。子女或被收养人为年满 7 周岁的未成年人的，法院在作出裁判前应当听取其意见，但有妨碍情形或可能危害其健康的除外。

5. 程序监理人的报告

为保护无程序能力人以及特定情形下有程序能力人的程序利益与实体利益，“家事事件法”第 15 条、第 16 条规定了程序监理人制度，法院可依申请或依职权选任程序监理人。程序监理人有权代理受监理人的利益进行一切程序行为，同时作为当事人与法院之间的沟通桥梁，协助法院处理家事事件。故法院可通过程序监理人来了解被监理人的有关情况，并要求其就被监理人的特殊事项作出报告或建议。程序监理人的报告内容包括受监理人的意愿、理解能力、是否适合或愿意出庭、程序进行的适当场所、环境、方式与时间、其他有利于被监理人的方案或应告知法院的事项。法院在作出相应的裁判之前，应当审酌程序监理人的报告。

## 第三节　境外家事证据收集制度的总结与评析

制度多样性是比较法研究方法的内生动力。从上述中对境外家事证据收集制度的具体介绍来看，这一制度受制于各国或地区的法制传统、法律文化及理念，呈现出不同的发展轨迹，并具有各自的制度特色。境外制度的镜鉴并非直接僵化地移植制度，而是从不同国家或地区制度的异同点出发，反思制度发展背后的共同规律与抽象原理，并以此为我国内地的家事审判改革提供路径指引和方法指导。现对上述境外家事证据收集制度进行总结与评析如下：

### 一、总体样态：法系差异与共趋发展并存

家事证据收集制度的个性是普遍存在的，各国或地区的这一制度都有其本土特色，或是体现在法院与当事人之间的权能配置方面，或是体现在证据收集特殊方式的组合方面，又或是体现在证据收集的运作机制方面等。但从总体上看，家事证据收集制度的差异性仍以两大法系为分水岭，同一法系之中的家事证据收集制度具有更高程度的相似性。究其原因，其一，尽管家事领域的特殊性使得家事证据收集制度存在有别于普通民事证据收集制度的独特性，但这一影响过程是渐变的、部分的，其并未从根本上扭转民事证据收集制度的运作机制与模式。也即，两大法系民事证据收集制度的差异性在家事领域内依然存在，英美法系的家事证据收集制度仍以当事人主导的证据开示制度为主要内容，而大陆法系的这一制度也主要包括文书提出命令制度、当事人照会制度、书证传达制度等。另外，两大法系在证据收集的方法、范围、限制、程序运作、违反的制裁措施等方面的差异也会在家事证据收集制度中得到不同程度的体现。其二，与民事证据收集制度类似，家事证据收集制度的设计与运作也会受到制度环境、诉讼架构、审判组织及审理程序的影响。首先，英美法系实行陪审团审判制度，陪审团负责对案件事实的认定，而法官仅在法律适用问题上作出裁断。非职业性的陪审团成员仅仅需要根据

庭审中所呈现的证据资料与辩论内容来裁定事实上的争议，其不可能也无权涉足此前的证据资料收集与提出过程。而英美法系在事实认定方面对法院职权的排除性，也使得法院无法过多地介入取证过程，以避免对事实认定过程造成不当干涉。故而，当事人便当仁不让地成为负责收集与提供作为裁判基础的证据资料的诉讼主体。而大陆法系法官的职权极为广泛，涵盖事实认定与法律适用的全部内容，同样，在证据收集的过程中也应当有法院职权的积极参与。其次，英美法系的审判采集中审理模式，即案件审理需在激烈诉辩对抗的单一回合中得出结论。这大大限定了庭审中提出的证据与信息总量，并要求当事人在庭审之前便互知彼此的筹码与请求，故当事人之间互相披露证据与案件信息的开示制度具有极强的适用性与妥当性。而大陆法系采分段式庭审模式，可多次组织开庭。如此一来，大陆法系的证据收集缺乏“毕其功于一役”的紧急性。当事人可根据已进行的庭审情况补充收集证据资料，法院也可根据案件审理需要依申请或依职权启动事实与证据调查程序。最后，对抗制是英美法系司法最为本质的特征，这一点在家事司法中亦是如此。在对抗制的运作机理下，当事人及其代理律师主导整个程序的运行，其中也自然包括证据资料的收集与提出，裁判者则处于消极、被动的地位以保持其中立性。而大陆法系的司法尽管也存在当事人对抗的特点，但法院的地位却大大不同，其享有对程序较大的控制与管理权力。这一权力在证据收集或调查方面，既表现为当事人收集证据资料需通过法院核发命令的形式进行，又表现在特定情形下法官可直接依职权开展事实与证据调查。上述因素的影响在家事审判中依然存在，这使得不同法系之间的家事证据收集制度呈现出较为明显的差异。

尽管两大法系的家事证据收集制度呈现出不同的样态，但其同样存在着共通的发展趋势与嬗变动向。这是由家事案件的自身特点所决定的，体现了家事证据收集的共同规律与作用机理。相较于普通的民事证据收集制度，境外各国或地区的家事证据收集制度都存在倡导福利司法、强化法院职权、多主体协同取证、取证手段丰富多样、强调对未成年子女的权利保障、注重程序保障等特点。不过，这些共通性特点在各国或地区中体现的程度或面向不同。以法院的职权干预为例，《德国家事事件及非讼事件程序法》规定在婚姻事件程序中适用有限或片面的职权探知主义，即法院在参加人主张以外审酌的事实，仅限于有助于维护婚姻关系或者申请人未予反对的情形。而新《日本人事诉讼法》却抛弃了旧《日本人事诉讼程序法》所持的片面职权探知主义的立场，规定包括婚姻关系事件在内的所有人事诉讼事件审理适用双面或完全的职权探知主义，法院可审酌当事人未主张的任何事实。更有甚者，法国法上家事诉讼事件中的证据收集仍准用民事诉讼的辩论主义法理，只不过在采取社会调查措施、遗传标记鉴别等特殊方式时体现了法院职权干预证据调查的特点。尽管上述国家在法院职权干预的规定上存在较大的差异性，但相较于普通民事诉讼，其都体现出了强化法院职权的共同趋势。这便是境外家事证据收集制度的共性所在。

## 二、理念转型：从家庭自治到能动司法

在西方传统家庭法中，家庭被视为绝对的私人领域，其遵循家庭自治（Family Autonomy）的核心要义。家庭生活自主权备受重视，被界定为“自然权利”，而不允许包括政府机关在内的任何组织和个人侵犯，国家也不得干预家庭生活与事务。进入20世纪中期以后，随着福利国家理念的兴起，家庭领域已不再视为公权力的禁区，国家可以通过立法与司法手段，有选择性地介入家庭领域，对部分家庭关系以及家庭主体的行为进行干预。[①] 在这一演变过程中，国家由最初对家庭领域保持克制的谦抑态度，转为维护家庭成员的福祉以及保护弱者利益的积极角色。尽管在家庭实体法领域，存在尊重家庭自治与公权力适度干预之间的角力，家庭法也存在私法化与公法化两种发展趋势。但在程序法上，强化法院职权干预已成为共识。法院职权的介入并非对当事人的自治权利予以限制，而是以一种更为积极主动的角色，为当事人行使自主权利提供切实保障。故而，家事司法也由被动司法的理念转为能动司法的理念，这对于家事证据收集制度的发展产生了深远的影响。

申言之，家庭自治的正当性源自以“自己决定权”为理论基础的个人自

① 王洪：《家庭自治与法律干预——中国大陆婚姻法之发展方向》，载《月旦民商法杂志》2005年第8期。

治。每个理性主体都是自己利益最大化的最佳决策者和判断者，其有权对无涉他人的行为和利益进行独立的判断并自主地作出决定。家庭自治是个人自治在家庭领域内的延伸，是家庭成员个人自治的联合。同时，家庭关系是以血缘、姻亲以及依附于其上的情感和伦理等作为维系的纽带，这一特点使得冰冷的法律规则在家庭领域内具有天然的非适用性，强行的干预极易造成情感关系的破裂。故最初的家庭纠纷都是通过家庭内部的“法”或规则加以解决的，其所依赖的强制力保障便是以家长权、夫权、父母亲权为主的权力架构。随着上述权力的瓦解以及向义务、责任形式的转介，家庭内部的纠纷化解机制在部分情形下可能出现失灵的现象，此时便存在家事司法的现实需要。家庭自治在家事司法中以当事人意思自治的形态而得以呈现，当事人作为自治主体，享有对诉讼的实质控制权利。其可以选择寻求何种形式对家事纠纷进行处理，也可以自主决定在诉讼过程中提出事实主张与证据的范围、内容。法院作为消极的裁判者，应当尊重当事人的这一实体与程序上的处分权利，如同公权力尊重家庭自治一般。如此一来，在证据资料的收集与提出方面，当事人便享有绝对的主导地位。当事人对事实认定范围以及材料的限定对法院具有强约束性，所作出的自认等处分行为也必然得到公权力的认可。而法院在这一过程中所进行的任何能动性行为，都可能被视为对当事人自治以及家庭自治原则的侵犯。

需明确的是，自治并不等同于平等，自治意味着公权力在这一领域内保持克制，而交由主体自行处理内部事务。早期的家庭组织形成了以家长权为核心的自治体系，国家对于家庭自治的尊重，事实上牺牲了女性与儿童的福祉。现代社会平等、民主等法治原则的兴起促进了家长制权力结构的瓦解，但国家消极干预的立场使得家庭关系事实上以一种隐性的权力秩序而得以维持。进入到司法程序以后，司法机关的被动性助长了这一权力秩序，家事司法活动为家庭成员中的强者所把持，而女性与儿童作为弱势方，往往有危及其合法权益之虞。故现代法治理念要求公权力一改此前的谦抑姿态，积极主动地介入家庭领域，保障所有家庭成员（尤其是妇女与儿童）在家庭范围内的人性的平等和自由发展。在家事司法活动中，法官作为公权力代表，也应当通过积极的职权行为保障上述目的的实现。这一职权作用在家事证据收集方面，既体现在德、日等大陆法系中法院直接依职权开展事实和证据调查，也体现在英美法系中法官对强制证据开示、医学检查、听取儿童意见等方式的管理。

另外，福利国家、福利司法理念的兴起对包括法院在内的公权力机构提出了更高程度的要求。法院在处理家庭纠纷之时，不应仅限于当前争议的裁断，而应以保护优先、注重修复、面向未来的多元价值观作为指导方针，谋求儿童的最大利益与家庭的长远福祉。基于这一要求，家事司法应更加具有能动性，在裁判资料方面，应避免依赖当事人收集的单一方式所导致的信息片面问题，法院可根据案件审理的需要主动去收集必要的证据资料。同时，应注重收集方式的多元化，以保障能有尽可能多的证据资料与信息进入诉讼程序。如日本与我国台湾地区的家事调查官制度、法国的社会调查制度、我国香港特别行政区的离婚财产披露制度等。英美法系中的家事证据开示制度在开示范围上也极为广泛。如2010年《英国家事诉讼程序规则》仅规定了公共利益特权对书证开示的限制，美国《亚利桑那州家事诉讼程序规则》也对有关法律决策或育儿时间、儿童抚养费、配偶扶养费和律师费、财产、债务等事项进行开示的内容进行了极为详细的列举。家事调查官所开展的家事调查工作也应注重信息收集的全面性，不应仅限于与本案有关的直接事实，还应包括当事人或关系人的身心状况、家庭关系、经济状况、生活经历、居住环境等辅助性事实。此外，行政机关、检察机关以及社会福利机构都应当积极参与证据收集或调查的过程，以协力促进家事司法福利目的的实现。

## 三、关系构造：职权介入与多主体协同

诉讼主体的关系构造主要着眼于包括双方当事人与裁判者在内的所有程序参与者之间就有关权限与控制的“最佳化配置”。在普通民事诉讼中，无论是分属英美法系抑或大陆法系，其都践行当事人对审的基本结构。即由对立的当事人负责并控制纷争的范围，收集能支持其事实主张的证据资料并于诉讼中提出，而中立裁判者仅依据所呈现的辩论资料对争议作出裁决。在这一架构中，当事人作为自己利益的最佳代言者，最具积极性去收集于己有利的证据资料，并在诉讼中提出相应的主张与辩论。故当事人在证据收集中理所应当地享有支配性地位。对于法院而言，为保障中立性立场，其一般需扮演

消极性的裁判角色。但基于真实发现与提升司法效率的特殊目的，有必要对这一古典的当事人对审结构进行修正，可以赋权法官在必要的限度内对当事人收集、提出证据资料之行为进行管理或干预。而两大法系在证据资料的收集与提出方面的差异就体现在这一干预的力度上。英美法系的法院职权干预仅限于当事人获得开示失败或存在争议的情形，大陆法系中的法院职权干预则更为全面，当事人收集证据资料往往需要向法院申请核发相应的命令。但从根本上来说，以当事人为主导的对审模式是两大法系民事诉讼主体关系的基本构造。

在家事审判中，这一当事人对审的关系构造呈现出非适用性。一方面，家事事件所涉的法益不仅包括当事人之间的私益，还包括公共利益以及需要国家特殊保护的儿童利益等。如此一来，既需要当事人作为自己的利益代表负责对事实主张的提出与证明，也需要法院乃至检察机关、主管行政机关作为公共利益或者儿童利益的代表，参与证据资料的收集与提出。另一方面，家事审判的目的具有多元性、进阶性，其并不限于解决纠纷、发现真实等一般性目的，还包括修复家庭关系、保护儿童利益、保障家庭未来福祉等更高层次的目的。如果将供应裁判“素材”的证据收集活动完全交由当事人主导，那么当事人追求胜诉结果的直接动机便可能与上述特殊的审判目的相悖离。为保障上述审判目的的实现，有必要进一步扩张法院干预证据收集活动的职权，并要求检察机关、社会组织等予以协助或配合。

从境外各国或地区的家事证据收集制度来看，强化法院职权干预的趋势是普遍存在的，只不过在干预的程度上有所不同。其中，英美法系国家和地区、法国的职权干预程度最低，仍适用辩论主义的程序法理（家事非讼事件除外）；德国和我国台湾地区的职权干预程度次之，部分地适用职权探知主义；[①] 日本的职权干预程度最高，人事诉讼与家事审判事件均适用职权探知主

① 《德国家事事件及非讼事件程序法》尽管在总则部分规定家事事件的审理适用职权探知主义，但在婚姻事件与家事争讼事件上作了保留。《德国家事事件及非讼事件程序法》在第二编“家庭事件中的程序”中又对婚姻事件程序、血缘关系事件程序适用有限或片面的职权探知主义进行了特殊规定。而其他的家事争讼事件审理则需沿用民事诉讼法的规定，适用辩论主义法理。在我国台湾地区，家事身份事件与非讼事件的审理适用职权探知主义，家事财产诉讼事件与离婚事件的审理则适用限制辩论主义或协同主义。可见，德国和我国台湾地区的家事事件审理均是部分地适用职权探知主义法理。

义。不过，即使是在适用辩论主义法理的国家或地区，其家事证据收集中法院职权干预的力度一般都要强于普通的民事诉讼，且呈现不断扩张的趋势。比如，2010年《英国家事诉讼程序规则》第4.1条对法院的一般案件管理权力作出了规定，其中便包括作出其认为适当的证据开示与查阅命令。第22.1条规定法院可通过对需举证证明的事项、支持该事项的证据属性、证据提交法院的方式作出指示、排除本可接纳的证据的适用、允许当事人援引未遵循有关规定的证据或搜寻文书、限制交叉询问等方式行使其控制证据的权力。《澳大利亚家庭法》第69ZX条规定了法院在有关儿童的诉讼中，享有对双方当事人提交证据、特定证据的提交、专家提供证据、书面呈递书的使用、以口头形式或宣誓书形式提交特定证据、证人作证等事项作出指示或命令的权力。

除了法院职权介入以外，境外家事程序主体之间关系构造的另一大特点便是多主体协同。家事案件的涉公益性以及目的多元性要求更多的主体参与证据收集过程，以保障法院能在证据资料或案情信息充足的基础上作出妥当性的裁判。比如，《澳大利亚家庭法》便规定了家庭顾问、家庭咨询与家庭纠纷调解制度。其中，家庭顾问是由法院首席执行官所任命的法院官员、工作人员，或聘请的心理学家或社区工作人员，其在诉讼过程中提供咨询、调解等家庭服务。家庭顾问对于履行职责过程中所获知、见证的证据与案件信息应予以开示，且可通过提交报告的形式为法官审理案件提供信息资料。家庭咨询员、调解员虽享有保密特权，但在特殊情形下仍负有开示履职信息的义务。日本、韩国以及我国台湾地区都为家事法官配备了家事调查官这一特殊辅助人员，以家事调查的方式协助法院查明案件事实。法国法上也规定了由调查人员所开展的社会调查制度。另外，检察机关、主管行政机关可作为公益代表，在特殊情形下参与家事证据收集活动。比如，《法国民事诉讼法》规定检察机关可以作为主当事人、从当事人提起或参加诉讼。对于检察机关特别参与的家事案件，检察机关也是重要的取证主体，法官也应当听取检察机关的意见。日本法也对检察机关参与人事诉讼和家事审判程序作出了类似的规定。德国法虽然舍弃了此前由检察机关参与家事案件审理的做法，但设置了主管行政机关参与的特殊制度。《德国家事事件及非讼事件程序法》对法官在特定情形下听审青少年局等行政机关作出了极为详细的规定。除此之外，行政机关还可接受法院的委托而开展事实与证据调查工作。如日本法便规定，政府机关、公署以及其他适当主体可基于家庭法院的委托进行必要的调查。

## 四、方式因应：取证手段特殊化与多元化

囿于家事审判程序标的的特殊性，家事证据收集在具体操作过程中应有别于普通民事证据收集。故境外各国或地区在规定家事证据收集准用民事诉讼的一般规定以外，还专门为家事证据收集设置了特殊的方式与手段。具体而言，境外家事证据收集的特殊方式存在两种模式：一是修正模式，即对民事诉讼中原有的证据收集方式进行调适，以使其能在家事证据收集中得以适用。英美法系国家或地区对家事领域内证据开示制度所作的特殊规定，便属于这一模式。比如，英国法上的证据开示一般只针对对方当事人，不能针对案外第三人。但 2010 年《英国家事诉讼程序规则》第 21.2 条却规定了对案外第三人的开示命令。《澳大利亚家庭法》也对家庭顾问、家庭咨询员、调解员的证据开示义务作了不同于一般证据开示的规定。二是特设模式，即在民事证据收集方式以外，专门为家事证据收集所设置的特殊方式。故这一特设方式具有适用范围的限定性，仅适用于家事案件的审理程序之中。比较典型的有日本、韩国以及我国台湾地区的家事调查制度、法国的社会调查制度等。

另外，从境外制度经验来看，家事证据收集方式的多元化也是其重要特点。比如，《德国家事事件及非讼事件程序法》设置了对参加人意见的听审、血缘关系基因检测、涉财产事项的说明或答复义务等特殊方式。法国法也对社会调查措施、离婚财产事项的告知或申报义务、遗传标记鉴别、听取未成年人或受保护成年人的意见等作出了特别规定。即使是主要依赖证据开示方式的英美法系国家或地区，也对家事证据开示的方式进行了扩充，以保障证据收集手段上的灵活性。比如，英国的证据开示方式一般不包括对当事人身体与精神状态的检查，但 2010 年《英国家事诉讼程序规则》却对无效婚姻诉讼中的医学检查方式作出了规定。

纵览前述中有关境外家事证据收集的特殊方式，可以发现各国或地区在证据收集的方式上存在共通性的设计。比如，大多数国家或地区都存在医学检验、听取未成年人意见、婚姻财产的申报或披露等方式。这反映了家事证据收集的共同制度需求。例如，在确定亲子或血缘关系、身体状况之时，都有必要利用医学检查或血缘鉴定的方式获得医学上的判断。在查明婚姻财产方面，对婚姻当事人设置相应的申报或披露义务并规定违反的不利后果，是最佳的财产信息获取方式。与此同时，我们需注意到各国或地区对于相同或相类似制度的具体规定不尽相同，这体现了制度设计过程中的本土化特色。以血缘鉴定的方式为例，德国法较为追求发现真实，为了寻求血缘关系上的确定性，德国法院作出的容忍检测和取样的命令具有极强的强制效力。对于义务人拒绝检测的情形，可适用负担相应诉讼费用、违警罚款、拘留等强制作证的有关规定。若该义务人无正当理由而多次拒绝配合的，法院可直接采取强制手段，将其拘传到案进行检测。而大多数英美法系国家或地区崇尚自由主义，除极为必要的情形以外，法院不得以强制性的公权力限制公民的人身自由，故其血缘鉴定命令的强制性相对较低。比如，我国香港特别行政区在父母身份确定程序中规定了科学测试手段，在执行抽取身体样本的指令之时，需遵循特定的同意规则，即需经被抽样者本人或其照顾、看管者的同意。对于不同意抽取身体样本的，法院只能从该违反事实中作出有关推论，并不能以强制方式强行抽样。

## 五、保障机制：程序保障与儿童利益保护

境外家事证据收集制度尤为注重对当事人、关系人以及其他程序参与人提供程序上保障。其具体体现在以下几点：第一，法院的通知义务，即对于法院依职权进行事实与证据调查的结果、作出或核发的适用特定取证方式的命令，以及其他与当事人、关系人存在利害关系的决定，法院应当及时通知有关主体，以保障其享有发表意见的机会，并对法院的最终裁判产生影响。比如，美国《亚利桑那州家事诉讼程序规则》第63条便要求发布强制检查命令之前，需通知所有当事人和被检查人。《日本家事事件程序法》第63条规定，家庭法院在开展事实调查的过程中，如果认为调查结果将对当事人在家

事审判程序中的诉讼行为产生重要影响的，应当将调查结果通知当事人以及具有利害关系的参加人。该法第70条又对别表二所列事项的家事审判程序中的事实调查通知义务予以重申，除法院认为确无必要的情形以外，法院都应将调查结果及时通知。另外，《德国家事事件及非讼事件程序法》中有关听审的规定都是以履行通知义务为前提的。第二，对当事人或其他程序参与人的意见的听取或听审。对于当事人或其他程序参与人来说，意见听取或听审的程序为其提供了表达意见以及程序参与的机会，具有程序保障意义。对于裁判者而言，这一程序也是获取有关主体意见证据或信息的主要方式，有助于法官在统合所有信息资料的基础上作出妥当裁判。这一点在强调听审请求权的德国法上极受重视，《德国家事事件及非讼事件程序法》中多处可见有关法院听审的规定，如第159条"听审子女本人"、第160条"听审父母"、第176条"听审青少年局"、第192条至第195条有关听审参加人、其他人员、青少年局、州青少年局的规定等。日本法上也有类似的规定。如《日本家事事件程序法》第68条便对别表二所列事项的家事审判程序中听取当事人陈述作出了规定，除非申请不合法或理由明显不成立的，否则家庭法院都应当听取当事人的陈述。日本法上听取意见的对象并不限于当事人或申请人，还包括其他的程序参与人。如《日本家事事件程序法》第120条便对听取成年监护人或应成为成年被监护人的人的意见作出了规定。此外，境外各国或地区都对未成年人意见的听取或听审作出了极为详细的规定。第三，对隐私权或其他保密权利的特别保障。英美法系极为重视对公民隐私或其他秘密的保护，虽然部分国家或地区对家事证据开示过程中的保密特权未予明确规定，但都以其他形式为隐私权或其他保密权利提供了特殊保障。比如，2010年《英国家事诉讼程序规则》第12.18条规定，在申请特殊监护令的诉讼程序中，地方当局应当对有关事项进行调查并向法院提交报告，法院可作出对该报告是否开示的指示。在作出开示指示之前，法院必须考虑是否有必要从报告中删除有关信息，尤其是报告中所附含的当事人有权拒绝开示的信息。该法令第13.12条、第14.13条还对有关家长令程序或其他程序中报告人所作的机密报告作出了类似的规定，法院可在作出开示指示之前删除有关信息，或者指示不得向一方当事人开示该报告。美国《亚利桑那州家事诉讼程序规则》则通过证据开示的保护命令来提供隐私权或其他保密权利的法律保障。该法令第53条专门规定了禁止开示涉及机密的材料或信息的保密令（confidentiality order）。大陆法系也存在对隐私权进行保障的规定。如《日本人事诉讼法》第35条就“事实调查记录的阅览”的有关规定中，对于许可阅览有可能对当事人或第三人的个人生活、业务稳定造成损害的，或者因重要生活隐秘的公开而可能严重影响其社会生活、造成名誉上显著损害的，法院准许进行阅览以认为适当为限。我国台湾地区“家事事件法”第11条也要求法院采取适当及必要的措施，保护意见陈述者与陪同人员的隐私及安全。

由于家事审判往往涉及未成年子女的直接利益与间接利益，故而在整个审理程序中应当注重对未成年子女的权益保障，家事证据收集的过程也不例外。上述境外家事证据收集制度也特别注重对未成年子女利益的保障。首先，注重对未成年子女意见的听取。比如，美国《亚利桑那州家事诉讼程序规则》便对儿童访谈作出了极为详尽的规定，要求访谈过程注意技巧，采取适合儿童年龄和智力的形式提出问题，不得进行不必要的重复提问，也不能强制要求儿童作出回答。《澳大利亚家庭法》第60CD条确立了法院获知儿童意见的三种方式：家庭顾问向法院提交的记录儿童意见的报告；儿童独立代理律师对儿童意见的传达；法院认为合适的其他方法。《德国家事事件及非讼事件程序法》第159条要求法院应当听审已年满14周岁的子女，在法院裁判需着重考虑子女意愿或者存在其他必要事由的情形下，法院也应当听审未满14周岁的子女。其次，为未成年子女或儿童设置程序上的辅助人，代表儿童实现其利益最大化，避免监护人或其他照护主体在与儿童利益相冲突时，损害儿童利益，或者法院对儿童利益的擅断。这一程序辅助人不仅可以充当儿童与法院之间沟通的桥梁，及时将儿童意见向法院反馈，还可以通过提交报告的形式为法院审裁与儿童有关的事项提供信息资料。比如，英国法上的儿童监护人（the children’ s guardian）、美国亚利桑那州法上的儿童律师、澳大利亚法上的儿童独立代理律师与家庭顾问、德国法所设置的程序辅佐人，以及我国台湾地区的程序监理人等。最后，注重法院对儿童权益的保障职责。除了积极听取儿童意见以外，法院还需通过对涉及儿童权益的相关命令进行审查并作出限制，来保障儿童的最大利益。比如，美国《亚利桑那州家事诉讼程序规则》规定了未成年人在诉讼中的出席，需由法院作出符合其最佳利益的判断后予以许可。同样，《澳大利亚家庭法》第 102A 条也要求对未成年子女进行检查必须经过法院的事前许可，否则所获得的证据将在诉讼中排除适用。

# 第四章　我国家事证据收集制度的运行检视

法律制度的研究既需要以一种开放的态度，学习并借鉴境外制度的有益经验，同时也需保持对本土制度的持续关注，避免因缺乏对制度现实的回应而导致制度修缮的异化。家事证据收集制度并非境外的舶来品，其是植根于我国千百年来的家事审判立法与实践而不断发展形成的，且在现行制度中以特定的形态现实存在。故家事证据收集制度的研究应回归到本土化的视域，解决本土制度运行中的问题。在制度本土化的研究中，历史与现状研究是制度分析的两个支点。前者通过探寻制度生成与演化的历史轨迹，有助于发现制度运行的规律以及嬗变的成因；后者则关注现行制度立法与实践中的缺陷与不足，为制度完善提供具体方向与作用靶心。

## 第一节　我国家事证据收集制度的历史沿革

诚如日本学者中村英郎先生所言，“民事诉讼制度是历史的产物，若要正确地把握该项制度及其理论，就必须对之加以历史性的认识。”① 我国的家事司法历史悠久，家事证据收集制度也早已形成且不断发展。在漫长的历史进程中，这一制度样态随着社会发展与司法环境变迁而不断地改变。对这一制

① 〔日〕中村英郎：《新民事诉讼法讲义》，陈刚等译，法律出版社 2001 年版，中文版序。

度的历史分析，无疑有助于我们把握这一制度的不同渊源、发展脉络与属性特征，从而为我国现在正在开展的家事审判改革以及家事证据收集制度的完善提供历史的镜鉴。

## 一、古代中国：中华法系的塑造

### （一）我国古代家事证据收集制度概览

#### 1. 先秦时期

先秦时期是我国文明社会的最早阶段，主要包括夏、商、周三个奴隶王朝。在夏商两朝时期，由于社会生产力水平极低，人们对自然现象的认识能力也备受限制。故神权法思想对当时的司法活动影响深远，神明裁判是当时的主要裁判方式，司法过程缺乏对证据的使用。进入到周朝以后，神权政治才逐步瓦解，这使得运用证据裁判案情成为可能。另外，民事诉讼制度最早也是发轫于西周时期。在此前的夏商两朝，由于土地国有制度的严格施行，加之奴隶制社会中民事诉讼主体范围的狭窄性，当时社会中的民事纠纷极为稀少，这大大减抑了民事诉讼程序的形成。而周朝处于我国奴隶制社会的末期，土地制度开始由国有制向私有制过渡，土地私有化促进了土地买卖、转让、租赁等民事活动的兴起，其所引发的民事纠纷与权利义务关系也愈加复杂，由此便推动了民事司法与诉讼程序的发展。在西周时期，已经存在民事诉讼与刑事诉讼的初步分化，只不过当时的民事司法多以附带形式存在，单一的民事诉讼较少。[①] 在民事证据方面，民事案件的审理强调“两造具备，师听五辞”。即要求双方当事人都到庭陈述，司法官“以五声听狱讼”，对陈述者进行察言观色，以辨别其陈述内容的真假。为保障听辞的全面性，司法官不能偏听单辞，应在听取两造之辞的基础上作出综合判断。除当事人的陈述以外，民事诉讼还比较注重对书证、物证与人证的运用。另外，西周的统治者为了方便社会管理，设置了公证文书与私契文书两种证据文件形式。在婚姻关系的订立与终结方面，官方出具的公证文书发挥了重要的证明作用。当

① 张晋藩：《中国古代民事诉讼制度》，中国法制出版社 2018 年版，第 10 页。

妇女存在“七弃、三不去”“五背德”等情形时，都应当由官府出具公证文书予以证明，对符合“七弃”或“五背德”情形的妇女，宣布解决婚姻关系，对符合“三不去”情形的妇女提供保障，不允许丈夫随意抛弃妻子。[①]可见，当时的婚姻证据制度存在极为浓厚的国家支配色彩。

2. 秦汉时期

秦朝建立了统一的封建集权国家，在管理体制上采取行政与司法合一的方式，司法手段在当时备受重视。不过，秦朝奉行法家学说，强调严刑峻法，故其司法制度仍以刑事诉讼为主，民事诉讼处于依附状态。汉朝采取休养生息政策，大力发展商品经济，民事纠纷日益增加。相应地，民事诉讼程序也得到了长足的发展，已达到确立的阶段。在司法案件处理上，秦朝强调“以法为教，以吏为师”，注重依法断案。而汉朝因儒家思想的影响，强调“以德化民，明刑弼教”，故而提倡“引经决狱”，以礼断案。尽管如此，秦汉两朝在司法制度上仍存在诸多共通之处。在证据制度方面，司法官对于民事被告并不适用刑事诉讼中的逮捕、羁押等强制措施，断案之前极为注重听取原被告双方的陈述，并沿用传统的“五听”方法判断言词真伪。尽管双方当事人以及证人的言词证据在民事审判中发挥着重要的作用，但书证、物证等在审理过程中的作用依旧不可小觑。在婚姻制度方面，秦汉时期采取严格管理的态度，对订立婚约、离婚等作出明确的限制，保障婚姻关系的稳定性，避免婚姻关系瓦解对社会生产与秩序造成不良影响。同时，婚姻的缔结与结束都需向官府报告，以取得相应的文书作为凭证，否则对其采取罚款的制裁措施。司法官在审裁此类案件时，也需审查当事人是否持有结婚或离婚的证书。

3. 唐宋时期

唐宋时期的法制建设已比较成熟、完备，唐朝所制定的《唐律疏议》作为中华法系的表征，更是封建法制规范的集大成者，这一时期的民事诉讼制度也得到相应程度的发展。具体而言，唐朝的民事诉讼制度虽相较于秦汉时期已有巨大进步，但仍然缺乏一定的独立性。《唐律疏议》及相关立法中对民事司法的直接规定较少，更多的是以民事附带刑事规范的内容存在。民事案

① 郭成伟：《中国证据制度的传统与近代化》，中国检察出版社2013年版，第268-270页。

件的审理采纠问式的审理方式，司法官仍采“五听”方式进行问讯，问讯的对象不仅及于被告，还包括原告及其代理人、证人等。被告在诉讼过程中可以以口头方式或提交书面“辩辞”的形式进行自我申辩，司法官应当对申辩的内容予以考虑。唐朝时期的司法制度极为注重证据对定案的重要作用，司法官可以运用物证、书证与人证等证据来代替被告人的口供进行定案，这便是所谓的“据众证断谳”。书证是民事诉讼中的主要证据，唐朝也存在公证文书与私证文书之分，且均发展形成了极为丰富的文书体系。其中，唐朝的公证文书包括市券、户籍登记簿、土地买卖“官司申牒”、税契等，而私证文书包括动产与不动产的买卖契约、借贷契约、租赁契约、寄存契约、雇佣契约、放书与分家契等。[①] 唐朝强调证人作证的真实义务，对于伪证者科以刑罚。在婚姻继承的证据制度方面，“婚书”与“私约”对于婚姻关系的缔结具有证明效力。前者是指男方所发出的“通婚书”与女方送还的“答婚书”，后者是指女方预先通过男方知道其存在身老、年幼、残疾等缺陷而仍达成文字约定的。对于存在上述证据形式的，视为婚姻关系已经缔结成立。若虽无婚书但受聘财的，也可认定双方存在缔结婚姻的共同意愿，婚姻关系得以确定。另外，媒人或婚姻见证人也可作为婚姻关系缔结的重要证人进行作证。唐代的婚姻制度允许夫妻双方以协议方式和离，“放妻书”是可证明解除婚姻关系的重要凭证，离婚妇女可持“放妻书”再行缔结婚姻。在继承纠纷方面，唐朝的继承事件具体包括爵位与官位的继承、亲生子与收养子的继承。对于前者，需提交皇帝钦颁的“封爵书”或朝廷下发的“委任状”等书面文件并加以验证；对于后者，亲生子的继承按照嫡长继承制度进行，户籍书簿是重要的证明文件，继承者在继承家长制的身份以后，必须报送官府备案并获得官方的批准。而收养子的继承需在此之前签订收养契约文书以作为证据，收养契约除收养双方签字以外，还需见证人予以签字。

宋朝时期的商品经济十分发达，所产生的民事纠纷内容复杂。相应地，其民事诉讼程序也愈加精细、完备。同时，宋朝时期的证据形式也更具多样性，口供在司法审判中不再具有垄断性，其他证据的证明力得到了认可，在

① 郭成伟：《中国证据制度的传统与近代化》，中国检察出版社 2013 年版，第 292-318 页。

诉讼中广泛运用。宋朝民事诉讼中的证据可分为言词证据和实物证据两大类。前者包括原告的陈述、被告的供述与辩解、证人证言等，后者包括书证、物证、勘验与检查笔录、鉴定结论等。但在上述证据形式中，契约文书等书证是司法官认定案件事实的主要依据。其中，公证文书具体包括官田出租与出卖中的竞争契约、官有工商业经营权转让中的竞争契约、官府信贷契约、官府预约买卖契约等。私证文书具体包括民间买卖契约、民间借贷契约、居间契约、合伙契约、委托契约等。① 在契约文书的证明效力上，官府出具的文书具有优先效力，而私人之间的契约文书效力相对较低。不过，经过官方加盖官印认证的私契在效力上等同于正式的官府文书。在婚姻继承的证据制度方面，宋朝在沿袭唐朝制度的基础上有所突破。宋朝为避免指腹为婚或襁褓为婚等口头约定的议婚制所引致的纷争，主张在达到适龄年纪以后订立婚书，作成婚姻关系缔结的有效凭证。宋朝在订婚的程序上更为细致，其所形成的证据材料也更为复杂。其中，通过媒人交换的“细帖”是证明双方婚姻关系成立的关键书证，男方送交女方的聘财则是重要的物证。另外，宋朝规定了户绝之家的收养子继绝制度。丈夫死亡，则由妻子立继。夫妻双亡，则由近亲尊长命继。“立继”与“命继”都应当以证据予以证明。

4. 元明清时期

元朝时期虽不尚法制，但其司法制度颇有特色，其中最显著的特点便是在法典中增设了“诉讼”篇，推动了实体法与程序法的进一步分立。元朝时期因民族融合与交流，民事纠纷数量激增，“诸民讼之繁，婚田为甚”，婚姻纠纷是当时最为主要的民事纠纷。在证据制度方面，登记每户居民人口、财产并标明户等的“鼠尾簿”甚为重要，其既是元朝政府科征赋役的重要依据，也是婚姻、田产等纠纷中的重要证据。②

明清是我国封建社会的最后两个王朝，其封建法制已发展至顶峰，《大明律》更是继《唐律疏议》之后中华法系的又一部重要法典。明朝时期已经出现了资本主义生产关系的萌芽，商品经济十分繁荣。在法制上，明朝民事立

① 郭成伟：《中国证据制度的传统与近代化》，中国检察出版社 2013 年版，第 299-327 页。

② 张晋藩：《中国古代民事诉讼制度》，中国法制出版社 2018 年版，第 223 页。

法在不断增加，民事权利主体的范围也因编户齐民而得到扩张，这些都对民事诉讼程序的发展产生了积极作用。清朝时期虽然缺乏民事诉讼与刑事诉讼的明确划分，但从司法实践来看，民事诉讼程序已然独立运行。在证据制度方面，明清时期的证据形式不断细化，司法官对证据的运用也愈加重视。婚姻、继承、分家析产等纠纷的处理莫不依证据进行，依据证据查明事实并据之断结。其中，订立婚姻的婚书、婚约、聘财、分家析产的分书等都是诉讼过程中极为重要的证据形式。

### （二）对我国古代家事证据收集制度的评析

#### 1. 诸法合体立法体例的限制

我国古代在立法体例上采诸法合体的模式，如《唐律疏议》《大明律》《大清律例》等，其内容涉及政治、经济、军事、司法等多个方面，且对实体与程序的内容作统合规定。受此立法体例的影响，加之“重实体轻程序”的法制理念，有关诉讼程序的立法比较单薄。一直到元朝时期，才在法典中规定了独立的诉讼程序篇。而在诉讼程序中，民事诉讼一直都是以依附于刑事诉讼的形态而存在。尽管早在西周时期便已存在民事诉讼与刑事诉讼的初步分化，但经过三千多年的发展，立法仍未对二者作出明确划分。封建社会的统治者尤为注重对公权的保障，以强化其专制政权。对于田产、借贷、婚姻等民事纠纷的处理并不重视，远逊于关涉国家政权、社会稳定以及人身安全的刑事案件。这一点从民事案件被称作“细故”“细事”中可见一斑。可见，受制于诸法合体的立法体例以及其他因素，古代立法中有关民事诉讼程序的规定十分简略，涉及婚姻家庭案件证据制度的规范则更是少之又少。从总体上看，我国古代家事证据收集制度规范存在相对贫瘠化的问题。

#### 2. 司法官纠问审判方式的影响

由于我国古代民刑不分，民事案件的审理也采纠问式的审判方式，即由司法官依职权主动纠举案件事实，作出裁决。司法官在诉讼过程中并不处于消极中立的裁判地位，而是积极、主动地行使“父母官”的家长职能以及政策实施型的行政职能。在此权力主导下的民事诉讼，司法官负责对证据的收集以及对案件真实的发现，当事人则更多地负有积极配合司法官的相应义务。对于司法官纠问并查明事实而言，传讯当事人以及有关证人到庭是最为直接的方式。司法官既可以向当事人索要其所持有的契约文书等书面证据，或由当事人主动供述案件事实，也可以讯问方式取得当事人或证人的供词，或者通过讯问有关人员而解明证据之间的矛盾。为了帮助司法官判断言词证据的真实性，我国自先秦时期便已形成了“以五声听狱讼”的制度。另外，司法官也可通过证据之间相互佐证的方式予以判断。除此之外，司法官还可主动调查收集物证，或者针对当事人提供的书证不甚明确的情形，可以现场打量、定验、地头公证，以确定田界、墓界、牛马所有权的归属。对于当事人而言，其除了主动提交所保存的书证、物证，且在诉讼中如实供述以外，立法并未为其设置其他的证据收集方式。

3. 婚姻继承纠纷中各种证据形式的获取

我国古代比较注重对婚姻继承关系的管理，要求婚姻关系的缔结与解除、继承等都应作成相应的契约文书，司法官可直接依据这些证据作出裁决。具体而言，经由媒氏所制作的判和婚书、双方家长订立的婚约、孶字等是婚约关系缔结的契约，休书、判离婚书等则是婚约关系解除的契约。① 另外，女方所收受的聘财以及媒人或婚姻见证人的证言也可作为婚姻关系成立的有效证据。在继承纠纷中，皇帝钦颁的“封爵书”、朝廷下发的“委任状”、户籍书簿、收养契约文书等是重要的证据材料。这些证据形式一般由纠纷的一方或双方所保存，故在诉讼中可直接提出，比如唐代婚姻缔结中的“通婚书”与“答婚书”。倘若有关证据由官府留存或备案，则应由司法官依职权调取。再者，听取当事人以及证人的供述也是司法官获取案件信息的重要方式。司法官既可借此了解案件的有关情节，辨别证据之间的矛盾，也可为其适用人情事理作出裁判提供信息资料。除此之外，司法官还可主动依职权进行事实调查，比如调查女方家长是否存在收受聘财的事实行为。

4. 维护家族伦理秩序的掣肘

我国古代社会为国家本位与家本位并存的二元社会。国法家规是调整社

① 祖伟：《中国古代证据制度及其理据研究》，法律出版社 2013 年版，第 145 页。

会与家庭关系的重要规则，且二者存在相通性。对家规的践行同时也是对国法的遵从，而国法的制定也需兼顾家规的内容，避免对家族秩序造成破坏。家庭伦理作为家族规范的重要组成部分，自是对国家法令产生了影响，且这一影响不仅限于实体法规范，还包括处理案件的程序规范。其中，对证据规则的重要影响在于发现真实的价值应当让位于维护家族伦理的价值。具体体现在以下几点：其一，对卑幼控告尊长行为的禁止。古代伦常关系主张尊卑有序、长幼有序，卑幼控告尊长无疑是对尊长的冒犯，有违家族伦理，应予以禁止。比如，《唐律·斗讼》规定："诸告祖父母、父母者，绞。"疏议曰："父为子天，有隐无犯。如有违失，理应谏诤，起敬起孝，无令陷罪。若忘情弃礼而故告者，绞。"① 反过来，若尊长控告卑幼，则处理又有不同。清朝有例文规定，若父母控子，即照所控办理，不必审讯。究其原因，审讯可能对上述伦常关系造成破坏。若审讯中发现父母方存在过错，则同样有违古代亲亲尊尊的传统。倘若只能认定子女方有错，倒不如直接拒绝审讯，对父母的主张予以直接认定。可见，在我国古代，卑幼往往不能作为当事人控告尊长，更遑论收集证据资料。而尊长控告卑幼则因对家族伦理的维护，收集证据查明事实已然不重要。其二，亲亲相隐规范对亲属作证的限制。《论语·子路》有云："父为子隐，子为父隐，直在其中矣。"亲亲相隐是古代司法中的重要原则，其要求除谋反、谋大逆、谋叛及其他重罪以外，对于亲属间的犯罪行为应当隐瞒，不告发或作证者不予论罪。显然，民事诉讼不可能涉及上述重罪，故其亲属可免除作证的义务。其三，对妇女出庭作证的限制。我国古代存在"男主外，女主内"的思想，女性在社会中的地位较低，甚至不被视作法律关系的主体。故妇女出庭作证在古代被视为有辱门庭的事情，为维护这一家族伦理，妇女一般被限制或禁止出庭作证。其四，限制或禁止发冢取证。在古代，对亲子等身份关系的认定可能需要运用滴血认亲或验骨辨亲的方式。但统治者为了维护尊重先人的孝道伦理，对于发冢行为予以严惩。这大大限制了发冢取证、验骨辨亲在发现案件真实方面的作用。

---

① 张晋藩：《中国古代民事诉讼制度》，中国法制出版社 2018 年版，第 90 页。

## 二、清末民初：西方思潮的冲击

我国法制的近代化肇始于鸦片战争以来西方列强的入侵，法制的转型并非源于异质法律制度之间的文化扩张，而是仰仗于政治与军事力量的辐射影响，[①] 故在法制西化的过程中出现了先效仿英国而后效仿德日的发展轨迹。其中，晚清所出台的《刑事民事诉讼法草案》是近代中国诉讼法制转型的起点。不过，因该法效仿英国的法制体系，罔顾与我国传统法制的巨大隔阂，招致各地督抚的攻讦而最终被废弃。此后，清政府又转向效仿日本法制，修律起草了《大清民事诉讼律草案》。该草案首次以独立立法的形式对民事诉讼程序作出规定，且在规范内容上贯彻了西方法制有关控制公权、保障私权的现代理念。草案在第四编“特别诉讼程序”部分以专章的形式对人事诉讼程序作出了规定。人事诉讼程序具体包括“宣告禁治产程序”“宣告准禁治产程序”“婚姻事件程序”与“亲子关系事件程序”四项。由于人事诉讼事件关乎公益，故在程序上采干涉审理主义以及职权诉讼进行主义，与普通民事诉讼所采的不干涉审理主义、当事人诉讼进行主义并不相同。另外，检察官应积极参与审理过程，以维持公益。具言之，对于宣告禁治产原因、撤销禁治产宣告之诉、维持婚姻、确认婚姻成立与不成立之诉、亲子关系之诉等，审判衙门可基于保障公益目的，依职权进行证据调查，并斟酌当事人未提出之事实。且就证据调查的结果与事实进行裁判前，应当讯问当事人。有关不陈述事实或拒绝陈述之效力规定、承认效力规定、审判上自认效力规定，以及声明相对人提出证书规定，在撤销禁治产宣告之诉、撤销婚姻、离婚及拒绝同居之原因、婚姻不成立、成立或有效之原因、亲子关系之诉中并不适用。检察官作为公益代表可积极干预人事诉讼程序，作为当事人或陈述意见人参与诉讼。如该草案第729条、第747条、第775条都有检察官莅场陈述意见或提出事实及证据方法的规定。[②]《大清民事诉讼律草案》的制定照搬与袭用太多的日本法规范，甚至被认为是日本法的附庸。其中虽有审酌国情经验而进行的修正，

---

① 何志辉：《外来法与近代中国诉讼法制转型》，中国法制出版社2013年版，第6页。

② 陈刚：《中国民事诉讼法制百年进程（清末时期·第2卷）》，中国法制出版社2004年版，第340-363页。

但在人事诉讼部分并不彰显。概因西方人事诉讼审理所采职权干预的色彩，与我国“纠问式”审判传统在法院职权方面存在部分的同工之妙。正是基于这一立法特点，草案有关人事诉讼程序以及证据收集、调查之规定具有极大的进步性，体现了近现代司法中有关诉讼中公益保障以及家事审判规律的理性认识。可惜的是，该草案最终因历史原因未及颁布施行便已成废案，但仍对民国时期的法制产生了深远的影响。

进入到民国时期以后，虽军阀混战、政局跌宕，但民事诉讼法制却继续沿袭了清末修律改制后所形成的体系与内容，并有所发展与进步。这一时期比较有代表性的民事诉讼法典包括北京政府时期的《民事诉讼条例》与南京国民政府的《民事诉讼法》。《民事诉讼条例》在体例、内容上承继了清末的《大清民事诉讼律草案》,[①] 继续在第六编“特别诉讼程序”中专章规定了“人事诉讼程序”。相较于清末的草案，《民事诉讼条例》对人事诉讼程序的范围进行了扩充，新增了“嗣续事件程序”与“宣示亡故事件程序”。[②] 不过，在证据调查与收集制度方面，《民事诉讼条例》基本上沿用了清末草案中有关职权调查、自认限制、检察官参与的规定，只不过在用语上更为规范，如将“审判衙门”改为“法院”。南京国民政府《民事诉讼法》是以《民事诉讼条例》为范例制定，在家事证据收集制度方面也无较大程度的修正。

## 三、新民主主义革命时期：源于根据地实践的探索

在新民主主义革命时期，中国共产党在边区革命根据地建立了新民主主义政权。与始于清末的“西法东渐”运动不同，边区政权以马列主义与中国实际相结合，探索制定了与边区政权相适应的法制体系。边区的民事司法制度以“保护人民利益”“司法便民”为基本原则，在程序上遵循“原被告平等”“直接审理主义”“真实发现主义”等基本法理。[③] 在民事纠纷方面，婚姻、继承纠纷所占比重较大，是当时社会主要的民事纠纷。在纠纷的处理上，

---

① 刘玉华：《民国民事诉讼制度述论》，中国政法大学出版社 2015 年版，第 212 页。

② 邓继好：《中国民事诉讼法制百年进程（民国初期・第 1 卷）》，中国法制出版社 2009 年版，第 508-533 页。

③ 李喜莲：《陕甘宁边区司法便民理念与民事诉讼制度研究》，湘潭大学出版社 2012 年版，第 2 页。

边区的司法机关重实体，轻程序，特别注重对纠纷的调解。边区的司法制度在实践探索中形成了自己的特色，其中最著名的便是在陕甘宁边区盛行的“马锡五审判方式”。这一审判方式要求裁判者应当到纠纷发生现场了解案情，全面细致地开展调查研究，主动收集与案件有关的证据，并积极听取人民群众的意见，在获知是非曲直的基础上采取调解与审判相结合的方式化解纠纷。故马锡五审判方式实质上是一种超职权主义的审判模式，当事人并不承担证据收集与提出责任，而由法官大包大揽，依职权全面收集证据并予以审查判断。法官处理案件也不受当事人诉讼请求的约束，其可以发挥司法能动性，作出一切有利于当事人的处理。以当时比较典型的“封棒儿和张柏儿婚姻案”为例，一审的县司法处未进行调查研究而直接作出了判决。马锡五同志在收到当事人的上诉之后，亲自到封家开展调查工作，积极询问群众的意见，并向封棒儿了解到其与张柏儿缔结婚姻的强烈意愿，据此作出了相应的处理并推翻了一审的判决。马锡五审判方式以及在证据收集方面职权包揽模式的形成，与当时陕甘宁边区经济贫困、文化教育落后的现实情况存在紧密关联。这样的审判方式更易于被边区民众所接受，且在司法过程中贯彻践行了“走群众路线”的政策方针。尽管现代司法运行的社会与法制环境发生了巨大改变，但马锡五审判方式仍对家事证据收集制度的立法与实践提供了有益启示。一是在证据收集过程中贯彻能动司法的理念，并强调法院的服务意识；二是积极践行群众路线，发挥村（居）委会、基层群众等在家事调查过程中的协同作用。

## 四、新中国成立之后：制度协同的演变

在新中国成立之初，我国司法制度尚不完善，民事诉讼程序基本上沿用革命根据地的有益做法，程序观念不强。在这一时期，国家制定了一些规范性文件对民事诉讼程序进行指导，主要包括1950年《中华人民共和国诉讼程序试行通则（草案）》、1956年《各级人民法院民事案件审判程序总结》、1957年《民事案件审判程序》，但在总体上仍存在规范粗疏的问题。在有关婚姻家庭的实体法方面，新中国于1950年颁布了《中华人民共和国婚姻法》（以下简称1950年《婚姻法》），旨在解决封建婚姻家庭制度所遗留的社会问

题，确立现代化的新型婚姻家庭制度。1950 年《婚姻法》中的程序性规定较少，涉及婚姻司法程序的规定更是少之又少。在当时的民事司法实践中，婚姻家庭案件所占比重较大。根据最高人民法院的统计，全国一审婚姻案件收案情况为 1954 年占比 59%，1955 年占比 63.7%，1956 年第一季度占比 66.2%。[①] 故当时民事诉讼程序深受婚姻司法审理的影响，二者存在同构性。在证据资料的收集与提出方面，当时的婚姻司法继续沿袭根据地的做法，具有超职权性的特点。同时，法院人员在办理婚姻家庭案件的过程中，积极同妇联组织、共青团、民政部门、基层政权组织、当事人所在的企业机关单位、工会等取得联系，获得多方的协作，以更好地了解案情，收集证据。[②] 在“文革”的十年动乱时期，因“左”倾思潮的干扰，民事诉讼立法遭到严重破坏。“文革”结束后，为恢复法制建设，最高人民法院于 1979 年制定了《人民法院审判民事案件程序制度的规定》，其在内容上相较于此前的《各级人民法院民事案件审判程序总结》有所改进，但基本精神未有变动。1982 年，第五届全国人大常委会审议通过了《中华人民共和国民事诉讼法（试行）》（以下简称《民事诉讼法（试行）》），这寓示着新中国的第一部民事诉讼法典正式诞生。《民事诉讼法（试行）》并未对婚姻家庭案件设置特别的处理程序，而是沿用民事诉讼的一般规定。囿于长期以来奉行超职权主义诉讼模式的影响，《民事诉讼法（试行）》第 56 条在明确当事人负有证据提供责任的同时，要求法院全面地、客观地收集和调查证据。且该法律在鉴定程序的启动、证据保全等事项上对法院的职权作用予以强调。改革开放以后，我国社会主义商品经济得到飞速发展，所产生的经济纠纷也复杂多样，《民事诉讼法（试行）》的部分规定存在滞后性，尤其是其所确立的超职权主义诉讼模式与民商事纠纷中主体的自治性存在严重的割裂与矛盾。故在 1991 年，第七届全国人民代表大会第四次会议审议通过了《中华人民共和国民事诉讼法》（以下简称《民事诉讼法》）。1991 年《民事诉讼法》放弃了此前由法院全面调查收集证据的做法，而将职权取证的范围限制在“当事人及其诉讼代理人因客观

① 马起：《谈离婚的政策界限》，辽宁人民出版社 1957 年版，第 1 页。

② 曾琼：《新中国初期婚姻诉讼实践与理念探析》，中国政法大学出版社 2016 年版，第 76 页。

原因不能自行收集的证据”，以及“人民法院认为审理案件需要的证据”两种情形。此后，《民事诉讼法》又于2007年、2012年、2017年、2021年、2023年进行了不同程度的修正。其中，以2012年的修法活动对证据收集制度的调整最大，其内容包括当事人适时提出证据、证人出庭、鉴定程序的启动以及鉴定人的出庭、专家辅助人、证据保全等多个方面。除人大立法以外，最高人民法院还出台了相应的司法解释对证据收集制度予以规范。其中，比较重要的司法解释有2001年《最高人民法院关于民事诉讼证据的若干规定》（以下简称《民事证据规定》）、2015年《最高人民法院关于适用〈中华人民共和国民事诉讼法〉的解释》（以下简称《民事诉讼法解释》）。[①]

从整体上看，由于新中国成立以后的相关民事诉讼程序立法并未对家事审判程序作特殊化处理，故家事证据收集制度的演化发展实际上为民事证据收集制度的变迁所裹挟。在弱化法院职权、强化当事人程序主体性的司法改革总趋势之下，家事证据收集也由新中国成立初期的超职权模式，而逐步向当事人主导取证活动的模式转化。由于这一转化过程缺乏对家事审判程序的特别关注，故而导致了家事证据收集制度的发展与实际规律相违背，存在矫枉过正的弊病。超职权主义模式固然非家事审判的应然模式，但现行的家事证据收集模式也与其制度需求不相匹配。

## 第二节　我国家事证据收集制度的现行规范

从前述中对家事证据收集制度的历史梳理来看，除清末民初时期因照搬西方立法而特设人事诉讼程序以外，其他时期的这一制度均因统合规定而失去了独特性。尽管自新中国成立以来，民事诉讼程序不断地向规范化、现代化发展，但立法者却缺乏对家事案件特殊性的认知，抑或因立法时机的不成熟，并未对家事案件的审理程序作出特殊规定。这种统合立法的模式使得家

① 《最高人民法院关于民事诉讼证据的若干规定》于2019年进行了修正；《最高人民法院关于适用〈中华人民共和国民事诉讼法〉的解释》于2020年、2022年进行了两次修正。

事证据收集制度发展被裹挟而违背了自身规律。有鉴于此，最高人民法院于2016年起开始启动了家事审判改革，其目的便在于探索家事审判程序的特殊规则。在此承前启后的改革期间，有关家事证据收集制度的法律规范存在双重性。其既需继续沿用此前适用于民事诉讼中的一般规定，同时在试点范围内又可适用改革过程中出台的试行规范文件。这两类规范对于家事证据收集制度都具有一定的法律效力，且均有深入研析的价值。前者可窥照家事证据收集制度的旧时形态，分析出其对于家事司法实践的消极影响与阻抑，从而为这一制度创设提供反面镜鉴；而后者则彰显了新制度的萌芽形态，仍可以此为研究对象探究其不足之处，以寻求制度优化的进路。

## 一、准用民事诉讼中的一般规定

家事审判程序属于广义上民事诉讼程序的范畴，故有关民事诉讼程序的立法规定对家事审判活动具有一般性的规范作用。在无特别法或法条规定的情形下，家事证据收集制度需准用民事诉讼中的一般规定。另者，家事审判改革仍处于试点阶段，家事审判程序在立法上的分立未竟，故家事审判活动仍需以民事诉讼的现行立法为规范依据。可见，有关民事证据收集制度的立法规定是家事证据收集制度的重要法律渊源。

### （一）宪法：保障公民基本权利的纲要

《中华人民共和国宪法》（以下简称《宪法》）作为我国的根本大法，是建立民事诉讼制度的法律基石，民事诉讼活动应当受其调整。不过，《宪法》对民事诉讼的规定是根本性、挈领性的，并不涉及具体的制度，只在法律理念与基本权利层面提供宏观指导。故宪法可通过对公民基本权利的确认和保障，从而对家事证据收集活动进行规范。具言之，《宪法》第33条规定，国家应当尊重和保障公民的人权。且公民在法律面前一律平等，都同等地享有宪法和法律规定的权利，并履行宪法和法律规定的义务。该法条中所规定的“权利”自然包括当事人的诉讼权利，国家应当尊重并保障这一权利。在证据收集的过程中，当事人及其诉讼代理人的取证权则是重要的诉讼权利，理应受到法律的保护。当事人以及未成年子女、监护人等关系人在证据收集与调查中的表达意见权、程序参与权也应纳入宪法保障的“权利”范畴。对于证人、鉴定人而言，其既享有法律规定的诉讼权利，同时也应履行出庭作证、不得作伪证或进行虚假鉴定的法定义务。第33条所确定的法律面前人人平等原则也对家事证据收集活动具有指导意义，法律应当保障家事当事人享有平等地收集并提出证据资料的权利与机会。另外，根据《宪法》第37条至第40条有关公民人身自由、人格尊严、住宅不受侵犯，以及公民的通信自由和通信秘密受法律保护的规定，应当禁止以暴力威胁、非法搜查、私拆他人信件、截取通信内容等非法方式收集证据。对于非法收集的证据也应予以排除，不得作为裁判认定的依据。此外，《宪法》第13条明确了国家对公民的私有财产权和继承权负有保护义务。《宪法》第48条规定，妇女在社会、家庭生活等各方面享有同男子平等的权利，国家应当保障妇女的合法权益。第49条强调了国家对于婚姻、家庭、母亲和儿童的保护义务，并明确了家庭生活中抚养教育未成年子女、赡养扶助父母的法定义务，且对破坏婚姻自由、虐待老人、妇女和儿童的不法行为予以禁止。这些有关婚姻家庭以及继承关系的规定也是家事证据收集过程中应当遵循的法律依据，法院以及其他主体应当通过保护儿童权利、积极听取儿童意见、主动调查家庭虐待、破坏婚姻自由的事实等方式对《宪法》的上述规定予以贯彻。

### （二）程序法：规范民事证据收集的统合

我国并无证据制度的专门立法，故有关证据收集制度的规定主要集中在《民事诉讼法》以及相配套的司法解释之中，且这些规定能统合适用于包括家事审判在内的所有民事诉讼程序。其主要的法律渊源包括全国人大制定的《民事诉讼法》、最高人民法院制定的《民事证据规定》《民事诉讼法解释》等司法解释文件。[①] 就其内容而言，有关民事证据收集制度的规定具体包括以下几点：

第一，明确当事人及其诉讼代理人的证据收集权以及及时提出义务。《民

① 以下关于《民事诉讼法》中相关规定的介绍为2023年修正的版本；关于《民事证据规定》中相关规定的介绍为2019年修正的版本；关于《民事诉讼法解释》中相关规定的介绍为2022年修正的版本。

事诉讼法》第52条、第64条分别规定了当事人与诉讼代理人享有调查收集并提供证据的权利，其可以查阅并复制与本案有关的材料与文书。第68条确立了当事人及时提供证据的法定义务，并对举证期限的确定、延长、逾期举证的法律后果予以规定。《民事诉讼法解释》第99条至第102条对这一举证期限制度进一步细化。尽管上述立法明确了当事人及其诉讼代理人的取证权，但这一权利规定仅限于宣告性的，并未从具体实施的方式、程序等方面设置相应的制度或提供相应的保障。且立法通过举证期限制度限制了当事人收集证据的期限，敦促当事人在举证期限内积极收集证据资料或申请法院调查取证。

第二，明确人民法院调查取证的范围及方式。《民事诉讼法》第67条对当事人与法院的证据收集范围予以界定。当事人可收集并提出支持自己主张的所有证据资料，而法院调查取证仅限于“当事人及其诉讼代理人因客观原因不能自行收集的证据”与“人民法院认为审理案件需要的证据”。《民事诉讼法解释》第94条、第96条对法院调查取证的两种情形予以细化。前者包括证据由国家有关部门保存、涉及国家秘密、商业秘密或者个人隐私的、其他因客观原因不能自行收集的情形。在程序上，由当事人及其代理人在举证期限内向法院提交书面申请。对于申请调查的证据与待证事实无关联、对证明待证事实无意义或存在其他无必要之情形的，法院应当驳回当事人的申请。后者则包括涉及国家利益、社会公共利益、他人合法权益、公益诉讼、身份关系、程序性事项的证据，对符合此项要求的证据，由法院直接依职权调查收集。从法院调查取证的范围来看，涉及身份关系的调查事项主要针对家事案件，但在规定上极为含混，可操作性较差。法院调查取证需遵循特定的程序，在人数上应由两人以上共同进行，且调查收集的材料也需由调查人、被调查人、记录人共同签章。另外，《民事诉讼法》第70条还规定了有关单位和个人对法院调查取证的配合义务。

第三，明确各种证据形式的收集程序、方法和要求。《民事诉讼法》第75条至第83条分别对证人出庭作证、申请鉴定与职权委托鉴定、鉴定人出具鉴定意见与出庭陈述、专家辅助人出庭陈述、物证或现场勘验等制度作出了规定。这些特定证据的收集方法也是民事证据收集制度的重要内容。《民事证据规定》（2019 年修正）第 21 条至第 24 条对人民法院调查收集书证、物证、视听资料、电子数据、需要鉴定的证据作出了特殊规定。《民事诉讼法解释》对《民事诉讼法》中有关收集各种证据形式的规定予以细化，其中颇具特色的制度当属第 112 条所确立的文书提出命令制度。这一制度的设置旨在解决书证偏在所导致的收集难题，为当事人从对方当事人处收集其所持有的书证资料提供了现实路径。依据该法条，若承担举证责任的一方当事人所欲收集的重要书证在对方当事人的控制之下，该当事人可在举证期限内向法院提出书面申请，要求法院责令对方提交。法院经审查之后认为申请理由成立的，应当责令对方当事人提交。由于该书证提出制度意在帮助申请一方当事人收集证据资料，故提交书证的费用理应由申请人负担。倘若对方当事人不遵从法院命令，无正当理由拒不提交书证的，法院可作出申请人主张的书证内容为真实的推定。《民事证据规定》（2019 年修正）第 45 条至第 48 条进一步对申请书应载明的内容、法院审查申请的程序、考虑因素以及处理结果、控制书证的当事人应当提交书证的情形以及违反提出命令的相应制裁等作出了细化规定。另外，《民事证据规定》（2019 年修正）第 95 条也规定了类似的推定规则。若控制证据的一方当事人无正当理由拒不提供证据的，法院可以认定负有证明责任的当事人所提出的该证据内容不利于控制人的主张成立。基于同一程序法理，最高人民法院于 2020 年审议通过的《婚姻家庭编解释（一）》第 39 条也对当事人拒绝进行亲子鉴定设置了相应的推定规则。如果父或者母已提供必要证据证明当事人之间可能存在或不存在亲子关系，而相对方无相反证据予以反驳且拒绝进行亲子鉴定的，法院可以推定请求确认或否认亲子关系一方的主张成立。上述规定涉及当事人对对方持有的书证或其他证据的收集，以及司法鉴定的特殊收集方式，也属于证据收集制度的范畴。除此之外，《民事诉讼法》第 65 条对离婚案件当事人出庭陈述作出了特殊规定。离婚案件当事人除本人不能表达意思以外，应当亲自出庭陈述，其诉讼代理人不能替代。倘若确有客观原因而无法出庭的，当事人必须向法院提交书面意见。可见，立法对于收集离婚当事人本人的意见证据尤为重视。

第四，规定诉讼上自认的法律效力。有关自认效力的法律规范主要包括《民事证据规定》（2019 年修正）第 3 条至第 9 条、《民事诉讼法解释》第 92

条。具言之，诉讼上的自认是指在诉讼过程中对对方当事人陈述的于己不利的事实明确表示承认或者主动陈述于己不利的事实。这一承认既可在证据交换、法庭审理等程序中作出，也可在起诉状、答辩状、代理词等书面材料中作出。诉讼上自认包括明示自认、默示自认以及代理人的自认。默示自认是指当事人对于对己不利的事实既未表示承认也未否认，经审判人员充分说明并询问之后，仍未作出明确表示的，可视为对该事实的承认。诉讼代理人所作的自认一般等同于当事人的自认，但诉讼代理人对于授权委托书中明确排除的事项作出自认的，以及当事人在场且对代理人的自认明确否认的除外。诉讼上的自认具有免除对方举证责任的法律效力，同时也具有拘束法院裁判的效力，法院应当对当事人自认的事实予以认定。① 诉讼上的自认存在范围限制，其并不适用于涉及身份关系、国家利益、社会公共利益等法院职权调查的事实。另外，若自认的事实与已经查明的事实不相符的，法院也应尊重案件真实，对自认事实不予确认。诉讼上的自认在特定情形下可以撤销，当事人的撤销申请必须在法庭辩论终结前提出。倘若撤销自认已获得对方当事人同意，或者当事人的自认是在受胁迫或重大误解情况下作出的，法院应当准许当事人的撤销申请。

第五，有关证据保全的规定。证据保全是指在证据可能灭失或者以后难以取得的紧急情况下，对该证据所采取的固定、保存措施。证据保全旨在为将来开展的证据收集活动提供保障，其所采取的查封、扣押、拍照、录像、复制等固证保全措施也应属于证据收集制度的范畴。《民事诉讼法》第 84 条、《民事诉讼法解释》第 98 条、《民事证据规定》（2019 年修正）第 25 条至第 29 条对证据保全的启动、申请时间、管辖法院、是否提供担保、保全方法、责任承担、诉前证据保全等事项作出了细致的规定。

第六，有关证据交换的规定。审前程序中的证据交换虽意在固定案件争议的焦点，但事实上也发挥着从对方当事人处获取其所持有的证据材料的作用。《民事诉讼法》第 136 条、《民事诉讼法解释》第 224 条至第 226 条、《民事证据规定》（2019 年修正）第 56 条至第 58 条对证据交换的案件范围、启

① 蔡虹：《民事诉讼法学》，北京大学出版社 2016 年版，第 232 页。

动方式、交换时间、操作程序等事项作出了详细规定。

第七，规定了对妨碍证据收集行为的制裁措施。由于证据对案件事实认定具有决定性作用，部分的当事人或其他主体出于追逐非法利益的动机，可能会积极采取措施或消极配合，妨碍对方当事人或法院调查收集于己不利的证据。为保障证据收集活动的顺利开展，有必要对这一证据收集妨碍行为予以制裁。根据《民事诉讼法》第 114 条、《民事证据规定》（2019 年修正）第 98 条的规定，毁灭、伪造证据、阻止证人作证或者诱使、胁迫他人作伪证、对证人、鉴定人等作证人员打击报复，均可视为妨碍民事诉讼的行为，对行为人或单位的主要负责人、直接责任人员采取罚款、拘留等强制措施，甚至是追究其刑事责任。《民事诉讼法》第 117 条还规定了对负有协助调查义务的单位拒绝或者妨碍法院调查取证行为的罚则，法院可对该单位及其负责人或直接责任人员作出责令协助调查、罚款、拘留以及提出予以纪律处分的司法建议等制裁措施。

第八，明确了非法证据排除规则。在取证过程中，发现真实的价值目标并非总是至高无上的，其在特定情形下应当让位于保障人权等法律价值。故当事人收集证据应当按照法律规定的程序与要求进行，以避免与人权保障等价值理念相违。对于非法收集的证据材料，也应当在诉讼过程中排除适用。《民事诉讼法解释》第 106 条对这一民事非法证据排除规则予以规定。具体而言，对于以严重侵害他人合法权益、违反法律禁止性规定或者严重违背公序良俗的方法所获取的证据，应当在诉讼中予以排除，不得作为法官定案的依据。

### （三）其他法律：调整律师公证行为的补充

除上述程序法直接对民事证据收集制度作出规定以外，我国的《中国人民共和国律师法》（以下简称《律师法》）《中国人民共和国公证法》（以下简称《公证法》）等法律规范在调整律师与公证行为的同时，也对所涉及的证据收集活动进行了规定。具体而言，《律师法》对律师参与证据收集作出规定如下：其一，确定了律师调查取证的权利。律师作为当事人的诉讼代理人，可在授权范围内代为进行特定的诉讼行为，其中便包括代为调查收集证据。故《律师法》第 35 条便对代理律师的这一取证权予以明确。其既可以根据案情需要申请法院、检察院调查收集证据，或申请通知证人出庭作证，也可以持律师执业证书与律师事务所出具的证明自行调查取证，向有关单位和个人了解、收集与代理案件有关的证据资料。其二，明确律师在收集与提出证据过程中的法定义务，并设置了相应的法律责任。《律师法》第 40 条对律师在执业活动中的禁止行为作出了列举，其中便包括“故意提供虚假证据或者威胁、利诱他人提供虚假证据，妨碍对方当事人合法取得证据”的行为。根据第 49 条之规定，对于律师在执业中所实施的上述妨碍取证行为，可给予限期停止执业、罚款、没收违法所得等处罚措施；情节严重的，还可吊销其律师执业证书；构成犯罪的，则依法追究其刑事责任。

公证是指由公证机构依据法定程序对民事法律行为、法律事实以及文书的真实性与合法性予以确认、证明的活动。公证行为事实上起到了固定证据与事实的作用。进入到诉讼阶段以后，当事人可提供公证书来证明已公证的事项。故公证作为确证手段可以纳入广义上证据收集制度的范畴，其中对保全证据的公证更是直接涉及证据的保全与收集。《公证法》第 11 条、第 12 条对公证事项与公证机构的业务作出了详细的列举，其不仅包括对合同、委托、声明、招标投标、拍卖等普通民事事项的公证，还包括对遗嘱、继承、婚姻状况、亲属关系、收养关系、财产分割等婚姻家庭事项的公证。此外，公证机构还可进行保全证据的公证以及对文书证据的公证。可见，公证在家事证据收集与证明过程中发挥着重要的作用。依据《民事诉讼法》第 72 条、《公证法》第 36 条的规定，公证事项作为法律规定的免证事实，可直接作为法院认定案件事实的依据，但对方当事人提出相反证据予以推翻的除外。此外，《公证法》还对公证管辖、申请、审查、处理等程序以及法律责任作出了规定。

## 二、家事审判改革中的特殊规定

家事审判与普通民事诉讼的程序分立是现代司法发展的必然趋势，我国亦不例外。囿于现行统合立法模式对家事司法的掣肘，家事审判在实践中的专业化、个性化、社会化程度较低。故最高人民法院于 2016 年决定在全国的部分法院开展家事审判方式改革试点工作。经过两年的改革试点，全国各试点法院因地制宜、先行先试、积极探索，积累了丰富的实践经验。2018 年 7

月，最高人民法院在总结试点经验的基础上制定了《改革试行意见》，为接下来的家事审判改革提供规范指导。《改革试行意见》对家事审判改革过程中所形成的特殊程序与制度作出了规定，其中也不乏对证据收集制度的特殊规定。对此详述如下：

### （一）法院调查取证的特殊适用

《改革试行意见》已经注意到家事案件的特殊性对事实探知模式的影响。该意见第 3 条对家事审判改革总体要求的论述中，便强调“切实转变工作方式，强化法官的职权探知、自由裁量和对当事人处分权的适当干预”。为践行强化职权探知这一要求，意见第 42 条、第 43 条对法院调查取证的情形作出了特殊规定。具言之，对于涉及未成年人的监护权纠纷、探望权纠纷以及抚养纠纷案件，法院可依申请或依职权调查与未成年人利益有关的案件事实。另外，对于离婚案件中有关当事人财产状况等案件事实，法院也可依申请进行调查取证。在离婚案件中启动法院调查取证程序需满足以下条件：其一，当事人收集证据确有困难且该事项关乎案件审理结果；其二，当事人需提供明确的财产线索；其三，调查对象一般为金融机构、当事人所在单位等相关机构，当事人难以自行收集；其四，由当事人向法院提出申请，法院不能依职权启动调查。相较《民事诉讼法》第 67 条所确定的法院调查取证范围，《改革试行意见》规定的“涉未成年人利益事项”与“离婚案件中财产状况”并不在上述范围之中。这体现了家事审判中法院职权探知的范围扩张。

### （二）诉讼上的自认

在强化法院职权探知的现实背景下，当事人自认对法院裁判的约束性应予以弱化，即法院裁判可不受自认事实的约束。《改革试行意见》第 43 条第 2 款对家事审判中当事人的自认效力作出了限制。即对于涉及身份关系确认或社会公共利益的事实的自认，不具有免证效力。若无其他证据予以证明，则不能直接作为法院定案的依据。与《民事诉讼法解释》第 92 条所规定的自认制度进行比较，《改革试行意见》的规定并未有所突破，只不过对《民事诉讼法解释》的规定予以重申。

### （三）家事调查

此次家事审判改革的一大亮点便是创设了家事调查制度，《改革试行意见》在总结试点经验的基础上对这一制度作出了规定，具述如下：其一，家事调查适用的情形。根据《改革试行意见》第15条的规定，对于家事审理过程中需由法院调查的事项，既可由法院自行调查取证，也可委托相关机构代为调查，还可委托家事调查员开展家事调查。故家事调查的范围仅适用于由法院职权调查的事项，且基于法院委托而进行。其二，家事调查员的资质与选任。《改革试行意见》对家事调查员的资质要求较低，仅需要符合“品行良好、公道正派、热心群众工作并具有较强沟通协调能力和丰富的社会知识经验”的条件即可。在满足上述资质要求的主体中，可优先选任具备基层工作经验和具有与家事纠纷处理有关的专业知识的个人，以及熟悉少数民族聚居区的语言、风俗习惯、宗教信仰的个人。家事调查员的选任包括组织推荐与直接邀请两种模式。前者是指由司法行政机关、教育部门、妇联组织、共青团组织、基层社区等单位与基层群众组织推荐，由人民法院审查后选任；后者是指由法院直接邀请人大代表、调解员、陪审员、律师、专家学者等具备处理家事纠纷相应专业知识的个人加入。法院通过建立家事调查员名册、颁发证书等方式进行管理。其三，家事调查的内容与方式。家事调查的内容依据法院委托的事项而定，具体可包括当事人的身心状况、性格、经历、教育程度、家庭与工作情况、居住环境等各种情况、涉及子女抚养及其心理、教育等情况、涉及老人赡养的情况、其他必要调查情形。家事调查员应当根据其调查事项的不同选择合适的调查方式。其方式包括与当事人或其他关系人面谈交流并观察各自之间的关系、征询已满八周岁的未成年子女的意愿与态度、实地走访以及其他调查方式。其四，家事调查的具体程序。首先，家事调查员作为法院的辅助人员，其应当遵循回避制度以保障其中立性。回避的情形与《民事诉讼法》第47条第1款规定的审判人员回避事由大致相同，包括与当事人或代理人存在近亲属的关系、与案件存在利害关系以及存在其他影响公正调查的关系。对于符合回避情形的调查员，可由其自行回避，也可经申请后由法院决定回避。倘若双方当事人均同意由其开展家事调查，则该调查员不用回避，比如双方都认可的近亲属中的德高望重者。法院在选择家事调查员后，应当在 3 日内通知当事人，当事人可对此提出异议。其次，家事调查应由二人以上共同进行。调查员需自委托之日起 15 日内完成对委托事项的调查，确有困难的，可申请延长期限，但最长不得超过 30 日。再次，调查员在调查工作结束后应当出具书面调查报告。调查报告既可包括对委托事项调查获知的内容，也可包括调查员对此所作出的分析与建议。由于家事调查报告是法院审理家事案件的重要裁判资料，故法院应当将该调查报告的内容及时告知当事人，并积极听取当事人的陈述意见。其五，家事调查员的法定义务与执业禁止行为。家事调查员应积极履行强制报告义务与保密义务。前者是指家事调查员对于调查过程中所获知的家庭暴力或侵害未成年人利益的事实，应积极向法院以及其他有关政府部门、救助机构进行报告；后者是指调查员对于执业过程中所获知的商业秘密或个人隐私应予以保密。家事调查员的执业禁止行为包括招揽业务、向当事人收取费用、接受当事人请托或收受不正当利益、其他不当履职的行为。对于存在上述禁止行为的调查员，法院应立即停止其调查工作或拒绝采取其所作出的调查报告，并同时作出警告、通报、除名等惩戒措施。

### （四）离婚财产申报

在离婚纠纷中，夫妻财产的分割问题是双方争议的焦点。如何查明夫妻双方的财产状况对于妥当解决离婚纠纷至关重要。为解决这一问题，《改革试行意见》第 44 条确立了离婚财产申报制度，由当事人自主地对夫妻财产如实申报，否则科以相应的不利后果。申言之，对于涉及夫妻财产分割的离婚案件，法院在立案受理之后应向双方当事人送达《家事案件当事人财产申报表》。财产申报作为特殊的证据收集制度，双方当事人应在举证期限届满前完成，即由双方填写申报表，全面、准确地对夫妻共同财产以及个人财产状况进行申报。双方当事人负有如实申报的义务。如当事人拒不申报或故意作虚假申报的，法院可在分割夫妻共同财产时对其作出少分或者不分的惩罚；此外，还可对其采取训诫、罚款、拘留等强制措施；情形严重的，可视为不诚信行为记入社会征信系统或从业诚信记录。

### （五）心理疏导报告

心理疏导机制的主要目的在于通过心理咨询与疏导，消除家事当事人心理与情感上的冲突，帮助修复当事人之间的关系，从而促进家事纠纷的妥当解决。但心理疏导师等专业人士在对当事人开展心理疏导过程中，所获知的当事人基本情况、心理状况、家事纠纷的情感因素等事实，对法院处理家事案件存在重要的作用。故心理疏导师就此出具心理疏导情况报告的过程，也可视为证据资料的收集过程。依据《改革试行意见》第 28 条的规定，心理疏导适用于当事人情绪波动较大的离婚纠纷、监护权纠纷、探望权纠纷以及其他涉亲子关系纠纷的案件、对当事人身心健康影响较大的涉家暴案件、未成年人情绪激动或行为反常的案件、其他适宜的案件。心理疏导可由法院和有关机构协同进行，法院负责审核决定是否适用心理疏导机制，而心理学组织、教育机构以及政府有关部门则负责选派心理疏导师开展疏导工作。心理疏导程序的启动包括两种方式，即由法院审查后提出建议，并经当事人或未成年人的监护人同意，以及由当事人主动提出申请。心理疏导工作的开展必须以当事人的积极意愿为前提，若在疏导过程中，当事人明确表示不愿意继续接受心理疏导的，心理疏导师应终止疏导。同样，心理疏导师也负有保密义务，对于疏导过程中所获知的商业秘密或个人隐私应予以保密。在疏导工作结束之后，心理疏导师以及所在的协作机构应当向法院出具心理疏导情况报告，作为法院审理案件的参考依据。

### （六）对意见证据的听取

《改革试行意见》较为注重对当事人意见的听取，第 37 条对当事人亲自出庭的义务作出了规定。相较于《民事诉讼法》第 65 条的规定，《改革试行意见》第 37 条将当事人亲自出庭的案件范围由离婚案件扩张到身份关系确认案件，出庭的主体也由一般的当事人扩张到无民事行为能力的当事人的法定代理人。另外，对于确有特殊原因而无法出庭的当事人的意见表达，除要求提交书面意见以外，还可通过声音或影像传输的方式参加庭审。不过，从第 37 条第 2 款有关当事人违反出庭义务的法律后果的规定来看，这一家事当事人出庭义务存在弱强制性的特点。当事人违反出庭义务，仅适用于《民事诉讼法》第 146 条、第 147 条所规定的“按撤诉处理”或“缺席判决”的处理方式，并非《民事诉讼法》第 112 条、《民事诉讼法解释》第 174 条所规定的拘传强制措施。

此外，《改革试行意见》第 38 条对听取未成年人意见作出了规定。法院在审理涉及子女抚养权的家事案件时，应当听取年满八周岁的未成年子女的意见。法院可以单独询问未成年子女的意见，且询问环境应当符合未成年人的心理特点，避免询问过程对其造成伤害。

## 第三节　我国家事证据收集制度的运行实况

法律的生命在于实施。尽管家事审判程序因被统合规定在民事诉讼规范之中而发展缓慢，直到 2016 年才在全国范围内启动家事审判改革，但家事司法实践却从未停止，婚姻家庭案件一直以来都是民事案件的“主力军”。家事审判程序规范上的滞后性与非适用性无疑会在司法实践中有所体现，加之法律规范实施过程中受制于各现实因素的影响，家事司法的运行实态与立法者的制度预期之间必然存在着差距。有鉴于此，有必要从实然的层面入手，通过对大数据的统计以及典型案例的分析，准确把握家事证据收集制度的运行实况，进而为接下来的问题分析与制度反思提供现实依据。

### 一、基于大数据的统计分析

从研究的视域来看，数据分析所得出的结论比现象观察更具有说服力。而大数据分析通过扩大数据分析的规模，更能准确地把握制度运行的全貌，具有真实性、全面性、整体性等特点。为探究家事证据收集制度的运行实况，笔者以中国裁判文书网为检索平台，通过对网上公开的裁判文书进行数据收集、信息整合和分析，开展相关实证研究。从最高人民法院于 2020 年修订的《民事案件案由规定》来看，与家事案件有关的民事案件案由主要集中在第二部分的“婚姻家庭、继承纠纷”。除此之外，“人格权纠纷”案由中的“婚姻自主权纠纷”，以及“非讼程序案件案由”中的“宣告失踪、宣告死亡案件”

“认定自然人无民事行为能力、限制民事行为能力案件”“指定遗产管理人案件”“监护权特别程序案件”“申请人身安全保护令案件”也应纳入家事案件的范围。不过，囿于上述特殊程序案件的数量较少，占比不到1%，对最终的大数据统计结果影响甚微，为提升操作的便宜性，下文对中国裁判文书网的数据统计仅限于“婚姻家庭、继承纠纷”的案件案由。另外，《中国统计年鉴》等官方年鉴上所发布的数据信息具有权威性，也是下文开展大数据分析的重要信息来源。

### （一）家事案件的审理情况

#### 1. 家事案件数量较大，比重有所下降

家事纠纷作为传统的民事纠纷，一直以来都是民事案件中的主要案源，所占比重较大。从2018—2022年全国法院一审收案量的数据（见图4-1）[①]来看，家事案件的数量居高不下，一直维持在180万件左右。不过，在这近五年内，家事案件在民事案件中的比重呈逐年下降的趋势，其比例分别为14.53%、13.26%、12.45%、11.43%、11.32%。尽管如此，家事案件仍是民事案件中除合同纠纷案件之外的第二大案件类型。其纠纷处理是否合理、审理程序是否正当都将影响到对整个民事司法质效的评价，同时也关乎千千万万个家庭的和谐幸福，重要性不言而喻。

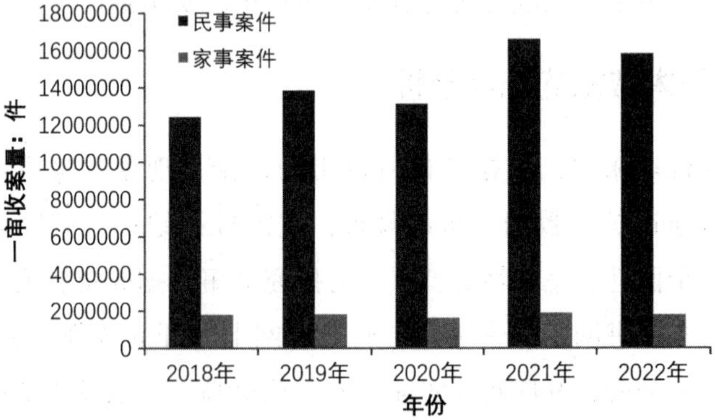


图4-1　2018—2022年全国法院家事案件总体情况

① 以上数据均来源于《中国统计年鉴》。

### 2. 家事案件多为离婚纠纷，且向类型多元化渐进

从 2018—2022 年全国法院各类家事案件一审收案量（见表 4-1）[①] 来看，家事案件以离婚纠纷案件为主，占比约为 76.29%。与之相较，抚养、扶养、赡养纠纷、继承纠纷等案件的比例相差甚远，收养关系纠纷、监护权纠纷、探望权纠纷所占比重更是不到 1%，家事案件类型集中化的特点尤为明显。可见，离婚案件的审理是家事审判实践中的重点所在。

**表 4-1　2018—2022 年全国法院各类家事案件一审收案情况**

| 年份 | 家事案件总数 | 离婚纠纷案件 | 抚养、扶养、赡养纠纷案件 | 收养关系纠纷案件 | 监护权纠纷案件 | 探望权纠纷案件 | 继承纠纷案件 |
|---|---|---|---|---|---|---|---|
| 2018 年 | 1808787 | 1377073 | 137099 | 2368 | 868 | 5310 | 141134 |
| 2019 年 | 1836638 | 1378126 | 154853 | 2391 | 1484 | 6388 | 143580 |
| 2020 年 | 1635049 | 1231932 | 138620 | 1845 | 833 | 6081 | 119333 |
| 2021 年 | 1898588 | 1440908 | 164132 | 1778 | 732 | 7808 | 127128 |
| 2022 年 | 1791301 | 1415385 | 138685 | 1392 | 614 | 6660 | 99604 |
| 小计 | 8970363 | 6843424 | 733389 | 9774 | 4531 | 32247 | 630779 |
| 所占家事案件比重 | | 76.29% | 8.18% | 0.11% | 0.05% | 0.36% | 7.03% |

另外，从图 4-2 统计的数据来看，2018—2022 年离婚案件在家事案件中的占比分别为 76.13%、75.04%、75.35%、75.89%、79.01%，其比值整体上趋于平稳。不过，在婚姻家庭纠纷案件中，受现代婚姻家庭理念转变的影响，离婚后财产纠纷、离婚后损害责任纠纷、夫妻财产约定纠纷等新类型纠纷在不断增长，纠纷类型也趋于多元化。以离婚后财产纠纷案件为例，根据中国裁判文书网公开的文书案例数据，2018—2022 年间离婚后财产纠纷案件占婚姻家庭纠纷案件的比值分别为 2.95%、3.33%、3.65%、4.71%、

① 以上数据均来源于《中国统计年鉴》。表格中所列家事案件类型并不完整，仅限于主要的家事案件类型。

9.25%，涨幅较为明显。[①] 正是基于这一家事纠纷的发展趋势，《民事案件案由规定》在2020年修订过程中新增了“婚内夫妻财产分割纠纷”“亲子关系纠纷”“遗产管理纠纷”“指定遗产管理人案件”“申请人身安全保护令案件”等家事案件案由类型。由于家事案件的类型分布正由集中化不断地向多元化渐进，故在家事审判程序与制度上，我们应避免以离婚案件指代家事案件的错误理念，应根据家事案件的不同类型设置相适应的规则或规范，家事证据收集制度亦不例外。

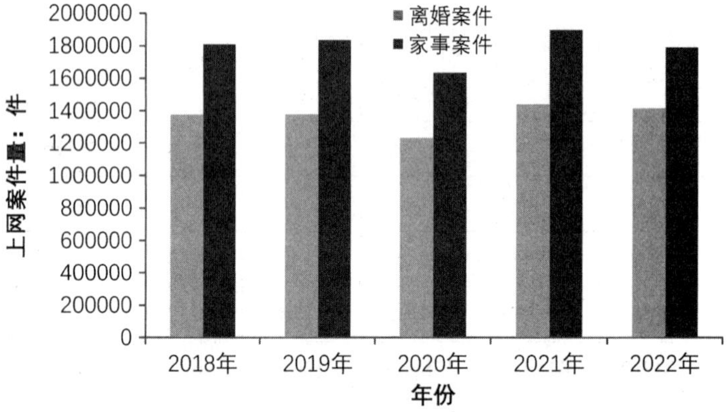


图4-2　2018—2022年审理的离婚案件与家事案件对比情况

3. 家事案件的诉求复杂，单一诉求较少

家事审判既可对单一类型案件进行处理，也可统合处理不同类型的家事案件。为探究家事案件中当事人诉求的现实样态，笔者选择对离婚案件这一主要案件类型进行研究，从中国裁判文书网上随机抽选了100份离婚案件判决书，对当事人诉讼请求的内容进行了统计（见图4-3）。根据统计结果，当事人仅提出单一的离婚请求的案件占比32%，其余的68%的案件都存在多个诉讼请求，需要法院统合处理。其中，当事人仅附带提出子女抚养请求的占比23%，仅附带提出财产分割或赔偿请求的占比11%，同时提出子女抚养、财产分割或赔偿请求的占比高达33%，此外还有一个案件[②]的当事人提出了子

① 该数据由中国裁判文书网上公开的离婚后财产纠纷文书数量与婚姻家庭纠纷文书数量作成比值得出。

② 裁判文书案号为（2015）阳城法民一初字第1015号。

女探视请求。由此观之，家事纠纷发生在家庭成员之间，家事当事人之间的利益纠葛复杂，其向法院寻求救济的诉求往往具有多重性。这使得家事案件的处理需统合考虑多方面的事实信息，故而对证据收集环节提出了较高的要求。另外，当事人诉求的多元性使得法院有时需统合审理不同性质的家事案件，如离婚与子女抚养、探视请求。在缺乏理论指导与规范指引的情形下，法院往往适用同一事实探知模式对合并案件进行处理，这无疑是不符合程序法理的。

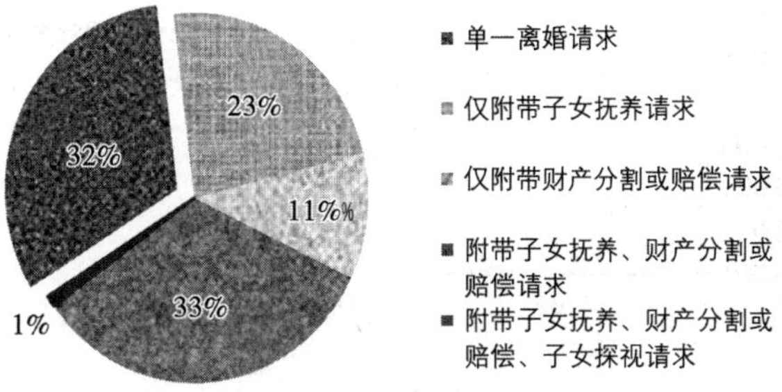


图 4-3　离婚案件当事人诉求情况示意图

4. 家事案件调撤率较高，但呈下降趋势

从 2018—2022 年全国法院一审家事案件结案方式的统计数据（见图 4-4）[①] 来看，调解是家事案件的主要结案方式，逐年结案比例分别达到 38.17%、37.90%、37.88%、39.26%、42.76%，均高于各年的判决结案率。除调解以外，当事人撤诉也是依据当事人合意的重要结案方式，其包括依当事人申请撤诉与按撤诉处理两种情形。撤诉结案方式在家事案件审理中所占比重仍然不低，其结案率在 2018—2022 年间分别为 23.82%、23.71%、22.89%、20.99%、18.47%。相比较而言，家事案件的判决结案率并不突出，逐年比值分别为 36.14%、36.42%、37.18%、37.61%、36.73%。可见，家事案件的调撤率较高，约占到六成以上。这体现了具有情感交织特点的家事案件，对调解以及达成和解后撤诉等相对缓和的合意处理方式的偏爱。不过，从各结案方式的发展情况来看，调解、撤诉结案的整体比率呈现出逐渐下降

① 以上数据均来源于《中国统计年鉴》。

的趋势，而判决结案率整体上在不断攀升。从证据收集的视阈来看，判决结案比例的上升更加凸显了证据在家事案件处理中的重要作用。另外，即使是无需作出刚性判定的调解方式，调解人员所进行的调解工作也需以获知部分的事实与证据为基础，证据收集的作用并不会因家事案件较高的调撤率而被极大弱化。

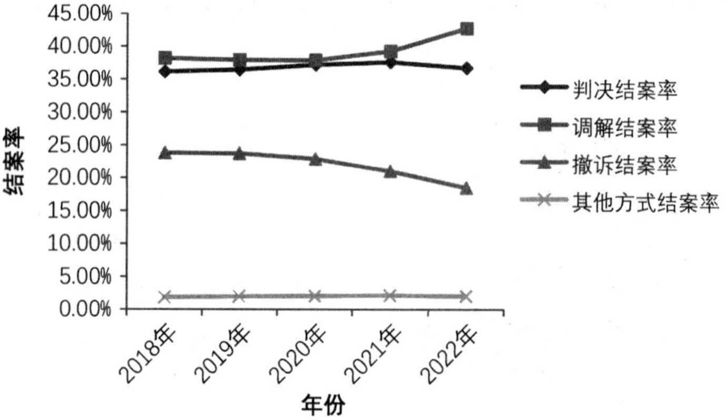


图 4-4　2018—2022 年全国法院一审家事案件各结案方式情况

5. 家事案件的一审服判率较高，但逐年递减

笔者在中国裁判文书网上以“案由：婚姻家庭、继承纠纷”“文书类型：判决书”① 为检索项，对 2018—2022 年间上网的一审、二审以及再审案件数据进行了统计。根据表 4-2 中所列数据来看，家事案件中二审与再审案件所占比重较低，还不到一成。这反映出家事案件的一审服判率较高，家事当事人少有提起上诉而启动二审程序，申请再审的更是少之又少。不过，从这近五年的审判程序情况来看，二审与再审程序的适用比重在逐年上升，一审服判率则不断地递减。可见，当事人对于一审家事判决的不满在逐渐增加，司法的公信与权威有所减弱。为解决这一隐忧，有必要强化家事证据收集制度的运行效果，以保障家事法官能在证据资料充足的基础上作出令当事人满意

① 由于大部分的裁定与全部的决定不允许当事人以上诉的方式表示不服，故这两种裁判形式的不服率不能通过进入二审与再审程序的案件比值得以反映，故而笔者仅统计判决书形式的审判程序情况。

的妥当判决。

表 4-2　2018—2022 年家事案件的审判程序情况

| 年份 | 一审 | 二审 | 再审 |
|---|---|---|---|
| 2018 年 | 486887 | 29109 | 528 |
| 2019 年 | 515606 | 32329 | 559 |
| 2020 年 | 464054 | 33516 | 484 |
| 2021 年 | 169153 | 14444 | 269 |
| 2022 年 | 30547 | 5068 | 115 |

### （二）家事审判中证据收集的情况

#### 1. 判决驳回率较高，证据因素为主要驳回事由

笔者在中国裁判文书网上以“案由：婚姻家庭、继承纠纷”“文书类型：判决书”“公开类型：文书公开”“审判程序：民事一审”“裁判日期：2018. 1. 1—2022. 12. 31”为检索项，[①] 共检索到案件文书 300118 份。在此基础上，笔者继续以“判决结果：驳回”为检索项，共获得 151705 份案件文书，其中包括部分驳回和全部驳回的情形。由此可得出，2018—2022 年间家事案件的一审判决驳回率约为 50. 55%。为进一步探究判决驳回的原因，笔者随机抽选了 100 份全部驳回[②]的案件文书，并对法院驳回的事由进行统计，结果如图 4-5 所示。其中，证据不足的驳回事由占比 55%，未提交证据的驳回事由占比 12%。剩余 33 份其他驳回事由[③]的案件文书中，还有 17 份以“夫妻感情尚未完全破裂，有和好可能”作为驳回理由的离婚判决书，其在一定程度上也体现出了原告所提交的证据无法证明夫妻感情确已

① 笔者在文书类型上选择“判决书”的原因在于笔者意在探究法院对家事案件实体性事项的裁判情况，而在审判程序上选择“民事一审”的原因在于上诉案件的裁判存在多种处理结果，不便于统计。

② 之所以选择对“全部驳回”的案件进行抽样，是因为这一类案件文书中对于法院驳回事由的论述比较详尽，易于统计。

③ 其他驳回事由包括诉讼请求不符合事实或缺乏事实依据、不具有法律理由、不符合构成要件（如不属于夫妻共同财产或可继承遗产）、保障特殊群体利益（如未成年子女、妇女、残疾人等）。

破裂。综上，在法院作出的家事案件一审驳回判决中，证据不足与未提交证据是法院驳回的主要事由。此中既有当事人取证意识缺失或消极取证的原因，也有当事人缺乏取证手段保障以及法院调查取证机制运作不灵的原因。

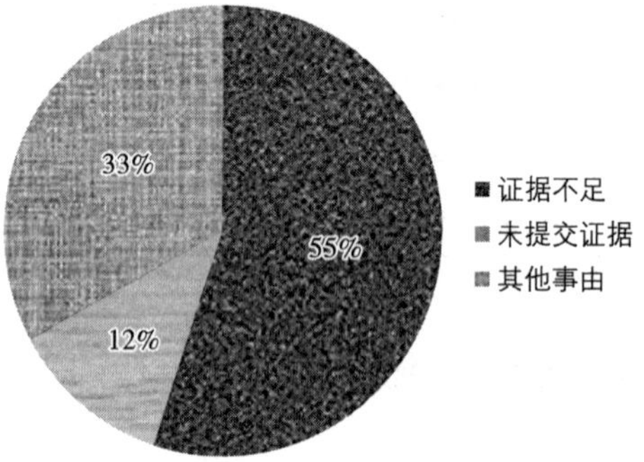


图 4-5　家事案件一审判决的驳回事由情况

2. 法院调查取证的比重较低，且以依申请调查为主

为探究家事审判中当事人自行取证与法院调查取证的实践情况，笔者从中国裁判文书网上随机抽选了 200 份家事案件的一审判决书，并对文书中所提及的证据收集情况进行统计。据统计结果，200 份判决书中仅有 11 份文书中提及了法院调查取证的情形，占比仅有 5.5%。尽管剩余 189 份判决书中仍可能存在法院实际调查取证而文书未有论述的情形，法院实际调查取证的比例应高于 5.5%。但如此之低的统计数据在一定程度上反映出了法院调查取证在家事审判实践中的“搁置”状态，与适用职权探知的家事审判程序法理相去甚远。另外，为探究法院调查取证程序的启动情况，笔者从检索到的存在法院调查取证情形的案件文书中随机抽选了 100 份文书，对其中法院调查取证的启动方式进行统计。根据统计结果（见图 4-6），法院仅依申请调查取证的文书数量为 40 份，除去启动方式不明的 24 份文书以后，其在剩余 76 份文书中的实质占比为 52.63%；仅依职权调查取证的文书数量为 30 份，实质占比 39.47%。此外，还有 6 份案件文书中法院既依申请又依职权进行了调查取证，实质占比为 7.89%。可见，家事审判中法院调查取证的启动方式以依申请启动为主。

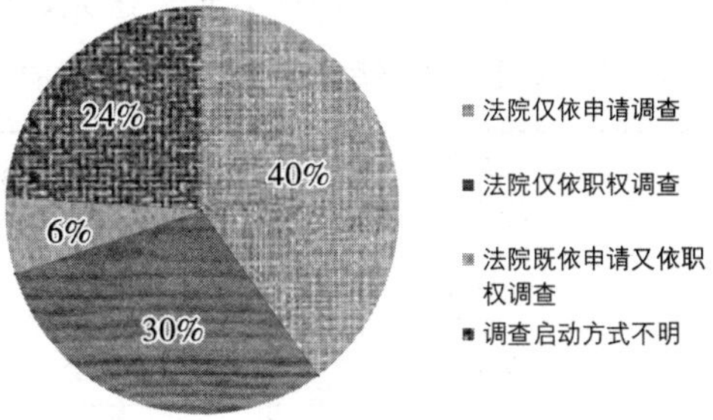


图 4-6　家事审判中法院调查取证的启动方式情况

### 3. 法院调查取证方式在各类家事案件中的适用不甚合理

不同家事案件所适用的程序法理不尽相同，故而在当事人自行取证与法院调查取证的任务配置以及法院调查取证的范围等方面应存在差异。为探究法院调查取证方式在各类家事案件审理中的适用情况，笔者在中国裁判文书网上以“案由：婚姻家庭、继承纠纷”“文书类型：判决书”“公开类型：文书公开”“审判程序：民事一审”“全文：调查”为检索项，对婚姻家庭、继承纠纷中的各类案件案由的文书数量进行统计，并与未含有“全文：调查”这一检索项的对应统计数值进行对比。[①] 尽管以“调查”作为关键词进行检索所获得的案件文书数据存在“法庭调查”“律师调查”等干扰项，并不限于法院调查取证的情形，但这一干扰程度在不同案由的案件文书中是同等存在的。故而，所计算出的比值对于横向比较不同家事案件之间适用法院调查取证的情况来说，仍具有相当的研究价值。从表 4-3 中所反映的数据来看，婚约财产案件、婚姻无效案件、分家析产案件、继承案件中的这一比值较高，而抚养案件、赡养案件、探望权案件中的这一比值则相对较低。细析之，婚姻无效案件涉及对婚姻关系的效力认定，直接关乎当事人的身份利益，故实践中法院调查取证的比例较高是符合家事审判程序法理的。但婚约财产案件、分家析产案件、继承案件等主要涉及当事人的财产利益之争，其法院调查取证的比例普遍高于其他类型案件则显得不甚合理。与之相较，抚养案件、赡养案件等涉及未成年子女和老人权益保障的案件，以及多采职权探知法理的

① 笔者检索的时间为 2024 年 5 月 26 日，以下统计的文书为此日期之前上网公开的文书。

探望权案件中，却较少适用法院调查取证的方式，这无疑也是不合法理的。

**表 4-3 各类家事案件适用法院调查取证方式的情况**

| | 含有“调查”的案件文书数量（件） | 案件文书总量（件） | 比重 |
|---|---|---|---|
| 离婚纠纷 | 84156 | 936521 | 8.99% |
| 婚约财产纠纷 | 8044 | 55025 | 14.62% |
| 离婚后财产纠纷 | 6137 | 65651 | 9.35% |
| 婚姻无效纠纷 | 465 | 3424 | 13.58% |
| 同居关系纠纷 | 4516 | 39183 | 11.53% |
| 抚养纠纷 | 4324 | 56198 | 7.69% |
| 扶养纠纷 | 404 | 4251 | 9.50% |
| 赡养纠纷 | 3738 | 55109 | 6.78% |
| 收养关系纠纷 | 279 | 2441 | 11.43% |
| 监护权纠纷 | 70 | 539 | 12.99% |
| 探望权纠纷 | 243 | 5747 | 4.23% |
| 分家析产纠纷 | 3513 | 20743 | 16.94% |
| 继承纠纷 | 21167 | 139278 | 15.20% |

4. 律师代理取证的比例不高，且调查令的适用率极低

律师作为诉讼法律服务的提供者，其为委托一方当事人提供的一项重要法律服务便是代理或协助当事人收集证据资料。故家事案件中的律师代理率在一定程度上反映了律师在家事证据收集中的参与情况。基于此，笔者在中国裁判文书网上以“案由：婚姻家庭、继承纠纷”“公开类型：文书公开”“律师：律师”为检索项，检索到存在律师代理的案件文书 813726 份，占比约为 25.76%。[①] 可见，家事案件中律师代理当事人收集证据的比重并不高，还不到三成，双方当事人都存在律师代理的情形则相对更少。在法院调查取证比例也比较低的现实情况下，大部分的家事案件都是由当事人自行收

① 笔者检索的时间为 2024 年 5 月 26 日，以下统计的文书为此日期之前上网公开的文书。

集案件证据，且缺乏律师的帮助。另外，从律师收集证据的方式来看，除自行收集以外，司法实践中探索形成的调查令制度也是重要的收集方式。其弥补了当事人及其代理人取证能力与手段上的不足，为收集证据资料提供了重要保障。笔者以“案由：婚姻家庭、继承纠纷”“公开类型：文书公开”“律师：律师”“全文：调查令”为检索项进行检索，仅获得 3022 份案件文书，占比 0. 37%。从实践运作情况来看，调查令在家事审判程序中的适用极少。这大大制约了其制度功能的发挥，加剧了当事人证据收集能力匮乏的困局。

5. 对未成年子女表达意见权的保障严重不足

对于涉及未成年子女的家事案件，法官在作出最终处理之前应当积极听取未成年子女的意见。为探究司法实践中对于子女意见的听取情况，笔者在中国裁判文书网上以“案由：婚姻家庭、继承纠纷”“文书类型：判决书”“公开类型：文书公开”“审判程序：民事一审”“全文：子女”为检索项，获得涉子女的案件文书 764390 份。在此基础上，以“全文：子女意见”为检索项继续进行检索，获得案件文书 942 篇。[①] 尽管以“子女意见”为检索关键词所获得的案件文书与实际听取未成年子女意见的案件数量有所出入，但可通过该数据作大致的估算，即在涉子女家事案件的审理中，听取子女意见的案件比例约为 0. 12%。可见，司法实践中法院在处理子女抚养权、探视权等涉及未成年子女的家事案件之时，极少审酌子女自身的意见与看法，未成年子女的表达意见权在实践中未受重视，得不到充分保障。

## 二、基于典型案例的实证研究

大数据统计分析是从宏观的视域对家事证据收集制度运行的总体情况进行把握，但对于冰冷数据背后的现实图景的体现有所不足。故而，有必要继续从微观的视角切入，关注那些生动鲜活的司法个案，通过对典型案例的研析与省思，形成对家事证据收集更为形象的现实认知。

---

① 笔者检索的时间为 2024 年 5 月 26 日，以下统计的文书为此日期之前上网公开的文书。

## （一）家事案件“举证难”：家事审判证明困局的系列案

### 1. 婚姻财产上的“躲猫猫”现象

**【案例1】** 张某与陈某于2008年登记结婚。由于夫妻多年感情不和，陈某于2015年8月向法院起诉离婚，最后因张某苦劝挽回而调解和好。2015年12月，张某主动向法院提起离婚诉讼。在审理过程中，陈某发现丈夫存在转移夫妻共同财产的行为，其所主张的共同财产不实，车辆等重要财产不翼而飞。法院经调查核实后查明原告张某存在提供虚假证据以及转移、变卖共同财产的情况，最后在财产分割上予以少分，并处以1万元的罚款。①

**【案例2】** 2008年，陈某1与妻子包某某向法院提起离婚诉讼。在诉讼过程中，陈某1为了使妻子少分财产，与父亲陈某2、陈某2的朋友沈某某、律师何某某虚构了夫妻共同债务，伪造了借款协议。2009年，沈某某向法院提起诉讼，要求陈某1偿还借款及利息，并提交了伪造的借款协议、收条等证据。经调解结案后，沈某某申请对陈某1夫妻名下的房屋进行强制执行。而包某某因其离婚请求被法院判决驳回，又于2009年10月再次提起离婚诉讼。在审理过程中，陈某1向法院提交了相应的民事调解书，用以证明存在夫妻共同债务尚未清偿。此事后因陈某2于2010年2月主动向公安机关投案而被发现，案发后法院裁定原离婚案中止诉讼。检察机关介入后以妨害作证罪、帮助伪造证据罪对有关人员提起刑事公诉。②

**【案例3】** 阿菊于2010年向法院起诉与丈夫阿军离婚，在8日后又向法院提出紧急查封丈夫财产的申请，并提供了6个丈夫可能开户的银行名称以及7个已知的银行账户。法院查明阿军所有银行账户中有3万的存款，并在近期有一笔13万的银行转账。本案中，法院办案人员为查明银行账户余额，先后跑了22次银行。③

---

① 洪丽燕、张得意、林见欢：《泉州一男子提交虚假证据 财产少分还被罚1万》，载《南安商报》2016年6月15日，第A04版。

② 裁判文书案号为（2010）浙杭刑终字第357号。

③ 张房耿、刘香霞、董诗婷：《中山推行离婚夫妻财产申报》，载《中山日报》2013年5月31日，第A7版。

从以上案例来看，由于婚姻生活中夫妻分工不同，双方对于婚内财产状况的了解、掌控程度是不同的。一旦夫妻感情破裂而进入到离婚诉讼，弱势一方是很难举证证明婚内全部财产的，有的甚至对于部分的财产信息完全不知情。而掌控财产的一方在利益驱动下，可能实施隐匿、转移、变卖财产的行为，甚至是通过虚构诉讼来达致这一目的。这些因素导致离婚的双方在婚姻共同财产的证明上存在“躲猫猫”的现象，加重了婚姻财产的证明难度。另外，对于银行存款、证券等财产，相对方无法直接从银行或证券机构处获得相关的财产信息，只能向法院申请调查取证。而部分法院或法官因司法资源有限以及调查取证的负担过重，往往不愿意或消极进行调查取证。

2. 婚内出轨取证上的合法性危机

**【案例4】**　张某与李某于1995年登记结婚，婚后因张某不孕而导致夫妻感情存在裂痕。2003年，李某结识熊某并私下约会，经常夜不归家。张某得知丈夫外遇后，心灰意冷便意欲离婚。为了能在离婚时获得精神损害赔偿，张某指示其弟弟跟踪李某，并拍下丈夫不忠的证据。在离婚的诉讼过程中，张某向法庭出示了李某与熊某同居时的照片及资料，请求法院判令李某赔偿精神损失费两万元。李某则辩称其与熊某并非同居关系，且张某派人对其跟踪偷拍的行为侵犯了他的隐私权。法院最后认定，张某提供的证据系第三人通过跟踪、偷拍的手段所获得，侵犯了他人隐私权，对证据的合法性不予采纳。经法庭主持调解，张某最后放弃了精神损害赔偿请求。①

**【案例5】**　唐某与朱某于10年前登记结婚。因工作需要，朱某长期住在外地工厂，与妻子两地分居，后与秘书颜某发生恋情。唐某发现丈夫不忠后，未能与丈夫达成离婚协议。后唐某获悉丈夫与颜某进入某酒店开房，便伙同其弟等三人强行闯入丈夫所住房间，并用相机拍下了朱某与颜某在一起的裸照。唐某向法院起诉离婚，并在法庭上出示了丈夫与颜某在酒店的裸照。为此，颜某诉至法院，声称唐某的行为侮辱自己人格、侵犯自己隐私权，要求

① 王克础：《跟踪偷拍丈夫外遇“捉奸证据”得不到法院采纳》，载新浪网，http：//news. sina. com. cn/c/2004-03-19/10132089060s. shtml，2024年4月1日最后访问。

唐某赔偿精神损失费5000元，并公开赔礼道歉。最后，法院认为唐某的拍照行为不属宣扬他人隐私的行为，也不构成侮辱。但唐某未经许可且未获法律授权就带人强行进入颜某所住酒店，扰乱了颜某的生活安宁，构成侵权行为，应向颜某赔礼道歉。①

**【案例6】** 小萍与小军系夫妻关系，因工作原因长期分居，小萍发现丈夫小军近期有些冷落自己，后才得知丈夫有了外遇。在律师指导下，小萍在自家卧室悄悄安装了监控摄像头，拍摄到丈夫多次和情人发生不正当关系的证据。小萍向法院起诉离婚，并提交了证明丈夫出轨的监控录像。法院认为这一监控录像证据并未侵犯他人隐私，并认定其具有合法效力。②

婚内夫妻一方出轨是现实生活中较为常见的引发离婚诉讼的事由。对于受害方而言，收集到配偶婚内出轨的有力证据，既能在离婚诉讼中证明夫妻感情确已破裂，同时还可向对方主张精神损害赔偿，或者在离婚财产分配上取得有利优势。但是，对于婚内出轨的事实，受害方往往只能从日常生活的蛛丝马迹中得见端倪，比如夜不归宿、躲避自己与他人打电话等，或者由他人告知，受害方往往无法获取直接的有力证据。故为证明配偶存在外遇的事实，受害方多委托亲朋或私家侦探对配偶进行跟踪、偷拍。尽管这一方式很可能收集到能证明对方存在婚外情的证据，但经常因取证手段不合法、侵犯他人隐私权而被法院非法排除。例如，案例4中，对于张某所提供的通过跟踪偷拍手段获得的证据，便未得到法院的采纳。另外，对于在宾馆或他人住宅中现场捉奸所拍摄的证据资料，尽管也能证明配偶的出轨事实，但同时也可能因强行进入公民住宅而涉嫌构成侵权。从案例5中法院的分析来看，公民闯入他人住宅或宾馆入住房间进行捉奸拍摄的合法性界限，在于是否得到他人许可或者获得法律授权，但这些在实际中都缺乏可操作性。而案例6中法院的认定结果表明了在自家安装监控设备所获得的配偶出轨证据，并不涉嫌侵害他人隐私权，该证据存在合法效力。但这一情形在现实生活中相对较少，为避免婚外情被熟人发现，出轨一方很少会在自己家

① 《丈夫与小三酒店开房 妻子捉奸“不当”被判赔礼道歉》，载《湛江晚报》2016年9月10日，第9版。

② 《丈夫庭上嘴硬，拒不承认出轨》，载《重庆晚报》2012年7月2日，第011版。

里与他人进行不正当交往。综合以上分析来看，对于离婚案件中较为常见的婚内出轨行为的证据收集，其往往因取证方式上的合法性问题而面临各种现实难题。

3. 家庭暴力举证能力上的“怪圈”

**【案例7】**　阿梅与阿强相恋两年后登记结婚，结婚三年后又有了孩子。在孩子1岁时，阿强第一次动手打了阿梅，此后性格更是越发暴躁。阿梅不堪忍受之下搬出去居住，后因考虑小孩照顾问题，经丈夫劝解而重新搬回婚房。不承想，阿强再次对其施暴，并威胁其不许报警。阿梅因心里害怕，事后还是去报了警，并根据警察指引向法院提起离婚诉讼。本案中阿梅提供了报警回执证明其遭受家暴的事实，但法院认为阿梅提交的证据不足以证明双方感情破裂。本案最后因阿梅提出撤诉而结案。[①]

**【案例8】**　林某和李某于2010年登记结婚，双方均系再婚。2015年，林某与李某发生矛盾，李某受伤，经医院诊断为双膝、双足多发软组织损伤。林某于2016年起诉离婚被法院驳回，后因夫妻关系仍未改善，又于2017年再次诉至法院要求离婚。在审理过程中，对于林某是否实施家庭暴力，双方发生了争议。李某提交了伤情照片以及医院诊断证明等证据，林某则否认李某所受伤害系其施暴所致。法院调整了举证责任分配，要求林某对李某的伤情作出合理解释。因林某未能作出合理解释，法院最终认定林某存在施暴行为。[②]

举证难是制约家暴认定的一大现实难题。这一困境一方面源于家暴受害人缺乏相应的证据收集意识；另一方面，其在举证能力上的不足也是重要的促成因素。从家庭暴力的生成机理来看，施暴一方往往在家庭生活中处于强势地位，而家暴受害人则处于弱势地位。但根据“谁主张谁举证”的一般规则，家暴受害人应当承担对家庭暴力的举证责任。但对于家暴受害人而言，囿于其自身能力的匮乏，其往往很难收集到有效的家暴证据，有时还可能因

---

① 化麦子、杨婷、邹海媚：《家暴案件想胜诉搜集证据是关键》，载《羊城晚报》2016年3月1日，第A13G版。

② 《北京市反对家庭暴力十大典型案例》，载微信公众号“京法网事”，https：//mp. weixin. qq. com/s/nIT0FbhcLC_ F5cqTNcRjRg，2024年4月1日最后访问。

人身自由被限制或受到施暴人的控制，无法开展相应的举证活动。比如，案例7中施暴人阿强便曾威胁过受暴人阿梅不许报警。可见，家暴证明存在举证能力上的“怪圈”。而且，对于家暴的证明需要完整的证据链，这更使得家暴受害人难以完成相应的举证任务。案例7中阿梅尽管遭受了丈夫的暴力行为，但由于其提交的证据材料只有报警回执，不存在医院伤情证明、村居委会的证言等其他证据，故最后不得不因证据不足而申请撤诉。另外，从家暴受害人收集的证据形式来看，其一般都是伤情照片、病历资料等间接证据，公安机关的笔录、拍摄家暴过程的录音视频等直接证据较少，受害人很难证明其所遭受的伤害为施暴人所为。案例8中，法院对举证责任分配进行的调整很好地解决了这一问题。在家暴证明过程中，应当根据双方陈述事实的推进与证据材料的提出，合理地转移举证责任。

### （二）法院调查取证的失序：基于一则分家析产案的省思

#### 1. 案情回顾

曹某甲与曹某乙系亲兄弟，共同居住在××村，曹某甲早年为了生计去东北谋生，后父母因病相继去世。1995年，曹某甲回到老家与弟弟一同居住。2012年，曹某甲向法院起诉要求对父母遗留的房屋进行分家析产。原告曹某甲主张因未对父母遗留的房屋进行继承，该房屋一直处于共同共有状态。而被告曹某乙则辩称，原告与被告早于1958年分家，原告分得南三间，被告分得北三间。原告去东北谋生之后，其南三间房屋因年久失修已倒塌。被告对其分得的北三间房屋进行了重建。为查明该房屋的权属情况，一审法院依职权启动调查，委托当地居委会进行调查。居委会出具“家庭调查情况”，证实原被告早年确实已经分家，原告分得的房屋已经倒塌，被告分得的房屋后进行了拆旧翻新。法院根据居委会的调查结果，认定原告与被告已经分家，并驳回了原告的诉讼请求。

原告不服一审判决，并向法院提起上诉。在二审过程中，上诉人曹某甲提出一审法院依职权调查取证严重违反法律规定。二审法院经审查后认为有关当事人分家的事实不属于法院调查取证的范围，一审法院委托居委会调查于法无据，故对于其所作的“调查情况”不予采纳。最后，二审法院认定双方分家之事不成立，剩余的北三间房屋仍属于父母遗产而由双方当事人进行继承。①

2. 案例所反映的家事调查取证乱象

上述案例是个典型的家事财产诉讼案件，且并不涉及未成年人利益或者其他公共利益，故而在诉讼资料的收集上应由当事人自行收集，法院不能主动依职权调查取证。而本案中一审法院依职权对房屋的归属情况进行了调查取证，并直接根据调查取证的结果作出了最终的判决。显然，这一做法是有违《民事诉讼法解释》第 96 条有关法院职权调查取证的规定。其不当地对“涉及身份关系”的职权调查事项作了扩大解释，将其扩展适用于涉身份关系的家事财产诉讼事项。不过，这一案例并不能反映出家事审判中法院调查取证泛滥的问题。事实上，从前文的数据统计来看，家事审判中法院调查取证的比例是比较低的。恰恰相反，这一滥用调查取证权的案例，可以反映出家事审判实践中法院错位适用调查取证职权的乱象。在司法实践中，法院对于家暴事实基本上不依职权进行调查取证，对于抚养纠纷、探望权纠纷等涉未成年子女的案件也很少启动调查取证程序，但却对分家析产案件、继承案件等财产案件颇为热衷适用职权调查取证方式。这体现了规范缺失或模糊的立法现状下法院调查取证的失序特点。

另外，对于本案中一审法院依职权调查取证所获得的“调查情况”，法庭并未组织对相关人员进行质询，而是直接将其作为一审判决的裁判依据。在调查过程中，居委会虽分别对社区老书记曹某丙、当事人的街坊邻居李某和孙某开展了调查，但曹某丙、李某均表示不知情，居委会出具的“调查情况”其实系调查孙某一人所获得。而且，孙某亦未在本案中出庭接受法庭及双方当事人的质询。对于居委会如此轻率得出的调查结论，一审法院却以“该调查情况系由基层群众性组织经调查作出，可信度较高”为由而直接采信。这一情形也反映出实践中法院调查取证的非规范性问题。

① 裁判文书案号为（2013）青民五终字第 1723 号。

### （三）未成年人利益何以发声：未成年人权益受损系列案

**【案例1】** 李某（男）与沈某（女）于2012年登记结婚，并在婚后生育一女李小某。由于李小某患有先天遗传疾病，并伴有脑萎缩、癫痫等症状，夫妻二人在女儿治疗问题上发生严重分歧。李某向法院起诉离婚，并要求由沈某抚养女儿李小某。在本案审理过程中，法院委托区妇儿工委办的工作人员作为李小某的儿童权益代表人，代表其利益参加诉讼。儿童权益代表人走访了原被告的工作单位、居委会、就医医院等了解李小某的基本情况与生活状况，当庭提交了所获取的照片、视频以及病历等证据材料，并从儿童利益出发就李小某的抚养权、抚养费及探望权、夫妻财产分割等事项发表了意见。本案最后以调解方式结案。①

**【案例2】** 肖某与王某婚后育有一子肖小某。因夫妻俩经常为生活琐事发生争吵，肖某在儿子7岁时向法院起诉离婚，并要求获得肖小某的抚养权。王某虽同意离婚，但认为儿子由自己抚养更为合适。双方就子女抚养问题提供了许多证据予以证明。法院经审理查明后认为双方抚养条件与能力大致相当，并无一方占据明显优势。因而，法院对肖小某进行单独询问，了解到其更愿意与父亲肖某一同生活的意愿，最后法院依此将子女抚养权判给肖某。②

**【案例3】** 林某于2004年生育小龙，因不知小龙的生父身份，小龙一直跟随母亲林某生活。林某曾存在多次不幸的婚姻，在生活中对小龙不仅疏于管教，而且经常殴打、虐待小龙。自2013年起，当地政府、妇联、村委会干部及派出所民警多次对林某进行批评教育，但其仍不悔改。在2014年6月，林某再次对小龙实施人身伤害，该村村民委员会向法院提出申请，要求撤销林某的监护资格。法院在听取小龙不愿跟随母亲生活的意愿之后，依法撤销林某的监护资格，并指定该村民委员会为监护人。③

---

① 《全国妇联表彰维护妇女儿童权益先进集体和个人——发布依法维权十大案例》，载《人民日报》2019年11月29日，第07版。

② 徐伟伦：《抚养权究竟该归谁多方因素参考衡量》，载《法制日报》2019年06月16日，第06版。

③ 刘永福：《我市法院一案例榜上有名——为全国首例撤销监护人资格判决》，载《湄洲日报》2019年06月11日，第B1版。

与普通民事案件不同，家事案件的处理与未成年子女的利益密切相关。家庭关系是否和睦将影响到未成年子女的健康成长，子女抚养、探视、监护等事项更是直接关系到未成年子女的切身利益。但是，在家事案件中，民事监护人或法定代理人制度可能面临着作用失灵的问题，未成年子女因缺乏相应的利益代表人，而无法在诉讼中为自己的利益发声。比如，案例 1 中李某与沈某虽是李小某的监护人，但在离婚诉讼中，他们均未履行对未成年子女的监护职责，代理其利益进行诉讼，反而因与未成年子女的利益存在冲突，相互推诿对子女的抚养权。这无疑使得未成年子女在诉讼中处于极为不利的地位。倘若本案中法院并未为未成年子女委托儿童权益代表人，其很有可能因证据资料与信息的缺失，而无法作出对未成年子女最为有利的处理方式。事实上，儿童权益代表人制度作为近几年来司法实践中探索的新制度，其因缺乏立法依据而适用情形极少。这便预示着在大部分涉未成年子女案件中，未成年子女的利益基本上处于无人发声的状态，只能依赖法院职权予以保护。再比如案例 3 中的监护侵权案件，面对监护人的侵害行为，未成年子女更是缺乏相应的抵御能力，甚至可能因无法启动撤销、变更监护权等诉讼程序而难以获得司法保障，更遑论在具体诉讼过程中为未成年子女的利益发声。另外，由于长期以来将未成年子女视为保护对象的诉讼理念，法院很少在审理涉未成年子女利益的案件中积极听取子女的意愿与看法。诸如案例 2 中听取子女意见的情形并不多见，一般是限于夫妻双方对于子女抚养权存在争议且双方抚养条件相当的情况。在夫妻双方对于子女抚养权达成一致协议的情形下，法院一般不会再对此多作审查，对子女意见的听取更是无从谈起。

## 第四节　我国家事证据收集制度存在的问题

我国的家事审判改革正处于“进行时态”，家事证据收集制度也随着改革的纵深推进而不断地探索、尝试新的理念、模式、程序与规则。在此制度变革的关键时期，我们应当秉承问题意识，对现行制度的立法规范与司法实践进行反思，探究其制度缺陷与不足之处，以期在后续的制度改革中予以修正。具体而言，我国家事证据收集制度存在以下几点问题：

## 一、家事证据收集规范体系缺失

从西方各国的家事司法发展脉络来看，家事法院的特设与家事审判程序的立法是其共同的趋势。[①] 而我国现有法律规范体系既无家事审判程序的单行立法，也未在《民事诉讼法》中独立成篇。家事审判程序立法阙如使得家事证据收集制度规范杂糅在民事程序法律与婚姻家庭实体法律之中，或者直接援引民事证据收集的有关规定，其在整体上存在规范体系缺失的问题。

其一，《民事诉讼法》及相关司法解释对于家事证据收集的特殊规定数量极少，且内容粗疏。相关的法条包括《民事诉讼法》第 65 条关于离婚案件当事人亲自出庭的规定、《民事证据规定》（2019 年修正）第 8 条与《民事诉讼法解释》第 92 条对于涉及身份关系案件事实进行自认的限制、《民事诉讼法解释》第 96 条对于涉及身份关系的证据应由人民法院依职权调查收集的规定。显然，这些法律规范对于家事证据收集制度的规定是零散的，涉及内容极为有限，且在具体规定上相对模糊，可操作性较差。以《民事诉讼法解释》第 92 条与第 96 条为例，涉及身份关系的证据应作何理解，是否仅限于身份关系的确认，抑或是包括身份关系的解除、撤销、变更，甚至包括与身份关系相关联的财产性争议？这些都无法从现有法律规范中得到答案，只能由法官在司法实践中自由裁量。如此一来，上述规定是否适用，便与法官的个人认知与观点存在密切关联，具有随机性与非稳定性。除此之外，《民法典》婚姻家庭编、继承编以及相应司法解释等实体法律中也存在与家事证据收集有关的规定。比如，《婚姻家庭编解释（一）》第 39 条对当事人拒绝亲子鉴定进行推定的规定。由于家事证据收集规范缺乏体系性，分散规定在不同的法律规范之中，其法律规范之间的逻辑协同性难以得到保障，且给司法实践的

---

① 张艳丽：《中国家事审判改革及家事审判立法——兼谈对台湾地区“家事事件法”的借鉴》，载《政法论丛》2019 年第 5 期。

适用带来诸多不便。

其二，家事证据收集准用民事诉讼相关规定所引致的规范冲突。我国现有法律规范对于家事证据收集的特别规定极少，其大多数情况下都是直接适用民事证据收集的规定。而囿于家事案件的特殊性，家事证据收集制度相较于民事证据收集制度，存在明显的差异性。这一差异性既体现在事实探知的基本模式上，也体现在各主体收集证据资料的程序、方式与内容等事项上。制度上的空缺与立法上的空白，使得家事证据收集的司法实践不得不按照与其制度法理相悖的方式运行，与民事证据收集采同一程序规则，而忽视了家事案件的特殊性。

其三，民事证据收集制度自身规范体系的非完整性。民事诉讼与家事审判的法律规范之间是一般法与特别法的关系。如无特殊规定，家事审判需一般性地适用《民事诉讼法》的有关规定，即使存在家事审判程序的单行立法也不例外。故民事证据收集制度规范的缺陷也会在家事证据收集制度中有所体现。一般而言，民事证据收集制度应当包含收集证据的主体、程序、内容、方法、效力、法律责任等诸多方面。但从现有法律渊源中有关民事证据收集的规定来看，其显然并未对上述内容作出全部规定，存在规范体系不完整、内容不协调的问题。比如，《民事诉讼法》将“人民法院”规定为调查取证的主体，但在法院内部具体由谁来进行证据调查则未作规定。法院调查取证是由承办法官或审判庭成员进行，抑或是法官助理、书记员甚至法警均可，是否需要设置专门的调查法官以避免办案法官先入为主，这些都不得而知。另外，尽管《民事诉讼法》第 52 条、第 64 条分别规定了当事人及其诉讼代理人的证据收集权，但并未为该权利行使提供充分的保障。

其四，《改革试行意见》对家事证据收集制度的体系建构尚待完成。《改革试行意见》在总结改革试点经验的基础上，从法院调查取证、诉讼上的自认、家事调查、离婚财产申报、心理疏导报告、对意见证据的听取等多个方面对家事证据收集制度作出了特别规定。但《改革试行意见》作为改革试行规范，并未上升到立法的高度而为现行立法体系所接纳，其在司法实践中的适用并不多，并未扭转家事证据收集沿用民事诉讼一般规定的司法现况。笔者在中国裁判文书网上以“《关于进一步深化家事审判方式和工作机制改革的意见（试行）》”为关键词进行全文检索，[①] 仅获得 19 篇直接援引此司法解释的民事案件文书，可见其适用之少。另外，此次家事审判改革是由最高人民法院动员启动，并未获得立法机关特别授权，故在改革主体权限以及改革措施的合法性方面存在质疑。[②]《改革试行意见》作为改革成果的重要体现，其对家事证据收集制度所作的特殊规定也突破了现行立法，存在“良性违法”的问题。比如，家事调查员的调查职权、离婚当事人的财产申报义务以及法院调查取证范围的扩张等规定，都在《民事诉讼法》及其他相关法律中找不到直接依据。最后，即使是从《改革试行意见》中所规定的家事证据收集制度的内容来看，其亦较为笼统，不甚完备。比如，《改革试行意见》第 42 条、第 43 条仅规定在涉未成年人家事案件与离婚案件审理中可由法院调查取证，那么是否意味着其他的家事案件不能适用法院调查取证方式？第 37 条明确了身份关系确认案件以及离婚案件中当事人的亲自出庭义务，这一适用的案件范围是否合理？同居关系纠纷、收养关系纠纷等案件是否也应要求当事人亲自出庭？家事调查员的诉讼地位究竟为司法辅助人员还是社会调查人员？调查员所作的家事调查报告的法律属性为何？是否需要法庭质证？可见，《改革试行意见》的规定仍较为简陋，远未达到构建完备的家事证据收集制度体系的程度。

## 二、家事审判职权探知模式转型未竟

我国家事审判改革的重要动向便是由当事人主导证据收集[③]向法院职权探知模式转型，这一转型动向可以从家事审判改革中所形成的规范性文件中得以管窥。比如，最高人民法院所制定的《改革试行意见》第 42 条、第 43 条便对法院调查取证的范围予以扩张。山东省高级人民法院制定的《家事案件

① 笔者检索的日期为 2024 年 5 月 28 日。

② 王德新：《家事审判改革的理念革新与路径调适》，载《当代法学》2018 年第 1 期。

③ 尽管近年来我国民事证据收集领域不断地强化“当事人主义”的色彩，但远未达到西方国家所遵循的“辩论主义”模式的程度。不过，当事人在民事证据收集中的主体地位已经得以实现，现行的民事证据收集模式更多地表现为当事人主导的证据收集模式。但当事人在证据资料的提出与认定上并不具有决定性地位，法院仍可超出当事人主张的范围作出认定，同时在特定情形下还可依申请或依职权调查取证。

审理规程》第11条也规定：“人民法院审理家事案件，可依职权调查取证。有下列情况的，人民法院应当依职权调查取证：（一）涉及身份关系确认的；（二）诉讼过程中发现可能存在婚姻不成立、无效或者可撤销等情形的；（三）申请抚养权的；（四）申请探视权的；（五）其他应当查明的事项。”广西壮族自治区高级人民法院制定的《家事案件审理工作规程》第7条则明确规定：“人民法院审理家事案件贯彻职权探知主义原则，向当事人释明举证义务，必要时依职权进行调查取证，弥补当事人举证能力之不足，以查明案件事实。”毋庸置疑，家事审判适用职权探知主义法理是符合家事案件审判规律的，且与境外各国的家事司法发展趋势相吻合。但规范与实践之间存在着落差，加之《改革试行意见》在实践中低适用率的现状，家事证据收集的实践运行仍遵循当事人主导的模式，法院调查取证的比例较低。这一论断可以从笔者在前文中统计的数据中得以印证。在笔者随机抽选的200份家事一审判决书中，仅有11份叙明了法院调查取证的情形，占比仅有5.5%。

实践中法院调查取证方式被搁置的成因是多元的，包括规范因素、现实因素与理念因素等多种因素的影响。从规范层面来看，法院调查取证缺乏明确的规范指引。《民事诉讼法解释》第94条、第96条虽然对《民事诉讼法》第67条所规定的法院调查取证的两种情形予以细化，但在适用过程中仍存在较大的裁量空间。立法所规定的“涉及身份关系”等调查事项不甚明确，这为法院消极承担调查取证职能的非法性提供了绝佳的“掩护”，法院可以以特定事项不符合法定范围为由，拒绝或消极进行调查取证。从现实层面来看，法官调查取证存在动力不足的问题。一方面，与利益承担者的当事人不同，法官与案件并无任何利益关联，且调查取证也未纳入考评指标。法官进行调查取证不但不会有所获益，反而会造成额外的工作量以及人力、经费的支出。故而，其在主观意愿上一般是比较消极的。另一方面，法院调查取证行为可能招致获益的对立一方当事人对法官中立性的质疑，而且法院调查人员在调查过程中还可能受到当事人及其亲属的不当阻挠。这些因素都会消减法院调查取证的积极性。从理念层面来看，法院调查取证深受思维惯性所引致的理念冲突的影响。近年来，我国的民事审判方式改革一直朝着强化“当事人主义”的方向推进，法官也逐渐接受并习惯了在证据收集过程中的消极角色。

这一民事审判方式的思维惯性便与家事审判中逆向趋势形成了激烈的冲突。尤其是在家事审判非专业化，或审判人员跨业务庭流动的情形下，这一理念冲突更为严重。受此影响，部分法官在采取调查取证方式时往往颇为犹豫，最后极可能秉承“多一事不如少一事”的观念不予调查取证。

## 三、家事证据收集手段匮乏与单一

证据收集手段是取证主体开展收集工作的特殊方法，其通过对取证主体与对象的权利义务配置与程序设置，以达至获取相应证据资料的目的。故证据收集手段对于获取证据资料的促进作用是极为明显的。但从立法与司法的现况来看，家事证据收集手段存在匮乏与单一的问题。具体体现在以下两点：

其一，民事证据收集手段单薄，尤其是当事人的取证手段严重不足。从我国现行立法来看，当事人的取证手段包括查阅复制案卷材料、申请法院调查取证、申请鉴定、申请专家辅助人出庭提出意见、申请证人出庭作证、申请证据保全、进行证据交换。这些看似充实的收集手段，实则对当事人收集证据资料的作用颇为有限。以证据交换为例，根据 2001 年《民事证据规定》第 37 条的规定，法院组织庭前证据交换限于“当事人申请的案件”与“证据较多或者复杂疑难的案件”，实践中基层法院的案件审理很少适用证据交换。①尽管《民事证据规定》于 2019 年修正之时删去了这一条款，不再对证据交换的适用情形作出限定，而交由法院自由裁量。但在缺乏明确性的情形下，法院是否愿意以及有多大意愿去适用证据交换程序犹未可知。这一点在笔者看来是不容乐观的。而且证据交换的作用多体现在双方展示证据、固定事实与明确焦点，当事人借此所获得的证据材料仅为对方主动出示的证据，一般于己不利，并非其取证目标。对于当事人申请法院调查取证，虽然《民事诉讼法解释》第 94 条对适用情形作出了解释性规定，但该法条对“因客观原因不能自行收集”的规定仍弹性太大，法院享有较大的自由裁量权。且当事人申请调查取证需经法院审查，法院如认为无调查必要的，可不予准许。实践中法院依申请启动调查取证程序的情形较少，对当事人收集证据的保障力度相

① 李永泉：《民事诉讼当事人证据收集权研究》，中国法制出版社 2013 年版，第 38 页。

对有限。另外，当事人申请鉴定、申请专家辅助人出庭提出意见、申请证人出庭作证的取证方式适用范围狭窄，限于案件中专门性问题的证明与存在证人的情形。且尽管《民事诉讼法》规定了证人的出庭义务，但对于违反出庭义务的证人缺乏有力的制裁，故实践中证人的出庭率并不高。可见，立法所规定的当事人取证手段远不能满足当事人的实际需要。在司法实践中，当事人向对方当事人、有关单位或个人进行取证，若对方不予配合，当事人往往是无计可施。《民事诉讼法》仅仅明确了有关单位和个人对法院调查取证的积极配合义务，并将其拒绝或者妨碍法院调查取证的行为作为妨碍民事诉讼的行为予以制裁，但对于上述主体在当事人取证过程中的配合义务，并未作出规定。现行立法中唯一能发挥强制或震慑作用，要求被取证人积极配合当事人收集证据的法律规范，当属《民事证据规定》（2019 年修正）第 95 条所规定的对妨碍举证行为的推定规则。但这一推定规则仅适用于向对方当事人取证的情形，对向案外人或单位取证并无强制作用。且因规范内容过于简单、模糊，可操作性差，该规则在实践中适用不多，对当事人举证的保障作用有限。囿于民事证据收集制度的基础性地位，当事人取证手段的匮乏显然也会对家事证据收集产生不利影响。诚然，家事证据收集应向法院职权探知模式转型，但当事人收集证据仍是家事审判资料的重要来源，其在取证手段上的不足无疑会影响到法院裁判的结果以及对家事利益的保障。

其二，家事证据收集手段的因应性不足，缺乏与家事案件相适应的特殊收集手段。家事审判肩负着修复家庭关系、维护公序良俗、保护弱者利益的特殊任务，其要求家事法官作出妥当性、合目的性与展望性的裁判。显然，仅仅依赖现有的民事证据收集手段是无法达到上述目的的，裁判者可能因进入诉讼程序的证据资料与信息不够充实而难以作出妥当的处理。另外，家事领域的私密性、家庭成员的强弱对比、家庭关系的情感纠葛、家事纠纷的琐碎细节等特点都使得家事案件证据的分布、搜寻、收集有别于普通民事案件，若采取一般性的证据收集手段，很难取得良好效果。但从现有立法规范来看，立法者并未为家事案件的取证主体设置特殊的取证手段。实践中当事人为了避免举证不能所导致的不利后果，不得不采取聘请私家侦探、民间调查机构进行调查等立法未予规定的取证方式，最后却因可能侵犯隐私等问题而引来效力上的质疑。诚然，此次家事审判改革过程中探索创设了家事调查、离婚财产申报等特殊取证方式，并在改革所形成的规范文件中予以规定。但且不论上述制度的良性违法问题，就其规范本身便存在制度粗疏、不甚完备的问题，有待进一步完善。另外，这些特殊取证方式与制度因规范效力不足而未能全面推广，低适用率的现状表明其并未解决家事证据收集手段匮乏的现实问题。

## 四、家事证据收集缺乏社会力量配合

从证据生成的过程来看，证据资料一般为纠纷当事人以及相关联的个人和单位所持有。但双方当事人作为利益对立的主体，很难期待能从对方当事人处收集到支持己方诉讼主张的重要证据。实践中，取证主体更多的是从掌握信息资源与证据的有关单位和个人入手，迂回地收集与案件相关的证据资料。以离婚案件中的财产分割为例，婚姻一方很难从配偶处直接获取其所拥有的财产信息。故而，该当事人一般需要从夫妻生活细节中发现或在住宅中搜寻到一些财产线索，比如配偶的银行卡号、证券账户、开办公司的信息等，然后再到开户银行、工商部门、不动产登记中心等国家有关部门或社会机构查询或收集更为详尽的资料。因此，国家职能部门、企事业单位、社会组织以及个人等社会主体能否积极配合，将直接影响到证据收集的质效。但从民事司法中取证难的现实情况来看，取证过程中缺乏社会力量的配合一直以来都是广为诟病的问题，而这一问题在家事审判中表现得更为严重。家事案件存在复杂性、牵连性、目的多元性的特点，法院裁判过程中所需要的证据资料颇多。其既涉及家事主体的财产状况，又涉及当事人之间以及与其他关系人之间的身份关系，有的案件还需调查当事人的性格、经历、身心状况等基本情况，以及子女抚养、老人赡养等现实情况。故而，家事证据收集对于知情人、村居委会等社会主体，以及公安、工商、银行、国土等国家机关极为依赖。若这些人员或单位在取证过程中消极配合或积极阻挠，都会导致相关调查收集工作难以开展。然而，在家事司法实践中，证据收集缺乏社会力量的配合是常态，当事人、法院等主体的取证难度较大。

一方面，对于当事人及其诉讼代理人而言，这一不配合主要表现在其向掌握管理职能或其他社会职能的国家机关、社会组织、金融机构等收集证据时所遭遇的各种现实阻碍。由于当事人既无向上述主体收集证据的强制手段，同时立法也未设置持有证据的主体拒绝提出证据的惩戒措施。故而，当事人取证活动是否顺利全凭这些机构或组织的意愿。最后其工作人员抱着“事不关己，高高挂起”的态度而消极配合或寻找各种理由搪塞，便不足为奇。① 有实务工作者曾对拒绝提供证据的事由或情形作了总结，具体包括：（1）以自己单位具有特殊性，不方便出证为由予以拒绝；（2）以自己行业的特殊性为由拒绝出证。比如，金融机构以需要对客户信息保密为由拒绝当事人及代理人查询银行账户、存款、交易明细等信息；（3）以被调查人或取证对象的身份特殊为由拒绝配合，比如学校基于对未成年人的保护而拒绝配合调查；（4）给当事人及其代理人仅提供部分信息或者一些非关键性的信息；（5）仅让当事人及其代理人查阅复印件，并不愿提供原件；（6）直接以法律无明文规定为由，拒绝提供证据。② 诚然，上述拒绝的事由中有部分事由存在合理性与合法性。比如，对于涉及国家秘密、商业秘密或者个人隐私的证据，以及由国家有关部门保存而他人无权查阅调取的证据，持有证据的机关或单位拒绝向当事人及其代理人提供证据便具有合法性。但实践中大多数情形为有关机关或单位的工作人员以“存在内部规定，不允许提供”“领导不在，没有领导批示不敢提供”“我们没有义务提供”“需要法院的强制命令才可提供”等作为借口，或者打着调查的信息涉及商业秘密、客户隐私、国家机密的幌子，想方设法推诿，甚至直接拒绝提供证据。③

另一方面，对于法院调查取证而言，这一不配合主要表现在有关部门和单位缺乏与法院的常态协作机制而导致的法院调查效率低下，以及法院向有关证人、村居委会等调查收集证据或实地走访时所遭遇的困境。由于法院的调查取证行为以国家强制力为保障，加之立法明确规定了有关单位的配合义务以及违反的制裁措施，故法院在向国家有关部门、政府机关、企事业单位、

① 李永泉：《民事诉讼当事人证据收集权研究》，中国法制出版社 2013 年版，第 38 页。

② 陶祥英：《谈律师的调查取证权及其立法》，载《政法论坛》1991 年第 2 期。

③ 张友好：《书证收集与程序保障：以当事人证明权的实现为中心》，中国检察出版社 2010 年版，第 312-313 页。

社会组织等调查取证时，一般能得到该主体的积极配合。但法院调查收集的家事案件信息极为宽泛，可能涉及不同的机构或部门。而这些机构或部门之间往往缺乏沟通与协调，其所掌握的有关信息也未能实现互通共享。法院在这一过程中不得不到多部门调取，工作量大，效率不高。比如，笔者检索到的一则案例①中，法院便分别向公安机关调取了当事人的常住人口登记表、户口迁移证、准予迁入证明、家庭成员的身份信息、公安机关所作的讯问笔录等证据，向妇幼保健院调取了当事人的出生医学记录，向国土资源局调取不动产档案证明，向房管局调取了商品房买卖合同等，其中共涉及 12 个机关或单位保存的信息资料。在缺乏对这些机关或单位进行统筹或协调的情况下，由法院分别向其调取证据，这无疑会极大地影响法院调查取证的效率，甚至在司法资源紧缺的情况下，还可能导致法院的调查工作难以顺利开展。

另外，城乡结构的改变以及人口流动的加快，使得传统的熟人社会已逐步瓦解，乡里邻里或社区居民彼此之间的了解越来越少，村、居委会等基层组织对其辖区内的村民或居民的熟悉程度也在降低。如此一来，便给法院的调查取证工作带来了诸多不便。过去那种简单走访基层群众组织、政府部门，或者与街坊邻居进行访谈的调查方式已难以奏效。法院调查人员往往需要花费更多的时间与精力，才能调查核实当事人的情况以及有关事实，比如赡养或抚养义务的履行情况。受此影响，当事人的亲朋、同事等作为证人的地位得以凸显。其往往对当事人以及家事纠纷的情况颇为熟悉，是法院调查的重要信息来源。但这些主体可能碍于情面，或者出于对作为亲朋好友的一方当事人的保护，拒绝配合法院的调查询问工作或者作出带有偏向性的陈述。

## 五、家事证据收集中子女利益保护不足

家事案件的处理关乎未成年子女的利益，故而未成年人利益保护是家事审判应当遵循的基本原则，家事证据收集亦应以此为指导准则。但从我国的家事审判实践来看，家事证据收集过程中对于未成年子女利益的保护严重不足，家事法官在作出裁判之前甚少听取未成年子女的意见，未成年子女的表

① 裁判文书案号为（2015）肇四法民一初字第 937 号。

达意见权不受重视。笔者在前文中便作过初步的数据统计与估算，在涉子女家事案件的审理中，听取子女意见的案件比例约为0.12%。尽管因统计事项的局限，实践中听取子女意见的比例应高于这一比值，但如此之低的比值依然可以窥得子女意见被严重忽视的司法现状。造成这一问题的成因是多元的，具体包括：

其一，在离婚纠纷等家事案件的处理中，与未成年子女相关的抚养、探视、支付抚育费等争议事项往往作为附带性请求而出现，并未作为案件的主要焦点进行讨论。从笔者统计的数据来看，57%的离婚案件中当事人提出了子女抚养的附带性请求。但法院在处理这些案件时，往往侧重于审查夫妻双方感情是否破裂以及婚姻财产的分割问题，对于子女抚养以及探视等事项的关注不够。法院对此作出裁判所依赖的资料，多为双方当事人在诉讼中所主张的事实以及所提交的证据，其主动调查收集证据的情形相对较少，有时则直接依据夫妻双方所达成的子女抚养协议或共识作出裁判。可见，囿于涉子女事项的附带性，法院裁判容易忽视对未成年子女利益的切实保障。

其二，在家事审判中缺乏未成年子女的利益保护人。未成年人因心智发展并不成熟，缺乏理性认知与自我保护能力，故而在诉讼中的权利保护应当通过特殊的利益代表人进行。在普通民事诉讼中，这一未成年人利益代表人为其法定代理人，由该代理人代为进行诉讼活动，维护其合法权益。从《民法典》第27条的规定来看，父母是未成年子女的监护人。若父母死亡或无监护能力的，则由祖父母、外祖父母、兄、姐等近亲属或其他个人、组织担任其监护人。代理未成年人进行诉讼活动是监护人的一项重要义务。但在家事案件中，本应作为未成年人的法定代理人或监护人的主体，自身也与该案件存在利害关系，有时甚至可能出现自身利益与被代理的未成年人利益相冲突的情形。在如此情况下，未成年人的法定代理人可能着力追求自己的利益，而罔顾、漠视未成年人的利益诉求，甚至还可能以未成年人的利益作为筹码进行博弈，来获取自身最大利益。比如，在离婚案件中，掌握着经济实力的男方以争夺子女抚养权相要挟，要求女方在婚姻财产分割中作出让步。当然，也存在法定代理人因与未成年人的感情因素而对未成年人的利益作出错误判断的不当情形。比如，己方缺乏抚养未成年子女的能力，但基于个人情感而争夺子女抚养权的情况。尽管在家事案件中存在未成年人利益保护主体缺位的问题，但立法并未在监护人或法定代理人之外，为未成年人设置其他的利益保护人。家事审判改革中虽有积极探索未成年人利益保护人制度，但限于适用范围有限而作用未显。有鉴于此，实践中鲜有特殊主体代表未成年人的利益在诉讼中“发声”，取证主体所收集的涉及未成年人利益事项的证据资料也较为匮乏，这均影响到法院裁判对未成年子女利益的保护。

其三，未成年子女在证据收集中的非主体性地位。在涉未成年子女的家事案件中，未成年子女甚少作为当事人直接参与诉讼程序，即使是专门处理子女抚养、收养、监护、探视问题的抚养案件、收养关系案件、监护权案件以及探视权案件亦不例外，附带处理子女抚养问题的离婚案件更是如此。在这些案件的审理中，往往由存在争议的家庭成员来作为当事人，比如争夺未成年子女抚养权的父母或其他近亲属，由这些主体行使收集、提供证据，以及向法院陈述意见的权利，未成年子女的陈述意见权在无形中被剥夺。在否定未成年子女作为当事人参与诉讼之后，其在家事审判中的诉讼地位更多地类似于案件证人，为法官裁判提供案件信息。若当事人并未要求法院听取未成年子女的意见，而法院依职权调查又极易招致与未成年子女共同生活一方的近亲属的不当阻挠，在此种情形下，未成年子女的意见不被听取或不受重视便成为必然。

其四，现行立法对听取未成年子女意见缺乏重视。我国《民事诉讼法》等程序立法并未对法院听取未成年子女的意见作出规定，《民法典》婚姻家庭编等实体性法律虽有相关规定，但对未成年子女意见的重视程度不够。《民法典》第1084条仅明确了在“父母双方对抚养问题协议不成”的情形下，应当尊重已满八周岁的子女真实意愿，但对于父母双方关于抚养问题存在合意，或者对于未满八周岁的子女，是否需要听取其意见，则缺乏法律的明确规定。另外，法院应当在多大程度上尊重未成年子女的意见，也缺乏相应的规则指引。

# 第五章　我国家事证据收集制度的体系重构

我国的家事审判改革正在如火如荼地进行，家事审判程序的特殊规律也在不断地显现，家事审判制度正迈向了独立发展之路。同样，家事证据收集制度的独立化也是家事司法发展的必然趋势。但在改革未竟、立法未成之时，家事审判中的证据收集活动依然需沿用民事程序立法中的相关规定，证据收集制度的滞后无疑会妨碍家事审判机能的发挥，影响其解决家庭纠纷、保护弱者权益、修复家庭关系等目的的实现。证据收集制度作为家事审判改革中的重要一环，探索建立符合家事案件特点与家事审判规律的证据收集制度是当务之急，具有刻不容缓的紧迫性。然而，囿于家事证据收集制度与普通民事证据收集制度之间的悬殊差异，家事证据收集制度的建构不应是以民事证据收集制度为蓝本的简单修正，而应是脱胎换骨式的体系重构。其“换骨”的内容涉及证据收集的主体及作用模式、任务分配、收集方式、子女意见表达等诸多要素。

## 第一节　主体要素：收集主体及作用模式的明确

家事证据收集制度的主体要素包括收集主体以及彼此之间的作用模式，其与民事证据收集制度相比，均存在不同程度的差异。前者主要体现在检察机关参与证据收集的程度以及角色有所不同，而后者则体现在当事人与法院之间的两种截然不同的作用模式。

## 一、我国家事证据收集主体的确定

### （一）作为关系主体的当事人及其代理人

当事人是家事审判中证据收集的应然主体，这是由其作为家事纠纷亲历者以及利害关系人的身份所决定的。从证据收集的现实性来看，家事当事人作为争议方，处于纠纷发生的“中心地带”，其对于家事纠纷发生的来龙去脉极为清楚，也知晓能证明己方诉讼主张的证据线索以及证据所在，甚至部分证据的生成还是由其亲自参与制作。故而，由当事人来收集证据资料更为方便，避免了他人盲目性地搜索、收集，有助于节约取证成本。从证据收集的主观性来看，家事当事人作为实体法律关系的主体，与家事案件的处理结果存在利害关系，故而在主观上最有动机去收集能支持己方主张的证据资料，并在诉讼中提出。可见，赋予当事人取证权有助于调动其收集证据资料的积极性，促进案件真实的发现。从证据收集的权责统一性来看，承担证明责任的当事人一方需承担举证不能时的不利后果。为避免证明责任成为单方面的归责机制，并保障责任承担方享有申辩证明的机会，立法者应当赋予该当事人相应的证据收集权，并为该权利行使提供法律保障。当然，基于与举证方证据收集权的对抗，其相对方也应享有同等的证据收集权。

虽然当事人作为关系主体享有应然的证据收集权，但这一权利行使的效果与权利主体的能力存在很大关系。对于很少存在诉讼经验的当事人而言，其往往缺乏有效收集证据材料的技术能力与知识，也不知道围绕哪些要件事实来进行取证，有的还可能因欠缺法律意识而导致所获取的证据材料被排除适用。以最为常见的离婚案件为例，对于对方当事人未公开的银行存款、房产、证券、基金、经营企业等财产信息，当事人一般而言缺乏向有关机构进行查询的相应能力。这无疑会影响到其对于夫妻共同财产的举证以及最后的财产分配结果。基于此，立法设置了诉讼代理人制度，弥补普通当事人在诉讼能力上的不足，协助其更好地完成包括证据收集在内的诉讼活动。在代理人主体范围之中，作为法律职业者的代理律师所提供的法律服务无疑是最为优质的，对当事人收集证据的保障作用最为显著。日本著名学者棚濑孝雄曾对律师的专门技术进行过总结，其大体包括两个方面：一是关于具体权利要求的法律知识以及对这些知识的运用。相较于缺乏法律素养的普通当事人，律师通过系统学习与丰富实践掌握了相应的法律知识，并能够合理恰当地使用这些知识。二是广义上与有效地处理纠纷有关的特殊信息与技术，比如进行交涉的技巧等。① 代理律师的这些技术对于有效收集证据具有明显的促进作用。法律知识与素养可以引导其在合法范围内进行取证，办案实践中积累的特殊信息与技术也能够帮助其更好地发现证据线索，完成证据收集任务。

### （二）法院调查取证的践行：裁判者与调查取证者相分离

法院作为司法裁判者，一般是无需参与证据收集的，其在证据领域内的主要职责限于审查核实提交到诉讼过程中的证据，并运用证据认定案件事实。但现代司法赋予了法院控制、推进程序以及维护公益等特定任务，而这些任务的执行都需要法院享有相应的调查取证权作为后盾，否则将无法作出适当的判断。有鉴于此，赋予法院在特定情形下的调查取证权是颇为必要的。这一点在涉公益性的家事案件审理中更是如此，法院是重要的家事案件取证主体。

我国学界自 20 世纪 90 年代以来对民事诉讼中法院调查取证职权的存废、范围扩张与限缩等问题展开了激烈的论辩，学者各执己见，众说纷纭。② 发展

---

① 〔日〕棚濑孝雄：《纠纷的解决与审判制度》，王亚新译，中国政法大学出版社 2004 年版，第 312-313 页。

② 持废除论的学者及文献：郑若山：《论取消民事审判中法院调查取证权的必要性》，载《华东政法学院学报》2001 年第 5 期；任铁健：《对法院依职权调查收集证据的反思》，载《政法论丛》2000 年第 1 期；唐东楚：《论人民法院不是证明责任的主体》，载《河北法学》2002 年第 5 期；李蓉：《废除法院取证制度与完善当事人举证责任》，载《江西行政学院学报》2000 年第 4 期。持保留论的学者及文献：田平安：《民事诉讼证据初论》，中国检察出版社 2002 年版，第 137-143 页；阮忠良、章国峰：《人民法院调查收集民事证据研究》，载乔宪志主编：《中国证据制度与司法运用》，法律出版社 2002 年版，第 168-183 页。持限缩论的学者及文献：陈桂明、张锋：《民事举证时限制度初探》，载《政法论坛》1998 年第 3 期；姜丰建：《扩张抑或限制：法院调查取证制度前路分析》，载《山东法官培训学院学报》2012 年第 3 期；江伟、杨荣新：《民事诉讼机制的变革》，人民法院出版社 1998 年版，第 181 页。持扩张论的学者及文献：李浩：《回归民事诉讼法——法院依职权调查取证的再改革》，载《法学家》2011 年第 3 期；江伟：《民事诉讼法专论》，中国人民大学出版社 2005 年版，第 245 页；肖晗：《民事证据收集制度研究》，湖南师范大学出版社 2010 年版，第 103-104 页；吴如巧：《民事诉讼证据收集制度的构建》，中国人民公安大学出版社 2011 年版，第 145-148 页。

至今，学界对这一论争已基本偃旗息鼓，保留法院调查取证职权已成为学界的共识。笔者在此也无意重启旧战，因为在家事审判领域，法院调查取证具有相当的合理性，并无实质争议。但此前论辩中持“否定论”或“限缩论”的学者对法院调查取证职权的批判理据却值得我们深思。这些理据大致可概括为以下四点：第一，法院职权调查取证导致诉审职能不分。法院的取证行为事实上承担了主张者收集并提出证据的诉之职能，而这种“审者兼诉、诉审合一”的操作方式极易影响裁判者的中立性，打破双方当事人的平衡。第二，法官调查取证必然要舍弃“坐堂问案”的做法，深入群众与社会之中。但这同时也为当事人在庭外接触法官提供了机会，可能诱发司法腐败、徇私舞弊等风险。第三，法官在调查取证过程中难免会先入为主，依据所调取的证据对其中一方当事人产生情感上的偏向。第四，法院调查取证还存在权责分离的矛盾。法院享有调查取证的职权，但无需承担举证不能的不利后果，违反了权责统一的公理。① 从我国现行民事诉讼程序来看，批判者所提出的这些质疑并未在近些年的修法中得以回应，其所引发的矛盾只不过因实践中法院调查取证比例过低而被淡化。但在强调法院职权探知的家事审判程序中，这些质疑便成为不得不予以回应的重要议题。

诚然，加强法官的职业伦理建设、提升法官的职业素养有助于缓解法院职权调查所引致的上述矛盾。但这一举措的作用是相对有限的，并不能期待每位法官都能按照职业伦理的要求进行自我约束。同时，法官调取证据中所形成的主观偏见往往是无意识的、难以避免的，其中立性无法得以确保。针对此问题，最为有效的办法便是实现裁判者与调查取证者之间的分离，在法院调查取证与法庭审理之间设置“隔离带”，以避免审判法官先入为主，以及开展调查取证活动对其中立性的减损。具述之，我国民事审判实践的操作模式一般表现为案件在由立案庭移交到审判业务庭后，便由随机分配的承办法官整体负责行使送达、调查取证、庭前准备、庭审裁判等各种审判职能。承办法官在收到双方当事人提交的诉讼材料之后，通过阅卷、询问当事人、组织证据交换等方式积极了解案情，并根据需要主动调查收集相关证据。承办

① 任铁健：《对法院依职权调查收集证据的反思》，载《政法论丛》2000 年第 1 期。

法官往往在开庭之前便已形成对案情的初步认识以及相应的处理意见，之后的庭审活动便成为对该预先形成的裁判意见加以印证并披上合法外衣的“过场”。这样一种调查取证者与裁判者集于一身的操作模式，引发了“先定后审”“架空庭审”等严重弊病，[①] 饱受学界与实务界的质疑。同时，其也催生了调查与审判分立的改革动议，即在法院内部将调查取证工作与庭审工作分配给不同法官进行的运作模式。显然，这样一种角色分离的模式有助于保障审判法官的纯粹性，其无需再负责审前阶段的调查取证等相关工作。因而也避免了与当事人以及有关证据的直接接触，而产生先见或影响其中立性判断。且由专门的审前程序法官负责调查取证，可有效缓解法院调查取证所产生的“审者兼诉”问题，其至少在操作人员层面上实现了二者的分离。当然，这一模式也阻断了裁判者在调查取证过程中与当事人的私下接触，减少了司法腐败或不公的现实风险。此外，调查与审判相分离还可促进法院内部审判权的明确划分，推动形成调查取证权与庭审裁判权的相互监督体系，确保法院裁判的公正性。[②]

事实上，这一角色分离的理念早已在境外民事诉讼的立法中得以践行。两大法系的国家或地区大多基于防止审判法官产生偏见的目的，设置了专门负责或管理审前程序的特殊法官。比如，英国的司法主事官（Master）与美国的治安法官（Magistrate）、司法主事官在审前程序中的重要职能，便是监督、管理当事人提出诉讼文件与开示程序，[③] 其并不参与法院的庭审活动。大陆法系国家或地区也规定了相应的受命法官制度。合议庭的审判长可以指定一名成员作为受命法官，由其负责审前程序中的准备工作，其中当然也包括实施证据调查。受命法官应向合议庭作必要的汇报，但不能传递可能导致其他成员形成先见的相关信息，由此保障裁判者的心证形成于法庭审理过程中。[④] 对于需出受诉法院以外的其他法院进行的，可委托其他法院的法官即受托法官进行证据调查。

事实上，我国理论界对于创设审前程序法官或调查法官的讨论由来已久。

① 吴如巧：《民事诉讼证据收集制度的构建》，中国人民公安大学出版社 2011 年版，第 154 页。
② 江伟、杨荣新主编：《民事诉讼机制的变革》，人民法院出版社 1998 年版，第 182-183 页。
③ 吴如巧：《美国联邦民事诉讼规则的新发展》，中国政法大学出版社 2013 年版，第 140-141 页。
④ 王亚新：《社会变革中的民事诉讼》，北京大学出版社 2014 年版，第 121 页。

司法实践中也早有一些地方积极探索由承办法官以外的其他机构或人员专门进行证据调查的改革措施,[①] 但均因法制环境的制约、司法运行的惯性、司法资源的紧缺以及案多人少的矛盾等诸多因素而未能得以推广。现行立法对于法院调查取证、组织证据交换等诉讼行为实施主体的规定，使用的是“人民法院”“调查人员”“审判人员”等相对模糊的概念，这也引发了实践适用中的混乱。司法实践中，法院职权调查取证大体存在两种操作模式：一是由承办法官（独任制或合议制均是如此）直接进行调查收集证据；二是由法官助理或书记员代替法官进行调查取证。不管哪种模式，作为裁判者的承办法官产生主观偏向总是不可避免的。即使是由法官助理或书记员负责进行调查取证，但因其与承办法官之间的团队合作关系，有的则是直接在法官指导下开展证据调查，此时的承办法官也极易受到调查人员情感偏向的影响。正如有学者所言，“法官一旦走下审判席开展庭外调查活动，也就偏离了中立的裁判者的角色定位，而成为带有倾向性的调查官员。”[②] 可以说，法院职权调查取证引发了裁判者的中立性危机，也招致对法官审判带有倾向性的质疑。我国的家事审判改革正在不断地推进，家事证据收集模式也在向职权探知主义逐渐转型，家事审判中法院调查取证将日渐常态化。如此一来，裁判者与调查取证者角色合一的弊病将被进一步放大。这可能影响到家事司法的质效评价，甚至整个家事审判改革的成败。故而，在家事审判中实现裁判者与调查取证者相分离具有紧迫性，迫在眉睫。在具体操作层面，存在两种可行的策略：一是借助现行改革中正在探索的家事调查员制度，由调查员具体负责法院职权调查事项。这一做法有助于动员和激励社会各界力量共同参与家事司法，节约有限的司法资源，但同时也存在调查人员中立性与取证质量无法保障、调查经费以及人员数量不足、向有关职能部门或社会组织调查取证乏力等问题。二是抽调一至两名审判法官与多名法官助理、书记员、法警等组成类似于保全组、送达组的专门调查团队。其中，审判法官负责指导、管理工作，比如核发相应的调查命令、指导调查人员的具体工作，其并不亲自参与庭外

---

① 最高人民法院研究室:《走向法庭——民事经济审判方式改革示范》，法律出版社 1997 年版，第 144 页。

② 黄文:《理论探索与实践正义》，河南人民出版社 2010 年版，第 84 页。

调查取证。这一做法有助于提升法院调查取证的专业性与集约性，同时由审判法官作为团队成员进行指导、管理，可以对调查取证工作质量进行把关，避免出现非法取证的情形。

### （三）检察机关作为取证主体的特殊参与

检察机关作为我国的法律监督机关，可以通过提起抗诉或检察建议的方式对民事诉讼的全过程进行检察监督。为保障检察机关行使这一监督职能，《民事诉讼法》第 221 条明确了检察机关享有向当事人或者案外人就有关情况进行调查核实的职权。最高人民检察院于 2021 年出台的司法解释《人民检察院民事诉讼监督规则》，对检察机关在履行法律监督职责过程中的调查核实权作出了细化规定。具体而言，检察机关行使调查核实权适用于以下情形：法院裁判可能存在法律规定需要监督的情形，而检察机关仅通过阅卷及审查现有材料难以认定的；审判人员可能存在违法行为的；民事执行活动可能存在违法情形的；其他必要情形。检察机关可采取的调查核实措施颇为丰富，包括查询、调取、复制相关证据材料、询问当事人或者案外人、咨询专业人员等对专门问题的意见、委托鉴定、评估、审计、勘验物证、现场等。但检察机关不得采取限制人身自由和查封、扣押等强制性措施来进行调查核实。该司法解释第 71 条还规定了有关单位和个人配合检察机关调查核实的义务。对于违反这一义务的主体，检察机关可以向有关单位或者其上级主管部门提出检察建议，责令调查对象进行纠正。对于涉嫌违纪违法犯罪的，检察机关可依照规定移送有关机关处理。显然，检察机关在办理民事抗诉案件或进行其他检察监督的过程中可作为取证主体，对案件有关情况主动进行调查核实。而家事案件作为民事案件的一部分，检察机关也可在对其进行检察监督的过程中行使调查核实权。

除此之外，《民事诉讼法》第 58 条规定了检察机关提起民事公益诉讼的特殊制度，检察机关在这一过程中也享有相应的调查取证权。[①] 不过，既然现

---

① 《最高人民法院、最高人民检察院关于检察公益诉讼案件适用法律若干问题的解释》（2020 年修正）第 6 条、《人民检察院公益诉讼办案规则》第二章第四节“调查”、第四章第一节“立案与调查”均对检察机关在办理民事公益诉讼中的调查取证权作出了规定。

行立法明确了检察机关可以作为公益代表，对破坏生态环境和资源保护、食品药品安全领域侵害众多消费者合法权益等损害社会公共利益的行为提起民事公益诉讼，那么其可否同样基于这一公益保护角色，参与具有涉公益性的家事案件诉讼程序呢？显然，现行立法并未对检察机关参与家事审判作出规定，但从境外经验来看，检察机关以不同方式参与家事审判的情形较为常见。比如，法国、日本等都对检察机关的这一职能作出了规定，即使是英美法系的英国也同样存在检察长参与确认婚生和非婚生子女合法身份案件的相关规定。[①] 而在此次家事审判改革中，各试点法院并未对检察机关直接参与家事审判的特殊制度进行探索，检察机关在家事审判改革中的协调作用仅限于“履行检察职能，强化对公安、法院以及其他相关部门开展妇女儿童老年人权益保护工作的法律监督，以及对监护人因监护侵害行为被提起公诉的案件，应当书面告知被监护人及其近亲属或者书面建议民政部门依法申请撤销监护人资格”。[②] 尽管如此，立法与实践的“沉默”并不妨碍我们从理论层面探讨检察机关参与家事审判的正当性与必要性，以保持理论的前瞻性。当然，在此种情形下，由检察机关作为家事案件的特殊取证主体便顺理成章。

1. 检察机关参与家事审判的正当性

（1）职能衔接：家事案件的公益性与检察机关的公益保护职能

家事案件的公益性主要源于家事主体身份关系的冲突或不确定状态给社会秩序所造成的破坏与紊乱。这使得对于身份关系纠纷的处理，不再限于纠纷当事人自身，而是上升到社会公益的高度予以保护。另外，家事案件关乎未成年子女、妇女、老人等弱者的合法权益，而这些主体缺乏自我照护能力，需要国家作为国民的监护人给予特殊保护。正是因为家事案件所涉权益突破了传统私益的范畴，故而其诉讼当事人的范围也不能局限于直接的纠纷主体，而应包含公共利益的特殊代表。家事公益的代表大致可包括妇联等社会组织、

① 张晓茹：《家事裁判制度研究》，中国法制出版社 2011 年版，第 133-134 页。

② 《最高人民法院、中央综治办、最高人民检察院、教育部、公安部、民政部、司法部、国家卫生计生委、新闻出版广电总局、国务院妇儿工委办公室、全国总工会、共青团中央、全国妇联、中国关工委、全国老龄办关于建立家事审判方式和工作机制改革联席会议制度的意见》中对最高人民检察院的职责任务分工。

民政部门等行政机关以及检察机关。从横向比较来看，我国妇联组织虽布局较广，全国各地均有相应的地方妇联组织，但在社会组织发育不良的大环境下，妇联组织的发展总体上仍有所不足，且存在参与家事审判意愿不强、保护对象有所偏重、参与诉讼的能力有限等问题。行政机关虽长期以来作为国家利益与社会利益的代表，履行行政管理与保护职能，但其工作方式与司法活动大相径庭，且无相应的参诉经验，也不宜作为家事公益的代表参加诉讼。相比较而言，检察机关作为法律监督机关，具有保护国家与社会公益的职责。而参与家事审判程序，保护家事案件中身份、伦理公益以及未成年人的合法权益，正是这一公益保护职责的重要体现。加上检察机关在参与民事诉讼方面的丰富经验，由其作为公益代表参加家事审判具有明显的优势性。事实上，在我国检察职能的演变发展进程中，存在着检察机关提起或参与家事审判程序的特殊阶段。1954 年制定的《中华人民共和国人民检察院组织法》第 4 条便将“对有关国家和人民利益的重要民事案件提起诉讼或者参加诉讼”作为检察机关的重要职权。在实践中，检察机关提起或参加诉讼的案件范围自然也包括婚姻家庭案件。例如，黑龙江省各检察机关在 1956 年便办理了 80 件民事案件，其中包括 8 件婚姻案件与 1 件抚养案件。[①] 可以说，检察机关提起或参加家事审判是对 1954 年所确定的检察职能的回归。另外，现行《民事诉讼法》所规定的检察公益诉讼打开了由检察机关作为公益代表直接参与民事诉讼的制度“缺口”，那么再将检察机关提起涉及公益的民事诉讼范围拓宽至家事案件也并无不可。

（2）理论奠基：当事人适格理论的扩张

当事人适格，又称正当当事人，是指对于特定的诉讼能够以当事人的名义进行诉讼的资格。[②] 传统理论上的当事人适格判断标准是以管理权为基础的诉讼实施权标准。即适格当事人应当是实体法上的权利主体，其对权利内容享有一般性的管理权或处分权，[③] 并基于这一实体性权利而产生程序上的诉讼

① 张晓茹：《家事裁判制度研究》，中国法制出版社 2011 年版，第 137 页。

② 蔡虹：《民事诉讼法学》，北京大学出版社 2016 年版，第 159 页。

③ 郭美松：《人事诉讼中传统当事人适格理论之嬗变：兼析检察官以当事人身份参与人事诉讼》，载《西南民族大学学报（人文社科版）》2009 年第 6 期。

实施权。故而，传统的正当当事人必须是系争权利或法律关系的主体，其包括与案件存在实体上利害关系的人，以及为保护他人权益而进行诉讼的人。显然，传统当事人适格理论受到了程序法作为实体法的附庸这一理念的影响，① 当事人适格与否完全取决于其在实体法上是否享有相应的管理权。这一理论具有相当的局限性，其无法解释消极确认之诉以及形成之诉中当事人诉讼实施权的正当性问题，故而逐渐丧失了说服力。而“诉的利益”学说的提出解决了这一难题，其并不要求当事人享有对系争权利的管理权，只要存在“诉的利益”，便可作为适格当事人，在诉讼中对事实提出主张或抗辩并予以证明。② 所谓的“诉的利益”是指原告诉诸诉讼所获得的利益，其旨在通过谋求裁判而祛除这一利益上的不安或危险。这与作为讼争对象的实体权利、法律上的实体性利益以及原告胜诉利益并不相同。③ 显然，享有“诉的利益”的人所指代的主体范围更广，其并不要求以存在实体上的管理权为前提，只要该主体存在提起诉讼的利益及必要即可。从我国现行《民事诉讼法》第122条规定的起诉条件来看，立法上的适格原告限于与案件存在直接利害关系的人。这事实上受到了传统当事人适格理论的影响，要求当事人与案件存在实体法上的利害关系，即享有实体法上的管理权。这一规定无疑是把不具有直接利害关系的检察机关排除在涉及公益的民事诉讼之外，同时也导致了对民事公益的诉讼保护缺位。然而，基于“诉的利益”的当事人适格理论的提出为检察机关作为公益代表提起诉讼提供了理论支撑。无论是环境污染、侵害众多消费者合法权益案件中的社会公益保护，还是家事案件中的身份利益以及未成年人利益保护，法律都有必要赋予检察机关等特殊主体以“诉的利益”，来解决上述利益保护缺位或不足的问题。这其实是从诉讼角度对实体适格当事人范围的补充，以期将诉讼程序适用范围扩张至不存在直接利害关系人或直接利害关系人不特定的特殊案件之中。2017年《民事诉讼法》修订确立了检察公益诉讼制度，这既是对“诉的利益”学说的立法践行，同时也体

① 齐树洁、苏婷婷：《公益诉讼与当事人适格之扩张》，载《现代法学》2005年第5期。

② 肖建华：《民事诉讼当事人研究》，中国政法大学出版社2002年版，第105页。

③〔日〕谷口安平：《程序的正义与诉讼》，王亚新、刘荣军译，中国政法大学出版社2002年版，第188页。

现了立法对起诉条件中“直接利害关系人说”予以否定的最新动态，表明了一种适格当事人范围扩张的趋向。有鉴于此，由检察机关作为当事人参与家事审判自然也不存在理论与立法上的严重障碍。

2. 检察机关参与家事审判的必要性

我国自改革开放以来，婚姻家庭观念以及社会环境发生了急剧变化。这使得婚姻家庭案件类型日益复杂化，其中涉及公益的家事案件数量也在与日俱增，如虐待儿童、家庭暴力等案件频发。[①] 而在这些涉及公益的家事案件处理中，由于缺乏相应的保护主体，其利益保护往往被忽视，甚至因无适格主体提起诉讼，而无法启动司法保护程序。以儿童虐待案件为例，由于实施虐待行为的主体多为儿童的监护人或近亲属，其显然不会主动向法院提起诉讼。如此，儿童利益便因缺乏保护主体而一直处于受侵害的现实危险之中。再比如，在子女抚养权或监护权纠纷之中，诉讼当事人往往为争夺抚养权或监护权的父母或近亲属，其提起或参加诉讼并不全然为了未成年子女的利益，故子女实质利益便存在保护缺位的现实问题。另外，对于家事主体身份关系可能存在有违公序良俗或法律禁止性规定的情形，由于无人起诉便无法启动司法程序对此进行审查，这也可能造成不法身份利益的持续影响。这些问题若长期得不到解决，便会对法律权威、社会秩序以及家庭伦理造成严重损害。而解决的关键便在于设置家事公益的特殊代表人，由其作为公益代表提起或参加诉讼，弥补现行制度下家事公益保护的不足。显然，肩负公益保护职责的检察机关是最佳的选择。其既具备相应的诉讼经验与实力，同时也可与正在推行的检察公益诉讼统筹并行。

## 二、我国民事证据收集模式的界定

众所周知，关于诉讼资料的收集与提出存在两种基本模式，即辩论主义与职权探知主义。前者是指作为裁判基础的证据资料的收集与提出应当作为当事人的权能与责任；后者则是指法院有权且负有责任收集裁判所需的证据

① 冯祝恒：《论我国检察机关参与家事诉讼制度——以制度之考量与构建为中心》，载《广西政法管理干部学院学报》2019 年第 3 期。

资料。具体而言，辩论主义与职权探知主义之间的对立主要体现在法院裁判所依据的事实主张范围、当事人主观意愿对法院认定事实的约束，以及法院是否可主动依职权进行证据收集这三个方面。[①] 正如日本学者谷口安平先生所言，以什么样的事实来作为请求的根据，又以什么样的证据来证明所主张的事实存在或不存在，都属于当事者意思自治的领域，法院应当充分尊重当事者在这一领域的自由，这就是辩论主义最根本的含义。[②] 而职权探知主义则与辩论主义截然相反，在上述三个方面均体现了法院的职权作用。以此为界分标准，大陆法系与英美法系的民事诉讼程序均是以辩论主义为基本原则，非讼程序则是以职权探知主义为基本原则。显然，辩论主义与职权探知主义的划分其实是一种理想状态。在现代民事诉讼与非讼程序中，绝对的当事人主导或法院主导的证据收集模式已然不存在。即使是极力主张当事人主导证据开示过程、法官处于消极中立地位的英美法系国家，也在近年来因当事人恶意对抗而导致的诉讼迟延、成本高昂、司法技术化等问题，而大力开展加强法院对证据收集的管理与控制的司法改革，并在特定情形下赋予法院依职权收集证据的权力。大陆法系中法院依职权调查取证的范围更广。比如，《德国民事诉讼法》便规定，除对证人的调查需由当事人提出而不能主动依职权调查以外，其他证据方法的调查均可由法院依职权进行。[③] 另外，西方国家对于法院释明义务以及当事人真实陈述义务的强调，也推动着证据收集的模式由古典的辩论主义逐步走向修正的辩论主义，甚至是协同主义。

我国的民事诉讼证据收集模式遵循着截然不同的发展路径，且与上述两种基本主义并不存在完全的对应关系。从 1949 年新中国成立至 1982 年《民事诉讼法（试行）》出台的三十多年间，我国并没有专门的民事诉讼法典，甚至在立法上并未对民事诉讼与刑事诉讼作出分别规定。当时的民事诉讼制度充满了浓烈的职权干预色彩。在证据资料的收集上，法院拥有绝对的主导

---

① 赵蕾：《非讼程序论》，中国政法大学出版社 2013 年版，第 77 页。

② 〔日〕谷口安平：《程序的正义与诉讼》，王亚新、刘荣军译，中国政法大学出版社 2002 年版，第 139 页。

③ 熊跃敏：《大陆法系民事诉讼中的证据收集制度论析：兼论我国证据收集制度的建构》，载《证据学论坛》2004 年第 2 期。

权，可全面地调查事实、收集证据。例如，《诉讼程序通则（草案）》第40条规定："刑事民事案件的诉讼人应就其所主张的事实举出证明方法（书面证据、证物、证人、勘验、鉴定等），法院亦应自行调查事实，搜集、调查证据。法院认定事实，应凭证据，不应单凭诉讼人的陈述。"1982年《民事诉讼法（试行）》的颁布施行在我国民事诉讼领域具有里程碑式的意义，标志着我国的民事诉讼程序已逐步迈向规范化。但《民事诉讼法（试行）》在法院与当事人之间的诉讼构造上仍沿袭了此前的程序特点，继续采取超职权主义的诉讼模式。自然，在证据收集方面，法院可全面、客观地收集和调查证据，完全不受当事人事实主张与提出证据的限制。在司法实践中，由于受到长期以来所形成的国家本位观念与国家干预理念的影响，法院主导证据收集的趋向更为明显，当事人作为取证主体的诉讼地位并未得到法院的重视。诚然，当时的民事诉讼中法院职权探知的特点与西方国家所探讨的职权探知主义具有很大的共似性，但其对于当事人取证权以及在证据收集中的积极作用的忽视，却非职权探知主义法理的应有之义。也可以说，当时民事诉讼中的证据收集模式存在超职权探知的特点。

由于改革开放以来商品经济的快速发展，《民事诉讼法（试行）》中法院职权全面干预的模式已不契合实践需求，故我国又于1991年制定了《民事诉讼法》，弱化了法院的职权干预，并强化了当事人对实体与程序事项的处分权。相应地，法院收集证据的职权也被限缩，由此前的"全面地、客观地收集和调查证据"，转为"当事人及其诉讼代理人因客观原因不能自行收集的证据，或者人民法院认为审理案件需要的证据，人民法院应当调查收集"。不过，由于法院在调查取证事项上的裁量空间过大，法院职权探知的模式并未发生结构性的转变。[①] 2001年，最高人民法院出台了《民事证据规定》，其对法院调查取证的情形予以细化规定，限定了法院在这一方面的自由裁量权。[②] 在此后的多次立法修订中，2012年的《民事诉讼法》修订对民事证据制度作出了较大幅度的调整，在鉴定启动、申请专家辅助人出庭作证等方面强化了

① 张卫平：《诉讼构架与程式：民事诉讼的法理分析》，清华大学出版社2000年版，第91页。

② 2019年最高人民法院在对《民事证据规定》进行修正之时，为避免与2015年《民事诉讼法解释》的规定重复，将有关法院调查取证适用情形的条款删除。

当事人的作用。另外，我国民事司法实践中自20世纪八九十年代以来启动的民事审判方式改革，也极大地推动了民事证据收集制度运行朝着强调当事人自我决定与负责、强化当事人举证责任、弱化法院职权干预的方向不断发展。

显然，我国现有的民事证据收集模式早已不是过去的超职权探知主义或职权探知主义，但仍未达至西方国家所遵循的辩论主义的程度。我国学者将这一模式界定为"辩论原则"，与西方国家的"辩论主义"原则相对应。其法条依据为《民事诉讼法》第12条对当事人辩论权的规定。我国的"辩论原则"实质是对当事人的赋权，明确当事人享有在诉讼中表达自己观点并相互进行辩论的机会，法院应当为当事人行使辩论权提供法律保障，并积极听取当事人的意见。围绕这一原则，立法对当事人行使辩论权的内容、范围以及方式等事项作出了明确规定，但并未对辩论结果与法院裁判之间的关系予以明确。我国的"辩论原则"事实上并不具有西方"辩论主义"原则的约束性，即当事人所主张的事实与证据对法院裁判的限定，其因缺乏实在的内容而不具有实质性意义。① 然而，随着近年来民事诉讼法的修订、相关司法解释的出台以及民事审判方式改革的持续推进，"辩论原则"中"当事人辩论的内容限制法院职权行为"这一层面的含义已逐步得到强调与重视。② 从与西方辩论主义的三个命题相比较来看，第一命题强调在要件事实层面，法院不得以当事人辩论中未出现的事实作为裁判依据。而我国《民事诉讼法》在2007年修正之时将"原判决、裁定遗漏或者超出诉讼请求的"纳入启动再审法定事由之中，体现了当事人的诉讼请求对法院裁判的约束性。尽管这一约束并未具体到要件事实层面，法院仍存在超出当事人主张的要件事实之外作出裁判的适用空间，但相较于此前的规定，2007的修正案已经反映出立法者强化当事人主张的裁判约束性这一立法动向。第二命题强调对于双方当事人无争议的事实，法院不得作出相反的认定。而从2022年修正的《民事诉讼法解释》以及2019年修正的《民事证据规定》中的有关规定来看，当事人在诉讼中所作出的自认，除涉及法院依职权调查事实以外，均具有免除对方举证责任的

① 蔡虹：《民事诉讼法学》，北京大学出版社2016年版，第112页。

② 王亚新、陈杭平、刘君博：《中国民事诉讼法重点讲义》，高等教育出版社2017年版，第21-22页。

效力。可见，我国的现行规范肯定了当事人自认对法院裁判的拘束效力，但与辩论主义第二命题中所强调的“不得作出相反的认定”仍存在差距。当事人可举证推翻自认的事实，且对于自认的事实与查明的事实不符的，法院也不予确认。第三命题强调法院不得在当事人提出证据之外主动依职权调查证据。而我国《民事诉讼法》第67条也明确规定了以当事人为主的证据收集模式，法院调查取证仅限于少数特定的情形。这一点与大陆法系国家的情况相差不大，甚至于我国法院依职权调查取证的权力还明显小于德国、法国等大陆法系国家。① 事实上，与辩论主义的前两个命题相比，第三命题即当事人提出证据原则仅具有辅助性质，并不会改变对整个诉讼资料收集模式的判断。② 综合上述分析，我国的民事诉讼证据收集模式正处于由职权探知主义向辩论主义转化的中间状态，其既保留了法院职权干预的痕迹，同时也体现出当事人主导的发展趋势。

## 三、我国家事证据收集模式的转型

在统合立法模式下，我国的家事证据收集深受民事诉讼一般规定的影响，带有当事人主导的色彩，法院职权调查取证情形较少。这显然是有违家事审判规律的。故而，有必要从应然层面对家事证据收集的模式进行探讨，并推动我国家事证据收集向这一理论模式转型。

### （一）我国家事证据收集酌采职权探知主义

首先，家事案件的涉公益性，与生成辩论主义法理的当事人意思自治原则相冲突，且需要法院作为公共利益维护者积极介入，避免其遭受不当侵害。从辩论主义生成的本质来看，民事诉讼旨在解决私益之争，当事人往往对讼争标的享有实体法上的处分权能，国家在运用强制力解决纠纷之时需尊重当事人的这一处分权能。这一尊重特性映射到诉讼原则层面，则直接表现为处分权原则；其继而纵伸到要件事实与证据的主张层面，便表现为辩论主义原

① 李浩：《回归民事诉讼法——法院依职权调查取证的再改革》，载《法学家》2011年第3期。

② 〔日〕谷口安平：《程序的正义与诉讼》，王亚新、刘荣军译，中国政法大学出版社2002年版，第139页。

则。为保障国家对当事人意思自治的切实尊重，并使其具有实质意义，应当强调当事人在要件事实与证据主张方面的意愿对法院裁判的拘束性，这便是辩论主义的强制性根源所在。然而，家事纠纷虽也存在公民私益上的冲突，但因身份关系所涉利益的公益性，以及对其中所涉未成年人、老人、妇女等弱者权益的共同保护责任，家事案件所涉利益早已超出当事人可自由处分的范畴，当事人的意思自治也不具有主导性的地位，家事审判程序自然也就无法适用辩论主义的法理。反向来看，法院作为人民选举产生的司法机关，保护社会公益也是其重要职责。由法院来维护家事案件中所涉的公共利益，可有效避免将此付诸公民个人所导致的保护缺位问题。为保障法院能践行这一职责，有必要在诉讼资料提出上采法院主导的职权探知主义模式。如此，既可以规避当事人消极主张与举证，对家事公益以及未成年人权益保护的减损，同时也可防止当事人不当处分甚至虚假自认、提出虚假证据证明等现象的发生。

其次，家事审判目的多元产生了对法院职权作用的内生需求。为实现家事审判的特殊目的，法院需在诉讼资料的提出上享有更大的主动权。相较于普通民事诉讼，家事审判程序更为注重对实体真实的发现。因为错误认定事实所导致的身份关系紊乱、家庭伦理背离、弱者利益得不到合理保障等不利后果很难为人所接受。这远不是简单的当事人自我责任原则便可予以正当化的。而在案件真实的发现方面，职权主义诉讼模式显然要优于当事人主义。① 同样，在诉讼资料的提出上采职权探知主义，由法院运用以国家强制力为保障的司法权力去收集相关的证据资料，更能增加取证成功的概率。且家事当事人之间的诉讼攻击防御能力颇不平衡，若当事人一方为未成年人、老人等特殊主体则更是双方力量悬殊，在此情形下适用绝对的辩论主义，将不利于发现案件真相与实现实体公正。② 因为在绝对辩论主义原则的指导下，案件裁判结果总是偏向富有实力的一方，而非掌握真理的一方。而采职权探知主义可通过法院的积极介入并主动收集证据，避免弱者一方因取证不能而承受与

---

① 李浩:《民事证明责任研究》，法律出版社 2003 年版，第 246 页。

② 翁晓斌、周翠:《辩论原则下的法官实质指挥诉讼与收集证据的义务》，载《现代法学》2011 年第 4 期。

事实真相不相符的不利判决。另外，家事审判还存在保护弱者利益、修复家庭关系、维护公序良俗等其他目的。这些目的的达成仅仅依赖于追逐自身利益的当事人来进行证据收集并提出诉讼资料，显然是不具可行性的。法院需在这一取证过程中享有极大的能动性，在当事人主张的证据资料之外，根据案件需要调查事实、收集证据，以保障其能在裁判资料充足、信息全面的基础上作出妥当的处理。

最后，家事诉讼判决既判力主观范围的扩张需要适用职权探知主义以保障其正当性。一般而言，民事诉讼判决的既判力具有相对性，仅仅及于本案当事人与法院。如果存在有利害关系的案外主体，都应当通过第三人制度而参与到法院裁判的生成过程中去。在保障当事人享有辩论机会的前提下，法院尊重并受制于当事人在辩论过程中主张的事实与证据，依此所作出的确定判决，其效力及于当事人便存在着正当性。而在以婚姻、血缘为中心的家事身份关系之中，对于因特定法律行为效力或法律关系发生争议的家事纠纷，法院不能仅在各当事人之间便将争议事项简单地加以相对确定，而应当根据其所适用法律的特殊性要求，在全体关系人之间统一加以确定。[①] 故而，法院对此作出的确定判决的效力范围，也应当及于全体关系人，甚至是具有对世效力。为实现这一判决对世效力的正当化，有必要将存在直接利害关系的主体作为适格当事人，[②] 并为其提供影响法院裁判结果的机会。显然，这一举措的作用是相对有限的。对于那些仅存在一般利害关系的主体，其既未提供辩论的机会，同时又不得不接受法院作出确定判决的效力，这无疑是不合理的。以无效婚姻的确认之诉为例，法院所作出的婚姻自始无效的确定判决对于债权人而言是极为不利的，其所享有的对夫妻双方的债权因此判决而变成了对于一方主体的债权，但债权人显然是无法作为利害关系主体而直接参与到家事审判过程去的。而在诉讼资料的收集方面，相较于辩论主义，适用职权探知主义对身份判决既判力范围扩张的正当性更加具有加成作用。因为相较于存在极大偏向性的当事人，由中立的法官主导诉讼资料的收集，其所作出的

① 〔日〕谷口安平：《程序的正义与诉讼》，王亚新、刘荣军译，中国政法大学出版社 2002 年版，第 271—272 页。

② 郭美松：《人事诉讼判决效力的扩张与第三人程序保障》，载《现代法学》2009 年第 2 期。

裁判更能让人信服，更接近案件真相。可见，由于家事判决具有对世效力，实行职权探知主义有助于维系稳定的身份关系秩序，并为那些未曾行使审问请求权的第三人的合法权益提供恰当的保护。① 正如休洛萨教授所言，对审问请求权加以限制，还是进行全面否定，施行职权探知主义才是对第三者最好的保护。② 这一论断尽管存在夸大职权探知主义的功用之嫌，但也不无道理。

需明确的是，上述分析主要集中在家事身份诉讼案件以及涉未成年人等弱者权益的案件，基于以上几点事由，由法院在诉讼资料的收集上采职权探知主义是合理且必要的。但对于普通的家事财产诉讼案件，由于讼争事项一般为当事人可自由处分的事项，当事人意思自治原则存在适用的余地，故而应当采辩论主义法理，以避免法院职权的过多干预对当事人自治的侵袭。当然，家事财产诉讼案件与普通的民事财产诉讼案件还是有所不同的。一方面，其发生争议的财产关系是以身份关系作为基础，诉讼开展的过程以及法院裁判结果的影响可能会超出当事人的范围而辐射影响到社会公益。故而，对于该案件的处理，并不适用绝对的处分原则，法院仍需职权审酌所牵涉的身份利益。另一方面，家事财产案件可能关涉到未成年子女或其他弱势主体的合法权益，也需要法院职权的积极干预，维护这些弱势当事人或关系人的利益。故而，在家事财产诉讼案件的审理中，应采修正的辩论主义或协同主义，甚至在涉未成年子女等有关事项上，应适用职权探知主义。另外，非讼案件需要作出迅速、灵活、简易处理，法院应当享有充分的裁量空间，以保障这些目的的实现，故而也宜采用职权探知主义法理，家事非讼案件亦不例外。③

综上，除家事财产诉讼案件以及其他可自由处分的事项以外，家事案件的审理在整体上应采职权探知主义法理，法院在诉讼资料的收集上拥有主导性地位，可不受当事人主张事实与提出证据的限制。这一点在德、日等大陆法系国家以及我国台湾地区的立法中都得到了印证。比如，我国台湾地区

---

① 田平安：《民事诉讼法·原则制度篇》，厦门大学出版社 2006 年版，第 173 页。

② P. Schlosser，Gestaltungsklage und Gestaltungsrecht，1966，S. 186.

③ 刘敏、陈爱武：《中华人民共和国家事诉讼法：建议稿及立法理由书》，法律出版社 2018 年版，第 66 页。

"家事事件法"第10条便规定："法院审理家事事件认为有必要时，得斟酌当事人所未提出之事实，并依职权调查证据。但法律另有规定者，不在此限。"而在我国内地长期以来的家事审判实践中，由于一直都遵循财产纠纷的诉讼理念进行审理，以辩论主义与处分原则作为基本主线，法院职权干预的程度较弱。[①] 显然，这与家事审判酌采职权探知主义法理的内在规律相违。可见，家事证据收集模式的转型迫在眉睫。有鉴于此，最高人民法院审判委员会专职委员杜万华在论及此次家事审判改革的过程中，便着重强调要在家事审判理念上"从机械遵循辩论主义和处分原则的财产纠纷审判思路，转变为强化法官的职权探知、自由裁量和对当事人处分权的适当干预"。[②] 而这一审判理念转变很好地为各地法院改革试点所吸纳，其中山东、广西、广东、湖南等地的省高院所出台的家事审判改革规范文件[③]都对这一职权探知主义原则作出不同程度的规定。

### （二）对家事审判职权探知主义转型的评析

#### 1. 发展脉络：逆趋回归抑或现实演进

从我国近年来的立法修订以及大力开展的民事审判方式改革来看，我国的民事诉讼架构正朝着当事人主义的模式渐进，民事证据收集也在不断增加辩论主义法理的合理因素，法院调查取证的职权遭到了很大程度的缩减，[④] 当事人在证据收集中的主导作用在不断强化。在此发展趋势下，家事审判程序却走向了截然相反的发展进路，需要逐步强化法院的职权探知与自由裁量作用，并对当事人的处分权能予以限缩。因此，不免让人深思，此次家事审判改革究竟是对历史的逆趋回归，还是基于现实的演进发展？进而引发对此次

---

① 张海燕：《家事诉讼证据规则的反思与重构》，载《政治与法律》2018年第11期。

② 杜万华：《大力推进家事审判方式和工作机制改革试点》，载《人民法院报》2017年5月3日，第05版。

③ 比如，山东省高级人民法院出台的《家事案件审理规程》、广西壮族自治区高级人民法院出台的《家事案件审理工作规程》、湖南省高级人民法院出台的《家事审判方式和工作机制改革实施意见》、广东省高级人民法院出台的《广东法院家事审判工作规程（试行）》《广东法院审理离婚案件程序指引》等。

④ 吴如巧：《试论我国民事诉讼证据收集制度的模式选择》，载《河北法学》2011年第5期。

家事审判改革甚至是此前的民事审判方式改革的合理性反思。诚然，家事审判向职权探知主义转变的改革趋向，看似是对我国早期民事司法中强调法院职权探知的模式的回归，但二者事实上存在本质性的差异。其一，作为适用职权探知主义基础的司法体制是否完备不同。无论是革命根据地时期的“马锡五审判方式”，还是新中国成立以后由董必武先生主导的司法改革，其强调法院职权探知都是对当前司法体制发展不足的无奈回应。在当时的司法环境下，显然是不存在辩论主义的适用土壤的。完全由当事人主导的证据收集活动，只会让法院在蒙昧不清之中作出错误的裁判。而现代家事审判方式转型的动机则截然不同，家事司法体制与程序构建都较为完备，倡导职权探知主义并非对司法体制发展的回应，而是对家事审判规律的遵从。其二，法院与当事人在职权探知主义模式中的作用有所不同。在早期的司法活动中，当事人的文化素养较低、法律意识不强，缺乏相应的取证与举证能力。故当时的职权探知模式其实就是法官“包办式”的办案，法官需要深入田间地里或走街串巷去调查事实、收集证据，形成了“当事人动动口、法官跑断腿”的特殊审判现象。[①] 这一法官全面职权干预的做法，使得当时的民事司法存在超职权探知的特点。而现代家事司法的职权探知主义转型，并不排斥且颇为依赖当事人的自行取证，法院职权调查取证事实上处于补充、强化当事人取证或者与之并行的地位。其三，家事职权探知中国家干预的成因不同。尽管早期的家事司法与现代家事司法都颇为强调国家干预，但二者生成的机理并不相同。前者其实是强调法院作为国家专政的工具，需广泛介入私法关系以及公民对私权的处分，[②] 故国家干预并不限于家事领域。后者则是源于对家事纠纷的认识深化，其由传统的界定为家庭私事的观点，而转为认识到家事案件关涉社会和谐稳定与未成年人健康成长的公益性，故而需要国家干预以保护家事公益。

2. 职能承担：单一主体抑或相辅相成

尽管家事审判在整体上酌采职权探知主义，法院在诉讼资料的收集上享

---

① 刘敢生、宫鲁江、李双利：《法官办案手记（合同卷）》，湖南大学出版社 2005 年版，第 206 页。

② 张卫平：《诉讼构架与程式：民事诉讼的法理分析》，清华大学出版社 2000 年版，第 97 页。

有主导权。但这一主导权主要体现在法院不受当事人主张的限制，并不具有排他性，当事人仍可作为重要的取证主体参与证据收集。究其缘由，一方面，从证据资料的发现以及证据收集的动力来看，当事人无疑是最具优势的取证主体。这一点并未因适用职权探知主义而发生改变。当事人一直都是推动诉讼程序运行与发现案件真相的原动力。[①] 在职权探知主义模式下，如果强调法院全盘负责事实与证据资料的调查收集工作，那么将会超出法院的能力负荷，[②] 且可能因司法资源的紧缺而影响对事实真相的探知与发现。而且，即使是由法院进行职权调查，在实际操作中也需要当事人事先提供一定的事实资料或证据线索。故而，当事人在法院职权探知过程中的积极作用是不可小觑的。另一方面，在家事职权探知主义模式下，法官不得拒绝裁判与事实真相不明之间的矛盾依然存在，举证责任方仍存在承担结果责任的现实可能。正如谷口安平先生所强调的，辩论原则与职权探知原则尽管不同，在后者的支配下当事者也不能完全免除在前一原则下所负担的责任。在当事者不积极地从事主张或举证等诉讼活动就可能招致不利后果这一意义上，家事审判等较特殊的程序同样具有当事人主义的性质。[③] 基于权责统一的公理，当事人应当被赋予收集并提出证据的权利，且对于法院调查收集的证据，当事人应享有表达意见并予以质疑的机会。此外，法院职权调取证据容易招致中立性的质疑。故即使在家事审判中强调法院的职权探知，但并不意味着司法能动的无限度，司法裁判的克制与理性同样需要得以贯彻。[④] 有鉴于此，家事职权探知主义模式，并不代表法院单一的职权调查证据，当事人自行取证与法院职权调查应相辅相成。

3. 适用辨析：诉讼程序与非讼程序

职权探知主义是从否定当事人主张对法院裁判的约束性的角度予以提出的。但从法院的视角来看，以当事人主张以外的要件事实作为裁判资料，并

---

① 唐力：《辩论主义的嬗变与协同主义的兴起》，载《现代法学》2005 年第 6 期。

② 刘冠华：《家事审判研究》，人民法院出版社 2019 年版，第 85 页。

③ 〔日〕谷口安平：《程序的正义与诉讼》，王亚新、刘荣军译，中国政法大学出版社 2002 年版，第 78 页。

④ 张海燕：《家事诉讼证据规则的反思与重构》，载《政治与法律》2018 年第 11 期。

由法院依职权调查取证，这些是法院在满足条件时“可为”的权能，还是必要情形下“应为”的职责，却是不甚清晰的。故而，职权探知主义事实上是存在赋予法院职权调查权能与要求法院承担职权调查责任两种表述方式。而在诉讼程序与非讼程序之中，适用职权探知主义所侧重的权能意义与职责意义是有所不同的。而家事审判中所适用的职权探知主义，包含了家事诉讼与家事非讼中的职权探知两种情形，有必要对此二者的差异予以疏明，从而为司法实践提供明确指引。具述之，从程序主体的结构来看，适用职权探知主义的诉讼程序中仍存在当事人的对抗机制，其并未因法院职权的介入而被瓦解。对抗模式的存在使得这一程序中仍存在辩论法理的适用空间，只不过转向非约束性的运作方式。故而，若在诉讼程序中当事人自行适时提出攻击防御方法并积极完成举证，那么法院职权探知将不存在适用的机会。此时的事实调查其实与适用辩论主义的普通民事诉讼程序并无二异，法院只需要在必要时予以释明，从而保障诉讼资料收集的充分性即可。职权探知主义法理真正发挥其核心机能，是在辩论法理运行不畅的特殊案件审理中。即证据资料的收集存在困难，或因其他事由当事人未能自行提出充分的诉讼资料，且纵使法院行使释明权，该当事人亦未能作出事实陈述或提出充足证据。[①] 与诉讼程序中法院职权探知主义作为补充性或辅助性原则不同，不存在争讼双方的非讼程序并不存在适用辩论主义的可能，法院职权探知处于绝对的主导地位。正是基于这一差异，非讼程序中法院职权探知存在适用的必然性，其更多地体现出一种义务或责任导向。而在诉讼程序中，法院的职权探知则存在权责复合性的特点，法官对适用职权探知以及探知的事项、范围享有一定程度的裁量权。其审酌的因素具体包括对特定事项进行职权探知的法律依据、诉讼性质以及探知事项的性质、当事人的举证情况与能力、法院获得心证的情况、法院探知的能力与手段等。[②]

---

① 〔日〕松本博之：《日本人事诉讼法》，郭美松译，厦门大学出版社 2012 年版，第 51 页。
② 郝振江：《非讼程序研究》，法律出版社 2017 年版，第 108 页。

## 第二节　内容要素：证据收集任务的合理分配

证据收集是由当事人、法院等取证主体共同完成，囿于各自在诉讼中的角色不同，其在证据收集中所承担的取证任务也相应地存在差异。在明确家事证据收集酌采职权探知主义的前提下，有必要对各主体的证据收集任务进行具体讨论，以明确各自的权责义务，保障证据收集活动的顺利进行。

### 一、证明责任调适下的当事人自行收集

适用职权探知主义并不意味着法院包办证据资料的收集工作，作为存在直接利害关系的当事人，仍然是家事审判中最为重要的取证主体。当事人开展证据收集工作可通过三种方式进行：一是自行取证，即根据自己所了解的案件事实与证据线索，亲自进行证据收集；二是委托诉讼代理人或律师代为取证。代理律师的专业能力以及丰富的取证经验，与当事人所提供的信息线索相结合，可以极大地提升当事人一方的取证效率；三是申请人民法院调查取证。这仅限于当事人及其代理人因客观原因不能自行收集的情形，且相关司法解释对这一情形作出了细化规定。尽管当事人收集证据并不存在范围限制，当事人可收集与案件存在关联的一切合法证据，但作为利益主体，当事人收集证据存在严重的偏向性，其均是以于己有利作为根本出发点。故而，当事人的取证活动事实上受到了举证责任这一“指挥棒”的影响，承担结果责任的一方当事人总是比相对方更存在收集并提出证据的紧迫性，其所收集证据的内容则与其承担举证责任的内容相对应。在家事审判中，举证责任的承担与分配存在着特殊性，这无疑也影响了当事人的取证活动。

#### （一）证明责任分配与法院职权探知的冲突与缓和

证明责任机制直接作用于双方当事人，其通过对当事人在证据资料的提出与证明方面的负担进行明确分配而发挥作用。故而，在当事人积极对抗且主导诉讼资料收集过程的辩论主义模式中，这一机制存在适用的正当性与可

操作性。然而，在法官主导下的职权探知主义模式中，证明责任的作用空间受到一定挤压，且因主观证明责任与客观证明责任的不同而存在差异。细析之，主观证明责任是指当事人为避免败诉，在诉讼中积极提出能支持己方主张的有利证据，故而又被称作证据提出责任。在强调法院职权探知的背景下，证据收集与提出的任务被转移或部分转移到法院，这使得主观证明责任失去了作用对象而无形中被虚化。对于本应承担提出责任的当事人而言，其也因为法院的职权探知而产生了取证、举证的惰性，如此便弱化了证明责任机制督促当事人对利己案件事实予以揭示与证明的作用。① 有鉴于此，有学者便提出主观证明责任仅存在于采辩论主义法理的诉讼程序之中，于职权探知主义模式下并不适用。② 而客观证明责任旨在解决案件要件事实仍处于真伪不明状态时由谁承担不利后果的问题，其实质是一种结果意义上的证明责任。由于主观认识的局限以及司法资源的有限，即使是由法院主导进行事实探知，案件事实处于真伪不明状态依然可能存在，由此所带来的不利后果也必须由一方当事人承担，法院也需以此作出相应判决。可见，客观举证责任“非关加诸当事人之负担，而系指涉一法院取向之规则，其功能乃用以克服事实真伪不明情况，不仅于采取辩论主义之诉讼程序有此种举证责任，即于职权探知主义之诉讼程序亦有之”③。综上来看，证明责任分配与法院职权探知之间的冲突主要集中在主观责任层面。④

事实上，主观证明责任与职权探知主义之间的紧张关系并未如学者所预期的那样严重。因为，在采职权探知主义的诉讼程序之中，当事人之间的对抗依然存在，客观证明责任的指挥效应仍发挥着作用。当事人不会全然寄希望于中立的第三方来帮助自己完成举证任务。出于对不利后果的规避目的以及对胜诉的渴望，当事人依然存在着积极举证的动力与需求，只不过较之辩论主义的运作模式而有所弱化。另外，法院职权探知并不意味着“大包大揽”，其更多地表现为当事人取证不能或举证不足时的补充调查取证，而非在

① 张卫平：《民事证据法》，法律出版社 2017 年版，第 239 页。

② 姜世明：《新民事证据法论》，厦门大学出版社 2017 年版，第 121 页。

③ 姜世明：《新民事证据法论》，厦门大学出版社 2017 年版，第 120 页。

④ 张海燕：《家事诉讼证据规则的反思与重构》，载《政治与法律》2018 年第 11 期。

一开始便全面介入证据资料的收集工作，故而主观证明责任仍然存在着适用的余地。由此来看，尽管家事审判程序酌采职权探知主义，但我们不能因此而忽视了对证明责任机制的运用，仍需要通过对证明责任的合理分配，明确各自的举证负担，进而划定其证据资料的收集与提出义务。

### （二）家事案件中的证明责任分配

如前所述，证明责任分配对于当事人之间取证任务的配置存在决定性的影响。从我国现有的实体法与程序法规范来看，我国并未对家事案件中的证明责任分配作出特殊规定，故而其需适用民事诉讼有关证明责任分配的一般规则，即《民事诉讼法》第 67 条第 1 款所确立的“谁主张，谁举证”原则，以及《民事诉讼法解释》第 91 条对此原则所作的细化规定。然而，在一些特殊的家事案件中，适用证明责任分配的一般规则可能造成案件审理上的实质不公平，危及司法公正。因为家事案件中的证据具有相当的隐蔽性，不易获取，且证据分布的偏在问题严重，双方当事人接近证据的机会明显不对等。加之家事主体之间的强弱对比分明，弱势举证方更难提交支持己方主张的关键证据。这些因素都使得家事案件的双方当事人在提出攻击防御手段与能力上严重不平等。然而，“谁主张，谁举证”的简单规则对证明责任的分配，并不一定与家事当事人的举证能力强弱、接近证据的机会、盖然性等实际情况相吻合，因配置错位而导致举证责任者不当承受举证不能的不利后果的现象屡见不鲜。且这一问题因司法实践中法官职权干预程度较低而进一步放大。解决此问题的重要进路便在于，通过证明责任的特别配置，缓解一方当事人的举证困难，并对适用证明责任分配的一般规则所造成的不公正予以修正，同时对实体法上要件事实的证明风险在当事人之间的分配进行调整。①

在具体操作上，存在两种方式：一是以法律特别规定的方式明确家事审判证明责任的特殊倒置规则。即立法者在制定规则之时预先作出价值选择，并依此对证明责任一般规则进行调整，以但书或特别规定的方式将某一要件事实的证明责任转移到对方当事人承担。对于某些特殊的家事案件而言，主

① 姜世明：《举证责任与证明度》，厦门大学出版社 2017 年版，第 67 页。

张特定事实的一方当事人在举证能力上可能常态化地处于弱势地位。若立法机关并未对该特定事实的证明责任倒置作出特别规定，那么将不利于对该当事人合法权益的保护，且可能影响到此类案件审判的实质正义。① 比如，在涉家暴的家事案件中，受害人对于其曾遭受他人的暴力行为这一要件事实较为容易证明，但对于该暴力行为为所指认对象所为这一事实却很难举证证明。若这两项家暴要件事实都由主张遭受家暴的受害方收集证据并予以证明，无疑是极不公平的。故而，有必要对家暴认定中的证明责任分配进行调整，受害人只需举证证明其曾遭受家暴侵害的事实并指认系被告所为即可，被告方需承担证明该侵害事实并非其所为的证明责任。二是由法官裁量进行的证明责任特殊分配。一般而言，基于法的安定性要求，证明责任的分配规则由立法预先规定，不允许法官在适用过程中自由裁量。② 但规则正义与个案正义之间的割裂是现实存在的。在特定的个案中，若一味地适用证明责任分配的立法规则，将造成严重不公。此时，便需要法官运用自由裁量权对证明责任分配规则进行调整，其实质是以“造法”的方式确定新的证明责任分配规则。③ 这一证明责任分配方式在适用辩论主义的诉讼程序中是比较受限的，仅限于极为必要的情形，其因在于辩论主义模式颇为排斥法院的职权干预。但在职权探知主义模式下，法院的职权干预具备合理性，且证明责任机制的作用被相应弱化，法官在证明责任分配上的裁量性职权相对而言更具有可接受性。我国 2001 年《民事证据规定》第 7 条明确了在法律没有具体规定的情形下，可由法院根据公平原则和诚实信用原则，并综合当事人举证能力等因素裁量确定证明责任的承担。尽管这一条文在 2019 年修正的《民事证据规定》中予以删除，但从学理上看，保留法院在证明责任特殊分配方面的有限裁量权是颇为必要的。尤其是在酌采职权探知主义的家事审判程序之中，法院可通过此裁量权发挥其诉讼指挥职能，实现家事当事人在实质意义上的武器平等。

---

① 初立君：《非财产性家事诉讼案件审理中的若干证据问题》，载《新远见》2012 年第 11 期。

② 杨锦炎：《武器平等原则在民事证据法的展开》，中国政法大学出版社 2013 年版，第 196 页。

③ 〔日〕村上博巳：《证明责任の研究》，有斐阁 1986 年版，第 44 页。

## 二、法院职权探知的扩张

家事审判注重对案件真实的发现以及对实体正义的保障，而强化法院职权探知正是这一价值追求的直接体现。在统合适用民事诉讼程序法理的现实背景下，我国正在推行的家事审判改革的一大动向便是要扩张法院职权探知的范围，并对当事人的处分权行使进行适当干预。具体而言，法院在家事证据收集过程中的职权应从以下两个维度进行调整：

### （一）直接干预：法院职权探知范围的扩张及限度

我国民事诉讼法明确了法院调查取证的两种方式，即依申请调查与依职权调查。对于前者，法院启动调查工作仅在当事人及代理人因客观原因无法完成取证行为时，根据当事人的申请而介入调取相应的证据材料，为当事人的证据收集权行使提供保障，其实质是帮助当事人完成其所负担的举证任务。故法院依申请调查并非职权探知法理的直接体现。而法院依职权调查取证则是法院能动性地探知案件事实，并不受当事人主张或申请等主观意愿的影响，集中体现了职权探知主义法理的属性。一般而言，法院作为诉讼程序的管理者，理所应当地享有对依职权追加当事人、中止诉讼、终结诉讼、回避等程序性事项的调查取证权，即使是采辩论主义法理的民事诉讼程序亦是如此。这一点在大陆法系国家或地区的民事诉讼中都可以得到印证。因此，对于法院职权探知范围的探讨，主要限于法院依职权调查收集的实体法事实，即引起当事人之间实体权利义务关系产生、变更或消灭的法律事实。

从我国《民事诉讼法》及相关司法解释的规定来看，法院依职权调查的证据事项中，可能与家事案件直接相关的证据包括“涉及可能损害社会公共利益的”“涉及身份关系的”证据。而事实上，这些法律规范中的“社会公共利益”仅仅指代不特定多数人的共同利益，[①] 与家事案件中所涉及的“公益”有明显不同。故准确来说，特别适用于家事案件中的法院职权调查事项仅有一项，即“涉及身份关系”的证据。不过，“涉及身份关系”的调查事

---

① 李晓丽：《法院证据调查制度研究》，中国政法大学出版社 2014 年版，第 168 页。

项在语义上极为模糊，既可限缩解释为涉及身份关系确认的事实与证据，又可扩大解释为一切涉及身份关系的事实与证据，甚至于家事财产诉讼案件因以主体身份关系为基础，也可纳入这一调查事项的范畴。法律规范的不明确性导致了司法实践中的适用乱象：一是消极适用调查取证职权。其促成的因素主要包括：弱化法院职权干预的司法大环境、调查取证带来的额外工作量与司法资源耗损、调查取证未计入考评指标、调查取证所导致的中立性质疑、败诉方当事人不满情绪积蓄与法官职业风险、法官主观认识不足等诸多因素。二是错位适用调查取证职权。即对分家析产、继承、离婚等纠纷中的财产情况进行积极调查，却忽视了对身份关系事项的职权探知。究其原因，法官对于财产事项的调查取证业务相对熟悉，且相较于实地走访或以其他方式探明当事人的身份情况，向金融机构、国土部门、社保部门等调取有关财产事项的证据更易于操作。正是基于这一实践情况，此次家事审判改革提出了“强化法院职权探知”的目标，这显然是契合家事审判制度发展规律的。在具体操作上，可对“涉及身份关系”的职权调查事项作扩张解释并予以细化规定，明确家事案件中法院职权探知的事实范围，并保障在实践中予以准确落实。

从比较法的视阈来看，境外各国或地区对于家事职权探知范围的规定不一。职权探知范围最广的为日本法，无论是非讼性质的家事审判事件程序还是诉讼性质的人事诉讼程序，均适用职权探知主义。德国和我国台湾地区的职权探知范围次之，部分地适用职权探知主义。其中，德国法上的婚姻事件程序、血缘关系事件程序适用有限或片面的职权探知主义；家事争讼事件（包括抚养事件、夫妻财产制事件、其他家庭事件以及相对应的同性生活伴侣事件）采辩论主义法理；其他家事非讼事件（亲子关系事件、收养事件、婚姻住房和家庭财产事件、暴力保护事件、供养均衡事件）则采完全的职权探知主义。在我国台湾地区，家事身份诉讼事件与非讼事件的审理适用职权探知主义，家事财产诉讼事件与离婚事件的审理则适用限制辩论主义或协同主义。而英美法系国家和地区、法国的职权干预程度最低，仍适用辩论主义的程序法理（家事非讼事件除外）。这体现了各国或地区对于家事职权探知的不同立法取态，也反映出其对于法院职权干预范围的分歧较大，远未达到趋于共识的程度。

在此次家事审判改革中，各试点法院积极探索，也形成了对家事案件职权探知规律的理性认识，这一点可以从各地改革过程中所制定的规范性文件中得以管窥。但从这些规范性文件中的具体规定来看（见表5-1），其对于家事职权探知范围的规定颇为混乱，存在厘定不清、内容粗疏、范围不合理等问题。比如，最高人民法院制定的《改革试行意见》仅规定“涉未成年人利益的事项”可由法院依职权调查取证，[①] 这一范围显然是极其狭隘的。广西高院和湖南高院只是一般性地明确家事审判采职权探知主义，但对于法院职权探知的具体范围未作规定，存在全盘肯定家事职权探知法理之嫌，与家事案件中法院职权探知存在范围限定性的特点不相符。广东高院则规定了对于身份关系事项、婚姻不成立或者无效、可撤销事项，以及离婚案件中的特定事项等，可由法院依职权调查取证。这些规定仍不甚完备，存在碎片化的弊病。山东高院制定的审理规程区分了“可依职权调查取证”与“应当依职权调查取证”两种情形，并对后者适用的具体情形进行了列举。这一规定也存在“可依职权调查取证”的范围过广、[②] “应当依职权调查取证”的情形有所缺漏[③]等问题。

**表5-1　全国与部分地区的规范性文件中有关法院职权探知的规定**

| 适用范围 | 规范性文件 | 有关法院职权探知的规定 |
|---|---|---|
| 全国范围 | 《最高人民法院关于进一步深化家事审判方式和工作机制改革的意见（试行）》 | 监护权纠纷、探望权纠纷、抚养纠纷等涉及未成年人的案件，对于与未成年人利益保护相关的事实，人民法院应当根据当事人的申请或者依职权进行调查取证。 |
| 山东省 | 《山东省高级人民法院家事案件审理规程》 | 人民法院审理家事案件，可依职权调查取证。有下列情况的，人民法院应当依职权调查取证：（一）涉及身份关系确认的；（二）诉讼过程中发现可能存在婚姻不成立、无效或者可撤销等情形的；（三）申请抚养权的；（四）申请探视权的；（五）其他应当查明的事项。 |

① 《改革试行意见》第43条还规定对于离婚案件中有关当事人的财产状况等事实，可在特定情形下由法院根据当事人的申请进行调查取证。

② 在家事财产诉讼案件中，一般性地赋予法院依职权进行调查取证的裁量权力，显然存在过于扩大法院职权探知范围之嫌。

③ 比如，涉及家庭暴力的事项、涉及侵害当事人或关系人人格权的事项等都应当列入法院职权调查取证的范围。

续表

| 适用范围 | 规范性文件 | 有关法院职权探知的规定 |
|---|---|---|
| 广西壮族自治区 | 《广西法院家事与未成年人案件审判工作规程（试行）》中的《家事案件审理工作规程》 | 人民法院审理家事案件贯彻职权探知主义原则，向当事人释明举证义务，必要时依职权进行调查取证，弥补当事人举证能力之不足，以查明案件事实。 |
| 广东省 | 《广东法院家事审判工作规程（试行）》《广东法院审理离婚案件程序指引》 | 在诉讼过程中，双方当事人对身份关系即使没有争议，也应当承担举证责任。必要时，人民法院还应依职权调查收集相关证据，以查明客观事实。<br>在诉讼过程中，人民法院发现可能存在婚姻不成立或者无效、可撤销等情形的，应当主动依职权进行调查取证。<br>下列事项，属于《最高人民法院关于适用〈中华人民共和国民事诉讼法〉的解释》第九十六条第一款第二项规定的情形，人民法院可以依职权调查收集证据：（一）当事人的工作、教育、经历、性格、身心状况；（二）当事人家庭生活状况、离婚纠纷产生的原因；（三）未成年子女的生活、学习、身心和抚养状况；（四）老年人的生活和赡养状况；（五）涉及无民事行为能力的当事人或者未成年子女的基本生活保障，需要查明的财产状况；（六）可能导致婚姻无效的状况。 |
| 湖南省 | 《湖南省高级人民法院家事审判方式和工作机制改革实施意见》 | 人民法院审理家事案件，根据案情需要，可以不受当事人主张事实的限制，依职权调取证据。对查明的事实和取得的证据，人民法院在裁判前，应当听取当事人的意见，并组织当事人质证。 |

从法院职权探知的生成机理来看，家事案件适用这一基本法理源于其涉及公益与未成年人等弱者利益保护、家事审判目的的多维、身份判决的对世效力等理据，故家事职权探知范围的划定也需围绕这些连接点而展开，且以涉公益性强弱为首要考量要素。曾有学者以是否具有可处分性作为标准，将家事非讼案件以及家事诉讼案件中的不可处分事项列入“法院应当依职权调查取证”的范围，而可处分的家事案件事项则列入“法院可依职权调查取证”的范围。① 显

① 刘敏、陈爱武：《中华人民共和国家事诉讼法：建议稿及立法理由书》，法律出版社 2018 年版，第 65 页。

然，家事案件的特定事项是否具有可处分性，归根结底仍是公益性判断的问题，这一划分方式实质也是以家事案件的涉公益性强弱作为识别标准。不过，简单地以“具有可处分性”作为划分标准，依旧落入了制度规范粗疏的窠臼之中，缺乏可操作性。且对于家事当事人可自由处分的事项，适用法院职权调查方式可能构成对当事人私权自治的不当侵犯。

综合以上分析，笔者认为对于家事案件中法院职权探知范围的规定，应以“一般规定+事项列举”的方式进行明确。具体而言，对于家事身份诉讼案件与家事非讼案件，应一般性地适用职权探知主义。对于家事财产诉讼案件，应一般性地适用有限的辩论主义，在涉未成年人利益等特定事项上，则适用职权探知主义。在家事案件中，对于以下特定事项，法院应当审酌当事人未主张的要件事实，并依职权调查取证，当事人自认对法院裁判不具有拘束力：

第一，涉及身份关系确认、婚姻关系不成立、无效或可撤销的事项。这类事项主要关乎亲缘、血缘等身份关系的稳定与家庭伦理秩序的维系，具有极强的身份公益性，并排斥当事人或关系人的处分权能。这与强调婚姻自由的离婚纠纷或解除收养关系纠纷并不相同，后者允许当事人在一定范围内享有处分权。法院对这些身份事项的处理必须在探明事实真相的基础上作出，故而不存在辩论主义的适用空间，应由法院采职权探知方式来进行。其相关的案件类型主要包括婚姻无效纠纷、撤销婚姻纠纷、确认收养关系纠纷、亲子关系存在或不存在的确认纠纷等。

第二，涉及未成年人及老年人利益的事项。未成年人的健康成长关乎国家的未来发展，老年人也因多年对国家与社会的贡献，理应给予优待。这些特殊主体的利益保护都已超出个人的范畴，而应当作为国家与社会的共同责任来对待。但在家事诉讼中，未成年人、老年人因年龄、心智发育、身体机能等诸多因素的影响，常态性地处于弱势地位。若适用辩论主义而由双方当事人自由竞争并主导诉讼资料的收集与提出过程，则极有可能导致未成年人、老年人等特殊主体因自身诉讼能力有限而无法保护其合法权益。另外，未成年人的监护人可能与家事案件存在利害关系，其所保护的子女利益与自身利益也可能存在冲突，这将导致未成年人的利益保护缺位或被忽视。基于此，有必要由法院以类似“国家监护人”身份角色适当介入，[①]为这些特殊主体的利益提供法律保障。故而，在诉讼资料的收集方面，也应当由法院依职权调查与未成年人、老年人等特殊主体利益相关的事项，并在此基础上作出利益最大化的处理或裁判。其相关的案件类型主要包括附带处理子女抚养问题的离婚纠纷、同居关系子女抚养纠纷、抚养纠纷、赡养纠纷、收养关系纠纷、监护权纠纷、探望权纠纷等。

第三，涉及家庭暴力的事项。家庭暴力不仅破坏家庭内部关系，影响家庭和谐，而且还会给社会秩序稳定带来不安定因素，比如施暴人对受害人的人身伤害或致其死亡、受害人自杀或以暴制暴杀死施暴人、家庭成员习得暴力手段等。对于家庭暴力性质的认识，也经历了由家庭内部私事向社会共同防治的转变，公权力也由此前的保持谦抑而转向积极干预。作为公权力积极干预的重要体现，在涉家暴案件的审理中，法院应当主动依职权调查与家暴相关的案件事实，并通过判处离婚、人身伤害损害赔偿、核发人身安全保护令等方式对受害人提供法律保护，并对施暴一方予以惩戒，涉嫌刑事犯罪的，还应追究其刑事责任。故而，在诉讼资料的收集方面也应采职权探知主义。这一事项主要存在于离婚纠纷、离婚后损害责任纠纷、同居关系纠纷、赡养纠纷等案件中。

第四，涉及侵害当事人或关系人人格权的事项。人格权的提出旨在解决人的伦理价值保护问题，其核心在于人的尊严和自由发展。[②]婚姻家庭关系中有许多问题都与主体的人格权与人格利益相关，比如一夫一妻制、婚姻自由、性别平等、性自主权、遗弃虐待子女等。[③]随着人格权理论的发展，对这一权利的定性早已超出单一的“私法性”，而兼具社会性，个人所享有的人格利益应当服从于社会进步与发展，并强化个体对社会的责任与义务。如此，对于婚姻家庭纠纷中的人格利益保护也上升到国家层面，对于违反公序良俗或伦理价值的个人行为应当予以积极干预。基于此，在家事审判程序中，对于重

① 〔日〕谷口安平：《程序的正义与诉讼》，王亚新、刘荣军译，中国政法大学出版社 2002 年版，第 78 页。

② 韩强：《人格权确认与构造的法律依据》，载《中国法学》2015 年第 3 期。

③ 赵忠江：《婚姻家庭法与人格权的保护和实现》，载《北方论丛》2003 年第 3 期。

婚、受胁迫缔结婚姻、遗弃虐待、家庭暴力、侵犯性自主权等侵害当事人或关系人人格权的事项，应当采职权探知主义，由法院主动依职权予以查明。

第五，基于修复家庭关系等特殊目的进行的职权调查事项。在辩论主义运作模式下，诉讼资料的收集与提出都是围绕着当事人的诉求而进行，故而对于当事人诉求以外的案件信息，法院往往不得而知。但家事审判的目的不仅限于解决个案纠纷，还包括修复家庭关系等特殊目的。显然，由于这些特殊目的与当事人利益诉求可能存在错位的问题。故而，在诉讼资料的收集上，仅仅依赖于双方当事人是不行的，应当由法院依职权查明与实现该特殊目的相关的案件事实。比如，当事人、关系人的基本情况、离婚纠纷产生的原因等。对于这些事项的调查既可由法院调查人员亲自进行，也可委托家事调查员或其他机构进行调查。

第六，依其他情形显失公平的事项。此为兜底事项，即对于因当事人之间的强弱对比或者证据偏在现象，而致使双方当事人在证据收集能力上严重不对等。对此，法院除了可以对证明责任的分配进行调整以外，还可主动依职权调查取证，保障家事审判中的实质公平。为限制法院的这一裁量权力，法院仅在适用辩论主义而由双方当事人自行取证可能导致严重不公的情形下，才可依职权调查取证。

### （二）间接干预：法院释明权的嵌合适用

诚然，在家事审判中由法院直接依职权调查取证，有助于事实真相的发现，实现对家事身份利益以及其他合法权益的全面保护。但法院职权探知存在适用范围的限制，在家事财产诉讼案件和其他可自由处分的事项上，法院的职权干预应保持克制。再者，对于业务繁重的法官而言，要充分行使事实探知职能也并非易事，容易超出法官的负荷能力。而且，家事纠纷存在情感交织性，争议往往伴随着不理性因素，法院的职权探知极易招致不利一方的中立性质疑，甚至可能因败诉方心理挫败、情感沮丧、情绪失控等原因而出现谩骂审判人员、冲击法庭的行为，诱发法官职业风险。[1] 故而，家事审判中

① 初立君：《非财产性家事诉讼案件审理中能若干证据问题》，载《新远见》2012年第11期。

的法院职权干预应以妥当的方式进行，优先使用法官释明方式，对当事人的事实主张与举证活动进行引导，促使其补充未主张或主张不明的案件事实，并对不完整的证据链条补充收集相关证据。如此便可避免法官直接调查取证对其中立性形象的减损以及对司法资源的过度耗费，同时还可调动当事人自行取证的积极性。另外，当事人可通过法官释明的方式获知法官的心证内容与法律见解，避免法院直接适用职权探知可能导致的突袭裁判。当然，对于当事人消极应对法官释明事项的情形，若该事项属于法院职权探知范围的，则可由法官直接调查取证。可见，法官释明权与调查取证权的嵌合适用，有助于更大程度地发挥法官在家事审判与事实探知方面的能动性，促进当事人与法院之间举证任务的优化配置。从我国现行规范来看，2019 年《民事证据规定》第 2 条、第 50 条规定了法院对当事人举证活动的释明。[①] 其释明内容限于举证的要求、证明责任分配、申请法院调查取证、举证期限以及逾期举证的法律后果等基本事项，存在释明形式化的问题。在司法实践中，法院对这一举证释明权的使用，主要是通过向双方当事人送达举证通知书的方式进行，并不涉及对个案中的当事人举证活动的释明。这使得法官的释明行为流于表面，未能对当事人的事实主张与举证活动起到真正指导作用，与强调职权探知主义的家事审判规律显然不符。基于此，有必要在家事审判中积极运用法官释明方式，发挥法院的诉讼指挥职能，引导诉讼程序朝着预定的目标运行。法官释明的内容具体包括举证上的指导、不当声明的更正、不清楚声明的明确、不完整陈述的补充、法律观点的提示等。[②] 释明的方式包括发问和告知。[③] 前者通过法官发问的方式，引导当事人明确其事实主张，并对其陈述内容予以充分表达。而后者则是通过提示、开示、告知等方式，使得当事人获知法官的法律观点，并对其不当主张、未予主张的事实、举证不足的事项

① 2001 年《民事证据规定》第 35 条还规定了，若当事人主张的法律关系的性质或者民事行为的效力与法院作出的认定不一致的，法院应当以告知的方式予以释明，告知当事人可以变更诉讼请求。2019 年《民事证据规定》第 53 条对此作出了修正，仅要求将该认定不一致的事项作为焦点问题进行审理，并未对法院的告知义务进行明确。

② 肖建华、陈琳：《法官释明权之理论阐释与立法完善》，载《北方法学》2007 年第 2 期。

③ 李龙：《家事案件中法官的诉讼释明制度研究》，载《晟典律师评论》2016 年第 1 辑，第 102 页。

加以说明、补充或修正。诚然，相较于发问，告知的释明方式作为积极释明，应当在普通民事诉讼中审慎使用，避免对当事人的处分权利造成过多干预。但在酌采职权探知主义的家事审判程序中，人民法院适用告知释明方式并不会引发合法性危机。此外，法官释明作为间接的职权干预方式，不仅可适用于公益性较强的家事身份诉讼案件，还可适用于家事财产诉讼案件，但需尊重当事人在合理范围内的处分权。

## 三、检察院取证的特殊适用

如前所述，检察机关除了可以通过提起抗诉或检察建议等检察监督方式参与家事审判以外，还可以作为当事人或参与人直接参加家事案件的审理程序。虽然现行立法以及家事审判改革并未对检察机关直接参与家事审判的相关制度作出规定，但在不断强调家事案件涉公益性的现实背景下，检察机关作为公益代表参与家事审判是必然的发展趋势。故而，有必要从理论层面对这一制度进行探讨。在肯定检察机关参与家事审判的前提下，家事证据收集任务的配置自然也包括检察机关取证的特殊适用。对此，具体可从检察机关参与的方式以及案件范围来展开讨论。

### （一）检察机关参与方式与取证职能行使

检察机关参与家事审判存在两种方式：一是以当事人的身份参与，在家事诉讼中具有原告或被告的诉讼地位；二是以一般参与人的身份参与，经法院通知或自行申请而列席家事审判。① 这两种参与方式的作用机理并不相同。对于检察机关作为当事人的参与，其主要解决司法实践中利害关系人消极行使诉权、家事当事人缺位或不存在等所引发的家事公益保护难题。在此情形下，应当由作为公益代表的检察机关基于诉讼担当法理而代替提起诉讼或进行应诉，故此时的检察机关其实在诉讼中扮演了当事人的角色。不过，检察机关作为原告参与和作为被告参与在诉讼中发挥的具体作用又略有不同。其

① 胡晓霞、李祖军：《论检察机关参与人事诉讼》，载《河南省政法管理干部学院学报》2010年第3期。

中，检察机关以原告身份参与，主要是基于检察机关对家事公益的实体法上的干预权。[①] 比如，对于重婚、近亲结婚等违反婚姻法律规范、侵害婚姻伦理秩序的行为，若利害关系人消极行使诉权，法院便无法启动诉讼程序对这一违法行为予以纠正。为维护家事身份秩序与公共利益，应当允许检察机关作为原告提起婚姻关系无效的确认之诉，对侵害家事公益的违法行为进行积极干涉。而检察机关作为被告应诉，则是基于维持诉讼对审构造的需要，其主要适用于家事案件被告缺位的特定情形。即应当成为家事诉讼被告一方的主体已经死亡且不存在适格承继人或不适合承继，但该家事案件又存在获取法院确定判决的现实需要。此时，为确保双方当事人角色的完整，并通过相互对抗与辩论推动诉讼程序的进行，有必要让检察机关作为适格被告而参与进来。显然，检察机关作为当事人应当享有相应的诉讼权利，其中自然也包括证据收集权。不过，由于检察机关在这一过程中存在双重身份，即原利害关系人的诉讼担当人和公益代表人，一旦这两个角色在取证过程中发生冲突，那么检察机关将如何应对？检察机关所调查收集到的不利事实与证据是否需要在诉讼中提出？笔者认为检察机关参与家事审判的目的在于探求事实真相和维护公益，且其参与的案件也多为公益性极强的案件。故检察机关保护公益应是首位的，维护其所担当的对象利益居于次位，对于任何有助于事实发现的证据资料都应当在诉讼中提出。

另外，检察机关以一般参与人的身份参与家事审判的目的在于，对法院的职权探知进行补充，协助法院完成发现案件真实的诉讼目的。既然法院可基于家事案件的公益性而适用职权探知主义，同样，检察机关作为法律监督机关，也可参与到家事审判之中，与法院协力查明事实真相、维护公共利益。由于此时的检察机关既非代理当事人而参加，又非以自己的名义要求判决，故而在身份上类似于诉讼参与人，有学者将其定位为诉讼法上的辅助参加人。[②] 尽管此时的检察机关并非诉讼当事人，但基于其参诉的特定目的，有必要赋予检察机关列席庭审发表意见，并提出事实主张与证据方法的权利。比

---

① 郭美松：《人事诉讼中传统当事人适格理论之嬗变：兼析检察官以当事人身份参与人事诉讼》，载《西南民族大学学报（人文社科版）》2009 年第 6 期。

② 郭美松：《人事诉讼程序研究》，西南政法大学 2005 年博士学位论文。

如，《日本人事诉讼法》第 23 条便对检察官的这一权利作出规定，法官在必要时可通知检察官出庭并听取其意见，检察官可提出事实主张或证据申请。法国法上与此类似的情况为检察机关作为从当事人参与诉讼。根据《法国民事诉讼法》第 424 条至第 429 条的规定，对于向检察机关报送的案件，法院应当通知检察机关开庭期日，检察机关可出庭就法律适用问题提出意见、参加诉讼。可见，日、法等国在肯定检察机关一般参与的同时，也都不同程度地规定了检察机关在诉讼资料提出方面的权利。

另外，还需进一步讨论的问题便是检察机关提出诉讼资料与当事人提出诉讼资料之间的关系。其一，对于检察机关提出的意见、主张与证据资料，法院应当将其当作诉讼资料的组成部分而与当事人同等对待，所提出的证据也需经过法庭质证才可作为裁判依据。其二，检察机关提出诉讼资料的目的在于强化法院职权探知，故而并不会对当事人的处分权构成不当侵害。其三，检察机关参与家事审判是基于对家事案件中公共利益的保护，并不是维护某一方当事人的利益。故而，其提出的诉讼资料与当事人一方提出的诉讼资料既可能相互补充，也可能相互矛盾。其四，检察机关陈述意见与当事人的陈述性质不同。当事人作为纠纷亲历者，其所作的陈述包括案件事实和法律观点，而检察机关的陈述主要集中在法律适用层面。

### （二）取证界域：检察机关参与的案件范围

检察机关参与家事案件并不具有普遍性，仅限于部分的特殊案件，这也限定了检察机关取证的现实界域。从境外经验来看，日本法上检察官以原告身份提起的人事诉讼案件仅限于婚姻撤销案件。但在其他人事诉讼案件中，检察官可作为共同诉讼人或独立当事人而参与。[①]《日本人事诉讼法》第 12 条规定了在就身份关系提起的人事诉讼中，若应当成为被告者死亡且无其他适格被告的，应以检察官为被告继续进行诉讼。另外，《日本家事事件程序法》第 48 条还规定对属于“应依检察官申请而进行审判”案件情形的通知义务。可见，检察官也可作为申请人启动家事事件程序。对于检察官的一般

① 〔日〕松本博之：《日本人事诉讼法》，郭美松译，厦门大学出版社 2012 年版，第 129 页。

参与，日本法在范围规定上极为宽泛，《日本人事诉讼法》第23条并未限定检察官参与的案件形式，故可及于所有的人事诉讼案件。法国法上检察机关作为主当事人参与限于法律特别规定或者妨害公共秩序的案件。比如，《法国民事诉讼法》第1151条便对确认父子关系诉讼中的检察机关参与作出了特别规定。检察机关作为从当事人参与的案件包括亲子关系、未成年人监护安排等法定报送案件和检察机关认为应当报送或参加诉讼的其他案件。我国台湾地区“家事事件法”也有对检察机关参与家事审判的相关规定。第50条规定了在身份关系的家事诉讼事件中，适格被告在判决确定之前均已死亡的，可由检察官续行诉讼。第63条至第66条分别对否认子女之诉、再婚所生子女生父之诉、认领之诉等亲子关系事件程序中检察官作为被告或续行诉讼的情形作出规定。第77条还规定了家事非讼程序中检察官的程序参与保障。

从理论上来看，检察机关以原告身份提起诉讼事实上是越位行使诉权，这一诉权表达与直接利害关系人的主观意愿是相违背的。为避免检察机关对公民诉权行使造成不当干预，检察机关作为原告提起的诉讼案件应限于为保护身份公益而极有必要的情形，且需先履行诉前督促程序。只有在适格的利害关系人经合法督促之后仍消极行使诉权的情形下，才可由检察机关代替提起诉讼。这类案件应限于婚姻无效纠纷、收养关系无效纠纷，比如无配偶者收养异性子女不符合法律规定的年龄要求。而检察机关作为被告参诉是基于维持家事诉讼程序的考虑，故而在具体适用中需满足两个要件：一是适格被告死亡且无其他适格被告，包括不存在承继诉讼权利义务的人或者不适合诉讼承继的；二是存在续行诉讼的必要。比如，离婚纠纷、解除收养关系纠纷中若被告一方死亡的，则适用诉讼终止的规定，无需检察机关续行诉讼程序。此外，检察机关的一般参与并未改变原有的当事人结构，其是以独立的参与人身份监督、协助法院进行职权探知，维护公共利益，故应当赋予较广的适用案件范围，与法院职权探知的案件范围相对应。在具体操作上，对于适用职权探知主义的家事案件，法官在审理过程中认为有必要邀请检察机关参与或者检察机关申请参与的，都可由与受诉法院级别对应的检察机关派员参加诉讼。

## 四、社会主体的协力义务

家事证据收集缺乏社会力量的配合是其遭遇现实障碍的一大因由。故而，有必要明确社会主体在取证过程中的协力义务，保障家事证据收集的顺利开展。具体而言，可从以下几个方面加强社会主体的配合作用。

第一，明确社会主体的一般配合义务。对于取证主体依法所进行的证据调查收集行为，掌握相关信息或持有证据材料的个人、机关、组织或团体应当积极配合，如实告知其所知晓的有关情况，并提交其所持有的实物证据，或允许取证主体通过复制、拍照等方式而获取相关证据。比如，《不动产登记暂行条例》第27条便规定了不动产登记机构的配合义务。权利人、利害关系人以及有关国家机关可以向不动产登记机构依法查询、复制或调查不动产的登记资料。当然，社会主体的配合义务存在限度，不能违反法律的强制性规定，或者不能对国家秘密、商业秘密、个人隐私造成不当侵害。例如，家事财产案件中较为常见的对他人银行账户信息的调查。根据《中华人民共和国商业银行法》第29条的规定，除法律特别规定以外，商业银行有权拒绝任何单位或者个人对客户储蓄存款信息的查询。故对这一证据材料的获取，便需要通过向法院申请调查取证的方式进行。为避免掌握管理职能或其他公共服务职能的国家机关、部门或社会组织故意或不当拒绝配合举证，这些主体在拒绝提供证据或相关信息的同时，应当出具书面文件并写明拒绝的理由。当事人及其代理人可以此书面文件作为“因客观原因不能自行取证”的凭证，向法院申请调查取证。对于上述主体不当或恶意拒绝配合当事人及其代理人取证行为的，法院在依申请启动调查取证的同时，可责令相关单位或主管部门进行改正。对于社会主体作伪证或提供虚假证言的，可以视为妨碍民事诉讼的行为予以惩戒。此外，《民事诉讼法》第75条还规定了证人出庭作证的义务。对于违反这一义务即无正当理由未出庭的证人，可排除其书面证言的法律效力。为了减少因证人违反出庭义务而导致的案件信息获取上的不利减损，可以通过声音或视频传输等作证方式代替证人出庭。

第二，发挥基层群众组织的积极作用。广泛联系群众，践行群众路线是我国自革命根据地时期便已产生的优良审判经验。尤其是在家事案件的审理中，基层群众组织更是具有熟悉基层情况的自身优势，能够为家事调查的开展提供重要帮助。基于熟人社会已逐步瓦解的现实情况，可以发动村（居）委会、基层妇联组织等对所在区域的村民或居民家庭展开调查，尤其要注重定期对长期存在婚姻家庭纠纷的家庭进行调查摸底，[①] 加强与村民或居民的联系以及对其家庭情况的了解。与此同时，还可对问题家庭进行纠纷调处与心理疏导。这样一来，当家庭纠纷确实需要通过诉讼手段加以解决时，村（居）委会、基层妇联组织等便可为法院提供重要的信息与处理意见。当然，基层组织还可通过对当事人的亲朋等重要证人做思想工作，减少法院向其调查询问时可能遭到的抵触。此外，法院、司法行政机关以及其他法制宣传部门可与基层组织联合开展婚姻家庭法制宣传工作，发挥基层组织网络的优势，通过发放宣传资料、提供咨询服务等方式，提升家事纠纷主体在遭受家暴等方面的证据收集意识，并使其明确合法的取证方式以及非法取证的不利后果，强化当事人的取证能力。而且，法制宣传还可向普通民众普及配合法院调查取证的理念，发动群众积极向法院提供有关线索与证据信息，从而为法院开展调查取证工作奠定社会基础。

第三，建立联席会议制度，加强多部门或组织在家事调查取证方面的联动作用。由于家事案件的证据资料所涉部门或组织众多，故切实加强各部门之间的信息共享与工作联动，也是提升家事证据调查成效的重要一环。在此次家事审判改革中，为了统筹各部门和机关的资源，加强部门间的协作，最高人民法院、中央综治办、最高人民检察院等联合发布了有关建立联席会议的规范文件。同样，在地方各级行政区划，也可由地方政法委牵头，联合法院、检察院、民政、工商、司法行政机关、团委、妇联等组成联席会议，共同商讨婚姻家庭纠纷治理过程中的现实问题，并建立长效协作机制，推动各部门或组织之间的密切配合。在家事证据方面，可联合多部门搭建网络平台，实现各部门之间的信息互通与共享，为法院调查当事人的婚姻状况、家庭成员与户口情况、家庭财产、社保关系、不动产信息等提供便利。比如，2018

---

① 比如，河南省妇联早在2017年便率先对存在长期婚姻家庭纠纷的家庭进行入户调查摸底。参见苏建军：《河南妇联多举措预防化解婚姻家庭纠纷》，载《中国妇女报》2019年3月27日，第3版。

年最高人民法院与民政部共同签署了《关于开展部门间信息共享的合作备忘录》，通过网络专线实现了当事人的婚姻登记信息、低保与家庭收入信息、社会组织登记信息、涉婚姻案件信息等数据共享。[①] 此外，对于涉家暴证据的收集，更需要强调公安机关、医疗机构等在履职或执业过程中的积极协助。公安机关在出警处理家暴的过程中，应当注重对家暴事实与证据的固定，比如对家暴现场、受害人伤势进行拍照、制作询问笔录、治安调解笔录、家暴告诫书、接处警登记表、受案回执等书面文件，或以书面形式对有关情况进行记录。医疗机构发现有疑似遭受家暴的受害人就诊时，应做好详细记录。受害人向工作单位、基层群众组织、妇联等进行投诉或求助的，上述组织在对施暴人进行教育、对知情人进行查访以及组织人员进行调解的同时，应当做好相应的书面记录。当事人或法院向上述机关或组织调查收集有关家暴证据时，这些机关或组织应当予以协助，必要时应出庭作证。

第四，接受法院委托进行证据调查的义务。法院除了可要求社会主体协助配合证据收集以外，还可直接委托其对特定事项代为开展调查活动。比如，我国台湾地区“家事事件法”第17条便规定了受托机关的调查义务。法院可委托警察机关、税务机关、金融机构、学校以及其他机关、组织或专业人士对当事人或关系人的财产状况以及其他情况进行必要的调查。我国内地《改革试行意见》第15条也明确了在家事审判中法院可委托相关机构进行调查。在具体操作上，委托调查主要适用于无法通过简单调取资料便可查明的案件事项。由于该事项需要深入展开调查，而相较于法院，该事项交由公安、民政、工商、金融机构、妇联、村（居）委会、专业机构等进行调查具有信息优势、专业优势或其他优势的，此时法院便可直接委托上述机关或组织进行调查。对于受托者而言，其负有对委托事项进行调查的义务，当然也享有对开展调查所需费用的补偿以及相应酬金的请求权利。

---

① 《人民法院与民政部门信息共享》，载《法制日报》2018年3月20日，第3版。

## 第三节　方式要素：家事证据收集特别方式的确立

为保障证据收集活动的顺利开展，各国或地区在明确当事人证据收集权与法院证据调查职权的同时，也规定了相适应的证据收集方法，如文书提出命令制度、当事人照会制度、证据开示制度等。同时，囿于家事案件的特殊性，这些国家或地区往往还为家事证据收集设置了特殊的方式与手段，比如日本法上的家庭法院调查官制度、法国法上的社会调查制度等。同样，我国内地的家事审判改革实践也创设了一些特殊的取证手段或方式。综合境外经验以及我国内地的实践探索，笔者对家事证据收集的特殊方式构建如下：

### 一、家事调查制度

家事调查制度并非指家事审判中各取证主体所开展的证据调查活动，其仅仅指家事审判改革中所创设的，由家事调查员基于法院委托而对特定事实进行的特殊调查制度。家事调查制度是家事证据收集方式上的重大创新，其反映出了家事审判特殊规律与职权探知法理的现实需求，同时也体现了家事审判社会化的发展动向。日、韩等国的家事审判立法中都规定了有关的家事调查制度，设立家事调查员协助法官进行证据调查。我国对于家事调查制度的探索也相对较早，在 2016 年全国范围内启动家事审判改革之前，广东等地的部分法院便已经尝试由家事调查员负责家事案件的相关调查工作。2016 年最高人民法院在全国范围内开展家事审判方式与工作机制改革，家事调查制度便是此次改革的重要内容，各试点法院在家事审判实践中积极引入家事调查员开展证据调查工作。2018 年出台的《改革试行意见》在总结试点经验的基础上对家事调查制度作出了具体规定，但整体上仍较为粗疏，不尽完备。

#### （一）在家事审判中引入家事调查制度的必要性

1. 化解职权探知模式下法官调查取证的困境

与普通民事私益纠纷不同，家事案件的处理涉及身份公益以及未成年人等特殊主体的权益，故而在诉讼资料的收集与提出上需采职权探知主义法理，由法官依职权调查收集相关的证据资料，而非完全倚仗双方当事人的自行取证。然而，在家事审判中由法官亲自调查取证将面临一系列困境：一是家事案件的处理不仅需要调查收集与案件有关的法律事实，还需要查明获知家事纠纷的背景情况以及其他信息。这一调查工作如果完全交由法官来完成，将耗费其极大的时间与精力，造成司法资源的紧缺。可见，由法官亲自调查取证在案多人少以及员额制改革的司法背景下并不具有可操作性。家事调查员的设立可以减轻法官的业务负担，同时还可提高家事调查的效率。二是家事调查往往需要实地走访，向当事人及其他家庭成员、社区人员、所在单位等了解情况。而法官与这些主体并不熟悉，在开展调查过程中可能遭遇阻碍。家事调查员的普通民众身份更容易拉近与当事人之间的距离，减少调查对象的心理抵触，从而达到沟通交流的良好效果。三是家事调查的过程中可能需要运用社会学、心理学等专业知识，而这些都是作为法律专家的法官所欠缺的。对此，可通过聘请具有社会学、心理学知识的专家作为家事调查员进行家事调查，来满足这一专业需求。四是由法官亲自调查取证存在双重角色的冲突，调查者与审判者集于一体会造成当事人对法官中立性的质疑，影响家事审判的公信力。而由家事调查员负责家事调查则可实现调查者与审判者的分离，消除当事人的顾虑。[①]

2. 满足家事审判多维目的对事证资料的需求

相较于普通民事诉讼，家事审判的目的更为多样。其不仅要求法官依法作出裁断，实现案结事了，而且要求家事案件的处理有助于家庭关系的修复、家庭秩序的维系，以及对未成年子女、老人等弱势群体的权益保护。可见，家事审判不仅涉及法律问题的裁判，还需要价值层面的评断以及情感、伦理因素的综合考量。这些都需要以裁判者掌握充足的信息资料作为前提。而家事调查员的引入能够帮助法官更好地调查收集有关案件信息，家事调查的范围也将扩张至“生活上的事实”“心理上的事实”等，收集的事证资料也更为完备。如此一来，法官便可在获知家事纠纷全貌的基础上发现冲突背后的

① 陶建国：《我国家事审判中的家事调查员制度研究》，载《保定学院学报》2019 年第 2 期。

问题症结所在，从而有针对性地作出对家庭关系伤害较少、符合未成年子女利益与家庭共同利益的处理方案。

3. 契合家事审判社会化与专业化的发展动向

家事案件的处理关乎社会的和谐稳定与弱者权益的保护。这使得家事司法早已超出私益诉讼的范畴，而需引入社会力量来实现社会福祉以及修复、治疗家庭关系的社会机能。家事调查员的设立使得外部社会力量有机会参与到家事调查过程。其改变了过去司法调查模式下僵化的法律理性操作方式，家事调查员的社会学、心理学等知识背景使得家事调查的过程更契合纠纷主体的心理、情感需求，且不再拘泥于法律视角下的权利义务认定与是非判断，而更加关注社会生活层面的人情事理与长远发展。再者，家事调查员的引入践行了家事司法的群众路线方针，拉近了司法与社会之间的距离，使得家事调查的开展更能得到普通民众的支持。此外，家事纠纷存在复杂性，讼争的内容既包括身份关系，也包括依附于身份的财产关系；既包括法律上的争议，还包括情感上的纠葛与伦理的维系。故而，家事审判活动存在专业性要求，必须以契合家事审判规律与价值的特殊方式进行。且这一专业性并不限于法律知识层面，还包括与家庭伦理、情感及未来发展等相对应的社会学、心理学知识层面。同样，家事调查过程也需由专业人士进行。而具备社会学、心理学、教育学等知识背景，或者在妇联、社区工作经验的家事调查员则满足了这一专业性要求。其对于当事人性格、心理活动、情感等事项的判断与认定更为准确，所作的调查报告对于法院妥善处理家事案件的助益更大。

## （二）家事调查员的角色定位与选任机制

家事调查员是受法院委托而开展家事调查工作的专业人员，其角色定位与选任机制将直接关乎家事调查制度的运行效果，有必要加以明确。

1. 家事调查员的角色定位

家事调查员在家事审判程序中所扮演的角色，将决定其在家事调查过程中的具体职能以及相应的调查工作如何开展。

（1）家事调查员的职责：辅助法官开展调查

家事调查员的设立是社会分工在司法领域内作用的结果。[①] 法官作为法律专家，其所主导的司法活动是以法律性为主要考量因素，情理等非法律因素在一定程度上受到抑制，以避免造成司法裁断上的不公。然而，家事纠纷存在法理、情理、事理等多因素的交织作用，家事司法如果一味地追求法律性评判，那么所作出的处理结果将难以为当事人接受。但过多地强调法官对情理、伦理、道德等因素的考量，又有可能改变法官的角色意旨，影响家事司法的法律性。而家事调查员的引入为家事司法中情理与法理之间的冲突提供了缓解的契机，其与家事法官在家事证据调查上的分工促进了家事审判运作方式的优化。家事法官、法官助理等所开展的司法调查主要负责家事案件的法律要件事实资料的收集，而家事调查员所进行的家事调查则更多地关注家事纷争的情理与事理因素。尽管家事法官与家事调查员存在证据调查事务的分工，但并不意味着家事调查员可以替代法官作出终局裁断。家事调查员在家事调查过程中所作出的判断与意见对法官不具有约束性。也即，家事调查员的职能是辅助性的，其制度旨趣在于弥补法官在非法律性信息资料获取上的不足，协助法官在审酌家事纠纷的背景情况、当事人性格、情感、成长环境等诸多因素的基础上作出妥当的处理。因而，家事调查员的工作应当围绕家事案件审理需要进行，且需接受法官对调查内容、对象等事项的指导与命令。

（2）家事调查员的属性：社会性辅助人员

对家事调查员属性的判断，应考虑与家事调查性质的内在协调，而家事调查存在司法调查与社会调查两种定性的争议。[②] 从家事调查员的设立初衷来看，家事调查并非对既有的司法调查的重复性设定，其意在通过引入外部社会力量而提供一种互补性的调查机制。因而，家事调查在调查员的来源、调查内容、调查方式上均存在明显的社会属性，其体现了家事司法的社会参与

① 冯源、姚毅奇：《家事司法改革中调查官的角色干预》，载《甘肃政法学院学报》2017 年第 5 期。

② 任容庆：《论家事诉讼中家事“三员”协作体系的构建》，载《法律适用》2017 年第 19 期。

和救济的特性。不过，将家事调查界定为社会调查，可能引发家事调查权的合理性质疑。对此，可从家事司法的社会化来作出回应。一般而言，民事诉讼的调查取证权由法官等司法主体、当事人及诉讼代理人所享有。而家事调查员的调查权实质上来源于法院的司法调查权，其表现为司法调查权在家事司法社会化的背景下向家事调查员的让渡。

既然家事调查宜定性为社会调查，那么相对应地，家事调查员也应当界定为社会性的辅助人员，与法官助理等司法辅助人员并不相同。也即，家事调查员与法院之间并不存在隶属关系，也不享有法院内部的编制，其基于法院委托而提供社会性的家事调查服务。不过，境外国家或地区大多将家事调查员纳入法院正式在编人员。比如，我国台湾地区便为家事调查官设立了单独的职务序列，日本的家事调查官也属于法院辅助人员，其在家庭法院内部设置了特殊的调查官职位。从我国内地实践探索的经验来看，家事调查员的管理相对混乱，既有从妇联、共青团、教育部门、街道办事处等单位临时聘任的，也有采取社会公开招聘的，还有从法官助理、书记官中进行选任的，但在整体上以外聘式的家事调查员为主。相对而言，笔者也更为赞同将家事调查员界定为法院编外人员而采取社会化的管理模式。究其缘由，其一，可以避免设立法院专职家事调查员而造成司法资源紧缺，尤其是在部分法院人员编制紧张的现实背景下；其二，家事调查员的专职化可能使其逐渐丧失社会属性，而被司法调查所同化；其三，强调家事调查员的社会性更有助于吸纳社会力量，从而为家事司法提供社会救济。至于对家事调查员的管理，仍可通过建立家事调查员名册、定期培训与考核、法官指导等方式进行强化，保障家事调查的业务质量。

2. 家事调查员的选任机制

家事调查员的选任机制需解决两个问题：一是家事调查员的聘任条件，其关乎家事调查员的素质与能力；二是家事调查员的选任程序，其决定了家事调查员的产生方式。

(1) 家事调查员的聘任条件

家事调查员在家事审判中的作用至关重要，其所作的家事调查对法院处理家事案件产生重要影响。故而，有必要严格规范家事调查员的聘任条件，把关家事调查员队伍的准入资质，以确保能够胜任家事调查工作的需要。我国台湾地区“少年及家事法院组织法”第22条明确规定家事调查官须具备以下资格之一：通过公务人员高等考试或相当等级的家事调查官考试；具备法官、检察官任用资格；曾任家事调查官、少年调查官、少年保护官、观护人等，且审查合格；具有在社会、心理、教育等与家事调查工作相关的学系、研究所毕业的资质。日本法上也要求家事调查官具备心理学、社会学、医学等专业素养，但并不强制要求具有法律知识背景。可见，在境外法制中，家事调查官的准入存在严格的资质要求。相对而言，我国内地家事审判改革中各试点法院家事调查员的聘任条件较为宽松，主要集中在品行条件与专业条件两个方面。比如，广西壮族自治区高级人民法院出台的《家事案件调查工作规程》第3条仅仅要求家事调查员应当品行端正，具有丰富的社会知识、经验和高度的责任意识。若具有法律专业或其他与家事调查相关的专业背景、基层工作经历的，应当优先选择。由于我国内地的家事调查制度现正处于发展初期阶段，家事调查员的队伍亟待补充，且以外聘式的家事调查员为常态现象，故而，过于严格的聘任条件不利于家事调查制度的发展，可能导致这一制度处于空置状态。基于以上分析，笔者认为家事调查员的聘任需满足以下三项条件：其一，品行端正，不存在犯罪等不良记录，且热爱家事调查工作，责任感强；其二，身心健康，具备良好的语言文字表达、判断分析和沟通协调能力；其三，具备法学、心理学、社会学、教育学等方面的知识背景，或者存在三年以上的从事妇女、儿童保护、教育工作经验或其他基层工作经验。

（2）家事调查员的选任程序

如前所述，我国台湾地区的家事调查官可通过公务人员高等考试或相当等级的家事调查官考试的方式进行选拔。显然，这一选任方式极为严谨，足以确保遴选出来的家事调查官具备相应的专业知识与水平。不过，从我国内地的试点经验来看，多数的家事调查员并非为法院的编内人员，采取类似于法官、检察官等司法人员资格考试的方式进行遴选并不具有可操作性。相对而言，我国内地的家事调查员选任主要包括荐任制与选聘制两种方式。前者是指由妇联、共青团、司法、教育、民政等单位及基层群众组织推荐，并经法院审查合格后进行选任；后者则是通过向社会公开招聘的方式遴选出具备相应资质与能力的人员。在家事调查员制度的发展初期，家事调查员的选聘宜以荐任制为主，由此来吸纳妇联、教育机构等单位的专业人员、基层工作者，或者基层法律服务工作者、退休法律工作者、专家学者等社会力量参与家事调查，以满足司法实践对家事调查员的需求。不过，在家事调查员制度发展成熟之后，家事调查员的选任应以更为公平的社会招聘方式为主要渠道，以确保家事调查员的遴选是在公平竞争的基础上择优录取。

### （三）家事调查程序的具体运行

#### 1. 家事调查程序的启动

家事调查是对法院调查取证职能的辅助，其更多地关注家事案件中的非法律性事实。故而，家事调查程序的启动需以存在法院职权调查取证的必要为前提。在启动方式上，与法院调查取证相类似，既可由法院依职权启动，也可由当事人申请并经法院审查后启动。在家事调查员的选取上，也存在定向选择与随机抽选两种模式。由于家事调查员的专业背景与知识存在差异，其在家事调查中所发挥的作用也不尽相同。因而，家事法院应当根据家事案件的特点与需要，从具备相对应的专业知识、技能与社会经验的家事调查员名册中选择合适的家事调查员。对于定向选择的家事调查员，当事人应当享有提出异议的权利。故法院在确定家事调查员以后，应及时告知当事人，当事人可以提出异议并说明理由。法院认为当事人的异议理由成立的，应当另行选择家事调查员。若双方当事人从家事调查员名册中合意选择其他家事调查员的，也可直接委托该调查员开展家事调查。为确保家事调查过程的公正性，法院应委托两人以上的家事调查员。由于家事调查员需基于中立立场开展家事调查工作，故对于家事调查员可适用法院人员回避的有关规定。另外，若家事案件的调查对家事调查员的知识与经验不存在特殊要求，也可由双方当事人从家事调查员名册中随机抽选确定家事调查员。

#### 2. 家事调查的内容与方式

与司法调查不同，家事调查的内容并不限于法律要件上的事实，还包括能帮助法官作出妥善处理的其他周边事实,[①] 比如当事人的成长经历、工作情况、经济状况等生活上的事实，以及当事人的性格、情感经历等心理上的事实。家事案件的审理存在法理、情理、事理的交织作用，这使得法官的自由心证过程需审酌一些非法律要件事实，而这些信息资料的获取便需要通过家事调查来进行。综合各试点法院的探索经验，笔者认为家事调查的范围主要包括以下几点：一是当事人及关系人的基本情况，如性格、教育程度、身心状况、工作情况以及其他经历等；二是家事纠纷产生的背景信息与缘由，如当事人的婚姻状况、家庭关系、情感经历、财产状况、当事人双方的实质争议、各方态度等；三是未成年人、老年人等特殊主体的有关信息，如未成年子女的生活环境、学习、心理与抚养状况、父母双方的监护能力、老年人的经济来源、赡养状况等；四是特殊程序启动的必要性评估，比如进行亲职教育、亲子关系辅导、心理咨询与疏导等程序的必要性；五是与家事案件处理有关的其他事项，比如当事人存在犯罪记录、家暴、性侵害等不法事实。以上是对家事调查内容的一般规定，但在具体的家事案件中，仍需在上述范围内进一步确定家事调查的具体事项。不过，司法实践中很多试点法院都是由家事调查员具体确定调查的事项，法院并不对此作出具体的指示。这一做法实际上弱化了法院对家事调查员的指导作用，可能导致家事调查员的权力滥用。家事调查员可以随意地确定、变更调查事项，这无疑会影响到家事调查结果的公正性。事实上，家事调查的作用在于帮助法官形成正确的心证，家事调查的范围与事项应当根据法官心证的需要以及家事案件的具体情况而定。故而，由法官确定家事调查的具体事项最为妥当，其对于家事案件的情况最为了解，清楚哪些事项缺乏关键证据或真相不明，存在进一步调查的必要。在具体操作上，法官应当在家事调查员的委托调查函上列明具体的调查事项以及相关的指引，家事调查员应当按照委托事项开展家事调查。若家事调查员在调查过程中认为有必要扩大调查范围的，应当向法官作出说明，并经法官审查同意后方可扩大调查。

---

① 蒋月、冯源：《台湾家事审判制度的改革及其启示——以“家事事件法”为中心》，载《厦门大学学报（哲学社会科学版）》2014 年第 5 期。

家事调查的方式与普通的司法调查并不完全相同，其更多的是运用社会学、心理学的调查方式，具体包括与当事人及其他关系人进行面谈交流、以适当方式了解未成年人的意见、实地走访当事人所在社区、工作单位、未成年子女的学校等。比如，与当事人的面谈可以通过设计一些合适问题并进行提问、填写家事调查表等方式进行。家事调查员应运用心理学、社会学的专业知识，尽量减少当事人的心理抵触，并在交流过程中引起当事人的情感共鸣，从而更为准确地获知当事人的真实想法。在征询了解未成年子女的意愿时，可以采取亲子游戏等方式观察子女与父母一方之间的亲密关系。在具体案件中，家事调查的方式应由家事调查员根据调查需要而灵活决定。

3. 家事调查报告的作出及效力

家事调查员在法定期限内完成调查工作后，应就调查的情况以及收集到的相关资料，制作家事调查报告。调查报告应当载明调查主体、法院委托调查的内容、调查的时间、地点、对象、方式以及调查结果等事项。家事调查员可在调查报告中对特定事项提出分析意见或建议，比如未成年子女由哪一方抚养更为合适。对于家事调查员在调查过程中所获取的有关证据资料以及形成的调查笔录，可以以附件的形式附于调查报告之后。

对于家事调查报告是否具有证据效力，目前学界并无定论。《改革试行意见》规定家事调查报告可作为法院审理案件的重要参考，并未肯定其证据效力，但部分试点法院直接将调查报告作为证据使用。事实上，从证据的形式来看，家事调查报告并不属于《民事诉讼法》第66条规定的证据形式之一，在采严格证明的诉讼程序中是无法作为证据而使用的。但从家事调查报告的内容来看，家事调查员所收集的证据资料、调查笔录以及其他的陈述性内容，存在客观性与关联性，且在证据形式上也可转换成书证、证人证言等合法形式而使用，因而应赋予其相应的证据资格。但对于家事调查员所作的总结、分析与建议等主观判断性较强的内容，由于家事调查员的素质良莠不齐，不宜赋予其相应的证据效力，只能作为法院审理案件的参考。

由于家事调查报告对法官心证的形成存在影响，故而无论其是否作为证据使用，都应当在法庭上予以出示，并赋予双方当事人陈述意见的机会。对于作为证据使用的部分内容，还应经过当事人的法庭质证。未经法庭质证或征询当事人意见的，不能作为法院裁判的依据或参考。另外，若当事人对家事调查的方式、过程或调查报告的内容存在异议的，法院可以要求家事调查员出庭说明情况或接受当事人的质证，经法院准许后，家事调查员也可以书面方式进行说明。

## 二、专业评估报告

在家事审判中，法院对于未成年子女最佳利益、抚养权的归属、婚姻家庭关系修复的可能性等复杂事项的判断，可能需要专业的第三方以中立评估的方式提供帮助，其所作的评估报告可以作为法院审理案件的重要参考资料。

### （一）家事审判缘何引入第三方专业评估

1. 辅助法院作出妥当性裁判

不同于普通民事案件仅仅涉及对过去事实的认定与评价，家事案件的处理往往还关乎家庭关系的未来发展与变化。故而，在家事案件审理过程中经常需要审判者进行价值判断，从而作出具有展望性、妥当性的处理结果。而对于这些价值判断事项，一般是缺少相应的客观评断标准的，只能由法官凭借经验与良知进行自由裁量，存在较大的随意性，审判质量无法得到保障。基于此，有必要引入专业的中立第三方，运用其专业知识对这些价值判断事项进行评估，辅助法官作出妥当性裁判。比如，对于离婚案件中夫妻关系修复可能性的判断，便可由专业第三方通过访谈、回答问卷以及心理疏导等方式，获知其夫妻之间的矛盾根源所在，从而帮助法官化解夫妻关系中的实质性矛盾，或者形成对感情修复现实可能性的正确认知。

2. 补足审判人员的专业知识结构

家事审判注重财产利益与身份利益的共同保障，同时还需兼顾对人格利益、安全利益与情感利益的维护。作为法律专家的裁判者，对于情感因素的梳理、人际关系的引导以及对相关价值事项的判断并不擅长，存在知识结构非对应性的问题。故而，有必要在家事审判中引入具备社会、心理、教育、婚姻家庭等专业知识的人士，补足审判人员的专业知识结构，协助法院处理需要运用法律以外的专业知识的相关事项。这些专业人员除了以陪审员的方式而直接参与审判过程以外，还可作为中立的辅助人提供心理疏导、情感咨询、心理评测、关系评估等特殊服务。

3. 境外有益经验提供的借鉴

在法制较为发达的境外国家或地区，心理学专家、社工人员或其他专家参与并协助法官解决家事纠纷已成为常态，相关制度也趋于成熟。这为我国内地探索专家参与家事审判并提供评估意见的特殊制度提供了镜鉴。比如，英国法院在审理离婚或分居案件中对于如何安排子女的问题，一般需要社工人员、诉讼监护人、心理专家、精神病医师、儿科医师等专家介入并提供意见。① 在澳大利亚，法院可聘请专门从事儿童及家庭事务的心理学家或社区工作人员作为家庭顾问，在诉讼过程中提供咨询、调解、家庭课程等家庭服务，还可就涉及儿童的照管、福利或健康成长等事项制定、提交报告，为法官处理案件提供重要信息。德国法为保障未成年子女的利益设计了程序辅佐人制度，其中辅佐人多属于具备法律、心理、社会、教育等知识背景的专业人士，且大部分由律师、教师、医生、心理师等兼任。② 我国台湾地区也基于保障未成年人、受监护或辅助宣告人权益的需要，要求具有专业知识的社工人员积极介入并提供协助。法院在判决离婚并对子女监护问题一并裁判之时，为审酌子女的最大利益，有必要参考社工人员的访视报告。③

### （二）家事审判中第三方专业评估的开展方式

从家事审判改革中各地积极探索的经验来看，已经发展成熟的第三方专业评估的开展方式具体包括心理评估报告与亲子关系评估报告。不过，也不排除其他形式的专业评估报告适用的可能。

1. 心理评估报告

心理评估报告一般是伴随着心理咨询与疏导过程而产生。最高人民法院

---

① 陈爱武：《家事法院制度研究》，北京大学出版社 2010 年版，第 95-96 页。

② 陶建国：《德国家事诉讼中子女利益保护人制度及其启示》，载《中国青年政治学院学报》2014 年第 1 期。

③ 姜世明：《家事事件法论》，元照出版有限公司 2016 年版，第 84 页。

制定的《改革试行意见》以及地方高院制定的规范性文件，都对家事审判中的心理疏导制度作出了具体规定。一般而言，心理疏导适用于家事当事人情绪波动较大或遭受家庭暴力创伤、存在心理阴影的人，尤其是情绪或行为异常的未成年人、妇女和老人，应当给予特别的关注，及时引导其接受心理疏导。实施心理疏导的咨询师须具备相应的心理学、社会学以及婚姻家庭、儿童等方面的专业知识，且满足一定的资质要求。比如，长沙岳麓区法院与湖南省心理咨询协会以及高校进行合作，引入心理学专家对家事当事人进行心理咨询与疏导。[①] 咨询师在开展心理咨询、婚姻家庭辅导的过程中，可同时对婚姻家庭基本情况、当事人双方感情基础、婚姻危机的成因或者家庭矛盾的根源、当事人的心理状况、婚姻或家庭关系修复诊断等事项进行调查与评估。

2. 亲子关系评估报告

对于未成年子女的抚养、探视事项的判断具有复杂性，不仅需要考虑父母双方或近亲属的基本情况以及抚养能力，还需审酌其与未成年子女之间的相处关系以及其他情感因素。这使得法官在此类事项的裁量上往往捉襟见肘，难以作出妥当的处理。正是基于这一现实问题，在家事审判改革实践中探索创设了亲子关系评估报告制度。比如，海南省部分法院试点的亲子关系报告制度、[②] 浙江永嘉县法院通过心理咨询师引导未成年子女进行沙盘游戏的方式所开展的亲子关系评估[③]等。广东省高级人民法院于2018年制定的《广东法院审理离婚案件程序指引》更是以规范文件的形式对这一制度作出规定。一般而言，亲子关系评估宜适用于对于子女抚养问题难以作出简单判断的情形，具体包括当事人双方的抚养条件相近且均主张抚养的、一方当事人抚养条件占优，但对方强烈要求抚养的、一方当事人可能存在不利于直接抚养的心理或人格因素等相关情形。同样，进行评估的专业人员须具备心理学、社会学等方面的专业知识，且满足相应的资质要求。

---

① 刘冠华：《家事审判研究》，人民法院出版社2019年版，第385页。

② 唐时华、谭华：《把握改革时代机遇 开拓家事审判新局面》，载《人民法院报》2018年5月25日，第04版。

③ 清溪：《沙盘游戏投射子女内心》，载《今日永嘉》2018年8月22日，第3版。

### （三）家事审判中第三方专业评估的具体运行

1. 专业评估的原则

家事审判中的第三方专业评估需遵循一定的原则：一是中立性原则。评估人应当作为法官的专业辅助者，基于中立立场对法院委托的特定事项进行评估，不应具有偏向当事人的党派性，同时也不能对评估结果作出承诺。二是保密性原则。即评估人对于工作过程中所获知的当事人以及其他主体的隐私信息、商业秘密应当严格保密，且评估报告以及相关档案资料一般仅适用于审判阶段以及判后回访等特殊情形，不得对外公开。心理评估等专业评估往往需要当事人积极配合，为避免当事人担心隐私泄露而心有抵触，且基于对当事人隐私权的保护，有必要对评估人科以保密义务。三是全面性原则。评估报告的准确性在一定程度上依赖于其所调查审酌的有关事实要素的全面性。评估人既需审酌当事人的基本情况、身心状态、性格特征、经济实力等现实情况，还需审酌家庭成员以及彼此间的感情基础、相处关系等情感因素。在评估对象上，评估人需要审酌当事人、关系人以及其他与案件存在关联的人的相关情况，综合作出判断。

2. 专业评估的相关程序

第一，专业评估程序的启动包括依职权启动和依申请启动两种。法院在审理过程中认为对于特定事项需要进行专业评估的，可依职权启动该程序，当事人以及关系人也可主动申请进行专业评估。第二，专业评估程序的进行。由于专业评估大多涉及心理学与社会学上的专业判断，评估过程需要评估对象积极配合，故无论以何种方式启动评估程序，评估工作的开展都需事先获得当事人、未成年子女及其监护人的同意。专业人员在接受法院的委托之后，应当在规定的期限内完成评估工作，确有需要的，可以延长期限。评估过程中可采取当面询问交流、沙盘游戏、单面镜观测等方式。第三，评估报告的质证与评估人的出庭作证。评估人所出具的专业评估报告应当在法庭进行出示，并经过双方当事人质证。若当事人对评估过程、方式存在异议的，或者法院认为评估人有必要出庭的，可要求评估人出庭说明情况。

3. 专业评估报告的证据效力

专业评估报告作为专业人员运用其专业知识对家事案件中的特定事项所作的结论性意见，其是否具有民事证据效力有待探讨。从证据的“三性”来看，首先，专业评估旨在对法院委托的特定事项进行专业性判断，其报告内容与待证事实之间存在客观的联系，具有关联性。其次，专业评估程序的启动与运行可依据法律规定进行，且不侵害他人的合法权益，即专业评估的程序合法性在实际操作中可以得到满足。而在形式合法性上，《民事诉讼法》所规定的八种证据形式并不包括评估报告，这一报告能否列入鉴定意见证据的范畴尚不明确，存在形式效力上的瑕疵。最后，在证据的客观性方面，上文所列举的心理评估与亲子关系评估等技术尚未成熟，评估的过程可能因被评估人假意伪装的表现而受蒙蔽，或者受到被评估人情绪紧张、恐慌等因素的不当影响，且从观察的现象到结论的得出存在较大的主观性，可追溯性较差。这些都影响了评估报告的客观性评价，进而影响其证据效力。基于此，对于评估报告的证据效力一般都不予直接认可，仅将其作为法院审理案件的重要参考，法院应结合其他证据综合作出认定。

## 三、家庭财产申报

在婚姻家庭案件中，财产分割是当事人发生争议的主要内容之一。关于财产问题的讼争主要集中在家庭财产的范围以及如何分割共同财产两个方面，且法院审判的关键在于如何查明双方当事人的财产状况。为解决这一现实难题，家事审判实践中积极探索了家庭财产申报制度，通过设置双方当事人的财产申报强制义务，并对违反申报义务的当事人科以不利后果，以此督促当事人自觉地向法院申报自己的财产状况，协助法院查明案件事实。

### （一）家事审判中适用家庭财产申报制度的多重理据

1. 现实需求：家庭财产构成复杂化所引致的举证困境

随着经济发展与人民生活水平的提升，公民的个人与家庭财产状况发生了巨大的改变，财产数额显著增加，财产种类也丰富多样且流转加快。这些因素使得家庭财产的处理日趋复杂，同时也为诉讼当事人的举证活动与法院的审判活动带来了极大的挑战。从家庭财产的构成来看，现代家庭的财产不再限于土地、房屋、存款、车辆等传统财产，还包括股票、基金、证券、票据、知识产权等新型财产形式。现代财产形式的多样化以及家庭财产分散分布的特点，扩大了举证一方当事人搜索财产信息的范围，加重了当事人的举证负担。同时，这些新型财产形式具有虚拟性、隐蔽性与流动性的特点，也使得当事人难以发现配偶或其他家庭成员所支配的财产信息，更别提准确把握这些虚拟财产的现实情况。从接近这些家庭财产信息的现实距离来看，夫妻双方或家庭成员之间并不对等。尤其是在婚姻家庭生活中占据经济上主导地位的一方，其对于家庭财产的分布情况极为清楚，而相对方则了解甚少，甚至对部分财产状况完全不知情。而我国目前的财产登记制度并不完备，加之部分的金融资产极难查控，这都在一定程度上诱发了经济主导一方隐匿、转移、虚报家庭财产的诉讼风险，影响了弱势方的合法权益保障。

从举证责任的分配来看，根据《民事诉讼法》所确定的“谁主张谁举证”的分配原则，要求财产分割的一方需对家庭共同财产状况举证证明，否则无法将该财产作为共同财产而进行分割。显然，支配或控制家庭财产的一方更易于证明，但同时其在主观上也最缺乏举证的积极性，不愿意将其控制的财产进行分配。而相对方因缺乏对该财产信息的了解，往往无法进行有效的举证。尽管立法规定当事人可向法院申请调查取证，但这一规定仅限于当事人因客观原因无法取证的情形，且需要当事人提供相应的财产线索。对于婚姻家庭中的弱势方而言，获取相应的财产线索有时也是颇为困难的。为破解这一举证难题，有必要转变查明家庭财产的思路，由相对方证明转为控制方自行申报，并通过惩戒措施的震慑效应，督促当事人自觉履行财产申报义务。

2. 价值证成：家庭财产申报制度的独特作用

家庭财产申报制度创设的理论依据，源自其所具有的不同于一般制度的独特作用，具体体现在以下几点：其一，有助于提高司法效率。对于家庭财产的证明，无论是相对一方的当事人收集证据，还是由法院依申请调查取证，都将耗费大量的人力、物力与资源。而财产申报制度要求各方当事人如实申报其所掌握的财产信息，如此便可免去这一部分的资源消耗，提高法院对财产状况的查明效率，法院只需根据双方提供的财产信息与证据材料进行核查即可。尽管在明确惩罚性后果的前提下，当事人依然存在虚假申报或隐匿申报的可能，但此前的财产申报工作仍可限缩法院调查的范围，法院只需对双方申报存在差异的内容或者另一方当事人提供财产线索的信息，开展调查取证工作。这样有的放矢地进行调查，能极大地提高司法效率。其二，有助于平衡双方举证能力，保护弱者利益。如果简单地适用举证责任分配的一般规则，只会导致婚姻家庭中的强势方通过隐匿、转移、虚报财产而不当获利，弱势方的合法权益得不到保障。而财产申报制度主要是对支配财产的强势方发挥作用，要求其自行申报财产并提供证据证明，平衡双方的举证能力。若强势方不自觉遵守如实申报义务，待法院查明以后，可对其作出不分或少分财产的惩罚，这也是变相地对弱势方遭受诉讼风险的补偿。其三，财产申报制度还使得离婚当事人能够清晰地认识到其可能遭受的经济损失，从而减少冲动型离婚的概率，促使当事人理性地作出选择。而且，对如实申报义务的强调有助于诉讼诚信的培育，打击当事人投机取巧的错误心态。

3. 法律依据：《民法典》婚姻家庭编与《民事诉讼法》的有关规定

家庭财产申报制度作为实践中探索创设的特殊制度，并不存在直接的法律渊源。不过，《民法典》婚姻家庭编与《民事诉讼法》中的有关规定可为其提供相应的立法支撑。具析之，《民法典》第 1043 条明确了夫妻之间的忠实义务。这一义务可扩展至经济关系上的坦诚义务，夫妻双方对于婚后取得的财产应当如实、及时告知对方，以保障婚姻生活的维系与家庭支出的共同负担。而财产申报制度只不过将本应在婚姻存续期间进行的财产告知行为，延伸到诉讼过程中。另外，《民法典》第 1092 条明确了对夫妻一方在离婚时存在隐藏、转移、毁损共同财产或伪造债务行为的，可在财产分割上对其采取少分或不分的制裁措施。同样，对于离婚案件的当事人在财产申报过程中作虚假申报或瞒报的，也可视为上述的隐藏、转移夫妻共同财产的行为，由法院在财产分割之时对虚报或瞒报的申报人采取少分或不分的制裁。从诉讼程序的层面来看，《民事诉讼法》第 13 条规定了民事诉讼当事人应当遵循诚信原则，这是当事人如实申报财产状况在程序法上的依据。2022 年《民事诉讼法解释》第110条进一步明确了当事人负有真实陈述的义务，并要求当事人签署保证书。故在家事审判中，当事人同样负有对财产状况的真实陈述义务，法院可要求当事人在申报财产的同时签署保证书，一旦违反了真实义务，则依据保证书的罚则对其科以财产分割上的相应惩罚。① 此次最高人民法院制定的《改革试行意见》在总结改革试点经验的基础上对离婚案件中的财产申报制度作出了规定，但囿于这一司法解释作为改革试行规定且立法位阶较低，对于财产申报制度仍存在进一步立法的必要。

### （二）家庭财产申报制度的具体设计

#### 1. 家庭财产申报制度的适用原则

其一，强制申报原则。家庭财产申报是当事人的一项诉讼义务，当事人必须按照法院的要求在法定期限内完成财产申报，无正当理由逾期申报或拒绝申报的都应当承担相应的不利后果。其二，如实申报原则。对于法院要求申报的财产事项，双方当事人应当如实地填写财产申报表，并附上相应的证明材料，当事人不得隐瞒、虚报或谎报，否则将因违反诚信原则而遭到相应制裁。为保障当事人如实进行申报，法院可要求当事人签署真实陈述的保证书，并于保证书内对违反真实义务的法律后果予以明确。其三，保密原则。财产申报制度是以牺牲当事人在财产状况方面的隐私权作为代价，故而当事人所申报的财产信息仅能适用于本案诉讼等合理用途，只能由本案法官、书记员、双方当事人及其诉讼代理人查看，不得对外公开。在本案审结以后，申报材料由法院封存保管，除司法办案需要或国家机关依据法律规定进行查询以外，不得向其他单位或个人提供。②

#### 2. 适用家庭财产申报制度的案件范围与条件

财产申报制度滥觞于离婚纠纷的审判实践，其意在解决婚姻财产分割过程中对夫妻共同财产的证明难题。事实上，同居关系析产纠纷、分家析产纠纷等其他婚姻家庭案件中涉及财产分割事项的审理中，同样面临着这一举证

① 王春霞：《构建离婚案件财产申报制度》，载《中国妇女报》2015年6月5日，第A4版。
② 李鹤贤、刘志强：《完善家事审判工作的三个关键制度》，载《人民司法》2016年第34期。

证明的现实难题，也存在适用财产申报制度的迫切需要。基于此，各地法院在实践探索的过程中都不约而同地扩大了财产申报制度的适用范围，比如山东省高级人民法院出台的《家事案件审理规程》第15条、广西壮族自治区高级人民法院出台的《家事案件财产申报规程》第3条。相比较而言，最高人民法院《改革试行意见》第44条将财产申报的适用案件范围限定在离婚案件中，具有一定的保守性。笔者认为家庭财产申报制度可适用于离婚纠纷、离婚后财产纠纷、夫妻财产约定纠纷、婚姻无效纠纷、撤销婚姻纠纷、同居关系纠纷、分家析产纠纷等涉及共同财产分割的家事案件。

关于家庭财产申报制度的适用条件，理论界与实务界存在截然不同的两种论说，即“申报义务限定说”与“申报义务一般说”。持“申报义务限定说”的学者认为财产申报制度旨在协助查明婚姻家庭共同财产的范围与数额，解决由财产非控制方举证的现实难题。为避免过于扩大当事人申报范围而对其隐私权造成不当侵害，当事人申报财产仅限于双方当事人对于待分割财产的范围与数额存在争议且无法举证予以证明的特定情形。[①] 而从试点法院的实际做法来看，法院往往在向当事人送达案件受理通知书、应诉通知书的同时，便已送达了财产申报告知书、财产申报表等诉讼文书。[②] 在这一阶段，被告尚未来得及提交答辩书，有关财产分割的范围是否存在争议尚不可知。故这一做法实际上是将当事人的财产申报义务一般化，即持“申报义务一般说”的观点。相对而言，笔者更为赞同“申报义务限定说”的观点。其因在于强调申报义务一般化，也同时意味着财产申报程序启动上的职权化，当事人的意愿在这一过程中并未得到尊重，这与家事财产案件的辩论主义法理并不相符。基于此，笔者认为法院在向当事人送达受理通知书或应诉通知书的同时，应一并送达家事案件财产申报权利告知书。双方当事人都可在举证期限内向法院申请核发财产申报的强制命令，法院可依申请要求双方当事人在法定期限内申报其财产状况。如此，当事人提出申请的行为便可视为双方当事人对共

① 持这一观点的文献有朱舒倩的《增设离婚财产申报制度的立法建议》、杨雯民的《论婚姻家庭纠纷财产申报制度》、雷绮婷的《论离婚财产申报制度》等。

② 比如，《广东法院家事审判工作规程（试行）》第21条、《广西法院家事案件财产申报规程》第5条都规定了法院在向当事人送达案件受理通知书、应诉通知书之时，应同时送达财产申报表。

同财产的范围存在争议的表征，且依当事人申请而启动程序可将对这一事项无争议的案件排除适用。另外，对于财产分割涉及未成年子女利益或者其他法院依职权探知事项的，法院可主动要求双方当事人在法定期限内进行财产申报。

3. 家庭财产申报的类型与内容

基于申报财产的内容不同，家庭财产申报包括全面财产申报、专项财产申报与补充财产申报三种类型。全面财产申报是指对婚姻关系存续期间以个人名义或共同名义取得的全部财产进行申报，或者对进行分家析产、分割的全部共同财产进行申报。由于《民法典》第1063条明确规定婚前的个人财产归一方所有，故而不应纳入申报的范围。具体而言，当事人需申报的财产形式包括收入、现金、银行存款、土地使用权、房产等不动产、车辆或其他价值较大的动产、股票、基金、债券等有价证券、公司股权、住房补贴及住房公积金、投资型保险、知识产权的收益、个人财产投资收益、债权债务等。专项财产申报是指一方当事人提供了初步的财产线索，请求法院进行调查取证的，法院要求控制该项财产的对方当事人对财产现况进行专项申报。另外，对于当事人提供初步证据或线索，证明对方当事人存在隐藏、转移、毁损共同财产行为的，法院可要求对方当事人对该项财产在指定时期内的变动情况进行专项申报。补充财产申报是指在经过初步的财产申报之后，当事人对对方申报的财产事项存在异议，法院依当事人申请要求对方当事人对该财产异议事项进行的补充申报。需注意的是，当事人在进行以上三类财产申报之时，应当同时对该项财产在诉讼之前的二年内发生的重大增减、变动情况进行如实申报，并进行合理说明。

4. 违反财产申报义务的法律后果

在具体适用过程中，法院应当通过向双方当事人送达告知书的方式，释明当事人不合理履行财产申报义务的法律后果，并且要求当事人签署真实陈述的保证书，明确虚假申报、拒绝申报、伪造债务或不作补充申报的相应罚则。

财产申报作为举证诉讼行为，当事人应当在举证期限届满前完成申报，填写并提交财产申报表，并附上相应的证明材料。当事人可向法院申请延长财产申报的期限，是否准许由法院审查决定。对于当事人违反适时申报义务，未能在申报期限内提交申报表的，实践试点中多地法院的做法是将其视为该当事人在本次诉讼中放弃处理相关财产权利。[①] 事实上，对于拒绝申报行为采取在本次诉讼中搁置共同财产处置的做法，是有利于控制或掌握着共同财产的一方当事人。对于该当事人而言，依法申报财产的结果是由其控制的共同财产被合法分割，如果拒绝申报，反而可以继续行使对这些隐匿的共同财产的使用、收益等权利，这显然是极不合理的。故而，对于逾期未申报的行为，法院应当按照妨碍民事诉讼的行为对其进行训诫或罚款。若该当事人继续拒绝进行财产申报，法院可将对方当事人申报财产的主张情况推定为真实，认定共同财产的范围，并对该当事人在财产分割上采取不分或少分的制裁。

对于双方当事人都已如期提交了财产申报表的，法院应当及时组织双方当事人进行核对或在法庭上进行质证。对于双方均无异议的财产事项，法院在核查当事人所提交的证据材料以后可以作出财产权属的认定。对于一方当事人存在异议的事项，法院可依申请或者依职权（涉及未成年人利益等情况）进行调查取证。法院经调查核实后查明当事人存在虚假申报、瞒报或故意漏报、伪造债务、转移、变卖、损毁部分共同财产等不法行为的，可在财产分割时采取少分或不分的惩戒措施，同时记入社会征信系统。若构成妨害民事诉讼行为的，还需处以训诫、罚款等强制措施。

## 四、当事人出庭陈述

当事人陈述是民事诉讼中的重要证据形式。当事人作为民事纠纷的直接参与者以及民事法律关系的主体，对于讼争事实的来龙去脉了解得最为清楚。故而，在民事诉讼中收集当事人陈述这一证据形式是极为必要的。但同时需注意的是，当事人与案件存在直接的利害关系，其主观陈述具有严重的偏向

---

① 比如，《广东法院家事审判工作规程（试行）》第21条、《广西法院家事案件财产申报规程》第10条都作了类似的规定。

性，需要综合本案其他证据作出判断。在普通民事诉讼中，当事人出庭陈述可由诉讼代理人代为进行，当事人无需亲自出庭。但在家事案件中，当事人出庭陈述具有亲历性，必须由本人亲自出庭参加诉讼，发表意见。

### （一）当事人出庭陈述强调亲历性的理论基础

#### 1. 在情感面向上化解纠纷的需要

与普通民事纠纷所造成的物质伤害或身体伤害不同，家事纠纷既存在利益上的冲突，同时也存在情感上的纠葛，甚至于心理情感上的矛盾是根源性的，是诱发纠纷的主要因由。故而，家事案件的处理应当尤为注重当事人及其关系人在心理情感上的需求，有针对性地提出解决对策。然而，当事人的情感诉求往往非诉讼代理人可以代为表达的，需要当事人亲自到庭进行陈述。法官也可根据双方交互的情况找出纠纷的症结所在，并提供彼此谅解与消除误会的机会，促进合意的达成或者作出契合当事人诉讼目的的妥当裁判。

#### 2. 身份利益保障的内在要求

家事纠纷牵涉到当事人及其关系人的血缘身份关系，这一关系具有不可替代性，且对于关系主体的生存与发展具有重大意义。一旦身份关系通过诉讼被强制改变，将对身份关系的主体造成严重影响，且这一影响难以在事后进行补救或修复。故而，对于身份关系的处理应尤为慎重，且需尊重当事人本人的意愿。在家事审判中，法院对于涉及身份关系的事项应当积极听取当事人本人的意见，即使存在代理人亦不例外，以便更好地保护当事人的身份利益。

#### 3. 职权探知模式下的当事人协助义务

家事案件的审理酌采职权探知主义，由法院负责对案件事实的发现，当事人应当承担相应的协助义务，而这一协助义务便包括当事人亲自出庭的义务。具析之，当事人亲自出庭对于案件事实的查明具有促进作用。一方面，当事人是家事纠纷的亲历者，其掌握着家事案件的一手信息，也颇为清楚家庭成员之间的是非对错。这一信息优势远非临时委托的诉讼代理人可以比拟的。故而，法院为解明案情而对当事人进行询问，更能获取与案件有关的信息。另一方面，法官能从当事人出庭陈述的神态、肢体、情绪、表情等情况中，获取更多的隐藏信息，帮助其查明案件事实。

### （二）当事人亲自出庭陈述的适用范围及例外

《民事诉讼法》第65条规定了离婚案件当事人的本人亲自出庭义务。其因在于，离婚案件中关于夫妻感情是否确已破裂的问题，诉讼代理人往往把握不准，由当事人本人出庭陈述更为准确。① 此次家事审判改革中最高人民法院制定的《改革试行意见》第37条将当事人亲自出庭陈述的案件范围扩张至身份关系确认案件。其旨在通过当事人本人的参与，协助法院查明事实，保障有关身份关系确认判决的正确性。尽管如此，家事审判中当事人亲自出庭陈述的范围仍不够全面。基于促进调解、化解情感纠葛、保障身份利益、发现真实等诸多目的，有必要将这一范围扩张到所有的家事案件。这一观点也得到了部分试点法院的认可与践行。比如，广西壮族自治区高级人民法院出台的《家事案件审理工作规程》第20条、广东省高级人民法院出台的《家事审判工作规程（试行）》第43条都作出了类似的规定，要求家事案件当事人都应当出庭参加诉讼。

当然，当事人本人出庭陈述的强制规定也存在着例外，对于当事人存在无法出庭的特殊情况，应当免除其出庭义务。第一，当事人不能正确表达意思的，比如精神病人，此时要求其出庭并无实质意义。故而，该当事人既无需出庭陈述，也不用提交书面意见。不过，当事人的法定代理人基于其监护、生活管理、权利保护等职责，应当承担出庭陈述的义务。第二，当事人因客观原因无法出庭陈述的。比如，患有重大疾病、路途遥远且交通不便、遭遇自然灾害等不可抗力而无法出庭的情形。对于存在此种情形的，当事人或其法定代理人可以向法院提出申请并提交相关证明，法院经审查后可准许其不出庭参加诉讼。不出庭参诉的当事人需提交书面意见，或者通过视频传输技术等方式参加庭审并发表意见。第三，当事人因遭受家暴而不宜到庭陈述的。

① 全国人大常委会法制工作委员会民法室编：《〈中华人民共和国民事诉讼法〉条文说明、立法理由及相关规定》，北京大学出版社2012年版，第96页。

对于涉家暴案件的审理，当事人应当出庭陈述意见。但倘若受害人到庭可能诱发其遭受人身伤害的危险性，或者存在其他不宜出庭的情形，那么受害人可不亲自出庭参加诉讼，而以书面证言或者通过视频传输技术参加庭审等方式进行代替。第四，未成年当事人到庭陈述的特殊情况。一般而言，未成年的当事人可不出庭参加诉讼，由其法定代理人或其他适格主体代为进行。审判人员需了解未成年人本人意愿的，可在未成年人住所、学校等适宜场所询问该未成年人，以避免对未成年人造成不当伤害。若确有必要的，未成年当事人可在其监护人或其他适宜主体的陪同下到场陈述意见。

### （三）当事人违反出庭陈述义务的法律后果

在普通民事诉讼中，诉讼代理人出庭参加诉讼可视为当事人本人的出庭。但在家事审判中，这一出庭义务具有不可替代性，当事人违反出庭义务需承担相应的法律后果。从最高人民法院《改革试行意见》第 37 条的规定来看，对于应当出庭的当事人或者法定代理人，若经合法传唤无正当理由拒不到庭，属于原告方的，则按撤诉处理；属于被告方的，则进行缺席审判。可见，《改革试行意见》是将当事人违反出庭义务界定为消极行使诉讼权利的行为而予以惩戒的，即剥夺原告方在本次诉讼中的起诉权或者被告方参加诉讼的辩论权。然而，这一惩戒措施与当事人亲自出庭的义务性质并不相符。作为协助法院进行职权探知的当事人义务，其并不会因当事人消极行使诉讼权利而消灭，且当事人对部分的身份利益也不具有处分权，不能按照普通私益诉讼的逻辑对当事人处以失权的惩戒措施。故而，对于部分公益性极强的家事案件，比如身份关系确认案件、涉未成年子女利益的案件等，应当将当事人或者法定代理人违反出庭义务的行为界定为妨碍民事诉讼的行为，对其适用罚款、拘传的强制措施。但由于这些强制措施剥夺了公民财产权与人身自由，故应当限定在必要的范围内，即限于当事人不享有处分权的家事案件中。对于普通的离婚案件等，不应适用拘传手段，以避免对当事人的人身自由构成侵犯。许多国家也对家事审判中不到庭的当事人采取了类似的制裁措施。比如，《日本家事事件程序法》第 51 条规定，对无正当理由未于特定期日到庭的案件关系人，可处以 5 万日元以下的罚款制裁。《日本人事诉讼法》第 21 条则规定了对于违反本人出庭命令的当事人，可适用于民事诉讼法中有关证人不出庭的罚款、罚金、拘留以及拘传等制裁措施。

## 第四节　特别要素：未成年子女意见表达的程序保障

家庭是未成年人最后的避风港，但家事纷争却在家庭内部燃起战火的同时，将同为家庭成员的未成年子女卷入其中，使其遭受身心上的伤害。尽管家事裁判的结果关乎未成年子女未来的生活、教育与健康成长，但其因缺乏诉讼行为能力，无法切实参与到家事裁判的作出过程。不管是以未成年子女为原告提起的诉讼，亦或由父母作为原被告、未成年子女作为利害关系人的诉讼，未成年子女的诉讼权利一般都是由享有监护权的父母一方或其他近亲属代为行使。而在监护人代替未成年子女实现权利的过程中，难免会裹挟自己的情感及利益诉求，未成年子女的利益极易被忽视，甚至遭到牺牲。同样，在诉讼资料的收集程序中，未成年子女的程序主体地位并未得到充分保障，其表达意见的权利也未得到应有的重视。由于缺乏未成年子女利益的发声，法院最后可能作出有违未成年子女利益的司法裁判。鉴于此，有必要以未成年人利益最大化原则为基本依循，通过引入程序辅助人制度，并明确未成年子女表达意见权的行使，构建未成年子女意见表达的程序保障体系，加强对子女意见的听取以及相关证据资料的收集。

### 一、未成年人利益最大化原则的基本要求

#### （一）未成年人利益最大化原则的溯源与内涵

未成年人利益最大化原则最早源于英国普通法传统。在当时的英国社会，婚姻家庭生活奉行“家父制”，儿童不具有独立的社会地位，而是依附于家庭或父母。逐渐地，部分有识之士开始意识到“家父制”在家庭法领域极易造成儿童监护处置上的不利。故而，在18世纪初，英国法院便开始在处理儿童监护权的案件中注重对儿童最大利益的考量，以避免直接适用父权优先原则，

作出将儿童置于不利境地的不合理判决。到19世纪，英国法院以国家亲权理论为基础引申出了未成年人利益最大化原则，并将其作为涉未成年人家事案件的裁判依循而广泛运用于司法实践之中。

在国际性规范文件中，最早对儿童（未成年人）利益最大化原则进行规定的是1959年《联合国儿童权利宣言》。《联合国儿童权利宣言》的原则二强调应对儿童利益进行特别保护，在制定保护儿童的法律时应以儿童的最大利益为首要考虑。原则七进一步明确，儿童的最大利益应成为对儿童的教育和指导负有责任的人的指导原则。在此之后，这一原则为其他的国际性公约与区域性条约所援引而得到发展。相关的规范性文件具体包括1979年《联合国消除对妇女一切形式歧视公约》、1986年《联合国关于儿童保护和儿童福利、特别是国内和国际寄养和收养办法的社会和法律原则宣言》、1987年《联合国非洲儿童权利和福利宪章》等。儿童利益最大化原则作为国际性原则予以真正确立的，当属1989年《联合国儿童权利公约》（以下简称《公约》）的颁行。《公约》第3条第1款规定："关于儿童的一切行动，不论是由公私社会福利机构、法院、行政当局或立法机构执行，均应以儿童的最大利益为一种首要考虑。"《公约》的其他条款都需以这一儿童最大利益条款作为参照，儿童利益最大化原则在《公约》之中具有纲领性的地位。《公约》作为儿童利益最大化原则确立过程中的里程碑，其对于这一原则的规定相较于此前的《联合国儿童权利宣言》存在诸多进步之处。首先，《公约》对儿童权益的讨论均是将其置于与成人同等甚至优先的地位，儿童不再是受保护的权利客体而享有独立的个体权利，而《联合国儿童权利宣言》在制定时更多地把儿童当作权利保护的客体。① 其次，从《联合国儿童权利宣言》的规定来看，保障儿童最大利益旨在实现的目的为儿童在健康正常状态下获得身体、心智、道德、精神和社会等全方面发展。也即"儿童最大利益"应该囊括儿童作为社会主体在健全的人类环境中依据其能力获得全面发展的需要。② 而《公约》

---

① Philip Alston. The Best Interests Principle: Towards a Reconciliation of Culture and Human Rights, in Philip Alston (ed), The Best Interests of the Child, Oxford: Clarendon Press, 1994, p. 4.

② 王雪梅：《儿童权利保护的"最大利益原则"研究（上）》，载《环球法律评论》2002年第4期。

将儿童利益最大化原则的适用进一步扩展至“关于儿童的一切行动”，并不限于法律和行政程序或其他狭隘的范围。这事实上囊括了儿童的所有权利保护以及国家义务的履行。最后，《联合国儿童权利宣言》虽提出了儿童利益最大化原则以及儿童的基本权利，但却不具有法律上的约束力，这决定了这一规范性文件的作用相对有限。而《公约》赋予了儿童利益最大化原则以条约法的效力，对缔约国具有强制性的法律效力，成为其处理儿童事务的根本准则。随着《公约》在全球范围内的影响越来越大，儿童利益最大化原则也为绝大多数的国家所认可，并通过直接援引或转化国内立法的方式，使之成为各国制定或处理涉及儿童权益与福利的法律、政策或其他事务的基本原则。比如，澳大利亚便根据《公约》所倡导的儿童利益最大化原则，制定了 1995 年《澳大利亚家庭法改革法案》。该法案对这一儿童利益保护的基本原则予以确立，并明确了法院在判断儿童最大利益时应当审酌的 12 个因素，从而为子女抚养等涉儿童事项的处理提供指导。① 截止 2015 年 10 月，《公约》已获得除美国以外的 196 个国家的批准，我国也于 1991 年批准了这一公约，并于同年颁布了《中华人民共和国未成年人保护法》（以下简称《未成年人保护法》）。

尽管《公约》确立了这一基本原则，但考虑到各国的国情、法律文化、价值体系、法制传统等方面的差异，《公约》并未对儿童最大利益的具体内涵予以明确，而留待各国根据本国情况予以细化。② 这一抽象化、一般化的规定模式使得儿童利益最大化原则的包容性极高，原则的内涵与外延存在较大的延展空间，因而能在平衡各国差异的基础上保持其适用上的灵活性。但与此同时，这一原则内涵与标准的模糊性也招致“适用标准不统一、过于主观化”的批判。③ 虽然一直以来不断有学者试图从不同的角度建构儿童最大利益的具体标准，来强化这一原则的可操作性，但事实上不同的国家、社会、个人基于自身的经验以及其他因素的影响，对于儿童最大利益的认知与诠释是不尽相同的，寻求一个在国际上通用的判断标准在客观上是不可行的。不过，儿童利益最大化原则的不明确性，并不意味着各国对于这一原则的内涵缺乏共

① 《澳大利亚家庭法（2008 年修正）》，陈苇等译，群众出版社 2009 年版，第 3 页。
② 陈爱武：《家事诉讼与儿童利益保护》，载《北方法学》2016 年第 6 期。
③ 何燕：《家事诉讼中未成年人利益最大化原则研究》，南京师范大学 2016 年博士学位论文。

识。即使这一原则在不同的适用环境中存在不同的具体内涵，但依旧存在着一些共通性的标准，以帮助适用者对儿童最大利益作出妥当判断。一般认为，儿童（未成年人）利益最大化原则应涵盖以下几个方面的内容：第一，在处理涉未成年人的事务时，应摈弃以父母亲权为本位，而从儿童的根本利益、长远利益出发分析并解决问题；第二，未成年人并非成人权利作用的客体，其不再被视为父母或家庭的附属，而应将其作为独立的权利个体，对其权利保护进行考虑；第三，当未成年人利益与其他个体利益甚至局部社会利益发生冲突时，未成年人利益具有优位性，应优先考虑未成年人的生活与全面发展的需要；第四，对于未成年人最大利益的考量应关注未成年人自身的意愿与要求，保障其在家庭、文化和社会生活中的参与权利以及表达意见或诉求的权利。①

### （二）我国未成年人利益最大化原则的立法演变

我国现行立法对于未成年人权益保护的规定颇为分散，分布在相关的法律、司法解释等规范性文件之中。尽管我国早在 1991 年召开第七届全国人民代表大会常务委员会第 23 次会议批准了《公约》，但《公约》中所确立的儿童利益最大化原则在我国的立法引入却经历了较为漫长的演变过程。具体而言，我国未成年人利益最大化原则的立法演变大体可分为三个阶段：第一阶段是对子女利益同等保护的阶段。由于我国的婚姻家庭法领域长期以来深受传统的家庭本位观念与父母亲权理念的影响，未成年子女的权益保护并未得到应有的重视。在根本法层面，我国 1954 年《中华人民共和国宪法》（以下简称《宪法》）第 96 条对儿童权益保护作出了纲领性的规定，“婚姻、家庭、母亲和儿童受国家的保护”。此后出台的 1975 年、1978 年《宪法》并未对该条文内容进行调整，1982 年《宪法》第 49 条增加了“父母有抚养教育未成年子女的义务”“禁止虐待老人、妇女和儿童”等内容。在婚姻家庭法层面，1950 年出台的《中华人民共和国婚姻法》（以下简称《婚姻法》）第 1 条规

① 王晓松、施忆：《未成年人民事权益司法特别保护机制研究》，载《中国青年社会科学》2012 年第 5 期。

定："实行…… 保护妇女和子女合法权益的新民主主义婚姻制度。" 1980 年《婚姻法》第 2 条进一步明确规定："保护妇女、儿童和老人的合法权益。" 从上述法律条款来看，这一阶段的《宪法》《婚姻法》虽对儿童权益保护作出明确指示，但却将儿童与母亲、老人、妇女，甚至是婚姻、家庭置于同一层面，纳入国家保护范围之中。这一规定将儿童、母亲与婚姻、家庭作为保护对象同等对待，既在逻辑关系上存在不合理之处，同时也未能彰显出对未成年人予以特殊保护的立场。

第二阶段是注重对子女权益的优先保护、强调"有利于"未成年人的发展阶段。在这一阶段，1991 年颁布的《未成年人保护法》作为我国第一部保护未成年人的专门立法，其实现了对未成年人的立法保护由同等保护向特别保护的转变。1991 年《未成年人保护法》从家庭、学校、社会、司法等不同层面构筑了未成年人的保护体系，明确了各主体的保护责任。比较遗憾的是，1991 年《未成年人保护法》第四条确立了未成年人保护工作的基本原则，其中并不涉及未成年人利益最大化原则。不过，该法在学校保护、社会保护的具体规定中，均强调了"有利于未成年人健康成长"的基本要求。尽管该法于 2006 年、2012 年进行了两次修订，新增了"未成年人享有生存权、发展权、受保护权、参与权等权利"等规定，并进一步明确"国家根据未成年人身心发展特点给予特殊、优先保护"，但依然未在立法上规定未成年人利益最大化原则。在其他规范性文件中，1991 年出台的《中华人民共和国收养法》第 2 条规定，"收养应当有利于被收养的未成年人的抚养、成长"。最高人民法院于 1993 年出台的《关于人民法院审理离婚案件处理子女抚养问题的若干具体意见》也强调对于子女抚养问题的处理，应当"从有利于子女身心健康，保障子女的合法权益出发"。可见，在这一阶段，立法者已然认识到未成年人权益保护的特殊性与优先性，并要求处理涉未成年人事项应当从"有利于"未成年人出发。不过，对于未成年人利益的考量并非具有最优性，仍未达到最大化保障其合法权益的程度。

第三阶段是未成年人利益最大化原则逐步入法并正式确立的阶段。由于《公约》在我国的批准以及学界对未成年人利益最大化原则的认识深化，在涉未成年人规范性文件中引入该基本原则的呼声日趋高涨。在此期间，最高人民法院、最高人民检察院、公安部、民政部于2014年联合发布了《关于依法处理监护人侵害未成年人权益行为若干问题的意见》。该意见第2条明确要求在处理监护侵害行为过程中，应当遵循未成年人最大利益原则。第36条也要求法院在没有其他监护人的前提下，根据最有利于未成年人的原则指定监护人。在2017年，全国妇联、中央综治办、最高人民法院等多部门又联合出台了《关于做好婚姻家庭纠纷预防化解工作的意见》，其在对家事审判制度改革作出的指示中明确了家事审判应当坚持未成年人最大利益原则。在法律层面，最早规定这一原则的法律规范为2017年出台的《中华人民共和国民法总则》(以下简称《民法总则》)。该法第31条、35条、36条规定了人民法院等法律授权主体指定监护人以及监护人履行监护职责应当遵循最有利于被监护人的基本原则。2020年颁布的《民法典》吸收承继《民法总则》的上述规定，并进一步扩大了这一原则适用的具体情形。《民法典》第1044条规定："收养应当遵循最有利于被收养人的原则。"第1084条规定："已满两周岁的子女，父母双方对抚养问题协议不成的，由人民法院根据双方的具体情况，按照最有利于未成年子女的原则判决。"尽管《民法典》的法律条文多次规定了最有利于未成年人的原则，但该原则仅适用于处理监护、收养、子女抚养事项等特定情形，并不具有普遍适用性。真正将未成年人利益最大化原则作为处理涉及未成年人事项的一般性准则的法律规范是2020年修订的《未成年人保护法》。此次修法对2012年《未成年人保护法》所规定的未成年人保护的工作原则进行了调整。新法第4条明确了保护未成年人应当坚持最有利于未成年人的原则，并对该原则的具体要求作出了细化规定。新法第107条继续对该原则在离婚案件审理中的适用作出了具体规定，其要求人民法院对于涉及未成年子女抚养的问题，应当按照最有利于未成年子女的原则依法处理。至此，现行立法正式将未成年人利益最大化原则作为处理涉未成年人事项的基本准则予以确立，其对于未成年人权益的保护力度得到了极大提升。

### (三)未成年人利益最大化原则在子女意见表达方面的基本要求

家事案件的审理往往涉及未成年子女的抚养、照顾、监护等切身利益，法院在处理涉未成年子女的事项上应当遵循未成年人利益最大化的原则。鉴于此，在家事证据收集环节，家事法官应当遵循职权探知主义法理，主动探明未成年子女的现实需求与主体利益，积极听取并尊重子女的主观意愿，并在此基础上全面审酌子女的最佳利益，作出对子女最为有利的妥善性处理。可以说，保障未成年子女的意见表达，是未成年人利益最大化原则的应有之义。具体而言，这一原则对子女意见表达提出了如下要求：第一，子女意见或意愿是判断子女最佳利益的核心要素。在家事案件审理中，未成年子女基于其生活环境、主体关系、情感依恋等因素所表达的主观意见，体现了子女内心深处最真切的需求，具有关涉子女成长利益、情感利益等核心利益的表征性，是判断子女最佳利益的重要参考要素。以离婚案件为例，尽管法院在处理子女抚养权事项时需考虑的要素多样，包括父母抚养意愿、情感关系、经济条件、生活环境、健康情况、照顾时间、照顾或同住继续性、教育条件与方式、父母不良行为、子女年龄与性别等，[①] 但子女的受抚养意愿仍是法院判断子女最佳利益的关键性要素。罔顾未成年子女真实意愿而直接对抚养权作出的处理，无疑是背离子女最佳利益的。第二，未成年子女具有表达意愿的主体性。未成年人利益最大化原则的引入，要求现代亲子法理念由“父母本位”转向“子女本位”。未成年子女作为独立的权利主体，而非权利保护的客体，其本身便享有表达意见的程序权利。[②] 在传统的“父母本位”理念下，父母或其他近亲属扮演着未成年子女的利益监护者角色，其在司法场域中通过自身诉讼权利的行使与诉讼活动，代替具有利害关系的未成年子女作出相应的程序主张与表达。而未成年子女则作为保护的对象与客体，其利益诉求与意愿表达往往需要通过父母或其他监护人进行，或者通过法院职权查明的方式被动予以探知。“子女本位”的立法理念突出了未成年子女在家事案件中的程序主体性，其作为具有利害关系或直接利害关系的主体，应享有参与审判程序的诉讼权利。在证据收集方面，未成年子女不再作为证据调查的对象

---

① 江钦辉：《离婚案件未成年子女直接抚养人酌定之考量因素检视——以H州S市法院近5年（2015—2019年）离婚纠纷判例为分析样本》，载《新疆社会科学》2020年第4期。

② 夏先华、曹颖：《论亲子关系否认之诉中诉权主体的扩张——基于子女本位的展开》，载《湖湘法学评论》2023年第3期。

而被动表达意愿，而应作为程序主体享有主张权利与表达意见的程序机会。第三，立法应当为未成年子女的意见表达提供充分的程序保障。由于未成年子女的身心发育尚未健全，在日常生活上具有人身依附性，故而其在家事诉讼中的意愿表达经常受到客观条件与现实因素的制约，无法切实得到实现。为确保未成年子女的程序参与和意见表达是充分有效的，立法应当设置契合未成年子女身心特点的意见听取方式，并通过明确法官征询子女意见的责任、听取子女意见的程序规则以及引入程序辅助人等主体辅助未成年子女间接参与诉讼等一系列措施，为未成年子女提供特别的程序保障。第四，法院应当尊重未成年子女的真实意愿。尽管因未成年子女的主体心智不成熟与非理性等特征，其对于所处的环境、现状以及自身利益需求的分析、判断与选择，并非最为合理与妥适的，所作出的意愿表达也不一定契合子女的最佳利益，但子女意愿体现了其内心的真实诉求与情感需求，法院在处理涉子女事项的过程中应当给予充分的考量与尊重，而不是罔顾子女意愿径直作出裁判。

## 二、未成年子女的间接参与：程序辅助人制度

民事诉讼是由成人主导的特殊领域，未成年子女受制于自身认识、判断能力与意思表达能力的局限，很难直接有效地参与到诉讼程序之中。为了对未成年子女这一弱势群体提供特殊保护，立法为其设置了专门的利益保护人，这一保护人即为民事活动中的监护人以及诉讼活动中的法定代理人。但在家事司法中，立法设置的未成年子女的利益保护人制度出现了失灵，监护人或法定代理人与案件之间的利益、情感纠葛引发了未成年子女利益保护的危机。针对这一问题，境外国家或地区的家事审判程序立法提供了可供借鉴的有益经验，比如德国的程序辅佐人制度、日本的程序代理人以及我国台湾地区的程序监理人制度等。这些制度均是通过在家事审判程序中设立专门的未成年子女利益保护人，来补足未成年子女在诉讼行为能力上的欠缺，充分保障未成年子女的诉讼参与权。有鉴于此，我国内地的家事审判改革也应当参考上述制度，设立程序辅助人制度，代替未成年的当事人行使诉讼权利与实体权利，在诉讼中为未成年子女的利益“发声”。

### （一）程序辅助人制度引入的必要：未成年子女诉讼参与缺失的痼疾

程序辅助人制度的设立旨在保障未成年子女参与家事诉讼的程序权利，维护家事诉讼中未成年子女的合法权益。故而，在家事司法中引入程序辅助人制度的必要性，源于未成年子女参与家事诉讼能力缺乏的现实痼疾。

1. 未成年子女作为诉讼主体参与家事审判的局限

家事案件的处理与未成年子女密切相关，家庭关系是否和谐以及发生的变动将影响到未成年子女的健康成长，法院对于子女抚养、探视、监护等事项的裁判更是直接关乎未成年子女的切身利益与情感需求。但从我国的家事司法现状来看，未成年子女在家事司法中的参与是极为欠缺的。究其原因，一方面，在部分涉未成年子女权益的家事案件中，未成年子女的诉讼主体地位被剥夺，其监护人并未以未成年子女的名义提起诉讼，法院也未将其列入当事人之中。尤其是在附带处理涉未成年子女事项的家事诉讼中，未成年子女缺乏诉讼主体地位的现象更为普遍，整个诉讼过程也未将有关未成年子女的事项作为案件焦点展开辩论，未成年子女亦缺乏陈述意见的机会。另一方面，即使在部分家事案件中，未成年子女虽被列入当事人而享有诉讼权利能力，但囿于诉讼行为能力的缺乏，整个诉讼程序的推进都是由其监护人或法定代理人来完成。这既使得未成年子女自身的意愿被忽视，也造成了未成年子女极度依赖其监护人或法定代理人来实现对自身利益的保护。一旦这一制度出现失灵，未成年子女的利益保护便成为“镜花水月”，其利益遭到损害便在所难免。

2. 法定代理人或监护人制度的失灵

法定代理人或监护人制度的设立旨在解决未成年子女行为能力不足的问题，由其代替未成年子女维护合法权益，保护未成年子女不受他人侵害。一般而言，法定代理人或监护人为未成年子女的父母或其他近亲属，亲缘关系的存在构筑了监护人与未成年子女之间的利益共同体或者情感链接，这使得监护人在民事活动以及普通的民事诉讼中都会竭尽全力地代理未成年子女的利益进行相应的行为。但在家事司法中，这一主体关系发生了变化。监护人在代为行使权利的过程中，不再单纯地基于受监护的未成年子女立场而参与诉讼，其还不可避免地在诉讼过程中考虑自身的利益，或者依据与其他诉讼主体之间的情感关系作出选择。尤其是当监护人的利益与未成年子女的利益发生冲突之时，监护人很可能基于自身利益诉求或情感需求，而对未成年子女的权益作出不利的处理，甚至是直接当作双方利益争夺的筹码。比如，离婚诉讼中男方以放弃子女抚养权为条件，要求女方在财产分割中作出让步。显然，在普通民事诉讼中适用良好的法定代理人或监护人制度，却可能在家事司法中失灵，难以切实维护未成年子女的利益。有鉴于此，应当另辟蹊径而设立未成年子女的程序辅助人，协助未成年子女参与家事诉讼，维护其合法权益，并监督监护人对未成年子女的代理与权益处分行为。

### （二）程序辅助人制度的境外经验

在家事司法中，为了防止父母或其他监护人因过多关注自身利益而忽视对未成年子女利益的保护，应设置独立的程序辅助人或利益保护人，帮助未成年子女参加诉讼、主张权益以及向法院表达意见。这已成为国际上保护未成年子女权益的共同做法，得到了境外多个国家或地区的认可，并为其立法所吸纳。只不过，各个国家或地区对这一程序辅助人的称谓有所不同，德国法上称为程序辅佐人，日本法上称为程序代理人，我国台湾地区则称为程序监理人。

#### 1. 德国的程序辅佐人制度

德国早在 1997 年修改亲权法之际，便在家事诉讼中设立了子女的程序保护人制度。程序保护人制度适用于涉及子女身份利益的家事案件以及监护权案件，具体是否适用由法院裁量决定，该制度对于仅涉及子女财产利益的案件并不适用。不过，此时的程序保护人制度较为粗疏，立法并未对程序保护人的选任、法律地位、职务与权限等事项作出规定，这无疑影响了程序保护人制度的具体适用。2008 年，德国通过了《德国家事事件及非讼事件程序法》，该法在对原来的程序保护人制度进行完善的基础上，设立了程序辅佐人制度。程序辅佐人制度适用于涉及未成年子女人身的亲子关系事件、血缘关系事件、收养事件等。根据该法第 158 条的规定，法院在下列情形下必须指定程序辅佐人：第一，子女与其法定代理人存在明显的利益冲突；第二，在子女最大利益遭受损害的情形下，法院有可能部分或全部地剥夺父母一方对子女的人身照顾权；第三，可能导致子女离开共同生活之人的；第四，涉及交还子女或留下命令程序的；第五，有可能剥夺或严格限制探望权的。程序辅佐人并非未成年子女的法定代理人，其是具有独立地位的诉讼参与人，可不受未成年子女意思的限制，而以维护未成年子女最大利益为目的进行诉讼活动，其在诉讼中的身份相当于关系人。① 程序辅佐人在家事审判中扮演未成年子女利益保护者的角色。一方面，程序辅佐人通过与子女进行交流，以及与子女的父母、近亲属、学校老师等和子女有关的主体进行沟通，探知、确认子女的最佳利益，并向法院予以主张；另一方面，程序辅佐人又需要以符合未成年子女身心特点的适当方式，向其告知诉讼程序的争议内容、程序进展以及可能出现的结果等信息，以便于子女提出自己的意见。此外，程序辅佐人还可在法院委托的前提下完成其他任务，如与子女的父母或其他主体进行协商、协助达成和解协议等。程序辅佐人还可以对法院作出的不符合未成年子女利益的处理结果声明不服而提出抗告。在德国，一部分的社会团体可以承担对程序辅佐人的招募与培训工作，其所招聘的程序辅佐人一般具有法学、心理学、社会学、教育学等专业知识，能满足维护未成年子女利益对专业能力的要求。②

2. 日本的程序代理人制度

日本在未成年子女利益保护人制度方面的立法较晚，一直到 2011 年《日本家事事件程序法》修订时才规定了子女的程序代理人制度。日本程序代理人制度的设立是基于对限制行为能力人权益的保障，不过主要是针对未成年子女的。根据《日本家事事件程序法》第 22 条至第 26 条的规定，程序代理人非律师不能担任。但为了满足个案中子女利益保护对非法律专业知识的需

---

① 《德国家事事件及非讼事件程序法》在形式上对家事审判程序予以非讼化，故而在程序主体的名称上也进行了调整，将原来的“当事人”统称为“关系人”。依据《德国家事事件及非讼事件程序法》第 7 条的规定，关系人不仅包括申请启动程序的申请人，还包括权利直接受此程序影响的人，以及依申请或依职权而参加程序的人。

② 陶建国：《德国家事诉讼中子女利益保护人制度及其启示》，载《中国青年社会科学》2014 年第 1 期。

求，立法保留了家庭法院的裁量职权，家庭法院可在个案中许可非律师之人作为程序代理人，不过法院也可随时取消这一许可。程序代理人的选任既可由未成年子女向法院申请，在其未提出申请的情形下，法院认为必要的，也可命令选任程序代理人或者直接依职权选任程序代理人。对于聘请程序代理人的费用，由法院根据当地经济水平以及个案情况裁量决定，该费用应由未成年子女支付。程序代理人的代理权限一般限于与诉讼参加、强制执行、保全处分相关的程序行为以及受领偿还。对于撤回申请、提出抗告、申请或异议等对未成年子女存在重大影响的事项，为尊重本人的意愿，程序代理人需获得本人的特别委任。倘若程序代理人此前已经获得了提出家事调解申请以及进行其他调解程序行为的委任，上述涉及未成年子女的重大事项也就自然在委任范围之列，无需再行特别委任。不过，程序代理人的代理权限因其是否具有律师身份而存在差异，对于非律师的程序代理人，未成年子女可以对其代理权限再作限制。从上述的制度介绍来看，日本的程序代理人制度设计较为保守，且在代理权限上更多地集中在程序性事项。不过，日本的程序代理人并非诉讼代理人，其扮演着未成年子女利益的特别维护者的角色。在子女的诉讼代理人制度方面，日本现行立法为未成年子女设置了法定代理人以及在无法定代理人或法定代理人无法行使代理权时而选任的特别代理人，这些制度都与程序代理人制度并不相同。另外，日本法要求未成年子女自行选任程序代理人并支付费用，这也存在不尽合理之处。①

3. 我国台湾地区的程序监理人制度

我国台湾地区的程序监理人制度是以旧的《德国非讼事件程序法》规定的“程序保护人”制度以及新的《德国家事事件及非讼事件程序法》规定的“程序辅佐人”制度为蓝本制定的。程序监理人的设立旨在“为当事人或关系人进行程序，保护其利益，并作为当事人或关系人与法院间沟通之桥梁，协助法院妥适、迅速处理家事事件”②。我国台湾地区“家事事件法”并未明确程序监理人制度适用的家事事件范围，这使得纯粹涉及财产利益的家事事件

---

① 陶建国：《家事诉讼比较研究——以子女利益保护为主要视角》，法律出版社 2017 年版，第 36-38 页。

② 姜世明：《家事事件法论》，元照出版有限公司 2016 年版，第 61 页。

能否适用程序监理人制度存有疑虑。根据“家事事件法”第15条的规定，程序监理人制度适用于如下情形：第一，无程序能力人与其法定代理人有利益冲突之虞；第二，无程序能力人之法定代理人不能行使代理权，或行使代理权有困难；第三，为保护有程序能力人之利益认为有必要。对于符合以上三项情形之一的家事事件，法院可依据利害关系人的申请或依职权选任程序监理人。另外，“家事事件法”第14条肯定了特殊主体在涉及其身份利益或人身自由的家事事件中具有相应的程序能力。这些主体包括年满7岁的未成年子女，以及虽不能以自己的行为独立承担法律义务，但能证明自己存在相应的意思能力的人。对于受保护对象为这些特殊程序能力者的情形，法院应视个案具体情况而依职权选任程序监理人。需说明的是，在涉及未成年子女权益的家事事件中，即使该未成年子女并非本案的当事人，法院依然可依申请或依职权选任程序监理人，以便于更好地维护未成年子女的最大利益。为了确保选任的程序监理人具备履职所需的专业知识以及性别平权意识，程序监理人的来源一般为律师工会、社会工作师工会或者其他与家事相关的工会组织推荐的人士，以及社会福利主管机关或机构的工作人员。在审理过程中，法院发现当事人有其他合适的代理人，或者可自行维护其权益等程序监理人不必要、不适任之情形的，于必要时可撤销现有的程序监理人，或变更选任更为适合的程序监理人。为保障有关主体的程序参与权，法院在作出选任、撤销或变更程序监理人的决定之前，应提供当事人、被选任的程序监理人以及其他的利害关系人陈述意见的机会。程序监理人的权限范围较大，其可以为未成年子女以及其他受监理人的利益进行一切程序行为，其中也包括独立提出上诉、抗告或以其他方式声明不服。不过，对于只能由受监理人亲自进行，或者受监理人本人也不可进行的程序行为，程序监理人的权限同样受限，不得为之。具体而言，程序监理人的权限包括向法院申请阅卷的权利、与受监理人一般会谈以及在法院许可的前提下与受监理人特定家属的特殊会谈、向法院提出报告或建议的权利、获取法院裁判的权利等。[①]

---

① 宋汉林：《台湾程序监理人制度述评及其启示——以未成年人利益最大化为中心》，载《中国青年研究》2014年第5期。

### (三) 程序辅助人制度在中国内地的具体建构

我国内地的现行立法并未为未成年子女设计特别的利益保护人或程序辅助人制度，对于诉讼过程中未成年子女的利益保护，只能由法定代理人进行。但在家事司法中，因法定代理人与被代理的未成年子女之间存在利益冲突或者其他原因，而导致法定代理人无法或不宜行使代理权的情形是现实存在的，此时的未成年子女权益存在保护缺位或保护不力的问题。针对这一问题，不少地方的法院积极探索创设了维护未成年子女利益的特色制度。比如，南京两级法院便探索建立了诉讼监护人制度。对于当事人一方为未成年子女，而其法定代理人无法出庭或因利益对立不宜出庭的情形，可通过引入诉讼监护人来代理未成年子女出庭参加诉讼，为子女权益的实现提供保障。[①] 兰州市七里河区法院也在家事审判中创设了未成年子女利益代表制度，由妇联代表作为未成年子女的利益代表，受邀参加涉及未成年子女利益的家事案件，并对案件处理的结果从保护未成年子女利益的角度发表意见。[②] 不过，最高人民法院在家事审判改革过程中所制定的规范性文件并未对这一实践中创设的制度予以规定，各地试点法院在这一方面的探索也相对较少。未成年子女的程序辅助人制度在家事审判改革中的冷遇，也间接反映出我国内地长期以来对未成年子女权益保护缺乏足够重视。不过，未成年子女的程序辅助人制度对于未成年人利益最大化原则的践行以及家事审判中未成年子女的权益保障而言是极为必要的。有鉴于此，有必要以境外相关制度为镜鉴，并结合我国内地法院探索的有益经验，对程序辅助人制度进行初步建构。

1. 程序辅助人的资质与来源

家事审判中引入程序辅助人的目的在于维护未成年子女的合法权益。因而，程序辅助人应当具备履职所需的法学、心理学、社会学、教育学等专业知识，以及性别平等意识与儿童保护观念，具备多年儿童保护工作经验的则

---

① 周侃、徐聪萍：《家事审判：创新司法理念 探索工作机制》，载《人民法院报》2016年6月1日，第07版。

② 刘敏、陈爱武：《中华人民共和国家事诉讼法：建议稿及立法理由书》，法律出版社2018年版，第111页。

优先选聘。显然，程序辅助人并不一定要求是法律方面的专家，其可以是具备心理学等其他专业背景的人员。这更有助于程序辅助人与未成年子女之间的良好沟通，准确把握未成年子女的主观意愿。另外，程序辅助人的资质也存在禁止性条件，具体包括与本案存在利害关系、因犯罪受过刑事处罚、被剥夺或限制人身自由、遭到开除公职或吊销执业证等处分，以及其他不宜担任程序辅助人的情形。程序辅助人可以从律师、法律援助机构、教师、心理咨询师、村（居）委会、民政部门、妇联以及其他从事未成年人保护工作的组织机构的工作人员中进行选任，或者由民政部门、妇联等推荐合适的人员。

2. 程序辅助人的选任与撤销

在涉及未成年子女利益的家事案件中，选任程序辅助人需满足以下条件之一：（1）未成年子女与其法定代理人可能存在利益冲突的；（2）未成年子女的法定代理人无法行使代理权或行使代理权存在困难的；（3）案件处理结果可能对未成年子女利益造成重大影响的，如导致未成年子女离开共同生活之人、解除父母一方对未成年子女的抚养义务等；（4）为保护未成年子女的利益而有必要的其他情形。在选任程序上，法院既可依职权也可依据利害关系人或者未成年子女的申请选任合适的程序辅助人。为最大限度地保障未成年子女的权益，法院选任程序辅助人并不限于未成年子女作为当事人的家事案件，只要案件审理与未成年子女存在法律上的利害关系即可。同样，立法也应设置程序辅助人的撤销或变更机制，其适用于已无程序辅助人履职之必要或者程序辅助人不称职的情形。前者包括法定代理人恢复行为能力、未成年子女已有其他合适的代理人、未成年子女具备维护权益的相应能力且对于选任程序辅助人存在强烈的消极意愿等。后者则包括程序辅助人疏于维护被辅助未成年子女的最大利益、违反职业伦理规范以及存在其他不尽职或不当行为的情形。法院在作出选任、撤销或变更程序辅助人的决定之前，应当及时通知当事人、被选任的程序辅助人、法定代理人以及其他利害关系人。这些人员可以通过口头、书面甚至视频传输技术的方式向法院陈述意见，法院在听取各方意见后作出最终决定。

3. 程序辅助人的职责与权限

为了最大限度地发挥程序辅助人维护未成年子女利益的作用，应赋予程序辅助人独立的诉讼地位。程序辅助人的行为应以实现未成年子女最大利益为导向，不受未成年子女本人的意志以及未成年子女的法定代理人、诉讼代理人、法院等主体意志的限制。程序辅助人应当充当未成年子女与法院之间的沟通桥梁。一方面，程序辅助人应全面了解未成年子女的真实意思，积极探知、确认未成年子女的最大利益，并向法院提出相应主张或诉讼资料；另一方面，对于家事审判程序的基本情况以及可能的结果，程序辅助人又需以适合未成年子女身心特点的方式进行告知，并了解未成年子女的意见或态度，从而协助法院作出符合子女最大利益的处理结果。有鉴于此，程序辅助人的代理权限应极为宽泛。理论上，程序辅助人可为了被代理的未成年子女的利益从事一切程序行为，其中也包括起诉、上诉、提出异议、申请调解、发表意见等。另外，由于程序辅助人能独立进行诉讼行为，倘若程序辅助人与被代理的未成年子女的诉讼行为或意思表示不一致的，法院应基于子女最大利益而斟酌决定。

## 三、未成年子女表达意见权的直接行使

参与权是未成年人或儿童的一项基本权利。《公约》作为儿童权利保护的大宪章，第 12 条对这一儿童参与的权利作出了原则性规定。儿童权利委员会也曾将《公约》第 12 条解释为公约执行与其他条款解释的一项基本价值或原则，① 由此可见该权利保障的重要性。《公约》第 12 条第 1 款规定，任何有主见能力的儿童都享有对影响其本人的所有事项的表达意见权，且对于儿童的意见应按照其年龄和成熟程度给予适当的看待。第 2 款进一步明确了儿童在司法和行政诉讼中的表达意见权，其可以按照法律规定以及诉讼规则允许的方式，直接或通过代表、适当机构间接地陈述意见。我国早在 1991 年便已批准加入《公约》，儿童在涉及自身权益的诉讼程序中享有陈述意见的机会与权利也应是我国儿童权利保护的应有之义。鉴于《公约》对我国相关立法的积极影响，《未成年人保护法》在 2006 年修订之际便新增了未成年人参与权的

① Rachel Hodgkin，Peter Newell. Implementation Handbook for the Convention on the Rights of the Child，United Nations Publications，2002，p. 159.

规定，并将其与“生存权、发展权、受保护权”共同列为未成年人的法定权利。2006年《未成年人保护法》第14条、第52条分别规定了未成年人在家庭生活、离婚案件审理中的参与权，其有权对于与自身权益有关的决定事项或子女抚养事项发表意见。父母或者其他监护人、人民法院应当听取有表达意愿能力的未成年子女的意见。2020年，《未成年人保护法》进行第三次修订，该法第4条在新增“最有利于未成年人的原则”的同时，也明确了“听取未成年人的意见”作为处理涉及未成年人事项的一般性要求。另外，2020年出台的《民法典》第30条、31条、1084条也分别规定了在协议确定监护人、指定监护人、离婚抚养权案件审理中，应当尊重被监护人、未成年子女的真实意愿。尽管如此，上述规定对于未成年子女表达意见权的规定仍较为粗疏，多表现为简单的赋权，缺乏细化的程序规则与听取方式，且在子女意见表达的主体与案件范围上仍较为狭窄，有必要予以体系性的完善。

### （一）参与诉讼的资格：未成年子女的诉权保障

《民事诉讼法》为当事人行使陈述意见的诉讼权利设置了较为完备的保障体系，比如法庭调查阶段有关当事人陈述的规定、提出质证意见、法庭辩论意见、征询当事人最后意见等。这一切都是以利害关系主体享有诉权并成为当事人为前提。但对于未成年子女而言，其诉权在司法实践中并未得到应有的保障。在涉及未成年子女权益的部分案件中，存在利害关系的未成年子女并未被赋予当事人的诉讼资格，行使参与诉讼与表达意见的权利更是无从谈起。故而，在探讨未成年子女在诉讼过程中如何行使表达意见权之前，有必要对未成年子女的诉权保障作出规定。

对此，可大致分为两种情况进行讨论。第一种情况就是监护人侵害受监护的未成年子女权益的情形。由于立法规定未成年人不享有诉讼行为能力，对于监护人的遗弃、虐待、暴力伤害等监护侵害行为，未成年子女无法单独提起民事诉讼。而法律上存在监护资格的其他主体却因现有监护人（主要为未成年子女的父母）的存在而不愿对此多加干涉，再加上撤销父母监护权之后对未成年子女的后续安置问题，这些综合因素使得民法上所规定的撤销监护权制度基本上处于“睡眠”状态。为了改变这一现状，最高人民法院、最高人民检察院、公安部、民政部于2014年联合出台了《关于依法处理监护人侵害未成年人权益行为若干问题的意见》（以下简称《监护处理意见》），对撤销监护权诉讼以及判后安置问题作出了详细的规定，强化了撤销监护权制度的可操作性，也明确了各方的职责与要求。《监护处理意见》第27条详细列举了申请撤销监护人资格的诉权主体，其不仅包括关系密切的亲属与朋友，还包括村（居）委会、未成年人父、母所在单位、民政部门及其设立的未成年人救助保护机构、共青团、妇联等组织或单位，范围比较宽泛。《监护处理意见》虽对撤销监护权诉讼的诉权保障有所强化，但在实施过程中仍存在诸多不足。其一，《监护处理意见》并未赋予利益直接受损的未成年子女以相应的起诉权。这是基于对未成年子女缺乏充分认知能力的考量，避免未成年子女不理性地提起诉讼。但是，其他诉权主体可能因对侵害情况缺乏了解、主观上动力不足、不愿过多干涉他人家事等诸多缘由而未予提起撤销监护权诉讼，此时的未成年子女便面临着缺乏司法救济的现实困境。故而，仍有必要赋予适龄且具备一定意思表达能力的未成年子女相应诉权，允许其以当事人身份提起撤销监护权诉讼。鉴于未成年子女行为能力的局限，法院可依申请或依职权选任合适的程序辅助人，代理未成年子女进行诉讼。其二，在有权主体提起的撤销监护权诉讼中，部分案件并未将存在利害关系的未成年子女列入当事人之中。[①] 在此种情形下，未成年子女经常被视为证人而非当事人予以对待，其表达意见的权利以及其他诉讼权利的行使无疑都将遭到减损。鉴于此，立法应当明确未成年子女在撤销监护权诉讼中的当事人资格，法院在司法实践中也应当依职权追加未成年子女为当事人或进行相应的释明告知。至于未成年子女是否有必要出庭参加诉讼，则由法院基于未成年子女最大利益而作出相应的处理决定。其三，《监护处理意见》所规定的监护侵害行为主要针对监护人实施的人身权益方面的侵害行为，并不包括侵害受监护未成年子女的财产权、受教育权的行为。这也就意味着未成年子女财产权、受教育权遭到监护人的侵害，无法适用《监护处理意见》之规定而仍存在诉权保障

---

① 比如，笔者随机抽选的几份案件文书（文书案号为（2019）鄂1003民特1号、（2015）珠斗法民一特字第5号、（2017）赣0428民特2号），均未将受监护的未成年子女列入当事人。

不力的问题。故而，应将《监护处理意见》所调整的监护侵害行为扩张至对未成年子女财产权、受教育权的监护侵害行为。

第二种情况是指不存在监护侵害行为的其他影响未成年子女权益的家事纠纷，如子女抚养权纠纷、探望权纠纷等。在此种情形下，监护人与受监护的未成年子女并未处于完全的对立状态，监护人可代理未成年子女提起相应的家事诉讼。但在诉讼当事人方面，往往由存在争议的家庭成员来作为当事人，而存在直接利害关系的未成年子女却未被列入当事人。这使得未成年子女的陈述意见权在无形中被剥夺或遭受减损。这一情形在附带处理子女问题的离婚诉讼、同居关系诉讼中体现得更为明显。司法实践中的这一做法与我国长期以来将未成年子女视为成人保护对象的被动地位存在密切关联。事实上，这是对未成年子女权利主体地位的漠视，未成年子女并不能积极主动地提出主张以及陈述意见。法院是否听取未成年子女意见往往取决于案件审理的需要，而非子女自己的主张，子女意见被忽视便在所难免。另外，在为未成年子女配置了程序辅助人的情况下，未成年子女的非当事人主体地位无疑会影响到程序辅助人的职能行使，从而不利于对未成年子女最大利益的保障。基于上述分析，对于涉及未成年子女利益的家事案件，若监护人在提起诉讼之时并未将未成年子女列入当事人，法院应通知监护人追加或直接依职权追加未成年子女为本案当事人。

### （二）程序主体性的强化：未成年子女诉讼行为能力的扩张

尽管立法肯定了未成年子女作为诉讼主体的一般资格，但受制于诉讼行为能力的规定，未成年子女的法主体性并未得到充分的体现，其独立表达意见的能力也未得到应有的重视。具析之，立法在民事行为能力的基础上提炼出了诉讼行为能力，以指代在司法诉讼的特殊民事活动中，诉讼主体以自己的行为行使诉讼权利、承担诉讼义务的能力。尽管诉讼行为能力是以民事行为能力为基础而构建的，且二者均以年龄为主要标准对行为能力进行划分，但相较于民事行为能力的三级划分机制，诉讼行为能力的立法规定却略显粗糙，仅存在“有诉讼行为能力”与“无诉讼行为能力”两种类型。行为能力的立法技术在于对主体理性形成自我意思的能力寻求法律上的确认，从而对主体行为的法律效力作出准确判断。而以年龄作为界分标准，可确保交易便捷和可预期性，但不能完全忽略个体意思能力于年龄之外的差异。[①] 显然，我国内地的现行立法将未满 18 周岁的未成年人全都归于“无诉讼行为能力人”的范围，[②] 过于简单粗放。其忽视了未成年人群体中可以理解诉讼行为并具备相应认知能力的那部分人员，剥夺了这些未成年人自行参与诉讼的自由。而且，与普通民事诉讼不同的是，家事案件涉及未成年子女的身份关系与其他人身利益，如子女抚养、监护、收养、探视等。对于这些事项，作为当事人的未成年子女更具有发言权，且满足一定年龄条件的未成年子女也具备相应的理解思考能力。如果一味地强调未成年子女缺乏诉讼行为能力，而要求其通过代理人来发表意见、主张权利，无疑是对未成年子女诉讼主体性的侵蚀。放宽对未成年子女行为能力的要求，这一理念在《联合国儿童权利公约》中得到了体现。《公约》第 12 条在规定儿童表达意见权之时并未作出具体的年龄限制，仅仅强调儿童“有主见能力”。儿童权利委员会之所以不支持在考虑儿童意见时强加一个最低年龄，是为了避免剥夺限定年龄以下儿童表达意见的权利。因为即使是年幼的儿童，对于与其年龄、智力相适应的事项也能形成自己的主见。因而，对于儿童的意见，应当结合儿童年龄和成熟程度给予适当的看待，而不是简单地以年龄为界限对儿童表达意见的权利行使进行划定。另外，尽管我国内地的现行立法否定未成年子女的诉讼行为能力，但在有关证人作证的规定中，[③] 未成年人却能对与其年龄、智力状况相适应的事项进行作证。这也体现出了将未成年人简单划归为“无诉讼行为能力人”的立法技术的局限性。

在境外各国或地区的家事审判立法中，扩张未成年人的诉讼行为能力是较为普遍的做法。比如，《德国家事事件及非讼事件程序法》第 9 条便规定，年满 14 周岁的未成年子女，可在与本人相关的程序中，主张其根据民法享有的权利，并以此为限具有参与程序的能力。该法第 60 条也规定，年满 14 周

① 任凡：《论家事诉讼中未成年人的程序保障》，载《法律科学》2019 年第 2 期。

② 十六周岁以上的未成年人，以自己的劳动收入为主要生活来源的，视为完全民事行为能力人，也具有相应的诉讼行为能力。

③ 参见最高人民法院出台的《民事证据规定》（2019 年修正）第 67 条的规定。

岁的未成年子女在涉及其人身关系的家事事件中，可无需法定代理人的协助而独立行使抗告权。2001 年《澳大利亚儿童法》规定，14 周岁至 18 周岁的儿童对于与本人的照料、抚养、监护及与父母接触权等相关的事务，可以在法院诉讼中直接以自己的名义出庭。[①] 另外，我国台湾地区“家事事件法”第 14 条关于具备程序能力人的年龄限制更低，其规定年满 7 周岁的未成年人，在涉及其身份、人事自由的家事事件中，一般性地具有程序能力。第 165 条还规定，在监护宣告事件中，应受监护宣告之人及受监护宣告之人享有相应的程序能力，如其无意思能力，法院应依职权为其选任程序监理人。可见，我国台湾地区对于家事事件中程序能力的规定，并不要求享有程序能力人能独立地以法律行为负担义务，只需要其具备一定的意思能力，且可辨识利害得失即可。在案件类型上，涉及未成年子女人身利益的家事事件对未成年子女影响重大，有必要赋予其程序能力，以保障子女程序参与权与听审请求权的实现。

综上所述，家事案件的审理涉及未成年子女的切身利益，且未成年子女对于家事范围内的事实与利害关系亦具备一定的认知能力，加之法定代理人制度在家事审判中的作用局限，进一步放大了限制未成年子女诉讼行为能力对其程序主体性的不利影响，因而有必要在我国内地的家事审判中有限扩张子女的诉讼行为能力。基于扩张必要性的考虑，其案件范围应当限于有关未成年子女身份、人身自由等与子女利益攸关的特定情形，且在年龄要求上宜放宽至八周岁以上为宜。具体可规定为，在涉及未成年人身份、人身自由等案件中，八周岁以上的未成年人享有诉讼行为能力，能独立参加诉讼活动。

### （三）表达意见权的实现：听取未成年子女意见的适用范围与方式

未成年子女的诉权保障以及诉讼行为能力的扩张，强化了其在家事审判程序中的主体地位。表达意见权作为诉讼主体的一项重要权利，未成年子女行使这一权利便是其享有诉讼权利能力与行为能力的应有之义。对于法院而言，为确保法院作出的裁判以未成年子女的最大利益为考量因素，法院需通

---

① 陈苇、王鹍：《澳大利亚儿童权益保护立法评介及其对我国立法的启示——以家庭法和子女抚养（评估）法为研究对象》，载《甘肃政法学院学报》2007 年第 3 期。

过合理的渠道与方式，听取未成年子女的意见，探知未成年子女的切身利益。显然，法院听取未成年子女意见的适用范围更广，其并不以未成年子女具备诉讼行为能力为前提，只不过在未成年子女具有诉讼行为能力的家事案件中，未成年子女可以更为积极主动地行使表达意见权。比如，《德国家事事件及非讼事件程序法》第159条规定，在亲子关系事件程序中，法院不仅应当对年满14周岁的未成年子女进行听审，在必要的情形下，法院还可听审未满14周岁的子女。而该法第9条规定，年满14周岁的未成年子女具有参与程序的能力。另外，虽然法院询问或听取未成年子女的意见，有助于保障其表达意见权的实现，使得未成年子女能有效地参与法院裁判的作出过程，但其也可能对被听审的未成年子女造成妨碍，甚至形成精神上的二次伤害。故而，法院听取未成年子女的意见也需受到一定限制，以更好地保护未成年子女免受诉讼伤害。如我国香港特别行政区法院实务指示便规定法官应基于儿童利益保护立场来决定是否会见儿童。儿童的年龄及理解能力是法院作出会见决定的相关但非决定性的因素。若该儿童不想与法官谈话，则任何会见都不大可能符合儿童的最佳利益。美国《亚利桑那州家事诉讼程序规则》也规定未成年人在诉讼中的出席，应符合其最佳利益或者不能对其造成困扰，在程序上需经过法院事先许可。《德国家事事件及非讼事件程序法》第159条规定的对未满14周岁子女的听审，也限于子女的主观倾向、意愿与关系等信息为法院裁判的重要考量因素或者存在其他必要事由的情形。

在我国内地的家事审判改革中，《改革试行意见》第38条肯定了八周岁以上子女在涉及确定子女抚养权的家事案件中具备表达意见的能力，法院应当积极听取其意见。在此之前，最高人民法院于1993年发布的《关于人民法院审理离婚案件处理子女抚养问题的若干具体意见》第5条也规定了十周岁以上的未成年子女具有发表意见的行为能力，不过仅限于父母双方对于子女抚养权问题发生争执的特殊情形。显然，《改革试行意见》的规定不仅在年龄界限上有所放宽，[①] 而且在适用范围上也有所扩大。由于未成年人利益最大化

---

① 《改革试行意见》将未成年子女表达意见的年龄限制为八周岁以上，与2017年《民法总则》对限制民事行为能力人年龄要求的调整不无关系。

原则的入法，《未成年人保护法》在2020年修订之际新增了子女意见表达的相关规定。该法第102条明确规定了公安机关、人民检察院、人民法院和司法行政部门在办理涉及未成年人案件过程中，应当使用未成年人能够理解的语言和表达方式，听取未成年人的意见。第107条规定在涉子女抚养的离婚案件审理中，法院应当尊重已满八周岁未成年子女的真实意愿。不过，相较于第102条一般性地肯定未成年人的表达意见权，第107条对于子女抚养这一具体事项中子女意见表达权的规定，却存在年满八周岁的年龄限制。同样，2020年《民法典》第1084条也作了类似的规定，要求法院在处理父母双方协议不成的抚养事项时，应当尊重已满八周岁的子女真实意愿。从上述规定来看，我国现行立法虽确立了未成年子女的表达意见权，但对其权利行使却存在年龄上的限制，一般限于八周岁以上的限制民事行为能力人。然而，未成年人理解与认知能力并非全然与年龄因素相关，信息、经验、环境、社会和文化习俗以及支持水平都将影响未成年人的表意能力。整齐划一的年龄标准忽视了未成年人发育成长的个性特征，且与未成年人利益最大化原则的内在精神以及境外发展趋势相背离。因而，有必要取消未成年子女表达意见的主体年龄限制。不过，法院听取子女意见并非是绝对性的，其应以不违背子女最佳利益、不会导致子女再受伤害作为前提。综上，笔者认为，对于涉及未成年子女利益的家事案件，法院在审理或调解过程中应当听取未成年子女的意见。但因未成年子女的年龄或智力因素无法作出妥当陈述，或者听取未成年子女意见有违其最大利益的，法院可以不听取其意见。

法院听取未成年子女的意见应采取与未成年子女年龄状况相适应的恰当方式，不能对子女的成长、教育以及健康造成不良影响。法院应保障未成年子女在轻松自由的环境下陈述意见。境外的家事审判程序立法都对法院听审未成年子女的方式作出了规定。比如，美国《亚利桑那州家事诉讼程序规则》要求法院对儿童的访谈应当注意技巧，以适合儿童年龄和智力的形式提出问题，不允许不必要的重复提问，且不能强制要求儿童就有关法律决策或育儿时间问题，发表更喜欢父母哪一方的意见。《德国家事事件及非讼事件程序法》第159条规定，若法院为未成年子女指定程序辅佐人的，法院询问未成年子女应有程序辅佐人在场。我国台湾地区“家事事件法”第108条也规定：

"法院就亲子非讼事件为裁定前，应依子女之年龄及识别能力等身心状况，于法庭内、外，以适当方式，晓谕裁判结果之影响，使其有表达意愿或陈述意见之机会；必要时，得请儿童及少年心理或其他专业人士协助。"最高人民法院出台的《改革试行意见》第38条也对法院听取未成年子女意见的方式作出了初步规定，法院在必要时可单独询问未成年子女的意见，且应提供符合其心理特点的询问环境。不过，《改革试行意见》的这一规定仍较为粗疏，有待完善。具体而言，可对法院询问未成年子女的方式进一步规定为："人民法院应采取与未成年人年龄、智力状况相契合且对其影响最小的方式询问未成年人的意见。法院询问未成年人可以在未成年人住所、学校等未成年人较为熟悉的场所进行，但未成年人确有必要出庭陈述的除外。询问未成年人可在周末或节假日等非工作时间进行。对于未满8周岁的未成年人进行询问，应有未成年人的其他监护人、近亲属、老师、程序辅助人或其他亲近之人陪同，或者有未成年人保护组织、妇联等与未成年人保护有关的社会组织、机构的工作人员在场。"

另外，对于未成年子女表达的意见内容，法院应当给予适当的对待，既不能简单地认定为未成年子女的真实意思表示，也不能直接忽视未成年子女的个人意见。法院应当综合未成年子女的年龄及智力发育情况、子女与父母一方共同生活的情况、亲密关系等背景信息、意见形成的原因、意见表达方式、是否受到外界因素的干扰、未成年子女利益等诸多因素，来决定是否采纳未成年子女的意见。

# 结　语

长期以来，我国的《民事诉讼法》都是以普通财产纠纷的诉讼程序作为制度本位，其所设计的处分原则、辩论原则等程序法理无不以财产案件为适用蓝本，其他性质案件的程序个性未能彰显，家事案件亦复如是。然而，家事纠纷的私密性、身份交织性、涉公益性、情感依附性等诸多特点无不寓示着这一纠纷与普通的民事财产纠纷截然不同，其需要在诉讼程序上有所映照，与家事案件的特殊性与公益性相适应。遗憾的是，我国的程序立法对此一直视而不见，家事案件一直都沿用普通财产案件的审判原则与诉讼理念进行处理。这一统合模式显然制约了家事诉讼程序的功能，影响了家事审判的法律效果和社会效果。与此同时，近年来社会转型变革的加快与婚姻家庭观念的变迁，进一步引发了婚姻家庭关系的结构性变化与家事审判危机。正是因为如此，我国的家事审判改革才姗姗来迟，由最高人民法院于2016年在全国范围内开展试点工作。此次改革的重要目的便在于探索家事审判的特殊规律，积极创设家事审判的独立程序。

在这项浩大的系统工程中，构建家事证据收集制度是其重要一环。证据收集作为证明程序的起点，在发现案件真实的整个程序链条中的作用不言而喻。然而，“举证难”一直以来都是民事诉讼理论研究与司法实践中历久而弥新的议题。如何借助证据收集制度，来促使与案件相关的事实与证据资料进入到诉讼程序中，便是这一制度研究最为主要的诉求。“举证难”的问题在家事审判中依然存在，且形势更为严峻。这在一定程度上得归因于家事证据隐蔽性、复杂性、分布偏在性、存证观念缺失等因素。在解决“举证难”的现实进路方面，民事证据收集与家事证据收集却是遵循着不同的思路。前者强调当事人的主导性以及对当事人证据收集权的切实保障，而后者则要求在法院与当事人之间的权力或权利配置中，强化法院的职权探知，并注重发挥当事人、法院以及其他取证主体之间的协力作用。因为家事案件的审理对于案件实体真实的追求更为强烈，且注重对身份公益与未成年人等特殊主体利益的保护，故而在诉讼资料的收集模式上应采更有助于发现真实的职权探知主义。这一点在此次的家事审判改革中得到了体现。最高人民法院的发言人指出家事审判改革“要从机械遵循辩论主义和处分原则的财产纠纷审判思路，转变为强化法官的职权探知、自由裁量和对当事人处分权的适当干预”①。

家事审判制度作为世界范围内的共同法律现象，对其证据收集制度的研究应持以开放的态度，从境外制度中获得经验与启示。在家事审判转向职权探知主义的“长跑线”上，境外各国或地区并非同步而行，而是处于不同的发展阶段。跑在最前面者莫过于日本法，其无论是非讼性质的家事审判事件程序还是诉讼性质的人事诉讼程序，均适用职权探知主义。这一点即使是家事审判程序已在形式上非讼化的德国法亦有不如，《德国家事事件及非讼事件程序法》对婚姻事件与家事争讼事件适用法院职权调查证据仍作出了保留。落在后面者如英美法系国家或地区、大陆法系的法国等，其对于家事案件的审理在整体上仍采辩论主义法理。这体现出了各国或地区对于家事审判规律的不同取态，也表明了立法的发展需受到本国或地区的法制传统、诉讼架构、法律理念等诸多因素的制约。尽管如此，境外的家事证据收集制度仍体现出一些共通性规律，比如注重家事司法能动性、强化法院职权探知、多主体协同取证、取证手段多元、儿童利益保障等。这些无疑都是我国内地家事审判改革需着重汲取的有益经验。

与德、日等国相比，我国的家事审判程序立法起步无疑是比较晚的，仍处于进行时态。但事实上，学界对于家事审判的理论探讨与立法呼吁由来已

① 杜万华：《大力推进家事审判方式和工作机制改革试点》，载《人民法院报》2017年5月3日，第05版。

久，在20世纪90年代便已有初步研究。而立法之所以如此迟疑，与当时特殊的司法背景存在密切的关联。基于对我国长期以来民事诉讼的超职权主义模式的修正，我国自20世纪八九十年代以来启动了民事审判方式改革，其中便强调弱化法院职权，强化当事人举证责任。而家事审判的职权干预趋势无疑是与整个司法改革的走向相悖离的，这使得立法者对于家事审判程序立法颇为犹豫。加之当时对家事调解的着重强调，无形之中更是弱化或遮掩了家事审判程序不兼容所带来的消极影响。时至今日，民事审判方式改革成效斐然，民事诉讼模式已然发生了重大转变，且民事诉讼程序也逐渐走向精细化。与此同时，家事审判的程序法理与现有的民事诉讼模式、理念之间的鸿沟也愈来愈大，家事审判程序的特别立法便显得尤为必要。现在，我国的家事证据收集制度正处于立法未竟的中间阶段，以民事证据收集制度为主的旧制度依然适用，而家事审判改革中探索的新制度已初见雏形。新旧制度之间的碰撞与比较，更能帮助我们认识家事证据收集制度的特殊规律，并反思这一制度将走向何方。但颇为遗憾的是，学界对这一制度的研究往往是浅尝辄止，止步于明确家事审判酌采职权探知原则，对于进一步的范围限定、任务配置等事项的探讨较少。且对于家事证据收集方式的研究也存在碎片化的特点，更遑论家事证据收集过程中的权利保障，关注者甚少。而这些便是本书研究的初衷所在，同时也是旨在解决的重要问题，希望能从理论上体系化地对我国家事证据收集制度进行构建，补强这一方面的研究。

然而，本书是从家事审判的特殊规律出发，基于司法实践中的问题以及家事审判改革中有益做法而所作的探索性研究，其意在于抛砖引玉，引发学界对这一问题的关注与探讨。同时，也希望本书的研究能对当前的家事审判改革以及此后的家事审判程序立法有所助益。不过，对于本书的议题，仍存在诸多的问题没能进一步展开论述。笔者认为对于家事证据收集制度，仍需要从以下两个方面进行强化研究：一是从实体法与程序法嵌合的角度展开讨论。家事证据收集制度的特殊性，归根结底来源于其所处理的实体法律关系的特殊性。故而，从实体法的视域切入，对不同类型家事案件的实体法律关系进行剖析，有助于反哺包括家事证据收集制度在内的家事审判程序研究，从而推动家事审判制度走向精细化、体系化。二是注重对司法运行实况的实证分析。我国正在由政策实施型司法向回应型司法转型，此次的家事审判改革正是回应型司法理念的体现，其所创设的特殊制度都是发轫于实践需求。同样，对家事证据收集制度的研究也应以实践中的问题为导向。但由于我国家事审判程序立法未竟，本书对家事证据收集制度的实证分析主要限于沿用旧制度所造成的不利影响，但对于家事审判改革中新制度的作用效果却缺乏足够的案例支撑，只能留待时机成熟以后才能进一步探讨。

# 参考文献

## 一、中文著作


[1] 蔡虹：《民事诉讼法学》，北京大学出版社 2016 年版。

[2] 江伟：《民事诉讼法专论》，中国人民大学出版社 2005 年版。

[3] 王亚新、陈杭平、刘君博：《中国民事诉讼法重点讲义》，高等教育出版社 2017 年版。

[4] 王亚新：《对抗与判定：日本民事诉讼的基本结构》，清华大学出版社 2010 年版。

[5] 刘敏、陈爱武：《〈中华人民共和国家事诉讼法〉建议稿及立法理由书》，法律出版社 2018 年版。

[6] 张晓茹：《家事裁判制度研究》，中国法制出版社 2011 年版。

[7] 陈爱武：《家事法院制度研究》，北京大学出版社 2010 年版。

[8] 陈爱武：《人事诉讼程序研究》，法律出版社 2008 年版。

[9] 郝晶晶：《家事审判改革背景下婚姻诉讼程序研究》，武汉大学出版社 2023 年版。

[10] 张莉蔚：《家事诉讼中未成年人参与权研究》，吉林大学出版社 2021 年版。

[11] 齐凯悦：《21 世纪以来英联邦国家家事司法改革之探》，法律出版社 2021 年版。

[12] 齐凯悦：《英国家事审判制度研究》，法律出版社 2020 年版。

[13] 任容庆：《法院解决家事纠纷的机制研究》，对外经济贸易大学出版社 2020 年版。

[14] 邹郁卓：《我国家事纠纷解决机制研究》，中国政法大学出版社 2020 年版。

[15] 陈莉：《家事纠纷多元化解决机制研究》，吉林大学出版社 2020 年版。

[16] 刘冠华：《家事审判研究》，人民法院出版社 2019 年版。

[17] 夏先华：《人身安全保护令制度研究》，湖北人民出版社 2019 年版。

[18] 陈苇、陈彬：《中国家事审判改革暨家事法修改理论与实务研究》，中国人民公安大学出版社 2018 年版。

[19] 陶建国：《家事诉讼比较研究：以子女利益保护为主要视角》，法律出版社 2017 年版。

[20] 汤鸣：《比较与借鉴：家事纠纷法院调解机制研究》，法律出版社 2016 年版。

[21] 黄克：《家事审判理论与实践》，法律出版社 2016 年版。

[22] 来文彬：《家事调解制度研究》，群众出版社 2014 年版。

[23] 沈冠伶：《家事程式之新变革》，元照出版有限公司 2015 年版。

[24] 沈冠伶：《民事程序法之新变革》，新学林出版股份有限公司 2009 年版。

[25] 沈冠伶：《民事证据法与武器平等原则》，元照出版有限公司 2007 年版。

[26] 李太正：《家事事件法之理论与实务》，元照出版有限公司 2014 年版。

[27] 许士宦：《新民事诉讼法》，北京大学出版社 2013 年版。

[28] 许士宦：《家事审判与债务执行》，新学林出版股份有限公司 2013 年版。

[29] 姜世明：《家事事件法论》，元照出版有限公司 2012 年版。

[30] 姜世明：《证据评价论》，厦门大学出版社 2017 年版。

［31］姜世明：《举证责任与证明度》，厦门大学出版社 2017 年版。

［32］姜世明：《举证责任与真实义务》，厦门大学出版社 2017 年版。

［33］姜世明：《新民事证据法论》，厦门大学出版社 2017 年版。

［34］赵言荣：《审前证据收集与案件事实发现》，北京大学出版社 2019 年版。

［35］张卫平：《民事证据法》，法律出版社 2017 年版。

［36］占善刚：《民事诉讼证据调查研究》，中国政法大学出版社 2017 年版。

［37］吴如巧：《协作式民事取证规则制度化研究》，中国政法大学出版社 2017 年版。

［38］吴如巧：《民事诉讼证据收集制度的构建》，中国人民公安大学出版社 2011 年版。

［39］许少波：《民事诉前证据收集制度研究》，社会科学文献出版社 2016 年版。

［40］占善刚、刘显鹏：《证据法论》，武汉大学出版社 2015 年版。

［41］占善刚：《证据协力义务之比较法研究》，中国社会科学出版社 2009 年版。

［42］李晓丽：《法院证据调查制度研究》，中国政法大学出版社 2014 年版。

［43］李永泉：《民事诉讼当事人证据收集权研究》，中国法制出版社 2013 年版。

［44］杨锦炎：《武器平等原则在民事证据法的展开》，中国政法大学出版社 2013 年版。

［45］齐树洁：《美国证据法专论》，厦门大学出版社 2011 年版。

［46］齐树洁：《英国证据法新论》，厦门大学出版社 2011 年版。

［47］肖晗：《民事证据收集制度研究》，湖南师范大学出版社 2010 年版。

［48］张友好：《书证收集与程序保障：以当事人证明权的实现为中心》，中国检察出版社 2010 年版。

［49］孙永军：《非讼法理在诉讼程序中的适用》，东南大学出版社 2018

年版。

[50] 郝振江:《非讼程序研究》, 法律出版社 2017 年版。

[51] 赵蕾:《非讼程序论》, 中国政法大学出版社 2013 年版。

[52] 沈达明:《比较民事诉讼法初论》, 对外经济贸易大学出版社 2015 年版。

[53] 张晋藩:《中国古代民事诉讼制度》, 中国法制出版社 2018 年版。

[54] 郭成伟:《中国证据制度的传统与近代化》, 中国检察出版社 2013 年版。

## 二、译著及外国法律

[1]〔日〕梶村太市、德田和幸:《家事事件程序法》, 郝振江、傅向宇、刘涛译, 厦门大学出版社 2021 年版。

[2]〔日〕松本博之:《日本人事诉讼法》, 郭美松译, 厦门大学出版社 2012 年版。

[3]〔日〕高桥宏志:《民事诉讼法重点讲义(上)》(导读版), 林剑锋译, 张卫平导读, 法律出版社 2023 年版。

[4]〔日〕高桥宏志:《民事诉讼法重点讲义(下)》(导读版), 张卫平、许可译, 张卫平导读, 法律出版社 2021 年版。

[5]〔日〕伊藤真:《民事诉讼法》, 曹云吉译, 北京大学出版社 2019 年版。

[6]〔日〕田中成明:《现代社会与审判》, 郝振江译, 北京大学出版社 2016 年版。

[7]〔日〕新堂幸司:《新民事诉讼法》, 林剑锋译, 法律出版社 2008 年版。

[8]〔日〕棚濑孝雄:《纠纷的解决与审判制度》, 王亚新译, 中国政法大学出版社 2004 年版。

[9]〔日〕高桥宏志:《民事诉讼法:制度与理论的深层分析》, 林剑锋译, 法律出版社 2003 年版。

[10]〔日〕谷口安平:《程序的正义与诉讼》, 王亚新、刘荣军译, 中国

政法大学出版社 2002 年版。

［11］〔日〕中村英郎：《新民事诉讼法讲义》，陈刚等译，法律出版社 2001 年版。

［12］〔法〕科琳·雷诺-布拉尹思吉：《法国家庭法精要（第 17 版）》，石雷译，法律出版社 2019 年版。

［13］〔法〕卡迪耶：《法国民事司法法》，杨艺宁译，中国政法大学出版社 2010 年版。

［14］〔德〕罗森贝克：《证明责任论》，庄敬华译，中国法制出版社 2018 年版。

［15］〔德〕罗森贝克、施瓦布、戈特瓦尔德：《德国民事诉讼法（上、下）》，李大雪译，中国法制出版社 2007 年版。

［16］〔德〕普维庭：《现代证明责任问题》，吴越译，法律出版社 2006 年版。

［17］〔德〕汉斯-约阿希姆·穆泽拉克：《德国民事诉讼法基础教程》，周翠译，中国政法大学出版社 2005 年版。

［18］〔德〕米夏埃尔·施蒂尔纳：《德国民事诉讼法学文萃》，赵秀举译，中国政法大学出版社 2005 年版。

［19］〔德〕奥特马·尧厄尼希：《民事诉讼法（第 27 版）》，周翠译，法律出版社 2003 年版。

［20］〔美〕哈里·D. 格劳斯、大卫·D. 梅耶：《美国家庭法精要》，陈苇译，中国政法大学出版社 2010 年版。

［21］〔美〕凯特·斯丹德利：《家庭法》，屈广清译，中国政法大学出版社 2004 年版。

［22］〔美〕埃德加·博登海默：《法理学：法律哲学与法律方法》，邓正来译，中国政法大学出版社 2004 年版。

［23］〔美〕理查德·波斯纳：《证据法的经济分析》，徐昕、徐昀译，中国法制出版社 2001 年版。

［24］〔意〕莫诺·卡佩莱蒂：《比较法视野中的司法程序》，徐昕、王奕译，清华大学出版社 2005 年版。

[25]《德日家事事件与非讼事件程序法典》，郝振江、赵秀举译，法律出版社2017年版。

[26]《德国〈家事事件和非讼事件程序法〉》，王葆莳、张桃荣、王婉婷译，武汉大学出版社2017年版。

[27]《日本民事诉讼法典》，曹云吉译，厦门大学出版社2017年版。

[28]《德国民事诉讼法》，丁启明译，厦门大学出版社2016年版。

[29]《法国民事诉讼法典》，周建华译，厦门大学出版社2022年版。

[30]《法国新民事诉讼法典（上、下）》，罗结珍译，法律出版社2008年版。

[31]《澳大利亚家庭法（2008年修正）》，陈苇等译，群众出版社2009年版。

[32]《英国民事诉讼规则》，徐昕译，中国法制出版社2001年版。

## 三、期刊论文

[1] 刘敏：《家事司法中未成年子女意见表达权之保障》，载《人权》2023年第6期。

[2] 张艳丽、郭爽：《我国家事非讼程序的立法设计——诉讼与非讼二元并立格局》，载《法学杂志》2023年第1期。

[3] 李喜莲：《离婚抚养权纠纷中未成年子女意愿适用的司法考量及程序衔接》，载《法学评论》2023年第2期。

[4] 柯阳友、张瑞雪：《我国家事非讼程序的反思与重构》，载《河北法学》2023年第4期。

[5] 胡骁：《程序保障视角下法官证据调查裁量权的制度因应》，载《华东政法大学学报》2023第6期。

[6] 李凌：《集中审理视角下民事证据调查阶段化研究》，载《中外法学》2023年第2期。

[7] 李亚楠：《家事诉讼多元化证明标准反思与层次性构建》，载《北京理工大学学报（社会科学版）》2023年第6期。

[8] 邹开亮、杨浪：《离婚诉讼中未成年人受抚养真意的程序实现》，载

《政法学刊》2023 年第 2 期。

[9] 王晓桐、蒲业学：《家事审判中法院依职权调查取证制度功能的异化与回归——以 75 份婚姻家庭继承纠纷判决书为分析样本》，载《南都学坛》2023 年第 6 期。

[10] 蒋龙威：《家事调查报告的属性探析与规范适用——基于 84 篇裁判文书的实证分析》，载《湖南警察学院学报》2023 年第 3 期。

[11] 丁宝同：《现代家事程序专门立法的三大关系》，载《国家检察官学院学报》2022 年第 3 期。

[12] 陈雷：《家事审判改革的路径与发展方向》，载《哈尔滨工业大学学报（社会科学版）》2022 年第 3 期。

[13] 李喜莲、王晓桐：《我国家事调查员制度职能异化及其矫正》，载《湘潭大学学报（哲学社会科学版）》2022 年第 6 期。

[14] 王晓桐：《家事调查报告的证据效力——基于 2016—2022 年 61 份裁判文书的实证分析》，载《昆明理工大学学报（社会科学版）》2022 年第 5 期。

[15] 张春悦：《我国家事调查员制度的实践困境与完善路径》，载《西部学刊》2022 年第 9 期。

[16] 傅向宇：《家事审判中职权探知的限度》，载《中外法学》2021 年第 1 期。

[17] 刘敏：《论家事司法正义——以家事司法实体正义为视角》，载《江苏社会科学》2021 年第 4 期。

[18] 李凌：《论民事庭审证据调查范围之确定》，载《法制与社会发展》2021 年第 5 期。

[19] 汪开明：《论家事审判的身份、情感和伦理属性》，载《学术探索》2021 年第 4 期。

[20] 谭江华：《家事审判制度改革的路径与选择》，载《齐鲁学刊》2021 年第 2 期。

[21] 袁中华：《论民事诉讼中的法官调查取证权》，载《中国法学》2020 年第 5 期。

［22］刘敏：《论家事司法中的家事调查员制度》，载《法治现代化研究》2020 年第 4 期。

［23］陈爱武：《家事案件审判程序改革的观察与思考——兼议民法典时代我国家事诉讼立法的必要性》，载《法治现代化研究》2020 年第 4 期。

［24］丁宝同：《我国家事审判改革阶段性成效盘点》，载《法治现代化研究》2020 年第 4 期。

［25］冯祝恒：《论家事诉讼中程序辅助人制度之设立——以未成年人程序利益维护为中心》，载《政法学刊》2020 年第 2 期。

［26］任凡：《论家事诉讼中未成年人的程序保障》，载《法律科学（西北政法大学学报）》2019 年第 2 期。

［27］张艳丽：《中国家事审判改革及家事审判立法——兼谈对台湾地区“家事事件法”的借鉴》，载《政法论丛》2019 年第 5 期。

［28］刘敏：《论家事司法的社会化》，载《辽宁师范大学学报（社会科学版）》2019 年第 5 期。

［29］柯阳友、李琼：《家事审判中程序正义之维护》，载《河北法学》2019 年第 3 期。

［30］韩红俊：《家事审判中非讼法理的适用界限》，载《广西师范学院学报（哲学社会科学版）》2019 年第 4 期。

［31］伊涛：《家事审判的智慧输入与人伦资源的重组》，载《山东社会科学》2019 年第 6 期。

［32］陶建国：《我国家事审判中的家事调查员制度研究》，载《保定学院学报》2019 年第 2 期。

［33］肖晗：《民事证据收集客体论》，载《时代法学》2019 年第 5 期。

［34］孙晨曦：《论民事诉讼当事人证据收集手段之扩充》，载《社会科学家》2019 年第 4 期。

［35］张海燕：《家事诉讼证据规则的反思与重构》，载《政治与法律》2018 年第 11 期。

［36］王琦：《聚焦我国家事审判改革的几个面向》，载《政法论丛》2018 年第 1 期。

［37］王德新：《家事审判改革的理念革新与路径调适》，载《当代法学》2018 年第 1 期。

［38］刘敏：《论中国大陆家事司法的专业化改革》，载《月旦民商法杂志》2018 年第 60 期。

［39］杜万华：《论深化家事审判方式和工作机制改革》，载《中国应用法学》2018 年第 2 期。

［40］冯源：《家事司法专门化的路径与选择》，载《学术论坛》2018 年第 4 期。

［41］李昌超、詹亮：《家事诉讼特别程序之现状审视及制度优化》，载《学术探索》2018 年第 9 期。

［42］陈宝军、王琦：《家事纠纷特质的反思与重识》，载《海南大学学报（人文社会科学版）》2018 年第 1 期。

［43］齐凯悦：《论英国家事司法中的专家参与改革及其对我国的启示》，载《青少年犯罪问题》2018 年第 4 期。

［44］臧国燕、王东辉、田蕾：《家事诉讼程序中职权主义审判方式的适用》，载《人民司法》2018 年第 10 期。

［45］王秀玲、刘庆伟：《司法改革背景下家事审判专业化建设之路径优化》，载《山东警察学院学报》2018 年第 6 期。

［46］王建平：《少年家事审判改革若干重点问题》，载《人民司法》2018 年第 7 期。

［47］徐炳煊、曹男：《困境与路径：家事审判改革初探》，载《延边大学学报（社会科学版）》2018 年第 5 期。

［48］胡发胜：《家事审判方式改革及其实践路径》，载《山东法官培训学院学报》2018 年第 5 期。

［49］梁庆龙、郭栋：《我国家事审判改革存在问题探析》，载《湖南警察学院学报》2018 年第 4 期。

［50］孟祥刚：《家事审判改革研究》，载《山东法官培训学院学报》2018 年第 6 期。

［51］赵秀举：《家事审判方式改革的方向与路径》，载《当代法学》2017

年第 4 期。

[52] 陈爱武:《论家事案件的类型化及其程序法理》, 载《法律适用》2017 年第 19 期。

[53] 任容庆:《论家事诉讼中家事“三员”协作体系的构建》, 载《法律适用》2017 年第 19 期。

[54] 刘敏:《21 世纪全球家事诉讼法的发展趋势》, 载《中国应用法学》2017 年第 5 期。

[55] 叶向阳、陈逸群:《中国家事审判改革探析》, 载《中国应用法学》2017 年第 5 期。

[56] 吴伟华、李素娟:《民事诉讼证据收集制度的演进与发展——兼评环境公益诉讼证明困境的克服》, 载《河北法学》2017 年第 7 期。

[57] 齐凯悦:《论英国家事审判改革中的儿童程序参与及对我国的启示》, 载《甘肃政法学院学报》2017 年第 6 期。

[58] 齐凯悦:《英国家事审判改革的借鉴和启示》, 载《中国法治文化》2017 年第 1 期。

[59] 陈莉:《以法官职权探知主义为原则的家事审判》, 载《人民司法(应用)》2017 年第 1 期。

[60] 赖淳良:《台湾家事审理制度的变革》, 载《海峡法学》2017 年第 3 期。

[61] 陈爱武:《家事诉讼与儿童利益保护》, 载《北方法学》2016 年第 6 期。

[62] 曹思婕:《我国家事审判改革路径之探析》, 载《法学论坛》2016 年第 5 期。

[63] 杨临萍、龙飞:《德国家事审判改革及其对我国的启示》, 载《法律适用》2016 年第 4 期。

[64] 陈莉、向前:《英国家事审判制度及其启示》, 载《法律适用》2016 年第 11 期。

[65] 赵蕾:《家事审判中的特殊规则——以家事审判方式改革为背景的分析》, 载《河南财经政法大学学报》2016 年第 4 期。

[66] 齐玎：《论家事审判体制的专业化及其改革路径——以美国纽约州家事法院为参照》，载《河南财经政法大学学报》2016 年第 4 期。

[67] 胡云腾：《少年家事审判改革的社会背景和问题导向》，载《中国青年社会科学》2016 年第 5 期。

[68] 方芳：《我国少年家事审判制度的构建》，载《中国青年社会科学》2016 年第 5 期。

[69] 杨临萍、龙飞：《德国的家事审判程序改革及启示》，载《中国审判》2016 年第 11 期。

[70] 李徐州、王道强：《家事审判的司法理念与运行原则》，载《人民司法》2016 年第 34 期。

[71] 李鹤贤、刘志强：《完善家事审判工作的三个关键制度》，载《人民司法》2016 年第 34 期。

[72] 齐玎：《美国纽约州家事审判制度的新发展》，载《司法改革论评》2016 年第 21 辑。

[73] 曹慧婷：《德国家事事件非讼化的发展及其启示》，载《司法改革论评》2016 年第 21 辑。

[74] 李政：《对我国法院收集调查证据制度的探析》，载《民事程序法研究》2015 年第 13 辑。

[75] 王阁：《法官在民事诉讼证据收集中的角色分析》，载《社会科学家》2015 年第 8 期。

[76] 高星阁：《家事诉讼中法院证据调查制度研究：以我国诉讼模式的转换为背景》，载《甘肃理论学刊》2014 年第 5 期。

[77] 陈爱武：《家事诉讼程序：徘徊在制度理性与实践理性之间》，载《江海学刊》2014 年第 2 期。

[78] 许少波：《家事纠纷类型化分析》，载《江海学刊》2014 年第 3 期。

[79] 齐树洁、邹郁卓：《我国家事诉讼特别程序的构建》，载《厦门大学学报（哲学社会科学版）》2014 年第 2 期。

[80] 蒋月、冯源：《台湾家事审判制度的改革及其启示——以“家事事件法”为中心》，载《厦门大学学报（哲学社会科学版）》2014 年第 5 期。

[81] 何燕：《论少年家事法庭的建构——一种中国式路径的思考》，载《烟台大学学报（哲学社会科学版）》2014 年 3 期。

[82] 孙永军：《论非讼法理在家事诉讼中的适用》，载《青海社会科学》2014 年第 4 期。

[83] 陶建国：《德国家事诉讼中子女利益保护人制度及其启示》，载《中国青年社会科学》2014 年第 1 期。

[84] 黄丹翔：《英国家事诉讼程序的发展及其借鉴意义》，载《司法改革论评》2014 年第 17 辑。

[85] 贾权鑫：《民事诉讼证据收集方式的“合法性”及适用问题研究》，载《理论月刊》2013 年第 5 期。

[86] 熊苔诗：《论家事事件审判专门化》，载《湖北警官学院学报》2013 年第 6 期。

[87] 周洋：《辩论原则下民事证据收集制度的两种进路——兼评我国〈民事诉讼法〉之修改》，载《西部法学评论》2013 年第 4 期。

[88] 陈爱武：《论家事审判机构之专门化：以家事法院（庭）为中心的比较分析》，载《法律科学》（西北政法大学学报）2012 年第 1 期。

[89] 张晓茹：《家事事件程序探析》，载《社会科学论坛》2012 年第 6 期。

[90] 石雷：《现代英国家事案件审判体制的变迁及其启示》，载《时代法学》2012 年第 5 期。

[91] 朱新林：《论当事人证据收集权的程序保障》，载《法学论坛》2012 年第 5 期。

[92] 肖晗：《民事证据客观全面收集原则质疑》，载《河北法学》2012 年第 10 期。

[93] 吴如巧：《论协同主义民事诉讼模式下的证据收集》，载《海南大学学报（人文社会科学版）》2012 年第 2 期。

[94] 翁晓斌、周翠：《辩论原则下的法官实质指挥诉讼与收集证据的义务》，载《现代法学》2011 年第 4 期。

[95] 傅郁林：《家事诉讼特别程序研究》，载《法律适用》2011 年第

8 期。

[96] 吴如巧:《试论我国民事诉讼证据收集制度的模式选择》,载《河北法学》2011 年第 5 期。

[97] 吴如巧:《民事证据收集主体与对象间关系之定位》,载《社会科学家》2011 年第 12 期。

[98] 杨雅妮:《民事证据收集权分配问题之思考:以实体正义与程序正义的平衡为视角》,载《兰州大学学报(社会科学版)》2011 年第 2 期。

[99] 张晓茹:《论家事诉讼中未成年人利益保护的制度完善》,载《青少年犯罪问题》2011 年第 2 期。

[100] 刘红梅:《浅析韩国婚姻家事法律发展动向》,载《山东女子学院学报》2011 年第 6 期。

[101] 陈爱武:《检察机关参与人事诉讼研究》,载《政治与法律》2010 年第 4 期。

[102] 骆东平:《论我国民事诉讼中的证据收集权限配置》,载《湖北社会科学》2010 年第 2 期。

[103] 刘敏:《论家事诉讼程序的构建》,载《南京大学法律评论》2009 年第 2 辑。

[104] 张晓茹:《日本家事法院及其对我国的启示》,载《比较法研究》2008 年第 3 期。

[105] 蒋月:《家事审判制:家事诉讼程序与家事法庭》,载《甘肃政法学院学报》2008 年第 1 期。

[106] 王礼仁:《家事案件审判体制改革之构想:以婚姻案件审判现状为背景》,载《法律适用》2008 年第 11 期。

[107] 陈爱武:《日本人事诉讼法的修订及其对我国的启示》,载《金陵法律评论》2008 年第 2 辑。

[108] 戴锐:《民事诉讼证据收集与异议制度的比较研究》,载《中南大学学报(社会科学版)》2008 年第 3 期。

[109] 唐力:《日本民事诉讼证据收集制度及其法理》,载《环球法律评论》2007 年第 2 期。

[110] 张晓茹：《家事事件程序的法理分析》，载《河北法学》2006 年第 6 期。

[111] 陈爱武：《人事诉讼程序的法理与实证》，载《金陵法律评论》2006 年第 1 辑。

[112] 熊跃敏：《大陆法系民事诉讼中的证据收集制度论析：以德国民事诉讼为中心》，载《甘肃政法学院学报》2004 年第 4 期。

## 四、学位论文

[1] 张丽：《家事调查员制度研究》，西南政法大学 2021 年博士学位论文。

[2] 江晨：《家事程序法研究》，华东政法大学 2020 年博士学位论文。

[3] 傅向宇：《家事诉讼中的程序保障研究》，西南政法大学 2018 年博士学位论文。

[4] 周文：《我国涉未成年人家事事件程序研究》，中国人民大学 2017 年博士学位论文。

[5] 何燕：《家事诉讼中未成年人利益最大化原则研究》，南京师范大学 2016 年博士学位论文。

[6] 吴鹏飞：《嗷嗷待哺：儿童权利的一般理论与中国实践》，苏州大学 2013 年博士学位论文。

[7] 熊英灼：《民事证明程序的控制机制研究》，湘潭大学 2012 年博士学位论文。

[8] 奚玮：《民事当事人证明权保障》，中国政法大学 2007 年博士学位论文。

[9] 郭美松：《人事诉讼程序研究》，西南政法大学 2005 年博士学位论文。

## 五、外文文献

[1] Brian H. Bix. Family Law：Values Beyond Choice and Autonomy? Law and Philosophy，Vol. 40，2021.

[2] Wilkinson F, Hunton S. Costs in Family Proceedings, Bloomsbury Publishing, 2020.

[3] Ojelabi L A, Gutman J. Family Dispute Resolution and Access to Justice in Australia, International Journal of Law in Context, Vol. 16, 2020.

[4] Duffield N. Family Law and Practice, College of Law Publishing, 2018.

[5] Klaassen M, Rodrigues P. The Best Interests of the Child in EU Family Reunification Law: A Plea for More Guidance on the Role of Article 24 (2) Charter, European Journal of Migration and Law, Vol. 19, 2017.

[6] Gillian Geddes, RichardBudworth. The Single Family Court: A Practitioner's Handbook, Wildy, Simmonds and Hill Publishing, 2017.

[7] Drventic M. New Trends in European Family Procedural Law, EU and Comparative Law Issues and Challenges Series (ECLIC), 2017.

[8] Vicki Lens. Against the Grain: Therapeutic Judging in a Traditional Family Court, Law & Social Inquiry, Vol. 41, 2016.

[9] Parkinson P. Family Laws and Access to Justice, Contemporary Readings in Law and Social Justice, Vol. 8, 2016.

[10] E. Kay M. Tisdall. Subjects with Agency? Children's Participation in Family Law Proceedings, Journal of Social Welfare and Family Law, Vol. 38, 2016.

[11] Kim Holt. Contemporary Family Justice: Policy and Practice in Complex Child Protection Decisions, Jessica Kingsley Publishers, 2016.

[12] Anne Barlow. Out-of-court Family Dispute Resolution: The Lessons of Experience, Family Law, Vol. 44, 2014.

[13] Rebecca Probert. Family Law in England and Wales, Wolters Kluwer, 2011.

[14] Julia H. McLaughlin. The Fundamental Truth About Best Interests, Saint Louis University Law Journal, Vol. 54, 2009.

# 诉讼法文丛

姜霞:《仲裁司法审查程序要论》

赖早兴:《证据法视野中的犯罪构成研究》

申君贵:《单位犯罪诉讼程序研究》

廖永安等:《民事诉讼监督制约机制研究——以法院诉讼行为为研究对象》

李蓉:《社区矫正程序实证研究》

李喜莲:《陕甘宁边区司法便民理念与民事诉讼制度研究》

伍浩鹏:《刑事诉讼中权力与权利的冲突与平衡——以当事人诉讼权利保护为分析视角》

彭熙海:《民事连带责任司法裁判研究》

何文燕:《民事诉讼法研究文集》

王国征:《民事证据的提供和收集专题研究》

李世峰:《用程序写下正义——刑事二审专题实证研究》

李交发:《中国诉讼法史》

**夏先华:《家事证据收集制度的体系重构——基于家事审判制度分立的展开》**

图书在版编目（CIP）数据

家事证据收集制度的体系重构 ： 基于家事审判制度分立的展开 / 夏先华著. -- 湘潭 ： 湘潭大学出版社，2024. 8. -- ISBN 978-7-5687-1487-7

Ⅰ. D925.113

中国国家版本馆 CIP 数据核字第 2024RV4816 号

# 家事证据收集制度的体系重构——基于家事审判制度分立的展开

JIASHI ZHENGJU SHOUJI ZHIDU DE TIXI CHONGGOU

——JIYU JIASHI SHENPAN ZHIDU FENLI DE ZHANKAI

夏先华 著

**责任编辑**：刘文情
**封面设计**：张 波
**出版发行**：湘潭大学出版社
**社 址**：湖南省湘潭大学工程训练大楼
**电 话**：0731-58298960 0731-58298966（传真）
**邮 编**：411105
**网 址**：http://press.xtu.edu.cn/
**印 刷**：长沙印通印刷有限公司
**经 销**：湖南省新华书店
**开 本**：710 mm×1000 mm 1/16
**印 张**：22
**字 数**：401 千字
**版 次**：2024 年 8 月第 1 版
**印 次**：2024 年 8 月第 1 次印刷
**书 号**：ISBN 978-7-5687-1487-7
**定 价**：88.00 元